河北省预算管理研究所重点研究课题
河北经贸大学财税研究所科研基金资助

均等化理论与财政政策

古建芹　段国旭　孙健夫　主编

中国财政经济出版社

图书在版编目（CIP）数据

均等化理论与财政政策/古建芹，段国旭，孙健夫主编．—北京：中国财政经济出版社，2010.3

ISBN 978－7－5095－2044－4

Ⅰ．均…　Ⅱ．①古…②段…③孙…　Ⅲ．①公共财政学－研究－中国②财政政策－研究－中国　Ⅳ．F812

中国版本图书馆 CIP 数据核字（2010）第 030108 号

责任编辑：杨　波　胡　博　　　　责任校对：李　丽

封面设计：孙俪铭　　　　　　　　版式设计：兰　波

中国财政经济出版社出版

URL：http：//www.cfeph.cn

E－mail：cfeph@cfeph.cn

社址：北京市海淀区阜成路甲 28 号　邮政编码：100142

发行处电话：88190406　财经书店电话：64033436

北京财经印刷厂印刷　　各地新华书店经销

880×1230 毫米　32 开　14.375 印张　354 000 字

2010 年 5 月第 1 版　2010 年 5 月北京第 1 次印刷

印数：1—1000　定价：28.00 元

ISBN 978－7－5095－2044－4/F·2012

（图书出现印装问题，本社负责调换）

本社质量投诉电话：010－88190744

前言

基本公共服务均等化是现代市场经济下社会公平的核心要义，是国民财富增长到一定水平后保持社会和谐与经济协调的基本支撑条件，也是现代公共财政的基本职能目标。改革开放以来，特别是近十多年来，我国经济总量和财政收入增长迅速。但是，随着经济实力和财政实力快速增长而做大的“经济蛋糕”和“财政蛋糕”，在社会成员之间的分享并不公平，公共服务供需矛盾依然尖锐。不同区域、不同群体民众间享受公共服务的差距不断扩大，已成为我国经济可持续发展与和谐社会建设的重要威胁因素。造成这种局面的因素固然是多层面的，但突出彰显的是现行公共财政制度均等化功能的软弱甚至缺失。2006 年 10 月 11 日党的十六届六中全会通过的《关于构建社会主义和谐社会若干重大问题的决定》提出，要“完善公共财政制度，逐步实现基本公共服务均等化。”2007 年 10 月 15 日胡锦涛总书记在中共十七大报告中再一次明确提出，要“围绕推进基本公共服务均等化和主体功能区建设，完善公共财政体系。”如何通过改革和完善公共财政制度推动基本公共服务均等化，已成为当前我国社会各界关注的一个重点和热点问题。

在此背景下，2008 年 5 月以来，在河北省人大、河北省财政厅的大力支持下，由河北省预算管理研究所发起，邀请中国财政学会、中国社科院财贸所、财政部科研所、中国人民大学、中央财经大学、上海财经大学、山东大学、暨南大学、河北大学、山西财经大学、河北省人大、河北省财政厅、河北经贸大学等二十多个高等院校、科研机构、财政部门的专家学者参加，围绕基本公共服务均等化与财政制度创新这一主题，着重就基本公共服务均等化的目标定位、均等化现状及其财政成因、均等化实现路径等相关财政理论和政策问题，以多种形式、从不同视角进行了系列深入研究，提出了一系列有针对性的政策建议。

第一，基于我国现阶段的国情，明确了基本公共服务均等化的目标定位。基本公共服务是指向全体社会成员提供的事关基本生存权和发展权的服务，它是覆盖全体公民，满足公民对公共资源最低需求的公共服务，涉及义务教育、公共卫生和基本医疗、就业和社会保障、基础设施、环境保护等方面。基本公共服务均等化是一个动态的过程，在经济发展水平和财力水平还不够高的情况下，一开始首先是低水平的保底，然后提高到中等水平，最后的目标是实现结果均等（安体富，任强）。我国现阶段基本公共服务均等化的目标定位应是“底线均等”，其应在机会均等与结果均等两个层面求得统一（张晋武，张献国）。而推进基本公共服务均等化是指把那些尚未达到均等化提供状态或尚未达到社会均等化受益程度的基本公共服务，由政府非均等提供转化为均等提供，由社会非均等受益转化为社会均等受益的过程（王延杰，李杰刚）。

第二，基于实证分析方法，明确了我国基本公共服务均等化现状及其财政诱因。我国基本公共服务差距的扩大比较突出地表现在地区间和城乡间。改革开放以来，我国地区间公共服务差距（如医疗、教育等）正迅速扩大，并远远超过备受关注的地区间经济（人均收入）差距（王雍君）。从地区间公共服务产出的角度出发，有学者利用综合评价（Comprehensive Evaluation）方法，构建了一个包含4个级别共25个指标的中国公共服务均等化水平指标体系，并运用这一指标体系对我国 2000 ~ 2006 年间的公共服务及其具体项目的均等化水平变化情况加以评价。结论是我国地区间公共服务综合水平在 2000 ~ 2006 年期间呈逐步扩大的趋势（安体富，任强）。就城乡差距看，2004 年名义城乡收入差距为 3.2 : 1，如果把义务教育、基本医疗等公共服务因素考虑在内，实际收入差距已达 5 ~ 6 倍，公共服务因素在城乡实际收入差距中的比例大概在 30% ~ 40% 左右（苏明，赵云旗）。从全国和部分省份的财政支农支出、公共卫生与基本医疗服务、社会保障和居民受教育水平等数据看，我国城乡之间基本公共服务差距仍然较大，甚至某些方面的差距有扩大化趋势。这成为我国建设和谐社会、城乡协调发展的障碍（古建芹，刘献灿）。造成我国地区间、城乡间基本公共服务差距扩大化原因是多方面的。其财政方面的原因主要是公共服务型政府仍未建立，公共财政制度仍未完善，各级政府间的事权与财权关系仍划分不清，转移支付制度总体设计存在缺陷、形式过多、结构不合理（安体富，任强）。迄今为止，中央政府财政转移的大部分仍然是根据非均等因素被分配给各地方辖区的，这是导致财政均等化效果不佳的重要原因（王雍君）。而城乡公共服务差距的扩大，除了上述一般原因外，还有着特殊的城乡二元经济背景，“二元经济结构”是导致城乡公共服务非均等的根源（苏明，赵云旗）。城市偏向型公共服务制度，城乡有别的户籍政策、就业政策等，固化和加剧了城乡公共服务的非均等供给（马海涛，程岚，秦强）。

第三，基于现实可操作性和前瞻性相结合原则，探究了基本公共服务均等化的实现路径及财政制度创新思路。推进基本公共服务均等化，应结合我国国情，按照“范围适当、水平适度”的目标，合理界定基本公共服务均等化的范围与水平；应基于我国基本公共服务均等化的范围，遵循“供给评价为主，兼顾需求评价”的原则，合理设计基本公共服务均等化评价指标体系；应按照“窄口径、低标准”和渐进化发展的目标模式，着力于项目带动、地域带动、财政促进和制度创新四大战略要点（王延杰，李杰刚）。从制度创新的角度，必须把握以下环节：一是要建立公共服务型政府，着力基本公共服务供给机制创新，尽快建立政府基本公共服务绩效评价体系（古建芹，黎华亮）。各级政府明确公布一定时期基本公共服务需要达到的标准，将基本公共服务标准实现情况，作为政府政绩考核的专项重要内容（温来成）。二是完善与基本公共服务均等化相匹配的公共财政体制。应按照公平和效率两相兼顾的原则，明晰中央和地方在基本公共服务均等化方面的职责分工（张晋武，张献国）。改变过去传统的按事务的隶属关系划分的办法，以便使财力与事权能够相匹配。明确事权划分后，应通过法律制度给固定下来（安体富，任强）。三是对政府间转移支付体制进行重大的结构性改革，以满足均等的基本标准。必须对地方辖区的财政能力和支出需求进行切实地计量，以此作为公式化转移的基础（王雍君）。适当调整税收返还的比重，加大财力性特别是一般性转移支付的力度（荀盼）。发展横向转移支付（安体富），引入分类转移支付（张献国）。城乡基本公共服务均等化应作为率先推进的重点和基础（樊丽明，石绍宾）。应切实修正财政政策导向和体制障碍，充分利用包括政府采购在内的多种财政政策手段（古建芹，刘献灿）。应重点加大对农业县的转移支付力度（马国贤）。

第四，基于统筹兼顾、重点突破的原则，对基本公共服务均等化的若干重点和难点问题进行了专题研究。基于城乡统筹视角，学者分析了全民基本医疗保障体系科学发展的理念、对策与创新问题，指出全民基本医疗保障科学发展应坚持以人为本、预防和补救相结合的理念，以城乡医疗服务供给方统筹为突破点，实现城乡间、大中小城市间优质医疗资源的统筹使用，提高农民对城市优质医疗资源的可及性；建立城乡一体、分段差额补偿、综合性的大病医疗救助制度（杜长宇，孙健夫）。通过对城镇化的目标和基本公共服务内涵的分析，指出城镇化水平的提高与基本公共服务均等化实现应该是相辅相成的（古建芹，黎华亮），以公共卫生资源在东、中、西部的不同配置为研究视角，实证分析了我国公共卫生支出地区间的均等化服务水平，并提出了中央应加大对中西部地区卫生投入的政策性建议（王晓洁）。基于某省的情况，分析了转移支付制度与公共服务均等化的效果，指出应该进一步完善财政转移支付体系，优化财政转移支付结构，由省级财政担负本地区内财力差异调节的职责（曾康华，罗纬玲）。基于我国人口老龄化时代特殊背景，指出在当前的经济和社会环境下，选择社会化居家养老模式符合中国的国情，也是解决人口日益老龄化问题的有效办法（高瑶，杨文杰）。以山东省南部某县为例，分析了典型农业县在农业税废除后同时加大对基本公共服务提供力度时的困难状况，探讨了县乡财政困难的体制性原因，并提出了完善县乡财政管理体制的政策建议（马海涛，任强）。把基本公共服务均等化与民生财政建设统筹考虑，提出了全国范围的基本公共服务均等化应在城乡之间先行突破，并就若干基本公共服务项目，探讨了其与民生财政建设统筹的基本思路（石丁）。推进基本公共服务均等化，还应围绕主体功能区建设，明晰化政府间纵横向的财政支出责任。结合解决现行分税制财政体制运行中出现的基层财政不稳固、税种划分不规范、财政支出责任与财力不对称等问题，对优化、重点、限制和禁止开发等四类主体功能区按产业类型相应实行以不同共享税种为主要内容的分类指导的分税制财政体制。按相关要素施行不同力度的财政转移支付制度，以财力性转移支付为基准，辅之以一事一议的专项转移支付，向限制、禁止开发的区域倾斜，以弥补这些区域因失去开发权所带来的财力减少问题；转移支付系数应以开发程度为重要参照系。优化、重点开发区域的转移支付系数应适当降低，限制、禁止开发区域的转移支付系数应适当提高；加强对四类主体功能区的绩效评价，把绩效评价与政绩考核结果挂钩，作为转移支付的重要参照系数（段国旭，成军，朱云飞）。这些专题性研究现实针对性很强，对推进我国基本公共服务均等化进程具有重要的参考价值。

总的看，在各位专家学者的共同努力下，本课题研究深化了对“基本公共服务均等化与财政制度创新”这一主题的认识，所产生的研究成果和观点既有理论上的创新性和独到性，又有实践上的针对性和可行性，对于我国当前的财政改革和推进我国基本公共服务均等化进程具有十分重要的参考价值。

应当指出，学界对基本公共服务均等化的研究还处于起步阶段，本书的研究成果还存在不足和需要进一步研究的问题，欢迎广大读者批评指正，共同为推进我国基本公共服务均等化进程而努力！

编　者

二〇〇九年七月二十八日

目录

第1章

基本公共服务均等化综论

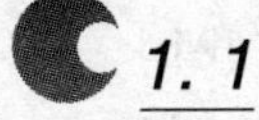

1.1 公共服务均等化的若干理论与政策问题

2005年10月11日中共十六届五中全会通过的《中共中央关于制定国民经济和社会发展第十一个五年规划的建议》要求，要"按照公共服务均等化原则，加大国家对欠发达地区的支持力度，加快革命老区、民族地区、边疆地区和贫困地区经济社会发展"。公共服务均等化是公共财政的基本目标之一，是指政府要为社会公众提供基本的、在不同阶段具有不同标准的、最终大致均等的公共产品和公共服务。公共服务均等化的主要实现手段是政府间转移支付制度。2006年10月11日中共十六届六中全会通过的《中共中央关于构建社会主义和谐社会若干重大问题的决定》进一步提出，完善公共财政制度，逐步实现基本公共服务均等化。2007年10月15日，胡锦涛在中共十七大的报告中再一次提出，要"围绕推进基本公共服务均等化和主体功能区建设，完善公共财政体系"。公共服务均等化问题已成为当前我国经济社会发展中，特别是财政领域中的一个重要热点问题。

一、公共服务均等化的若干理论问题

（一）公共服务的涵义与分类

1. 公共服务的涵义。在研究公共服务的涵义时，主要应从以下两个角度进行分析：第一，公共服务属于服务范畴，因此，首先要弄清何为服务？从经济学角度看，服务是相对于生产来说的。根据产业结构的划分，三次产业分为：第一产业是农业，第二产业是工业和建筑业，这两个产业是物质资料的生产部门，生产出来的产品具有实物形态。第三产业属于服务行业，不生产物质产品，只提供劳务服务，因此，服务亦称劳务，即不以实物形式而以提供活劳动的形式满足人们的某种特殊需要。在我国，第三产业即服务行业又可分为四个层次：第一层次是流通部门，包括交通运输、邮电通讯、商业、饮食、物资供销和仓储业等；第二层次是为生产和生活服务的部门，包括金融、保险、房地产、公用和居民服务业等；第三层次是为提高科学文化水平和居民素质服务的部门，包括教育、文化、广播电视、科学、卫生、体育和社会福利事业等；第四层次是为社会公共需要服务的部门，包括国家机关、政党、社会团体，以及军队和警察等。第二，公共服务属于公共产品范畴。公共产品和服务与私人物品和服务相对应。按照萨缪尔森给出的定义，纯公共产品是指这样的物品：每个人消费这种物品不会导致他人对该物品消费的减少。公共产品具有两个基本特征：消费的非竞争性与受益的非排他性。这里的公共产品，包含着公共服务的内容，区别只在于，生产领域的公共产品是有形的，而服务领域的公共产品则是无形的。因此，有关公共产品的分析也适用于公共服务。与公共服务相对应的是私人服务。私人服务通过市场来提供，公共服务则主要由政府来提供。有些服务是介于公共服务与私人服务之间的准公共服务，既可以私人通过市场提供，也可以由政府提供，还可以由私人和政府共同提供。这里所讲的“提供”，是指“掏钱”，由谁掏钱就是由谁提供，政府提供主要是通过财政支出来实现的。通过上述两方面的分析，可以看出公共服务的内容，既包括第三产业中的第四层次，即国家机关通过直接提供劳务为社会公共需要服务，也包括政府通过财政支出向居民提供教育、卫生、文化、社会保障、生态环境、公共基础设施等方面的服务。

2. 公共服务的分类：基本公共服务和一般公共服务。什么是基本公共服务？这有各种不同的理解。一种观点认为，所谓基本公共服务，是指直接与民生问题密切相关的公共服务。中共中央十六届六中全会《关于构建社会主义和谐社会若干重大问题的决定》中，把教育、卫生、文化、就业再就业服务、社会保障、生态环境、公共基础设施、社会治安等列为基本公共服务，就属于这种情况。另一种观点认为，基本公共服务，应是指纯公共服务，因此不能笼统地讲文化、教育、科学、卫生、社会保障等是基本公共服务，只能提其中的义务教育、公共卫生、基础科学研究、公益性文化事业和社会救济等，属于基本公共服务。还有一种观点认为，基本公共服务是一定发展阶段上最低范围的公共服务，“指建立在一定社会共识基础上，根据一国经济社会发展阶段和总体水平，为维持本国经济社会的稳定、基本的社会正义和凝聚力，保护个人最基本的生存权和发展权，所必须提供的公共服务，其规定的是一定阶段上公共服务应该覆盖的最小范围和边界”[①]。笔者认为，基本公共服务，应该是指与民生密切相关的纯公共服务。除去基本公共服务以外的服务，都属于一般公共服务，如行政、国防、高等教育、一般应用性研究等。

---

① 陈昌盛、蔡跃洲：《中国政府公共服务：体制变迁与地区综合评估》，中国社会科学出版社，2007 年 3 月。

（二）均等化的涵义与目标

1. 均等化的涵义。"均等化"，就字面理解包含均衡、相等的意思，而均衡有着调节、平衡的过程，最后达到相等。当然，这里的相等，只能是大体相等，不可能绝对相等。均等的内容包含两个方面：一是居民享受公共服务的机会均等，如公民都有平等享受教育的权利。二是居民享受公共服务的结果均等，如每一个公民无论住在什么地方，城市或是乡村，享受的义务教育和医疗救助等的公共服务，在数量和质量上都应大体相等。相比之下，结果均等更重要。

2. 均等化的标准。有三种理解：一是最低标准，即要保底。"一个国家的公民无论居住在哪个地区，都有平等享受国家最低标准的基本公共服务的权利"①，"这个均等化我理解就是要托一个底，是政府应该提供的诸如普及义务教育、实施社会救济与基本社会保障这类东西，对其应该保证的最低限度的公共供给，必须由政府托起来"②。二是平均标准。即政府提供的基本公共服务，应达到中等的平均水平。三是相等的标准，即结果均等。这三个标准并不完全矛盾，实际上这是一个动态的过程，在经济发展水平和财力水平还不够高的情况下，一开始首先是低水平的保底，然后提高到中等水平，最后的目标是实现结果均等。当然，要做到结果大体均等，政府的供给成本，就不能是均等的。例如，澳大利亚的均等化目标是"每个社会成员都能享受大体均等的公共服务"，由此，政府为不同地区提供公共服务的成本是极不相同的。假定政府提供均等的医疗急救服务，接到一个急救电话，悉尼是派急救车30分钟内到场，北方领地是发急救飞机也

---

① 刘明中："推进公共服务均等化的手段（上）——财政部副部长楼继伟"，《中国财经报》，2006年2月7日。

② 贾康："区分'公平'与'均平'把握好政府责任与政策理性"，《财政研究》，2006年第12期，第7页。

30 分钟内到场，结果均等化了，但成本有时候差的不是几倍、几十倍，而可能是上百倍之巨[①]。

公共服务均等化，或者说基本公共服务均等化的终极目标是应当使人与人之间所享受到的基本公共服务的均等化。由于个人总是处于某个地区或城市和乡村之间，因此，为了实现这一终极目标，可以阶段性地通过实现地区之间和城乡之间基本公共服务的均等化，进而实现人与人之间的基本公共服务的均等化。目前，学术界关于公共服务均等化问题研究的文献，大多都是从地区之间和城乡之间的公共服务均等化的角度来谈的，因此，公共服务均等化应当包括地区之间的均等，城乡之间的均等和人与人之间的均等。

（三）均等化的理论基础：福利经济学和公共财政的重要特征

20 世纪 20 年代，英国经济学家庇古开创了福利经济学的完整体系。为实现福利最大化的目标，庇古考虑到两个问题：一是个人实际收入的增加会使其满足程度增大，二是转移富人的货币收入给穷人会使社会总体满足程度增大。据此，他提出了两个基本命题：国民收入总量越大，社会经济福利就越大；国民收入分配越是均等化，社会经济福利也就越大。庇古的这项贡献对公共服务均等化起到了基础性的影响。由于公共服务也是由国民收入形成的，因此对公共服务的分配能对国民收入的分配起到重要作用，能够增进社会福利，促进社会福利最大化，特别是政府财政收入占 GDP 比例较高的时候。公共服务资源一般由政府掌握，主要由政府通过财政支出等手段予以配置，如果出现配置失当的情况仍然要由政府自身来纠正。庇古国民收入均等化思想对公共

① 贾康：“区分‘公平’与‘均平’把握好政府责任与政策理性”，《财政研究》，2006 年第 12 期，第 7 页。

服务均等化具有启示性意义，政府应当通过公共服务均等化来实现全社会福利最大化。

公共性是公共财政的本质特征，这是因为，政府是整个社会的代表，政府的财政收入来自于全体社会成员，因而，公共财政支出也必须用于全体社会成员，即要求政府必须对所有经济主体和社会成员提供"一视同仁"的服务。在"一视同仁"的政策下，政府及其公共财政在为社会提供服务的过程中，对所有的社会成员应该是公平对待的。而在"区别对待"的政策下，政府及其公共财政实际上只着眼于和偏重某些经济成分、某些社会集团和少数乃至个别社会成员的利益。政府为社会提供服务时的"一视同仁"，是具体通过公共收入、公共支出和转移支付制度来实现的。

二、我国公共服务均等化中存在的问题

在分税制的条件下，公共服务均等化的实现机制主要包括三个方面的内容：建立公共服务型政府，完善公共财政制度；合理划分各级政府的事权和财权关系；建立均等化的转移支付制度。目前我国在这些方面都存在不少问题。

（一）公共服务型政府仍未建立，公共财政制度仍未完善

1. 政府用于公共服务方面的投入不足。

目前我国的政府职能转型滞后，尚未实现由"经济建设型政府"向"公共服务型政府"的转型，政府的"缺位"与"越位"状况并存，突出表现在，用于公共服务方面的投入严重不足。义务教育、公共卫生、基础科研和公益性文化事业，是公共服务最典型的项目，政府最应该担负起提供这部分公共服务的责任。而从 1993 年以来的政府支出情况来看，政府对这方面投入的力度不够大。表 1－1 的一组数据较能体现这种情况。

表1－1　国家财政支出总额及部分支出项目占比情况　单位：亿元

年度	财政支出总额	基本建设支出	基本建设支出占总支出比例	行政管理费	行政管理费占总支出比例	文教、科学、卫生支出	文教科卫占总支出比例
1993	4642	591.93	12.75%	535.77	11.54%	957.77	20.63%
1994	5793	639.72	11.04%	729.43	12.59%	1278.18	22.07%
1995	6824	789.22	11.57%	872.68	12.79%	1467.06	21.50%
1996	7938	907.44	11.43%	1040.8	13.11%	1704.25	21.47%
1997	9234	1019.5	11.04%	1137.2	12.32%	1903.59	20.62%
1998	10798	1387.7	12.85%	1326.8	12.29%	2154.38	19.95%
1999	13188	2116.6	16.05%	1525.7	11.57%	2408.06	18.26%
2000	15887	2094.9	13.19%	1787.6	11.25%	2736.88	17.23%
2001	18903	2510.6	13.28%	2197.5	11.63%	3361.02	17.78%
2002	22053	3143	14.25%	2979.4	13.51%	3979.08	18.04%
2003	24650	3429.3	13.91%	3437.7	13.95%	4505.51	18.28%
2004	28487	3437.5	12.07%	4059.9	14.25%	5143.65	18.06%

资料来源：《中国统计年鉴（2005）》。

从表1－1中可以看出，基本建设支出占国家财政支出总额的比例始终保持在12%左右的水平（这部分支出大量地反映在预算外），没有呈现较大幅度的下降；行政管理费占国家财政支出总额的比例，1978年为4.71%，1993年为11.54%，2004年上升到14.25%；文教科卫支出占国家财政支出总额的比例不仅没有增大，反而从1993年的20.63%下降至2004年的18.06%。由此，可以看出政府对基本的公共服务的投入比重过低。

2. 地区间和城乡间公共服务差距悬殊。

严格意义上的公共服务均等化，是指向全国各地的居民提供在使用价值形态上大体相同水平的公共服务[①]。我国地区差距较大，提供同样使用价值的公共服务，其所面临的成本是不一样的。尤其对于我国西部地区，提供与东部地区同样的公共服务，其所需要的成本往往是更多的。因此，在我国目前情况下，为使公共服务均等化，应当使西部地区的人均财政支出比东部更大才能满足均等化的要求。下面选取 1995～2004 年全国各地区的人均财政收入和财政支出的数据来看地区间的差距情况，同时选取变异系数这个指标来对差距情况加以衡量（其中：变异系数 = 全国各地区人均财政收入（或支出）的标准差/全国各地区人均财政收入（或支出）的均值。变异系数用来衡量全国各地区人均财政收入（或支出）的变异程度。变异系数的值越大，则全国各地区人均财政收入（或支出）的变异程度越大，即全国各地区人均财政收入（或支出）差距越大；反之，则全国各地区人均财政收入（或支出）差距越小）。

图 1－1 描述了 1995～2004 年全国各地区人均财政收入和支出的变异系数变化情况。从中可以看出，在中央政府对地方政府转移支付后，全国各地区人均财政支出的差距不仅没有呈现减小的趋势，反而地区间的差距在不断拉大。也就是说，如果考虑到提供同样使用价值的公共服务所面临的成本问题，实际的公共服务差距比人均财政支出反映的差距还要大得多。

事实上，通过选取部分公共服务项目的人均支出额来看，东部、中部和西部的公共服务的水平不仅没有缩小，反而还有扩大的趋势。这里选取生均教育费用支出的指标来看这一趋势。

1998 年，我国普通小学生均教育经费支出平均为 625. 36 元，最高的为上海 2621. 16 元，最低的为贵州 296. 44 元，生均教育

① 参见《光明日报》记者对财政部科研所所长贾康的采访："从和谐视角看公共服务均等化"，2006 年 11 月 23 日。

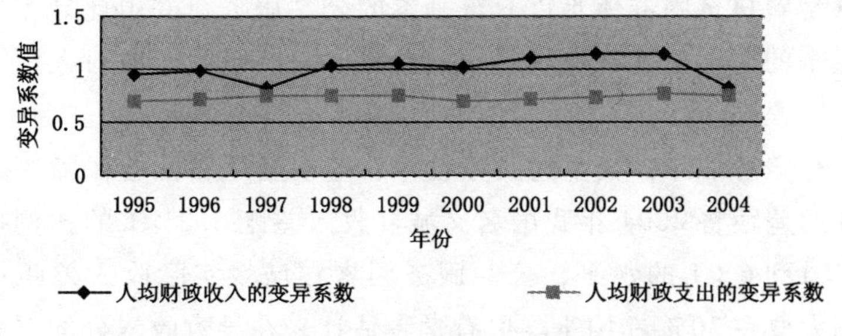

图 1－1　1995～2004 年全国各地区人均财政收入和支出的变异系数变化情况

经费支出的最高额与最低额的比值（即极差率）为 8.84[①]。2003 年，我国普通小学生均教育经费支出平均为 1295.39 元，最高的为上海 7030.12 元，最低的为河南 677.43 元，生均教育经费支出的最高额与最低额的比值为 10.38[②]。可见，从 1998 年至 2003 年，就最高额和最低额的差距来看，全国各地区普通小学生均教育经费支出的差距呈扩大趋势。

1998 年，我国初级中学生均教育经费支出平均为 1101.84 元，最高的为上海 3523.46 元，最低的为贵州 520.78 元，生均教育经费支出的最高额与最低额的比值为 6.77。2003 年，我国初级中学生均教育经费支出平均为 1667.95 元，最高的为上海 7797.70 元，最低的为河南 928.60 元，生均教育经费支出的最高额与最低额的比值为 8.40。可见，从 1998 年至 2003 年，就最高额和最低额的差距来看，全国各地区初级中学生均教育经费支出的差距呈扩大趋势。

就城乡公共服务差距而言，这种差距已经成为导致城乡收入差距的重要因素。城乡公共服务供给的严重失衡，使农村居民、

① 数据来源：《中国统计年鉴（1996～2005）》数据整理。

② 数据来源：《中国教育经费统计年鉴（2004）》。

尤其是农村贫困群体难以获得基本的公共服务，并由此导致他们最基本的生存权和发展权得不到保障，直接限制了农村人口素质的全面提高。

有学者估计，城乡间义务教育、基本医疗和社会保障等公共服务的差距将2004年我国名义城乡收入差距3.2：1的比例扩大至5：1到6：1的水平，公共服务因素在城乡实际收入差距中的比例大概在30%～40%。也有学者估计，在导致收入分配差距的各种因素中，教育因素大概占20%①。

（二）各级政府间的事权与财权关系划分不清，基层政府财政相当困难

目前我国各级政府之间的职责划分不清，不规范，即事权不清，在此情况下，各级政府间事权层层下放，而财权和财力却层层上收。目前基本公共服务的事权，主要由县乡基层财政来承担，像义务教育、公共卫生、社会保障和福利救济等支出大都由基层财政负担。例如，据调查，我国的义务教育经费78%由乡镇负担，9%左右由县财政负担，省负担11%，中央财政负担不足2%，又如，预算内公共卫生支出，中央政府仅占卫生预算支出的2%，其他均为地方政府支出，而在地方政府，县、乡共支出了预算的55%～60%。在许多国家，这些基本公共服务大多由中央和省级财政负担。另一方面，从财权和财力来看，基层政府没有税收立法权，没有举债权，也没有独立的主体税种，收入主要依靠共享税，其掌控的收入极其有限，而转移支付又不到位。据统计，目前拥有占全国人口70%以上的县乡财政组织的收入仅占全国财政收入的20%左右。可见，财力与事权的不匹配是基层财政困难的根本原因，也是基层政府提供公共服务能力不足的

① 引自中国体改研究会副会长、中国（海南）改革发展研究院执行院长迟福林在“中国：公共服务体制建设与政府转型”国际研讨会上的讲话。

关键。

（三）转移支付制度总体设计存在缺陷，形式过多，结构不合理

目前我国中央财政对地方财政的转移支付包括财力性转移支付、专项转移支付、税收返还及体制补助四种方式。其中，财力性转移支付又包括：一般性转移支付、民族地区转移支付、县乡财政奖补资金、调整工资转移支付、农村税费改革转移支付和年终结算财力补助等方式。

按照转移支付形式的性质划分，转移支付又可以分为以下几大类：

1. 税收返还、体制补助和结算补助。这几部分是1994年分税制财政体制改革后财政转移支付的主要组成部分，其性质是维护既得利益，是旧体制的延续，不具有均等化功能。

2. 一般性转移支付。是在支付过程中按规范和均等化的原则进行，这是国际上通常称为的均衡性转移支付。

3. 专项转移支付。服务于中央宏观政策目标，用于增加农业、教育、卫生、文化、社会保障、扶贫等方面的专项拨款，目前这些重点项目主要用于中西部地区。但其核定并不规范，加之往往被层层截留和被挤占、挪用，其性质属于非均等化转移支付。

4. 其他转移支付。包括上述的民族地区转移支付、调整工资转移支付、农村税费改革转移支付、“三奖一补”转移支付等，其性质属于专项转移支付，但在一定程度上又具有均等化的性质。

以2005年为例，对上述四种性质的转移支付加以分析，如表1－2和图1－2所示。

表1－2　按性质分类后的转移支付结构　单位：亿元

按性质的分类	额　度
税收返还、体制补助和结算补助	4871
一般性转移支付	1121
专项转移支付	3517
其他转移支付	1965

资料来源：(1) 2006年中央和地方预算执行情况与中央和地方预算草案的报告。(2) 张志华：《中国政府间财政关系改革的历程》，"中国政府间财政关系"国际研讨会，2006年7月。

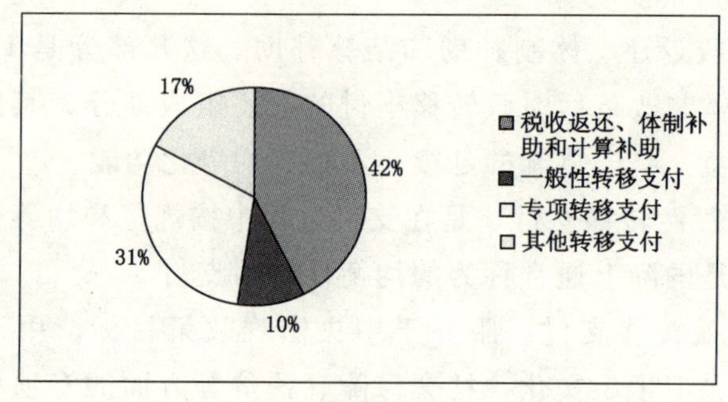

图1－2　按性质分类后的转移支付结构

1994年后转移支付的方案设计对分税制改革的顺利进行和平衡各地区财力起到了非常重要的作用。但是总体来看，存在着制度设计上的缺陷，具体表现在以下几个方面：

1. 转移支付形式过多，相互之间缺乏统一的协调机制。

目前，世界上绝大多数国家将转移支付分为均等化的一般性转移支付和专项转移支付两种形式，且一般性转移支付占转移支付的绝大部分。而我国转移支付形式过多，且各种形式的转移支付在均衡化的过程中有所交叉，管理混乱。

2. 税收返还的制度设计不利于公共服务均等化的进行。

新体制下采取的税收返还制度，是在保证既得利益的基础上进行的，这对1994年的“分税制”的改革起了重要的推动作用。中央对地方上划的税收按基期年如数返还，并逐年递增，税收额多的地区得到的返还额多，其财力充裕，而税收额少的地区得到的返还额少，财力依旧不足。税收返还占中央对地方转移支付的比例较大，2002年税收返还占到中央对地方转移支付总规模的41%①，2005年税收返还也占中央对地方转移支付总规模的33%。这种对所有地区无差别的基数税收返还，不仅未解决因历史原因所造成的财力分配不均和公共服务水平差距大的问题，反而在新体制下肯定了这一差距，这也不利于缓解地方收入分配不合理、不公平的现象。

3. 一般性转移支付规模过小。

在转移支付形式中，真正属于均等化转移支付形式的实际上只有一般性转移支付，其所占比重很小，目前只占转移支付总额的10%，因此，均等化作用有限。

4. 专项转移支付规模过大，且运行不规范。

专项转移支付是着眼于解决地区间具有外溢性的公共产品或公共服务的提供问题，着眼于国家宏观调控、促进各地协调发展和调整产业结构、优化资源配置的政策目标，但是，目前对专项转移支付的准入不甚明确，专项转移支付规模过大。2005年，专项转移支付的数额占中央对地方转移支付数额的31%。另外，部分专项转移支付项目设置交叉重复、分配制度不够完善、资金投向较为分散。据不完全统计，2005年中央财政分配的239项专项转移支付项目中，有41项内容交叉重复，涉及资金156.37亿元；有65项没有管理办法或管理办法未公开，涉及资金705.89

① 根据《关于2002年中央和地方预算执行情况及2003年中央和地方预算草案的报告》有关数据计算。

亿元，占专项转移支付资金总额的20%。按项目分配的专项转移支付有71项（不包括预算内基本建设和国债投资项目），涉及资金545.55亿元，具体分配到44149个项目，其中10万元以下的项目8825个，平均每个项目4.36万元[①]。

三、对我国推行公共服务均等化的建议

（一）建立公共服务型政府，完善公共财政制度

在市场经济中，市场对资源配置起到基础性的作用。政府应该对市场机制失灵的领域发挥作用。政府要继续推进政企、政资、政事分开，政府与市场中介组织分开，杜绝对企业生产经营的直接干预，把工作重点真正转移到为市场主体服务和创造良好发展环境上来。政府不能以牺牲提供公共服务为代价专注发展经济，更不能介入市场能够配置资源的领域，与民争利。要树立正确的政绩观，建立体现科学发展观与构建和谐社会要求的经济社会发展综合评价体系，实现政府职能的转变。

（二）完善财政体制

应当进一步明确中央政府与地方政府，以及地方各级政府之间在提供义务教育、公共卫生、社会保障和生态环境等基本公共服务方面的事权，健全财力与事权相匹配的财政体制。由于各类公共服务具有不同的性质和特点，各级政府承担的事权责任，也应有所区别。例如，社会保障和生态环境等公共服务，由于涉及面广和具有更大的外部性，主要应由中央政府和省级政府提供，由县级政府管理；义务教育和公共卫生等公共服务，应由中央、省和县三级政府共同承担，各级政府承担的比例，应视各地经济发展水平而定。在经济贫困地区，应全部由中央与省级政府承担，通常情况下，以省级政府为主；在经济中等发展地区，应由

① 资料来源：审计署："42个部门单位2005年度预算执行审计结果公告"。

三级政府共同承担，但中央和省级政府应负担50%以上；在经济发达地区，应由三级政府共同承担，但以县级政府承担为主。总之，在提供基本公共服务的事权划分上，应改变过去传统的按事务的隶属关系划分的办法，以便使财力与事权能够相匹配。明确事权划分后，应通过法律制度固定下来。

（三）完善均等化的转移支付制度

1. 试行纵向转移与横向转移相结合的模式。

世界各国大都实行单一的纵向转移模式，即中央政府对地方政府、上级政府对下级政府的财政转移支付模式，只有德国、瑞典和比利时等少数国家实行纵向与横向混合的转移模式，即在实行纵向转移支付的同时，还实行横向的转移支付。我国东部与中西部地区差距过大，中央财力又十分有限，单靠中央对地方的纵向转移，实现地区间公共服务的均等化，将会旷日持久，遥望无期，难以实现。我国东部发达省区支援西部不发达省区已有一定的政治思想基础，如发达省区与西藏、青海等省区之间的对口支援，只是尚未形成制度，更何况目前我国东部发达地区的经济发展水平和收入水平已接近一些发达国家的水平，有条件、也有义务从财力上支持不发达地区的发展。东部发达地区支援中西部不发达地区，有利于加快地区间的协调发展，提高国家整体经济发展水平，从而最终也有利于东部地区经济的发展。因此，可以在目前以纵向转移模式为主的同时，试行横向转移支付。

2. 完善转移支付形式。

第一，取消税收返还和体制补助。

税收返还的制度设计为1994年的分税制财政体制改革起到了重要促进作用，是中央对地方财政转移支付的重要组成部分。但是，这种制度维护了地方的既得利益，是旧体制的延续，同时税收返还的数量巨大，不利于公共服务均等化的实现。因此，不能将其永久化和固定化，甚至扩大化。目前已经具备了取消税收返还的条件。为了减少阻力，可以规定一个过渡期（比如3～5年），分步实施，逐步到位。

体制补助是1994年分税制改革后从旧的财政分级包干体制中延续下来的转移支付形式，属性和政策目标不明确，随着时间的推移，这种形式的均衡化效果进一步减弱。2005年，中央对地方的体制补助为386亿元，仅占2005年中央对地方转移支付总额的3.4%，建议尽快取消体制补助，将其并入一般性转移支付。

第二，调整财力性转移支付。

现行财力性转移支付主要包括：一般性转移支付、民族地区转移支付、县乡财政奖补资金、调整工资转移支付、农村税费改革转移支付、年终结算财力补助等。这里，除一般性转移支付外的其他类型的财力性转移支付都是因为中央出台某项政策导致地方财力不足引起的，或者用于某些专门事项的。这只能作为一种过渡性措施，而不能使其制度化，否则，如果每出台一项政策，就增加一项财力性转移支付，势必会造成财力性转移支付的混乱和不规范。因此，应当将财力性转移支付整合为一项统一的一般性转移支付，按照因素法，使用一个全面的转移支付计算公式，确定中央对各个地方的转移支付数额。在确定标准财政收入的时候，应当全面衡量地方财政的收入能力，将预算没有反映到的财力反映进来。在确定标准财政支出的时候，不仅应当考虑人员经费和公用经费等指标，更应当将总人口、可居住面积、地理环境状况等指标反映在内。

第三，科学界定专项转移支付标准，控制准入条件和规模。

首先，要科学界定专项转移支付的标准，即要明确具备什么条件才能列入专项转移支付。通常来看，列入专项转移支付的项目，应是具有外溢性、突发性、特殊性、非固定性等特征的项目。例如，跨地区的大江大河的治理，防护林带的建设，突发性的自然灾害和疫情的救治，特困县的脱贫救济，中央委托地方的项目等。根据专项转移支付应具备的上述特征，像义务教育、公共卫生、社会保障和一般性的扶贫等支出都不应列入专项转移支付的范畴。其次，要控制专项转移支付规模。专项转移支付，只能是次要的、辅助的形式，因此，规模不能过大。当然，如果把准入的条件限制在具有上述特征的项目内，其规模必然不可能过大。再次，列入专项转移支付的项目要经过科学论证和一定的审批程序。另外，要加强对专项转移支付项目的监督检查和绩效评估，防止被截留、挪用，提高其使用效果。

本节参考文献

1. 陈昌盛、蔡跃洲：《中国政府公共服务：体制变迁与地区综合评估》，中国社会科学出版社，2007 年。

2. 楼继伟："完善转移支付制度，推进基本公共服务均等化"，《中国财政》，2006 年第 3 期。

3. 贾康："区分'公平'与'均平'把握好政府责任与政策理性"，《财政研究》，2006 年第 12 期。

4. 安体富、王海勇："我国公共财政制度的完善"，《经济理论与经济管理》，2005 年第 4 期。

5. 中国财政学会 2006 年度重点课题《公共服务均等化问题研究》课题组研究报告。

1.2 基本公共服务均等化的基本模式

中共十六届六中全会《关于构建社会主义和谐社会若干重大

问题的决定》提出了"完善公共财政制度，逐步实现基本公共服务均等化"的目标。基本公共服务均等化是我国重要的财政政策，也是处理政府间财政关系的核心问题。本节着重研究了什么是基本公共服务，我国现阶段基本公共服务均等化政策的必要性以及怎样实现均等化等问题。本节指出，基本公共服务指与人权相关的政府服务。基本公共服务均等化属于公平原则，它是我国经济和社会发展的必然要求，在现阶段，我国应采用基本公共服务最低公平标准，以保障约1500个农业县的最低财力为重点，交叉运用纵向和横向转移支付模式。

一、什么是基本公共服务

我们要讲清基本公共服务均等化，就必须回答"什么是基本公共服务"，"什么是均等化"。

公共服务是一个广泛概念，"上至天文地理，下至鸡毛蒜皮"，怎样从众多的政府服务中界定并区分出基本公共服务呢？对此，国内学者有政府分担居民风险说①、城乡大体一致公共服务说②等观点。

然而，以上说法都不符合原意。笔者以为，基本公共服务指与人权相关的政府服务。人权是指在人的生存和发展中既不可剥夺，也不可转让的权利。18世纪的美国政治家T. 杰斐逊曾指出："我们认为下述真理是不言而喻的：人人生而平等，造物主赋予他们若干不可让与的权利，其中包括生存权、自由权和追求

---

① 刘尚希：《基本公共服务均等化：目标及政策路径》，"所谓公共服务是指政府利用公共权力或公共资源，为促进居民基本消费的平等化，通过分担居民消费风险而进行的一系列公共行为。"人民网，2007年6月12日。

② 陈依慧：《以公共服务均等化缓解城乡差距》，"公共服务均等化是指政府为社会公众提供基本的、在不同阶段具有不同标准的、最终大致均等的公共产品和服务。"浙江经济网，2007年5月23日。

幸福的权利"[①]。1948年联合国《世界人权宣言》则将人权界定为"人人有权享有生命、自由和人身安全"[②]。在我国，人权指人的生存和发展权利。

人权有两个特点：（1）只有在强有力的政府保障下，个人才能获得，因此，保护人权是政府的基本责任，也是它存在的基本理由；（2）它总是与一定的政府服务相联系，具有时代性特点。例如，在农业经济时代，青少年在家庭内就业，其生存技艺靠家长传授，因而教育是有钱人的奢侈品，而在工业时代，人们是在"家庭外"就业，需要具备工业社会的标准知识，为此，基础教育就成为人生存的不可或缺的条件，义务教育就成为工业时代政府的重要责任。

若这一点成立，我国现阶段第一层次的基本公共服务应指治安、教育、社会保障、初级医疗、公共卫生和环境保护等六项，第二层次（或扩展层次）的基本公共服务有道路、电力和科技推广。例如，解决农村道路问题、电力问题等也是政府的基本职能。

还需指出，基本公共服务均等化不等于政府免费提供。从性质看，基本公共服务项目既有纯公共产品，又有准公共产品，前者适宜免费提供，如治安、义务教育、社会保障、公共卫生，后者适宜采用由受益人分担成本的混合提供方式，如电力、农村道路维护、基本医疗服务等。

二、我国基本公共服务均等化的必要性

作为财政政策，西方的公共服务均等化是在20世纪60年代

---

① 《美国独立宣言》，http://chinavery.100steps.net/article/kaoyanyingyu。

② 《世界人权宣言》1948年12月10日联合国大会通过。中国青少年计算机信息服务网，http://www.cycnet.com。

后才陆续采用的，其背景既与进入后工业社会后人们收入快速增长有关，也与财政集权制有关。例如，欧洲各国增值税改革后，中央财政收入占全国财政收入的80% ~90%，为此，需要通过均等化来合理分散财力。在政策上，加拿大《宪法》第36章规定："国会和政府致力于实施均等化，确保省级政府在合理、可比的税收水平下有足够的财力，提供合理、可比的公共服务"。德国《基本法》确立了"公民生存条件一致性"原则，公民在全国范围内享有大体均等的公共服务，为此，法律既要求中央政府对经济欠发达的州提供纵向补贴，又要求经济发达的州向欠发达州提供横向补贴。

我国的基本公共服务均等化是中央根据现阶段经济和社会矛盾提出来的，具有历史必然性。

1. 它是我国政府人权观的要求。公共服务均等化属于财政政策，具有政治属性。国家根据市场经济的要求和财力可能，将那些与人的生存、发展相关的服务宣布为基本公共服务，即使居住在最不发达地区的居民也能获得大体均等的基本公共服务，这就体现了我国政府的人权观。

2. 它是构建社会主义和谐社会的重要内容。当前，我国存在着由"市场失灵"引发的三大社会矛盾。这包括：（1）贫富差异矛盾（穷人与富人和地区、城乡间的贫富差异）；（2）人与自然的矛盾（土地、石油、森林等自然资源匮乏、污染等）；（3）人民与政府的矛盾（官僚主义、浪费和腐败等三大难题，导致信任度下降）。应当说，这些矛盾是西方国家也遇到的，但中国经济高速发展将西方150年的事压缩到30年内，人们的观念不适应加上它们的相互交错，因而矛盾更深刻。

三大矛盾表明我国市场经济进入"拐点"：由初级阶段进入成熟阶段。它们既然是"市场失灵"，就只能用政治方式来解决，构建社会主义和谐社会是在这一背景下提出的。和谐是指在承认差异的前提下，通过一些措施来缩小个体间差异。基本公共服务均等化就是重要措施，它试图通过公共资源合理配置，使贫困家庭获得更多公共资源，借以缩小社会不公平程度。例如，教育能改变人的命运，切断贫困的代际转移，这一作用已得到经济学家的普遍认可，而教育均等化就是要发挥教育的这一作用，为构建和谐社会服务。

3. 它也是优化资源配置，形成合理的地区分工的要求。资源配置理论认为，最优的配置是指通过市场、非市场措施使现有资源获得充分利用的状态。由于资源分布具有不均衡性，因而一国最优的资源配置应当是在发挥优势基础上的地区合理分工。

我们知道，农业的重要性既不是GDP，也不是财政收入，而是粮食具有不可替代性，13亿中国人要吃饭，就要有人种田，这是最基本的道理，因而我们没有理由轻视农业。从地区分工角度，农业应当是中西部地区的优势产业。然而，现行的财政体制却不利于农业地区，产生了让好的愈好，让坏的愈坏的“马太效应”①。基本公共服务均等化就是要在承认地区间财力分配差异的前提下，以基本公共服务为主线，加强对欠发达地区的财政支持，缩小地区间财政差异，促进地区合理分工的形成。

三、基本公共服务最低公平——均等化的基本模式

什么叫均等化？为此，笔者概括为：人均财力的均等化，公共服务标准化和基本公共服务最低公平等三种模式。以下，笔者结合对各模式利弊分析来考量我国的均等化路径。

（一）人均财力的均等化

这是欧盟和加拿大均采用的模式，指中央政府按每个地区人

---

① 马太效应：“凡有的还要加给他，叫他多余；没有的，连他所有的也要夺过来。”见《圣经——新约·马太福音》。

口，以及每万人应达到的公共支出标准来计算向地方政府补贴的制度。该支持模式的理论为：地方性公共服务的资金需求，如教育、治安等与人口有密切联系，因而只要中央向地方政府提供大体均等的财力，就可以使他们向居民提供大体均等的公共服务。至于地方政府提供哪些服务，应取决于当地居民的消费偏好。该模式的特点：（1）以中央对地方补助为主，按人均财政支出水平为转移支付计算依据，但也用于横向转移支付，各地按“地方收入+中央补助”公式来安排支出；（2）为保证地方服务大体均等，将社会保障支出等对地方财力均等化有重大影响的支出项目划归中央。

由于20世纪60年代后欧洲各国相继采用了增值税制，增值税属于中央税，中央财政收入高达80%～90%，这就需要通过适当方式分散财力，人均财力的均等化就是在这一背景下提出来的。在补贴方法上各国大多采用总额转移支付，按每万人口的人均标准计算出总量。在补贴形式上，英国采用以中央财政为主的纵向补助制，而德国采用纵向与横向转移支付结合的办法。按《联邦财政平衡法》，他们先将增值税总额的50.4%中的75%部分按州的人口分配，然后将剩余的部分对财政能力弱的州进行“平衡性非对称”分配，使欠发达州的财政能力达到全国平均水平的92%。最后，通过复杂的公式计算出经济发达的州对欠发达州横向补贴数额。而在法国，除了均等化财力转移支付外，中央政府还承担了全国公职人员工资，以保证地方财力的一致性。

该模式的优点：（1）在大体人均支出公平的基础上，赋予地方政府较大的理财权，符合财政联邦主义原则，也可避免专项拨款中易犯的以上级政府的偏好替代居民偏好的错误。（2）将财政拨款与人口挂钩符合准公共产品性质。由于地方公共服务大多属于准公共产品，因而按人口补贴，有利于引导地方政府改革按行政机构“养人数”拨款的机制。但该模式也存在一定缺点：

1. 该模式有两个隐含假定：一是地方支出主要用于公共工程和公共服务；二是地方政府和议会有较强的预算约束力，因而具备公共信托能力。而在我国，存在着预算法制环境不够健全，行政力量过于强大，预算约束软化和基层政府职能过度扩张等问题，基层地方政府尚不具备承担公共信托责任的行为能力。这就限制了在我国的应用。

2. 该模式以所有地方性公共服务为均等化对象，需要具备强大的中央财力和地方经济相对均衡两个条件。而我国虽然总财力庞大，但人均水平不高，且地区间经济差距过大，这就决定了均等化只能限定在基本公共服务的较小范围内。

3. 即使从发达国家看，该模式也有一定缺陷。例如，德国在人均财力均等化体制下，由于转移支付与地方经济发展是脱钩的，经济发展快的地区得到的补贴少，因而地方政府对发展经济缺乏兴趣，转而依赖于中央政府，这不利于地方经济发展。

总之，由于我国尚不具备公共服务均等化的条件，因而该模式在现阶段是不可行的。

（二）公共服务的标准化

公共服务的标准化指中央和上级政府通过颁布公共服务（设备设施、服务质量）标准，并以此为依据建立专项转移支付的模式。其特点：（1）以具体的公共服务项目为对象，如义务教育、社区公共卫生等。（2）采用统一的全国或地区标准，包括服务标准、设备设施配置标准等，前者如美国联邦政府的《1995 年对美国公众的服务标准》，后者如美国阿肯色州 2006 年对义务教育的拨款标准为 5700 美元/学生。（3）在经费供给上采用地方与中央分担经费的方式。

该模式的理论为，公共服务均等化是理念，需要通过公共服务标准来具体化。在具体实施中又分为"提供均等的服务"（如建立政府服务标准、设备设施标准来实现公共服务均等）和"让顾客获得均等的服务利益”两种标准。前者主要应用于传统管理，后者应用于以绩效管理为标志的“新公共管理”。2001 年美国《不让一个学生落后法案》不仅规定了义务教育的质量标准，还要求学校要在联邦学业测试中对成绩差的学生采取帮助措施，使其达到“合格”要求。这一法案体现了“让顾客获得均等的服务利益”要求。

该模式的优点：(1) 由于它采用选择公共服务项目，逐项建立标准的方式，因而既有利于落实基本公共服务政策，又保证了公共服务质量。(2) 机制灵活，国家可以按财力可能逐步扩大公共服务均等化范围。(3) 统一公共服务标准有利于克服地方政府在设备设施供给上“高标准、豪华化”浪费。而该模式的缺点主要有：

1. 建立公共服务标准困难。这既有技术方面，又有财政方面的原因。从技术方面说，制定某行业的设备设施标准较容易，但制定服务标准较难，而制定以“顾客”受益为基础的服务质量标准更难；从财政方面说，较高的标准需要较高的财力保障，在分担资金上存在着多级政府博弈关系，因而实施难度大。此外，它也会遇到行业间“标准攀比”的问题。

2. “一刀切”的标准易造成与居民的需求脱节。我国现阶段先进与落后生产力并存，地区间巨大的经济差异必然带来居民的公共服务偏好差异。由于公共服务标准是按中位地区需求制定的，“一刀切”标准会带来发达地区居民在公共服务水平过低，项目不足方面的不满，而欠发达地区居民对过于奢侈和冗余不满。而这两者都是公共资源浪费。此外，在“一刀切”标准下，发达地区虽有充裕财力也不能提高服务，因而不利于其积极性的发挥。

3. 它需要建立公共服务标准法，而在现行条件下，建立这一法律是困难的。

总之，公共服务标准化是实现公共服务均等化的重要路径。但它比较适用于地域不大、经济发展水平差异较小的国家，对我国这样地域广大、经济差异过大的国家来说，显然不是好办法。

（三）基本公共服务最低公平

基本公共服务最低公平也称为基本公共服务最低供应（简称为“最低公平”），最早是1978年由英国学者C. 布朗和P. 杰克逊在总结财政联邦主义经验时提出来的。该理论将政府间职能分工与经费保障结合起来，提出了多样性、等价性、位置中性、溢出效应纠正、基本公共服务最低供应等8个原则①。由于该理论将财政的公平与效率结合起来，解决了财政资金转移支付中的一些难题，因而受到西方政府关注。我国目前在这方面的研究尚属于空白。

基本公共服务最低公平模式是整合前述两模式优点而形成的。其特点：（1）确立基本公共服务最低公平原则。“国家应让每个居民确信，无论他居住在哪个市或县，都会获得基本公共服务的最低保证，诸如安全、健康、福利和教育”②。为此，国家应按这一原则确定具体的基本公共服务项目，制定出最低提供标准，并通过多级政府分担经费来保障基层政府有能力提供。（2）公共服务标准可根据行业特点，采用实物标准、经费标准和服务质量标准等，但最终要确保服务质量，并通过绩效评价来促其达成。（3）确立“谁受益，谁出钱”的等价性原则。国家允许并鼓励有财政能力的地方政府提供更多的、质量更高的公共服务，但其经费应由提供服务的政府承担。

既然我们在分析人均财力的均等化和公共服务的标准化两种

① ［英］C. 布朗、P. 杰克逊：《公共部门经济学》，中国人民大学出版社，2000年，第233页。

② 同上。

模式时指出它们不适合现阶段我国经济和财政现状，那么，或许第三种模式——基本公共服务最低公平——是适合于我国的。

首先，它符合中央的政策目标。该模式将均等化限定为基本公共服务，这与中共中央十六届六中全会的要求是吻合的。我国处于社会主义初级阶段，人均财力水平仍较低，加上经济建设的巨大支出需求，尚无力达到全部公共服务均等化。面对这一现实，国家有选择地将部分重要的公共服务列为基本公共服务，并以国家的名义来保证最低供给水平，这既有必要性，又有可能性。

其次，它为解决发达与欠发达地区矛盾提供了可行方案。该模式将公共服务上的最低公平原则与等价性原则结合起来，这就既保证了欠发达地区居民的基本公共服务需要，又不妨碍发达地区政府提供更多、质量更高的公共服务。它解决了公共服务标准化下公共资源“既不足，又冗余”的难题。

再次，它符合公共财政改革渐进论要求。在我国，任何一项公共服务全国性改革需要上百亿元支出。例如，若新型农村合作医疗全国普及，按 9 亿农民和人均 25 元的最低政府补助计算，则需财政每年投入 230 亿 ~ 250 亿元，这说明基本公共服务均等化的标准、范围应随着国家财力提高而逐步提高，采用渐进策略。而基本公共服务最低公平模式正好适应了这点，它既顾及了现实财力可能，也为国家提高最低标准留下了政策空间。

最后，它符合我国公共政策走向。虽然理论界对该模式的研究尚未展开，但并不妨碍实践。可以说，我国近年来出台的重大改革，如农村义务教育经费保障新机制、新型农村合作医疗制度等都是按最低公平的思路制定的。尽管新型农村合作医疗要求每个农村居民交 10 元，政府补助 15 ~ 40 元，看病报销一半，是最低水平的公平保障，但却在缓解农民“因病致贫、因病返贫”上起到重要作用，受到普遍欢迎。据统计，全国已有 310 个县

(市)先后启动了新型农村合作医疗试点工作，约覆盖9504万农业人口。这说明，最低公平是经实践证明的可行模式，研究和完善这一模式具有重要政策价值。

总之，在我国地区间经济发展水平和财力水平严重不均衡，公共服务存在巨大差异的情况下，该模式或许是唯一可行的基本公共服务均等化模式。

四、基本公共服务最低公平下的财政体制

按照基本公共服务均等化要求，我国的新一轮财政体制改革即将展开，对于未来的财政体制，笔者有如下建议：

(一)确立以保障农业县财政为重点的财政体制改革思路

经验告诉我们，财政体制的核心是处理好财力配置上的“两极”关系，即保证作为“政府中的政府”的中央政府有足够财力，同时保证作为基层政府的市县政府有相应的财力。理顺“两极”关系是发挥整体政府功能的要件，而难点是怎样处理农业县的财政问题。

与世界各国一样，我国的工业化从城市开始，逐渐向沿海地区和城市周边农村延伸。这就引起了县级经济分化：部分县凭借地理、政策优势由农业经济为主变为工商业经济为主，即工商业县，而另一些县则停留在农业经济上。假如我们将GDP中农业部分的比重以50%为界，则全国2400多个县(含县级市)中，约有1500个是农业县。它们约占全国农业总产量的80%，覆盖了约6亿农村人口。农业县虽然拥有巨大的人口优势和农业优势，但财政却极其困难。

据笔者对安徽颍上和甘肃静宁、庄浪等县调查，农业县的财政状况是糟糕的。在市场化过程中，他们的“五小工业”破产，甚至无一销售额在百万元以上的企业。地处甘肃省平凉地区的某县2006年财政支出达4亿元，而全部税收仅0.4亿元。该县虽

有美丽的绿水青山，却无旅游业，虽有良好的森林覆盖着生态脆弱的黄土高原，盛产红富士苹果，并向渭河注入清澈水流，但却与财政收入无关。由于支出用途是上级确定的，县财政可支配财力每年不足百万元，连公安的办案费都拿不出来。这是农业县的普遍状况。从地区分工看，农业县的优势是农业，国家也需要农业。农业县的优势与国家需要的一致性，既说明了他们是解决“三农”问题的关键，也说明了它们是我国财政体系中的“软肋”和“碗底”，是财政体制改革必须解决好的问题。

就制度看，农业县财政恶化与分税制体制“激励不相容”有关。激励不相容（Incentive Incompatibility）指在委托代理关系中，制度安排使委托人和代理人在目标和行为上出现不一致，那些符合委托人利益的目标却无法对代理人产生激励作用，甚至代理人不按委托人的利益行事反而能获取更大的收益。据此不难发现，在分税制体制下，由于县级财政收入是与税收增长紧密挂钩的，而税收主要来自工商企业，他们又集中于城区和工商业县，因而城市和工商业县是该体制的受益者。而农业县由于缺乏工商业，对他们来说即使提高增值税地方分成比例也无实质性受益。而假定将地方新增财力看作是一种激励，则它所激励的是城市和工商业县，而农业县却与之无缘。因而分税制不能对农业县行为起激励作用，反而当他们在不惜破坏水源，引进造纸等污染工业时有更多收益。可见，激励不相容是农业县问题的关键。

就制度安排上看，我国财政体制已经形成了以城市、工商业县为主要受益者的既得利益格局。“路径依赖”理论告诉我们，既得利益者会通过施加种种压力将现行制度继续下去，何况他们的行为对经济发展是有利的。面对既要维护既得利益，又要维护农业县的利益的“两难”选择，我们有办法变对农业县“激励不相容”为“激励相容”吗？

对此，我们的回答是肯定的，解决的办法有两点：

1. 建立“国家农业发展基金”。此项基金由中央、省共建。假如该基金数额足够大，且随着国家总财力增长而逐年增长，就可能成为调整农业县财政关系的主导政策工具。具体设想为：在拨款上，基金应奖励那些对农业有贡献的县市，拨款数额与农业县的重要经济指标，如农业总产量、森林覆盖率、环保（如水源流出境域时的水质）、教育、治安等指标的改善挂钩；在使用上，基金采用不指定用途的总额转移支付，让他们感到与其办企业造成环境污染，不如发展农业“合算”，从而将制度安排调整到激励相容上；在总额上，若按每个县0.5亿元计算，则农业发展基金在750亿元左右，这是我国的总财力能够承受的。

2. 在维持现行利益格局下，启动横向转移支付机制。我们知道，中国的经济地理与流域有关，农业县分布在河流的上中游，而城市和工商业县在下游。这就告诉我们，与现行偏重于政治意义的“对口支援”不同，建立由城市和工商业县对农业县横向补偿性为特点的转移支付机制，或许是符合激励相容的“共赢”结果。为此笔者建议：(1) 国家在《预算法》中增补横向转移支付条款，明确发达地区对欠发达地区的转移支付责任。(2) 在制度设计上，横向转移支付应以流域治理为纽带，以下游受益地对上游水源地政府的补偿机制为主，资金主要用于上游地水源涵养、城市污水处理和农村教育、就业教育、农村道路、卫生设施等方面。例如，广东省对黔桂两省的补贴，长江流域的江浙沪对上游的川渝黔湘等省的补贴等，虽然其补贴额控制在省总财力的1%内，但作用却不可小视。实质上，这种横向转移支付也是对农业县的支援。

（二）建立以基本公平服务最低公平为基础的转移支付制度

虽然通过国家农业发展基金在一定程度上缓解了农业县的财政困难，但与中央“逐步实现基本公共服务均等化”目标仍有差距，为此，我们还需应用基本公共服务最低公平原则来完善转移支付制度。具体设想为：

1. 厘清转移支付。我国的转移支付项目十分混乱，且一些项目已失去原来意义，而变成了地方支出基数。因此，厘清转移支付并非指清理项目和资金，而是冻结现有项目，将资金（剔除少数工程性专款）转为地方财力基数，并在此基础上重建转移支付项目。

2. 建立对1500个县的国家农业发展基金项目，这是最大的一般转移支付项目。经过多年改革和发展，我国城市和工商业县的财力基础是能满足自身需要的，而问题是农业县财政。若通过农业发展基金，使每个县平均增加0.5亿元的基础财力，并逐年增加，则应当说它们的问题也基本解决了。从“花钱买农业、花钱买稳定”的角度看，这笔钱是值得的。

3. 按基本公共服务最低公平原则的要求，建立若干面对全国的治安、教育、社会保障、初级医疗、公共卫生；以及农村道路和通讯、电力，农村改水、科技推广等转移支付专项。在标准上，有的宜采用“顾客”标准，如治安费可按每万常住人口加系数计算（如农村的系数为1，城市为1.3），对初级医疗机构和公共卫生的补助经费按户籍人口加系数计算等。由于这一问题比较复杂，在这里不再展开。

本节参考文献

1. 马国贤：《中国公共支出与预算政策》，上海财经大学出版社，2001年。

2. 李金华：“规范财政转移支付很难，准备喊5年8年”，《中国青年报》，2006年6月4日。

3. 金人庆：《关于2005年中央和地方预算执行情况与2006年中央和地方预算草案的报告》，news. dayoo. com，2006年3月17日。

4. 何忠洲：《中国分税制改革方向：分税制还是财政转移支付?》，中新网，2006 年 4 月 12 日。

5. 阿伦·威尔达夫斯基：《预算过程中的新政治学》，上海财经大学出版社，2006 年。

6. 毛程连：《中高级公共经济学》，复旦大学出版社，2006 年。

7. 刘仲藜：《深化财税体制改革　推动政府职能转变》，徐州市发展和改革委网站，2005 年 7 月 12 日。

8. 张曙光："中国的财政改革与公共政策调整"，《21 世纪经济报道》，2003 年 1 月 21 日。

9. C. 布朗、P. 杰克逊：《公共部门经济学》，中国人民大学出版社，2000 年。

10. H. 罗森：《财政学》，中国人民大学出版社，2000 年。

1.3

基于地区差别的公共服务均等化指标体系①

2005 年 10 月 11 日中共中央十六届五中全会通过的《关于制定国民经济和社会发展第十一个五年规划的建议》要求，要"按照公共服务均等化原则，加大国家对欠发达地区的支持力度，加快革命老区、民族地区、边疆地区和贫困地区经济社会发展"。公共服务均等化是公共财政的基本目标之一，是指政府要为社会公众提供基本的、在不同阶段具有不同标准的、最终大致均等的

① 本节是2007 年度国家社会科学基金重大项目"贯彻落实科学发展观与深化财税体制改革研究"（批准号"07&ZD012"）的阶段性成果。

公共产品和公共服务。公共服务均等化的主要实现手段是政府间转移支付制度。2006年10月11日中共中央十六届六中全会通过的《关于构建社会主义和谐社会若干重大问题的决定》进一步提出，“完善公共财政制度，逐步实现基本公共服务均等化”。公共服务均等化问题已成为当前我国经济社会发展中的一个重要热点问题。

一、综合评价：中国公共服务均等化水平指标体系构建的基本方法

构建中国公共服务均等化水平指标体系实质上是对不同地区的不同公共服务项目的总水平进行评价。由于对公共服务项目的评价涉及很多方面，因此，必须用到综合评价方法。

（一）综合评价方法

综合评价（Comprehensive Evaluation，简称“CE”），是指运用多个指标对多个参评单位进行评价的方法。其基本思想是将多个指标转化为一个能够反映综合情况的指标来进行评价。综合评价过程不是逐个指标顺次完成的，而是通过一些特殊方法将多个指标的评价同时完成的；在综合评价过程中，一般要根据指标的重要性进行加权处理；评价结果不再是具有具体含义的统计指标，而是以指数或分值表示参评单位“综合状况”的排序。如不同国家经济实力，不同地区社会发展水平，小康生活水平达标进程，企业经济效益评价等，都可以应用这种方法。综合评价是评价者基于评价目的对评价对象进行的。评价者是对被评价对象进行评判的人，评价者可以是某个人或某团队。评价目的是评价工作的根本性指导方针。对某一事物开展综合评价，前提是要明确为什么要综合评价，评价事物的哪一方面，评价的精确度要求如何等问题。被评价对象通常是同类事物或同一事物在不同时期的表现。同一类评价对象的个数要有多个，否则，就没有判断和评

价的必要了。

（二）综合评价方法的几个要点

1. 评价指标及体系。指标是根据研究的对象和目的，能够确定地反映研究对象某一方面情况的特征依据。而指标体系是由一系列相互联系的指标构成的总体。它能够根据研究的目的和对象，综合反映出对象各方面的情况。一般来说，在指标体系的构建上，应当遵循以下几个原则：（1）层次性要分明。即应当根据系统的分层结构，将指标进行分类，使指标体系结构清晰，从不同角度对被评价对象进行评判。（2）指标要充分。指标体系的构架应当是一个有机整体，通过所选取指标以及相关指标特定方式的结合从不同方面反映被评价对象。（3）指标要独立。为了降低信息的重复和冗余，指标体系的各指标应当力求保持相对独立，各指标之间的关联度不大，从不同角度对被评价对象进行测度。在具体指标取舍的时候，还应注意：（1）数据要公开。便于第三方独立机构根据指标对评价对象进行复核，同时也避免版权、保密等方面可能出现的不必要的纠纷。（2）概念要清晰。指标概念界定应当准确无歧义，并且方便进行量化，便于计算。（3）获取要经济。数据的获取最好能够在合理的范围之内[①]。

2. 无量纲化方法的选择。在进行综合评价时，指标体系中所包括的各指标往往具有不同的计量单位，在构建综合指数时，首先应统一这些指标的量纲，也就是将不同单位表示的指标作无量纲化处理，所谓无量纲化，也叫数据的标准化、规范化，是通过数学的变换来消除原始指标量纲影响的方法。指标无量纲化的方法很多，各有不同的特点和应用场合。这些无量纲化的方法有统计标准化（也称 Z－score 法）方法、极值标准化方法（也称线

① 参考陈昌盛、蔡跃洲在构建指标体系中的基本原则，见《中国政府公共服务：体制变迁与地区综合评估》，中国社会科学出版社，2007 年。

性功效函数法）、对数功效函数法及幂函数型功效函数法等。

3. 权重系数。由于评价指标之间的相对重要性是不同的，因此，应当对评价指标赋予不同的权重系数（简称“权重”），进而反映评价的内容。关于权重的构造方法有多种，大体上可以分为两种：一类是主观构权法，一类是客观构权法。主观构权法是研究者根据其主观价值判断来制定各指标权重的一种方法，主要有专家评判法、层次分析法等。客观构权法是相对主观构权法而言的，它是直接根据指标的原始信息，通过统计方法处理后得到权重的一种方法。常用的方法有主成分分析法、因子分析法、相关法、回归法等①。

4. 合成方法。即通过一定的数学模型将多个评价指标合成为一个整体性的综合评价值。可用于合成的数学方法很多，要根据评价目的即被评价对象特点来选择较为合适的合成方法。具体来说，有加权算术平均法、加权几何平均法及加权算术平均和加权几何平均联合使用的混合方法。

5. 评价结果。得到评价结果并解释其具体含义，并且依据评价结果进行决策。评价结果仅仅具有相对意义，即只能用于性质相同的对象之间的比较和排序②。

二、人类发展指数和中国发展指数：之前的研究

目前，有一些利用综合评价方法来构建相关指标体系的研究，如联合国开发计划署编制的人类发展指数，樊纲、王小鲁和朱恒鹏等（2007）编制的中国市场化指数，中国人民大学中国调查评价中心（2007）编制的中国发展指数，李建平、李闽榕和高

① 贾俊平：《统计学》，清华大学出版社，2004 年，第 410 页。

② 参见杜栋和庞庆华编著的《现代综合评价方法与案例精选》，清华大学出版社，2005 年。

燕京等（2007）编制的中国省域经济综合竞争力指标体系及陈昌盛和蔡跃洲（2007）编制的公共服务综合绩效评估指标体系。上述各个指标体系从所评价的目的出发编制了相关的内容，均对中国公共服务均等化水平指标体系的构架提供了基本思路。下面看一下人类发展指数和中国发展指数。

（一）人类发展指数（Human Development Index）

人类发展指数（Human Development Index），缩写为HDI，是由联合国开发计划署（UNDP）在《1990年人类发展报告》中提出的。指数的取值在0和1之间，取值越高，人类发展水平越高；取值越低，人类发展水平越低。此后，UNDP每年发布一次全世界的人类发展报告，并将评估结果分为三类：HDI取值在0.800及以上的国家和地区属于人类发展高度水平；在0.500~0.799之间的国家和地区属于人类发展中度水平；0.500以下的国家和地区属于人类发展低度水平。目前，UNDP编制的人类发展指数及其每年发表的人类发展报告得到普遍的认可，成为评价世界各国人类发展综合水平的重要依据①。

HDI衡量一个国家在人类发展的三个基本方面的平均成就：（1）健康长寿的生活，用出生时的预期寿命来表示。（2）知识或教育，用成人识字率（占2/3的权重）以及小学、中学和大学的综合毛入学率（占1/3的权重）来表示。（3）体面的生活水平，用人均GDP（PPP美元）来表示。

在计算HDI之前，需要先对上述最底层指标生成对应的指数。为此，必须选定最低层指标的最大值和最小值。近年来，UNDP在计算上述各种分项指数时所采用的最大值和最小值见表1-3。

① 袁卫、彭非：《中国经济发展报告2006》，中国人民大学出版社，2007年，第10~11页。

表 1－3 计算 HDI 的最大值和最小值

指　标	最大值	最小值
出生时预期寿命（岁）	85	25
成人识字率（%）	100	0
综合毛入学率（%）	100	0
人均 GDP（PPP 美元）	40000	10000

进一步地，通过公式（1），把最底层的指标表示成 0 到 1 之间的数值：

$$z_i = \frac{x_i - \min(x_i)}{\max(x_i) - \min(x_i)} \tag{1}$$

其中，$\max(x_i)$ 和 $\min(x_i)$ 是 x_i 的最大值和最小值。

最后，将这些指标逐级按照加权算术平均法汇总而成。具体来说，出生时预期寿命按照上述公式转化的数值表示健康长寿的生活指数；成人识字率和综合毛入学率按照上述公式转化的数值后用 2/3 和 1/3 的权重合成知识或教育指数；人均 GDP 按照上述公式转化的数值表示体面的生活指数。然后，将这三个指数简单平均成人类发展指数。

（二）中国发展指数（RUC China Development Index）

中国人民大学中国调查评价中心（2007）借鉴了 HDI 指数的编制思想，同时结合中国国情来编制了“中国人民大学中国发展指数”（2006）（简称“中国发展指数”，英文为：RUC China Development Index，缩写 RCDI），以求全面测量我国各地区社会、经济、环境发展状况及差异。

中国发展指数由 4 个单项指数，总共 15 个指标（10 个正向指标、5 个逆向指标）构成。其编制的指标结构如下：（1）健康指数：出生预期寿命、婴儿死亡率、每万人平均病床数；（2）教育指数：成人文盲率、大专以上文化程度人口比例；（3）生活水平指数：农村居民年人均纯收入、人均 GDP、城乡居民年人均消费比、城镇居民恩格尔系数；（4）社会环境指数：城镇登记失业率、第三产业增加值占 GDP 比例、人均道路面积、城镇居民人均居住面积、省会城市空气质量达到并好于二级的天数（简称省会城市 API）、人均环境污染治理投资额。

在对常见的功效函数进行比较研究后，中国调查评价中心对原有的指数型功效函数法做了改进，提出了指数功效函数的改进模型，其数学形式如公式（2）：

$$d = Ae^{\frac{(x-x^s)B}{(x^h-x^s)}} \tag{2}$$

其中，d 为单项评价指标的评价值（即功效分值）；x 为单项指标的实际值；x^s 为不容许值（或不允许值）；x^h 为满意值（或刚容许值）。不容许值和满意值一般统称为阈值，表示的是一个固定时间横截面上的上限和下限值；A、B 为正的待定参数。对于正向指标，取 2006 年《中国统计年鉴》公布的 2005 年数据实际值的最大值为满意值，最小值为不允许值；对于逆向指标，取 2006 年《中国统计年鉴》公布的 2005 年数据实际值的最小值为满意值，最大值为不允许值。根据 2006 年《中国统计年鉴》公布的各个省级行政区各个相应指标的 2005 年数据，指数功效分值的值域在 60 分和 100 分之间，得分越高的地区，相应指标的发展水平也越高；反之亦然。对于 2006 年之前或之后《中国统计年鉴》公布的数据，中国发展指数的功效分值有可能小于 60 或大于 100，这反映了相对于各地 2005 年指标值增长或下降的情况：分值上升表示增长，反之亦然。

在中国发展指数的权重结构中，中国调查评价中心认为健康、教育、生活水平和社会环境四个单项指数对总指数计算的重要性应当是相等的，即上述四个单项指数在计算总指数时是等权的，以体现协调发展的理念。中国发展指数的合成方法采取加权几何平均合成方法，如公式（3）所示：

$$d = \prod_{i=1}^{n} d_i^{w_i} \tag{3}$$

其中，d 为被评价事物的综合评价值；w_i 为各评价指标归一化后的权数；d_i 为单个指标的评价值；n 为评价指标的个数。

三、中国公共服务均等化水平指标体系的构建

借鉴上述各指标体系的构建方法，本节试图构建公共服务均等化水平指标体系。

（一）反映公共服务均等化水平具体指标的选择原则

除了上面综合评价指标体系构建中选取指标的若干原则之外，针对公共服务均等化水平具体指标的选择，还应遵循以下原则：（1）符合“公共性”的特征。构建政府公共服务水平指标必须针对公共领域，符合公共财政的特征。指标的选择必须是公共服务的具体项目，而不是市场机制应当介入的领域。这是公共服务均等化水平指标体系不同于其他指标评价体系的根本特征，同时也是由评价目的和被评价对象所决定的。（2）侧重于评价地区之间的不平等。公共服务的均等化是在地区之间、城乡之间和人与人之间实现的。因此，即便从大的方面说是评价公共服务的均等化，但是具体评价的时候，仍然还有不同小的侧面。由于篇幅有限，本节更侧重于评价地区之间尤其是省份之间公共服务的不均等水平。（3）侧重于公共服务产出的评价。政府提供公共服务是本着“财政资金投入——→形成公共产品及公共服务——→满足居民需求及提高效用水平”的逻辑进行的，或者说是本着“投入——→产出——→效果”的逻辑进行的。本节在指标选择的时候，侧重于公共服务产出的评价或上述三步骤中中间过程的评价。

（二）公共服务均等化水平指标体系的基本架构

本节从公共服务均等化水平角度出发，以公共服务均等化指

数为核心，构建了1个一级指标，即“公共服务均等化指数”，1个二级指标，即“地区公共服务指数”，7个“方面指标”，同时在每一个方面指标下面设有两个或以上共16个“单项指标”，如表1-4所示。

表1-4　　公共服务均等化水平指标体系

一级指标	二级指标	方面指标	单项指标
公共服务均等化指数	地区公共服务指数	社会保障指数	参加基本养老保险人数占人口数比重
			参加失业保险人数占人口数比重
		公共安全指数	火灾发生数与人口数之比（起/万人）
			交通事故发生数与人口数之比（起/万人）
		公共卫生指数	每万人拥有卫生机构人员数（人/万人）
			每万人拥有卫生机构数（个/万人）
			每万人拥有医疗机构床位数（张/万人）
		基础教育指数	普通小学生师比
			普通初中生师比
		基础设施指数	人均拥有道路面积（平方米）
			城市用水普及率（%）
			城市燃气普及率（%）
		环境保护指数	每万人拥有废水治理设施数（套）
			每万人拥有废气治理设施数（套）
		科学技术指数	每万人三种专利授权数（项/万人）
			每万人技术市场成交额（万元/万人）

其中，七个方面指标分别是社会保障指数、公共卫生指数、公共安全指数、基础教育指数、科学技术指数和基础设施指数。而单项指标分别为：参加基本养老保险人数占人口数比重、参加失业保险人数占人口数比重、火灾发生数与人口数之比、交通事故发生数与人口数之比、每万人拥有卫生机构人员数、每万人拥有卫生机构

数、每万人拥有医疗机构床位数、普通小学生师比、普通初中生师比、人均拥有道路面积、城市用水普及率、城市燃气普及率、每万人拥有废水治理设施数、每万人拥有废气治理设施数、每万人三种专利授权数及每万人技术市场成交额①。

（三）各单项指标无量纲化的方法（或计算各单项指标标准得分的方法）

本节采取极值标准化方法（或线性功效函数法）来对各单项指标进行无量纲化，之所以采取这种方法，就是因为：（1）采取这种方法将各单项指标转化后的数据都在 0～1 之间，便于进行下一步的数学处理。（2）转化后的数据相对数性质较为明显。（3）就每个单项指标具体数值的转化而言，这种无量纲化所依据的原始数据信息较少，如数据单项指标中的最大值、最小值和各单项指标的具体取值②。

由于代表公共服务的各单项指标中还有正指标和逆指标之分。正指标即所谓越大越好的指标，而逆指标即所谓指标越小越好的指标。因此，对于正指标和逆指标无量纲化的具体方法还稍有区别。对于正指标，本节采取的无量纲化方法如公式（4）所示：

$$z_i = \frac{x_i - \min(x_i)}{\max(x_i) - \min(x_i)} \tag{4}$$

对于逆指标，采用的无量纲化方法如公式（5）所示：

$$z_i = 1 - \frac{x_i - \min(x_i)}{\max(x_i) - \min(x_i)} = \frac{\max(x_i) - x_i}{\max(x_i) - \min(x_i)} \tag{5}$$

其中，x_i 代表单项指标的具体取值，$\max(x_i)$ 和 $\min(x_i)$ 是 x_i 在 2000～2006 年不同地区单项指标中的最大值和最小值。

① 其中个别指标限于数据的可得性用效果类数据来代替，如火灾发生数与人口数之比；另外，还有个别指标具有“准公共性”的特点，如每万人技术市场成交额。

② 邱东：《多指标综合评价方法的系统分析》，中国统计出版社，1991 年，第 33 页。

（四）方面指标的合成方法及公共服务均等化指数的形成方法

在对各单项指标无量纲化的基础上，再将各单项指标合成方面指标。本节拟对单项指标的合成采取加权算术平均法。对于加权算术平均法的权重，本节拟对不同的单项指标赋予相同的权重。在由方面指标合成各个地区公共服务指数时，同样采取上述办法。

由于本节的重点是衡量某年度不同地区的公共服务均等化程度，以及均等化程度在不同年份的变化情况。因此，最终还需通过一定的统计指标来反映均等化程度。反映均等化程度的统计指标有很多，如变异系数（Coeffcient of Variation）、泰尔指数（Theil Index）和基尼系数（Gini Coefficient），本节拟采用变异系数来反映均等化程度。本节利用变异系数的基本原理构建了地区间公共服务的均等化指数，如公式（6）：

$$e_i = \frac{s_i}{\bar{y}_i} \tag{6}$$

其中，e_i 代表第 i 年的公共服务均等化指数，s_i 代表第 i 年各地区公共服务指数的样本方差，$\bar{y}_i$ 代表第 i 年的各地区公共服务指数的平均值。其中，公共服务均等化指数 e_i 越大，则代表地区间公共服务越不均等；公共服务均等化指数 e_i 越小，则代表地区间公共服务越均等。e_i 在这里是个逆指标，通过 e_i 可以直接比较不同时间公共服务均等化水平的变化程度。

（五）中国公共服务均等化水平指标体系的运用：基于2000～2006 年的地区数据

1. 基本步骤。

根据上述已构建的公共服务均等化水平指标体系，下面本节就开始将这一指标体系运用到中国目前地区间公共服务均等化水平的考察上来。

具体分为以下几个步骤：

第一步：确定要搜集数据的时段。考虑到数据的可得性（Availability）和连续性（Continuity），本节拟将考察时段定在2000年至2006年。

第二步：搜集从2000～2006年全国不同地区衡量公共服务水平单项指标的具体数值，并进行整理。其中，数据均来源于《中国统计年鉴（2001～2007）》。限于篇幅，本节将这一步骤得出的相关数据没有列出。

第三步：从极值标准化方法（或线性功效系数法）的基本原理出发，确定各单项指标在不同年度及不同地区的最大值和最小值，如表1－5所示。

表1－5　2000～2006年不同地区各单项指标的最大值和最小值

方面指标	单项指标	最大值	最小值
社会保障指数	参加基本养老保险人数占人口数比重	0.49	0.02
	参加失业保险人数占人口数比重	0.31	0.02
公共安全指数	火灾发生数与人口数之比（起/万人）	7.94	0.46
	交通事故发生数与人口数之比（起/万人）	31.68	0.73
公共卫生指数	每万人拥有卫生机构人员数（人/万人）	115.96	23.10
	每万人拥有卫生机构数（个/万人）	24.02	0.53
	每万人拥有医疗机构床位数（张/万人）	52.82	15.28
基础教育指数	普通小学生师比	28.61	9.82
	普通初中生师比	24.57	9.62
基础设施指数	人均拥有道路面积（平方米）	31.83	3.90
	城市用水普及率（%）	123.36	38.54
	城市燃气普及率（%）	113.84	23.53
环境保护指数	每万人拥有废水治理设施数（套）	1.67	0.03
	每万人拥有废气治理设施数（套）	3.42	0.07
科学技术指数	每万人三种专利授权数（项/万人）	9.74	0.03
	每万人技术市场成交额（万元/万人）	4410.66	0.00

第四步：在上述准备工作的基础上，将16个单项指标在不同年度不同地区的具体取值予以无量纲化，得出转化后的数值。

第五步：采用算术加权平均法将同一年度不同地区的无量纲化的单项指标合成方面指标，并进一步采用算术加权平均法将方面指标合成不同地区的公共服务指数。

第六步：运用变异系数的相关原理，求出各年度各公共服务具体项目及公共服务指数的变异系数。

第七步：将得出的不同年度公共服务均等化指数予以比较，得出2000～2006年我国不同地区的公共服务均等化水平的变化情况。

2. 相关结论及政策建议。

通过以上步骤，可以得到下面的图表，并可以看出以下问题：

第一，我国地区间公共服务水平在2000～2006年期间呈逐步扩大的趋势。这一点可以从公共服务指数的变异系数看出来。公共服务指数是衡量某地区综合公共服务水平的指标，公共服务指数的变异系数（即公共服务均等化指数 e_i）在2000年的时候是0.18，然而到2006年的时候，这一变异系数达到了0.25。尽管在其中若干年度出现下降，但总体上看，还是呈现上升的趋势（见表1－6、图1－3）。

表1－6　地区公共服务指数及方面指标的变异系数变化情况

年度	社会保障指数	公共安全指数	公共卫生指数	基础教育指数	基础设施指数	环境保护指数	科学技术指数	地区公共服务指数
2000	0.77	0.21	0.60	0.38	0.17	0.50	1.39	0.18
2001	0.79	0.23	0.62	0.38	0.44	0.56	1.52	0.24
2002	0.77	0.26	0.65	0.38	0.38	0.55	1.40	0.24
2003	0.69	0.22	0.67	0.39	0.25	0.55	1.69	0.21
2004	0.75	0.18	0.26	0.40	0.23	0.54	1.64	0.22

续表

年度	社会保障指数	公共安全指数	公共卫生指数	基础教育指数	基础设施指数	环境保护指数	科学技术指数	地区公共服务指数
2005	0.63	0.15	0.57	0.13	0.21	0.52	1.67	0.18
2006	0.77	0.14	0.54	0.31	0.21	0.54	1.66	0.25

注：表中的数值代表各指数在某一年度的变异系数，最后一列中地区公共服务指数的变异系数也即公共服务均等化指数。

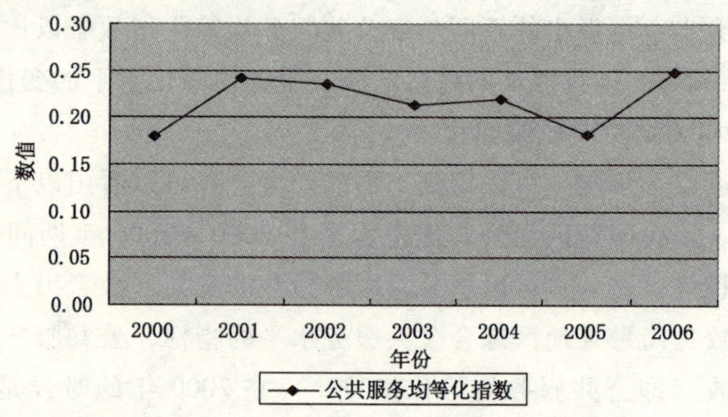

图 1－3　我国公共服务均等化指数的变化情况

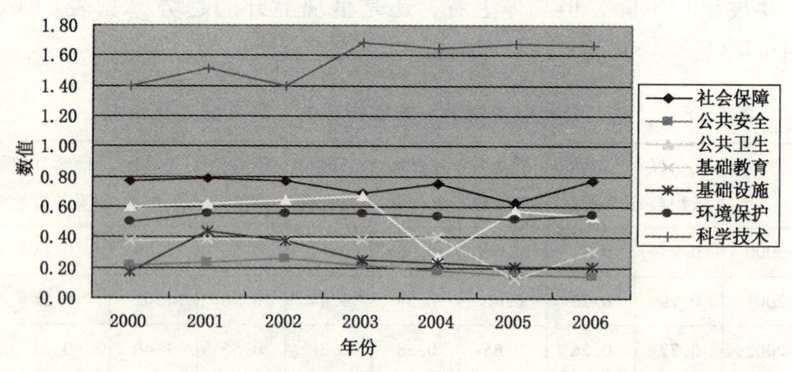

图 1－4　公共服务具体项目的均等化水平变化情况

第二，就具体公共服务项目来看，科学技术、社会保障、环境保护和公共卫生的差异程度较大。从图 1－4 中可以看出，尽管不同类型的公共服务项目在不同年份的差异在变化，但是，从2006年的结果来看，公共服务项目不均程度由大到小的排序为科学技术、社会保障、环境保护、公共卫生、基础教育、基础设施和公共安全。

笔者认为：我国地区间公共服务之所以产生不均，首要原因是地区经济发展的不均衡。地区经济实力的差异决定地区财力状况的差异，并进一步影响公共服务投入的差异，从而最终导致公共服务产出及效果的差异；其次，我国政府间财政关系的现行制度规定没有使地区间过大的财力差距获得改观。就政策建议看，笔者认为，(1) 从长期看，要落实区域经济协调发展的战略，使区域经济实力差距过大的现象得到根本的改观。(2) 从中短期看，要合理界定各级政府之间的财权和事权关系，建立规范的均等化转移支付制度，逐步取消税收返还，扩大一般性转移支付规模，规范专项转移支付，使各级政府的事权和财力相匹配。(3) 在实现公共服务均等化的过程中，注意根据公共服务项目的不同，区别对待，优先选择具有基础性及与民生密切相关的公共服务项目实现均等化。(4) 既要注重制度的规范、又要保证资金的投入，在二者的相互协调中实现公共服务的均等化。

本节参考文献

1. 安体富、王海勇："我国公共财政制度的完善"，《经济理论与经济管理》，2005年第4期。

2. 安体富："完善公共财政制度，逐步实现公共服务均等化"，《东北师大学报》，2007年第3期。

3. 安体富、任强："公共服务均等化：理论、问题与对策"，《财贸经济》，2007年第8期。

4. 陈昌盛、蔡跃洲：《中国政府公共服务：体制变迁与地区综合评估》，中国社会科学出版社，2007年。

5. 樊纲、王小鲁、朱恒鹏：《中国市场化指数——各地区市场化相对进程2006年报告》，经济科学出版社，2007年。

6. 李建平、李闽榕、高燕京：《中国省域经济综合竞争力发展报告（2005~2006）》，社会科学文献出版社，2007年。

7. 联合国计划开发署：《中国人类发展报告1997：人类发展与减贫》，中国财政经济出版社，1997年。

8. 联合国计划开发署：《中国人类发展报告1999：经济转轨与政府的作用》，中国财政经济出版社，1999年。

9. 宋洪远、马永良："使用人类发展指数对中国城乡差距的一种估计"，《经济研究》，2004年第11期。

10. 袁卫、彭非："中国经济发展报告2006"，中国人民大学出版社，2007年。

11. UNDP，1990，Human Development Report，Oxford University Press，New York.

12. UNDP，1997，Human Development Report，Oxford University Press，New York.

13. UNDP，2002，Human Development Report，Oxford University Press，New York.

1.4 基本公共服务标准化问题[①]

从建国以后我国城乡公共服务差距的扩大，并不完全是思想认

① 本节为教育部重大攻关项目《农村公共品供给与农村和谐社会建设》研究成果的一部分。

识不到位，没有认识到缩小城乡差距，解决“三农”问题的重要性，而是在一定时期未明确界定城乡公共服务所达到的目标，缺少有力的措施、制度和法律保障。而实行基本公共服务标准化管理，是城乡统筹发展的一种可行性选择。本节选择义务教育、公共卫生、社会保障、公共文化设施、公用事业设施、环境保护、就业服务等基本公共服务进行了分析和设计，提出了明确各级政府一定时期城乡基本公共服务标准，并将其列入政府年度工作计划或五年国民经济和社会发展规划等政策建议。

一、问题的提出

“三农”问题的存在，由来已久。仅从新中国成立以来，对有关问题的论述不仅一次。如毛泽东1956在《论十大关系》中讲到了农业、轻工业和重工业的关系，论述了区域发展关系[①]；周恩来在1965年就指出：“我国农村人口约占总人口的百分之八十七八，城市人口只不过占百分之十二三。如果我们的卫生工作不把重点放到农村，那怎么为劳动人民服务啊？为绝大多数劳动人民服务的口号等于没有兑现嘛。这个问题直到毛主席再三提出来，才引起卫生部门的注意”[②]。而几十年后的今天，城乡卫生服务水平仍存在巨大差距。公共服务在其他领域城乡的差距也是十分突出的，特别是在社会保障方面，绝大多数农民没有享受养老保险等公共服务。虽然“三农”问题、城乡差距的存在、发展，有其错综复杂的自然地理、历史、政治和经济诸多原因，但仅仅认为是思想认识不到位，思路不清楚，往往对这一问题很难是一个满意的解释。仅就城乡公共服务领域而言，纵观建国几十年来的发展历程，可以看出，

---

① 毛泽东：“论十大关系”，《毛泽东文集第六卷》，人民出版社，1999年。

② 周恩来：“农村卫生工作和计划生育问题（一九六五年十一月一日）”，《周恩来选集》，人民出版社，1984年。

政府对缩小城乡公共服务差距，缺乏明确可行的政策目标，行之有效的措施和制度保障，以及监测、监督机制。仅仅停留在一般性号召，文件规定，或采取一些临时性政策措施，则很难达到预期效应。党的十七大报告指出："统筹城乡发展，推进社会主义新农村建设"、"解决好农业、农村、农民问题，事关全面建设小康社会大局，必须始终作为全党工作的重中之重"[①]。这样，就为我们提出一个明确的方向，我们认为，实行基本公共服务标准化，应是城乡统筹发展的一种可行性选择。即通过在一定时期制定和执行基本公共服务标准，均衡城乡公共服务差异，实现统筹城乡发展，达到共同繁荣的目的。

具体而言，基本公共服务标准化，是指根据一定时期内国家经济社会发展和人民生活对公共服务的需要，结合政府的财政能力，选择教育、公共卫生、公用事业等领域若干与人民生活和经济社会发展关系十分密切的公共服务项目，就其服务数量和质量提出明确标准，在城乡统一实施，实现服务目标，以逐步缩小成城乡差距，统筹城乡发展。

二、基本公共服务标准化选择的可行性

实施基本公共服务标准化管理，不仅是缩小城乡差距、解决"三农"问题的迫切需要，从我国政府公共服务的现状、政府财力及居民需求分析，也具有一定的可行性。

（一）从我国政府公共管理实践分析，具有实施基本公共服务标准化的可能

1. 政府有制定、实施五年经济社会发展规划（计划）的丰富经验。建国以来，我国已制定和实施了十一个五年国民经济和

---

① 胡锦涛：《高举中国特色社会主义伟大旗帜为夺取全面建设小康社会新胜利而努力奋斗——在中国共产党第十七次全国代表大会上的报告》，人民出版社，2007年。

社会发展规划（计划），还有与之相适应的年度国民经济和社会发展规划（计划）。从整体上看，列入国民经济和社会发展规划（计划）的主要奋斗目标都已如期实现。虽然各个历史时期政府的工作重点有所不同，但都涉及社会发展问题，关系到各类公共服务。政府制定、实施五年期国民经济和社会发展规划的经验教训，可为一定时期制定、实施基本公共服务标准提供借鉴，其工作程序、调研预测方法、管理制度等，可运用于基本公共服务标准管理。国民经济和社会发展规划，为政府五年期内或年度内经济社会发展提出了奋斗目标，基本公共服务标准也可为政府在一定时期的公共服务水平提出了明确要求，引导政府各项公共服务工作的开展。

2. 各级政府有明确任期，政府负责人的选举、换届已走上制度化、法制轨道，可将公共服务标准执行情况列为政府绩效考核内容。根据《宪法》、《国务院组织法》、《地方各级人民代表大会和地方各级人民政府组织法》、《公务员法》等法律制度，我国中央政府和各级地方政府都有明确的任期，中央政府及地方政府五年一届，政府负责人的选举、换届已走上制度化、法制轨道。而提供基本公共服务是各级政府的职责，基本公共服务与地方经济社会发展和人民生活关系密切，可将可将公共服务标准执行情况列为政府绩效考核的重要内容之一，提出公共服务质量与数量须达到的目标，明确各级政府及其公务人员的职责，保证城乡公共服务水平的均衡与提高。

3. 基本公共服务标准管理具有技术上可能性。近年来，随着我国公共管理学科的发展，以及各地区建立服务型政府的实践，理论界和实际工作部门对各门公共服务指标进行了较为细致认真地研究，国外公共服务的理论与实践也得到广泛地介绍和传播，已有不少研究成果对教育、科技、文化、环境保护等公共服务评价指标体系进行了研究，有些指标体系已有二级、三级指标分类。这些研究成果，可直接为各级政府进行基本公共服务标准管理服务，因而，基本公共服务标准化具有技术上的可行性。

（二）近年来政府财政收入增长较快，基本公共服务标准在政府财力能够承受的范围之内

如前所述，包括政府公共服务在内城乡差别，其成因有自然地理环境、政治、经济、历史等多方面的复杂因素，其差别的消失需要一个过程，在我国这样一个人口众多、幅员辽阔、各地区发展极不平衡的大国，在短期内不可能实现这一目标。但在政府财力许可的范围内，选择一些与经济社会发展及人民生活关系密切，政府财力可以负担的基本公共服务，如义务教育、初级公共卫生、社会保障、公共文化设施、公共安全、基础设施等，提出在一定内政府提供服务的数量和质量标准，在城乡范围内统一执行，只要量力而行，就具有可行性。

从近年来我国财政收入增长情况来看，政府完全具备实施城乡公共服务标准化的能力。2003 年我国财政收入突破 2 万亿元大关，达到 21715 亿元，增收 2812 亿元；2004 年在解决 1288 亿元出口退税陈欠后，又突破 2 万 5 千亿元，达到 26396 亿元，增收 4681 亿元。2005 年全国财政收入突破 3 万亿元大关。2006 年，全国财政收入 39343.62 亿元，比 2005 年增加 7694.33 亿元，增长 24.3%，比预算超收 3920.24 亿元，其中，中央财政本级收入超收 2542.47 亿元，地方财政本级收入超收 1377.77 亿元。2007 年全国财政收入 51304.03 亿元，比 2006 年增加 12543.83 亿元，增长 32.4%，完成预算的 116.4%。2008 年全国财政预算收入 58486 亿元，比 2007 年执行数增加 7181.97 亿元，增长 14%[①]。较为充实的财力，为实施城乡公共服务标准化提供了坚实的基础。

① 资料来源：财政部网站。

（三）从城乡居民需求方面分析，基本公共服务标准化具有可行性

城乡居民既是公共服务资金的提供者，即纳税人，又是公共服务的接收者，在现阶段实行基本公共服务标准化管理，是可以接受的。

1. 满足基本公共服务需要，减少不公平感。近年来，在我国社会转型、经济体制转轨过程中，城乡居民收入差距呈不断扩大趋势，税收、社会保障等调节收入差距，体现社会公平的政策效应不够理想，中低收入阶层反映较为强烈。而政府通过实施基本公共服务标准管理，使城乡居民在最基本的公共服务，如义务教育、初级公共卫生、社会保障、公共文化设施、公共安全、基础设施等方面，享受到同等待遇，体现社会公共平，可逐步消除城乡居民，特别是弱势群体的不公平感，减少社会矛盾，维护社会稳定，构建和谐社会。

2. 通过基本公共服务标准管理，使城乡居民从切身利益的变化感受到政府在努力逐步缩小城乡公共服务差距，提高对政府公共政策的满意度。如前所述，包括公共服务在内的城乡差距，有其错综复杂的成因，其缩小以至消除也需要有一个过程，这一点，大多数城乡居民是能够理解的。而通过基本公共服务标准化管理，使城乡居民从切身利益的变化感受到政府在采取有效措施，切实在消除城乡差距，增加对农村公共服务的投入，关注弱势群体的利益，从而提高对政府工作的满意度，并主动配合政府有关方针政策的配合，增强政策效益。对一些暂时环无法解决的问题，也能够看到希望。

3. 根据城乡经济社会发展水平，制定切实可行的基本公共服务标准，城乡居民能够理解、接受。我国目前还处在社会主义初期阶段，受经济发展阶段和政府可支配财力的限制，公共服务的水平不可能很高。与发达国家相比，还有很大差距。而选择一些

与人民生活、经济社会关系密切的基本公共服务项目，如义务教育、初级公共卫生、社会保障、公共文化设施、公共安全、基础设施等，按统一标准在城乡实施，以保证城乡居民的基本生产生活需要，体现社会公平。而在其他领域仍存在一定差距，这种状况，城乡居民也能够理解、接受。

三、基本公共服务标准化的初步设计

由于公共服务范围十分广泛，城乡公共服务差距形成原因复杂，在较短时间内大幅度缩小差距，是不现实的。综合我国城乡公共产品供求状况、政府财政收支水平，特别是农村公共产品的迫切需求，我们认为，可将实行标准化管理的基本公共服务项目界定在以下范围：即义务教育、公共卫生、社会保障、公共文化设施、公用事业设施、环境保护、就业服务等为基本公共服务类别。这些基本公共服务，是所有公共服务中与城乡人民生活关系最直接、最密切的领域。其中，义务教育、公共卫生、社会保障是城乡差别最大、农民反映最强烈的三类公共服务。近年来，全国人大、政协两会议案和提案，各类民意调查机构调查结果，以及一些实际调研结论，都充分说明了这一点①。在上述范围内，结合城乡居民公共服务需求，政府财政支出能力等因素，制订一定时期内应达到的服务标准，在城乡区域统一实施。当然，随着国家经济发展水平的提高，社会公共事业的发展，政府对基本公共服务的范围、标准可以定期调整，增减服务项目，提高或降低标准。

我们以义务教育、公共卫生、社会保障、公共文化设施、公用事业设施、环境保护、就业服务为基本公共服务项目，设置一

---

① 参见零点研究咨询集团：《2006年中国公共服务公众评价指数手册》(www. horizonkey. com)。

级指标，每一指标再设置若干二级指标，并以2005年城乡公共服务水平为基础，根据十七大提出2020年实现全面建成小康社会的奋斗目标，测算未来五年可达到的数值（见表1－7）。

表1－7

基本公共服务一级指标	基本公共服务二级指标	五年应达到的服务标准（2005～2010）
义务教育①	生均财政预算拨款额	1900元（事业费）
	生均固定资产价值	0.5（万元）
	生均占有图书册数	17（册）
	师生比例	1:20
	教师职称合格率	90%
公共卫生②	传染病、地方病防治率	95%
	疫苗接种普及率	95%
	公共场所卫生合格率	90%
	食品卫生合格率	80%（农村）
	每万人拥有的医院（卫生院）病床数	25（张）
	每万人拥有的医生人数	35（人）
社会保障③	最低生活保障程度	95%
	医疗保险参保率	80%
	养老保险参保率	城乡参保率差距缩小20%
	工伤保险参保率	80%

① 根据教育部、国家统计局、财政部：《2005年全国教育经费执行情况统计公告》，《中国教育报》2006年12月31日，《中国统计年鉴（2006）》等资料测算。

② 根据卫生部统计信息中心：《2006年中国卫生事业发展情况统计公报》，卫生部网站，2007年5月9日，《卫生部发布六类食品卫生监督抽检结果》，卫生部网站，2006年12月15日，《中国统计年鉴（2006）》等资料测算。

③ 根据劳动和社会保障部、国家统计局：《2006年度劳动和社会保障事业发展统计公报》，劳动和社会保障部网站，2007年11月2日，《中国统计年鉴（2006）》等资料测算。

续表

基本公共服务一级指标	基本公共服务二级指标	五年应达到的服务标准（2005~2010）
公共文化设施①	人均公共图馆藏书册数	0.5 册
	每万人拥有的影剧院数	3 个
	每 100 万人拥有的科技馆数	2 个
	每万人拥有的体育场馆	2 个
公用事业设施②	自来水普及率	90%
	广播电视覆盖率	98%
	人均电力消费量	300 千瓦时/年
	行政村公共汽车通车率	90%
	每万人拥有的邮政服务网点	0.6（个）
环境保护③	生活垃圾处理率	50%（农村）
	污水处理率	70%
就业服务④	每 10 万人拥有的公共培训机构数	3（个）
	公共培训机构财政人均补贴额	1300 元
	公共培训机构每年培训人数	每年培训 500 万农民工

上述义务教育、公共卫生、社会保障、公共文化设施、公用事业设施、环境保护、就业服务等基本公共服务范围共 7 大类服务指标，29 个二级公共服务指标。通过对上述基本公共服务的标准化

---

① 根据国家体育总局：《关于实施农民体育健身工程的意见》，中央政府门户网站，2006 年 3 月 29 日。国务院：《全民科学素质行动计划纲要（2006~2010~2020 年）》，中央政府门户网站，2006 年 3 月 27 日。《中国统计年鉴（2006）》等资料测算。

② 根据《中国统计年鉴（2006）》等资料测算。

③ 根据《国务院关于印发国家环境保护“十一五”规划的通知》，中央政府门户网站，2007 年 11 月 26 日测算。

④ 根据农业部、劳动保障部、教育部、科技部、建设部、财政部：《2003~2010 年全国农民工培训规划》，中央政府门户网站，2005 年 8 月 14 日，《中国统计年鉴（2006）》等资料测算。

管理，在一定时期内明确提出需要达到的目标，配合相应措施，保障预期目标实现，可有效缩小城乡公共服务差距，促进城乡统筹发展，共同繁荣。

四、结论及有关政策建议

通过上述分析论证，我们可以得出以下研究结论：第一，从建国以后我国公共管理实践分析，城乡公共服务差距的扩大，并不完全是思想认识不到位，没有认识到缩小城乡差距，解决“三农”问题的重要性，而是在一定时期未明确界定城乡公共服务所达到的目标，缺少有力的措施、制度和法律保障。第二，选择若干基本公共服务项目实行标准化管理，即明确一定时期内政府必须为城乡居民提供公共服务的数量和质量，并配合相应的权责利管理制度，实行法制化管理，是缩小城乡公共服务水平差距的可行措施，无论是各级政府，还是城乡居民都是可接受的，实施城乡基本服务标准化管理具有现实可行性。第三，现有的公共管理理论与实践，为选择基本公共服务指标提供了技术的支持。在指标体系设计，目标数据确定等方面，可满足城乡基本公共服务标准化管理的需要。

基于上述研究结论，就城乡公共服务标准化管理提出以下政策建议：

1. 各级政府明确公布一定时期城乡基本公共服务需要达到的标准（可有一定的幅度），作为经济社会发展的重要任务列入政府年度或五年国民经济和社会发展规划。考虑到各地区经济社会发展不平衡，上述基本公共服务标准是可在不同地区有一定幅度差别，但城乡差距必须呈缩小之势，不能继续扩大。公布一定时期城乡基本公共服务需要达到的标准，就是明确了各级政府在此期间在工作任务，以合理配置财政资源，采取有力措施，努力为城乡居民生活，以及经济社会发展提供良好的条件。基本公共服务标准的公布、实施，对政府而言，也是一种也是一种外部的压力和约束。政府为了维护自身信誉，取信于民，必然想方设法去实现一公布的目标。同时，社会各界也能够了解政府的政策意图，积极配合、支持政府工作。通过明确各个时期的目标，将一般性号召、政府导向，转化为实际行动，经过若干阶段时期连续不断的奋斗，则必然能够达到逐步缩小城乡公共服务差距，统筹城乡发展的目的。

2. 将基本公共服务标准实现情况，作为政府政绩考核的专项重要内容。从理论上讲，克服市场失灵，提供共物品服务是政府应尽的职责。而在我国现阶段政府经济社会治理职能中，受经济体制转轨和社会转型的影响，公共服务能力不足，是制约经济社会发展的重要因素，成为和谐社会建设必须尽快解决的瓶颈。在公共管理实践中，上述基本公共服务涉及教育、卫生、就业和社会保障、环保、建设等政府部门，因而将基本标准实现情况，做为政府政绩考核的重要内容，构建科学、合理的考核体系，严格奖惩制度，以制度保证公共服务标准的实现。另外，由于公共服务的受益范围不同，不同类型的公共服务有不同层级的政府负责，因而就需要进一步划分各级政府公共服务的职责，能够细化到具体服务类别、事项，实现其制度化、规范化和法制化，运用政绩考核机制，促进各级政府尽职尽责，保证一定时期政府城乡公共服务目标的如期实现。

3. 在制度上、法律上明确超标地区有帮扶落后地区的义务，并建立相应的支持机制。目前我国城乡公共服务差距的调节，主要依靠从中央政府到地方政府、从上级政府到下级政府的纵向调节，主要靠一般性转移支付和各种名目繁多的专项转移支付。在制度上没有横向的转移支付，即地区之间、城乡之间的转移支付。只有一些对口支援等非制度性、非约束性的政策引导。由于现阶段纵向转移支付以税收返还为主，可平衡地区公共服务差距的一般性转移支付、专项转移规模有限，因而对缩小城乡公共服务差距贡献不大。因而为了有效缩小城乡公共服务差距，除纵向转移支付外，在制度上、法律上明确规定基本公共服务水平超标地区有帮扶落后地区的义务，实行地区间、城乡间横向转移支付制度，保障各地区城乡实行基本公共服务标准化管理所需财力，促进城乡共同发展。这种转移制度，特别是城乡之间的转移支付制度，需要在核定各地区标准财力、标准支出的基础上，确定转移支付的水平，在相应行政区划内，通过政府预算制度，安排城市对农村地区的转移制度，以保障城乡基本公共服务标准的实现。在规范的横向转移支付制度建立之前，也可将现行地区间对口支援制度上，在公共服务领域提出达到的明确要求，已逐步缩小城乡基本公共服务差距，向横向转移支付制度过渡。

4. 在一定时期内对基本公共服务范围及指标体系作出技术上的调整。由于国家经济社会的发展，城乡居民需求的变化，特别是我国今后几十年处在城镇化快速推进的时期，公共服务需求变化较大，有些公共服务已达到城乡统一，或者差距不大，或者居民需求已发生重大转折，就有必要对政府提供基本公共服务范围及指标体系作出技术上的调整，增加一些新的公共服务指标，淘汰一些过时的服务指标，调整考核的指标体系和标准数值，使公共服务标准化管理更具有现实性，为城乡统筹发展做出更大的贡献。这种调整，可配合政府五年期的国民经济和社会规划或者年度规划来实施，以适应国家经济社会发展和城乡人民生活对公共服务的需要。

本节参考文献

1. 胡锦涛：《高举中国特色社会主义伟大旗帜为夺取全面建设小康社会新胜利而努力奋斗——在中国共产党第十七次全国代表大会上的报告》，人民出版社，2007 年。

2. 宋洪远等：《中国乡村财政与公共管理研究》，中国财政经济出版社，2004 年。

3. ［美］费雪：《州和地方财政学》，中国人民大学出版社，

2000 年。

4. 董礼胜等：《中国公共产品供给》，中国社会出版社，2007 年。

5. 邓力平："对我国现阶段公共产品提供的几点看法"，《财政研究》，2007 年第 10 期。

6. 陈国庆、王叙果："公共产品纯度：公共产品市场建设的理论基础"，《财贸经济》，2007 年第 10 期。

7. 温来成主编：《政府经济学》，中国人事出版社，2004 年。

8. 温来成主编：《现代公共事业管理概论》，清华大学出版社，2007 年。

1.5 基本公共服务均等化目标模式与战略选择

基本公共服务均等化是指那些尚未达到均等化提供状态或尚未达到社会均等化受益程度的基本公共服务项目由政府非均等提供转化为均等提供、由社会非均等受益转化为社会均等受益的过程。而基本公共服务均等化目标是一个复合性目标体系，涵盖政府提供基本服务财力均等化、能力均等化、结果均等化，以及公众从政府提供基本服务中受益程度均等化等多重含义。推进基本公共服务均等化是全面贯彻落实科学发展观和构建我国社会主义和谐社会的重要组成内容，也是党的十七大报告中提出的一项重大战略任务。必须全面理解推进基本公共服务均等化的含义和我国推进基本公共服务均等化的重要意义，完整把握现阶段我国推进基本公共服务均等化的内容，选择好我国基本公共服务均等化目标模式与推进战略。

一、推进基本公共服务均等化的含义

正确理解基本公共服务均等化含义，必须从理论上完整把握公共服务与基本公共服务之间的逻辑关系，明确推进基本公共服务均等化概念的内涵和外延。

所谓公共服务是指政府为满足社会公共需要而提供的使社会成员公共受益的各项服务。从现象上看，政府提供的公共服务是指国防机构、政府部门、司法机关、事业单位等所有承担国家公共职能的部门和单位提供的各种服务的总称。从本质上分析，是指按照市场经济条件下理顺政府与市场关系的要求，政府及其所属部门和单位在弥补市场缺陷和纠正市场失灵过程中对公共产品、正外溢性产品和自然垄断产品的供给行为，或者说是政府及其所属部门和单位提供广义公共产品的行为。如维护社会公平、主持社会正义，颁布法律制度、维护社会秩序、维护国家安全、维护居民生存权、受教育权、自由迁徙权、劳动权等均属于政府提供的广义公共产品。需要指出的是，由于政府提供公共服务的职能范围是由具体的社会公共需要内容决定的，而社会公共需要内容又是由各种经济因素、文化因素、社会因素共同决定的，是社会发展到一定历史阶段的产物。由于不同国家和同一国家在不同的历史阶段，受经济因素、文化因素、社会因素共同决定的社会公共需要内容并不完全相同，因而受社会公共需要内容决定的政府公共服务职能也并不完全一致。

基本公共服务是政府提供的公共服务体系中的最基本的内容，或者说是指政府为满足社会成员生存与发展的最低层次需要而提供的民生性的公共服务。具体表现是政府为确保公民生存权、健康权、居住权、受教育权、劳动权、生命和财产安全等基本社会权利而提供的公共服务。就此而言，世界各国由于受各自的经济发展水平方面的影响，在界定社会成员生存与发展的基本公共需要内容和由此决定的政府提供的基本公共服务水平方面也不完全相同，最明显的标志是发达国家提供的维护公民生存权的“低保”水平和环境保护水平等基本公共服务水平普遍高于发展中国家。同时还要看到，即便是同一国家在不同的社会经济发展阶段，由于受不断提高的社会最低层次的公共需要水平和政府提供公共服务财力与能力等因素的影响，政府提供的基本公共服务水平也会存在很大差异，总体上呈现了基本公共服务水平不断提高的变化趋势。

推进基本公共服务均等化，是指把那些尚未达到均等化提供状态或尚未达到社会均等化受益程度的基本公共服务，由政府非均等提供转化为均等提供，由社会非均等受益转化为社会均等受益的过程。基本公共服务均等化包含着这样两方面内容：一是在范围上不是泛指满足社会成员生存与发展最低层次需要的全部基本公共服务内容，而是特指的那些尚未达到均等化提供状态或尚未达到社会均等化受益程度的基本公共服务项目，如何实现基本公共服务均等化。二是基本公共服务均等化目标是一个复合性的目标体系，基本公共服务涉及到政府提供基本服务的财力均等化，政府提供基本服务的能力均等化，政府提供基本服务的结果均等化，社会成员从政府提供基本服务中获得的受益程度均等化等多重含义。由于基本公共服务本质上具有公共性和普惠性，只有实现基本公共服务均等化，才符合基本公共服务本质属性和客观要求。从国际上看，由于不同国家和同一国家在不同历史阶段的经济发展水平、财政实力不同，不同国家和同一国家在不同历史阶段采取的经济与社会发展的战略方针不同，往往导致不同国家和同一国家在不同历史阶段的基本公共服务水平和基本公共服务均等化程度也有所不同。

二、推进我国基本公共服务均等化的目标模式

从世界各国推进基本公共服务均等化的成功经验来看，无论基本公共服务均等化的范围，还是基本公共服务均等化水平，都是根据各国具体国情确定的，并随着经济发展与社会进步要求，呈现了渐进的发展过程。就我国来讲，推进基本公共服务均等化还处于起步阶段，必须结合现阶段的国情，在正确处理需要与可能矛盾的基础上，按照“范围适当、水平适度”的目标，合理界定我国基本公共服务均等化的范围与水平。

1. 必须按照“范围适当”要求，合理界定我国现阶段基本公共服务均等化的范围。从世界各国来看，基本公共服务均等化范围是随着社会经济发展不断拓展的，根本目的是满足整个社会不断变化的基本公共服务需要。就我国来看，必须从正确处理需要与可能的矛盾关系入手，具体规定我国基本公共服务均等化的具体范围。

从我国对推进基本公共服务均等化的社会需要来看，在我国体制转轨，新旧产业更替，社会加速转型过程中，城乡之间、不同地区之间、不同群体之间的居民财富、居民收入、居民消费呈现了不断拉大的趋势。伴随着居民收入差距和消费差距的不断拉大，出现了一些“上不起学”、“看不起病”、“住不上房”的特殊困难群体，产生了一些群众普遍关注的民生性的公共问题，需要政府从解决现阶段我国暴露出的基本公共服务非均等的种种实际问题出发，承担起维护公平和正义的公共职能，按照我国维护公民基本权利的各项法律规定，结合我国现实社会中亟待解决的关系居民基本生存与发展需要的公共性、民生性问题，通过推进基本公共服务均等化，满足社会成员生存与发展的最低层次需要。

就我国推进基本公共服务均等化的供给角度而言，改革开放

以来，伴随着我国体制转轨，产业规模不断壮大，呈现了社会经济快速增长，国家综合实力逐步增强，财政收入规模迅速扩大的发展局面。改革开放近 30 年来，我国 GDP 总量由 1978 年的 3624 亿元增加到 2007 年的 246619 亿元，增长了 67 倍；财政收入由 1978 年的 1132 亿元增加到 2007 年的 51304 亿元，增长了 44 倍。正是由于国家综合实力的增强和财政规模的不断扩大，为我国推进基本公共服务均等化提供了财力支撑条件，使我国推进基本公共服务均等化具备了可能性，国家不失时机地提出了推进基本公共服务均等化的战略思想。

从正确处理基本公共服务均等化社会需求与政府供给能力的角度分析，尽管整个社会对基本公共服务均等化具有强烈的需求愿望，并希望基本公共服务均等化范围越大越好，但从推进基本公共服务均等化的政府供给能力来看，不仅要看到我国综合实力的增强和财政规模的扩大为我国推进基本公共服务均等化有利条件，还要看到目前我国仍然处于发展中国家水平，人均 GDP、人均收入、人均公共财力水平还相对较低，还基本上处于基本公共服务均等化的起步阶段，不具备大范围推进基本公共服务均等化的财力和能力，只能从我国最迫切需要解决的民生性公共问题出发，合理确定现阶段基本公共服务均等化的推进范围。

综合上述分析，可以把我国推进基本公共服务范围概括为七个主要方面：(1) 社会救助与社会保障服务均等化；(2) 居民住房保障服务均等化；(3) 文化教育服务均等化；(4) 卫生医疗服务均等化；(5) 环境保护服务均等化；(6) 基础设施服务均等化；(7) 公共安全服务均等化。

2. 必须按照“水平适度”要求，合理界定我国现阶段基本公共服务均等化水平和均等化程度。由于基本公共服务均等化水平和均等化程度是受经济社会发展水平、政府提供条件、政府提供能力决定的，确定我国基本公共服务水平和均等化目标的实现程度，必须与我国现阶段的国情、国力相适应。

从国际上看，20世纪70年代中期以来，西方发达国家进入了基本公共服务均等化的加速推进期，从这一时期西方发达国家的经济实力分析，其人均GDP都超过了3000美元，美国、加拿大、澳大利亚、德国、法国的人均GDP超过了6000美元，北欧一些福利国家的人均GDP水平更高。从同期政府财政实力分析，其人均公共财力都超过了1000美元，美国、加拿大、澳大利亚、德国、法国的人均公共财力超过了1800美元，正是由于其强大的经济实力和国家财政实力，使这些国家能够把60%左右的公共财力用于可均等的基本公共服务支出，以加速推进其基本公共服务均等化。

就我国来讲，改革开放以来，虽然我国呈现了社会经济快速增长，国家综合实力逐步增强，财政收入规模迅速扩大的发展局面，但由于我国人口众多，经济崛起的起步较晚，反应在人均GDP、人均收入等方面，我国与发达国家相比还存在很大差距。如我国GDP总量虽然在国际上居第4位，但人均GDP在国际上却排在了104位，人均收入排在了109位。目前的人均GDP仅有2600美元，以人均财政收入匡算的人均公共财力仅为550美元，即使把政府部门的非税收入考虑在内，人均公共财力也不足750美元。显然，从人均GDP和人均公共财力水平来看，我国虽然进入了推进基本公共服务均等化的初始阶段，但不具备在短期内完全促进基本公共服务均等化的实现能力。一方面，我国基本公共服务均等化的财力供给与财力需求之间的缺口很大，即便是不断增长的财政资金，短期内也难以满足基本公共服务均等化对公共财力的需求。另一方面，考虑到我国财政支出中的制度性刚性因素的影响，即便是调整我国财政支出结构，也只能是逐步加大财政对基本公共服务的支持力度，短期内难以达到实现基本公共服务均等化的公共财力支持条件。

通过我国对基本公共服务均等化的社会需要和财政供给能力的分析，我国推进基本公共服务均等化战略，既要充分考虑现阶段的社会经济发展对基本公共服务均等化的强烈需要，力争加快进程，又要充分考虑各级政府的提供能力，特别是财政供给的实际承受能力，不仅基本公共服务范围不宜过大，基本公共服务水平也不宜过高，基本公共服务均等化目标也不能寄希望于短期内尽快实现，只能按照分类与分步推进原则，稳步推进我国基本公共服务均等化。

三、推进我国基本公共服务均等化的评价指标体系

按照实现我国基本公共服务均等化目标模式要求，推进我国基本公共服务均等化，必须科学设计用来衡量基本公共服务均等化的评价指标体系，为分析和考核基本公共服务均等化的推进程度提供依据。

首先，合理设计用来衡量基本公共服务均等化的指标体系，需要按照推进我国基本公共服务均等化的范围，科学界定具体科目。其中，社会保障主要包括最低生活保障、医疗保险、养老保险和失业保险科目；住房保障主要包括经济适用房、廉价房、廉租房保障科目；卫生医疗主要包括公共卫生服务，传染病预防和公共医疗服务科目；文化教育主要包括具有明显社会公共受益属性的文化宣传，城乡义务教育等科目；资源与环境保护主要包括水资源保护，生态资源保护，生态环境保护等科目；基础设施主要包括公共性的交通设施、通讯设施、教育设施、卫生医疗设施、文化基础设施等科目；公共安全主要包括消费安全、生产安全、财产安全等科目。

其次，合理设计用来衡量基本公共服务均等化的指标体系，需要处理好供给评价与需求评价的关系。对于基本公共服务均等化，不仅涉及到究竟从供给角度还是从满足需要角度的评价分析

问题，还涉及到把基本公共服务范围和具体项目由定性界定向可以定量分析的指标转化问题。就前者而言，许多发达国家起初主要是从供给角度设计基本公共服务均等化评价指标的，后来转化成了从满足需要角度设计基本公共服务均等化的评价指标。就后者来讲，基本公共服务范围和具体项目都是按照性质和用途不同界定的，必须将其转化成可以定量分析的指标，通过定量化的对比分析，才能反映出基本公共服务均等化的实现程度。

就我国来看，在涉及基本公共服务均等化究竟从供给角度，还是从满足需要角度的评价分析问题上，应该按照以基本公共服务均等化供给评价为主，兼顾对基本公共服务需要满足程度评价的原则，合理设计相应的评价指标体系。在基本公共服务范围和具体项目由定性界定向定量分析的指标转化问题上，必须按照可计量分析原则，把基本公共服务范围和具体项目转化为定量分析的评价指标，并以此为依据，通过对指标定量化的横向和纵向对比分析，研究我国基本公共服务均等化程度。

根据上述要求，可以把推进我国基本公共服务均等化的评价指标体系用下表列示（见表1－8）。

表1－8　　基本公共服务的评价指标体系

主要项目	具体科目	评价指标	
		财政供给指标	实际效果指标
社会保障	最低生活保障	低保补助支出	低保水平
	医疗保险	医疗补助支出	受益范围与程度
	养老保险	养老补助支出	受益范围与程度
	失业保险	失业补助支出	失业人口受益程度
住房保障	廉价廉租房	财政住房投资	居民住房保障程度
卫生医疗	公共卫生	公共卫生支出	公共卫生质量
	公共医疗	公共医疗支出	人均病床数

续表

主要项目	具体科目	评价指标	
		财政供给指标	实际效果指标
文化教育	义务教育	义务教育支出	生均教育经费
	就业培训	就业培训支出	人均培训经费
	文化事业	文化事业支出	人均文化经费
资源环境保护	水资源保护	水资源保护支出	地表水质量 生态环境质量
	空气环境保护	空气环境保护支出	空气环境质量
基础设施建设	交通设施	交通设施投资	人均交通里程
	通讯设施	通讯设施投资	电视普及率
公共安全	消费安全	消费安全管理支出	消费质量安全程度
	生产安全	安全生产管理支出	生产安全保障程度
	社会安全	公共安全支出	财产安全保障程度

需要指出的是，在运用上述指标分析基本公共服务均等化推进程度方面，既可以从总体上对比分析城乡之间、地区之间的基本公共服务均等化程度，也可以从具体项目上对比分析城乡之间、地区之间的基本公共服务均等化程度。如从总体上分析基本公共服务均等化程度，可以用“地方人均公共财力”指标对比分析地方基本公共服务的财政保障能力，可以用地方基本公共服务水平，对比分析基本公共服务的实际供给能力。从具体项目上分析基本公共服务均等化程度，可以用具体项目下的财政供给指标对比分析财政保障能力，可以用具体项目下的实际效果指标对比分析基本公共服务的实际供给能力和供给效果。需要指出的是，由于基本公共服务均等化目标是涉及到政府提供基本服务的财力均等化，政府提供基本服务的能力均等化，政府提供基本服务的结果均等化，社会成员从政府提供基本服务中获得的受益程度均

等化的复合性的目标体系，无论从总体上还是从具体项目上分析基本公共服务均等化程度，都必须从多个环节上对城乡之间、地区之间进行对比分析。一是要运用财政支出指标分析城乡之间、地区之间的基本公共服务的财政保障能力，通过对比分析财政保障能力的城乡差异、地区差异，反映基本公共服务的财力均等化程度。二是要运用实际效果指标分析城乡之间、地区之间的基本公共服务供给能力和供给效果，通过对比分析基本公共服务实际效果指标的城乡差异、地区差异，反映基本公共服务能力和基本公共服务结果的均等化程度。至于社会成员从政府提供基本服务中获得的受益程度均等化，除了运用技术指标分析外，由于受居民需求偏好差异的影响，还需要通过表决和评议程序，反映群众满意程度。

四、我国基本公共服务均等化的推进战略

按照构建我国社会主义和谐社会，贯彻落实“以人为本”的科学发展观，全面建设小康社会的总体要求，在理顺政府与市场关系的前提下，根据我国经济与社会发展对基本公共服务均等化的需要，充分考虑我国公共财政的可挖掘潜力与实际可承受能力，考虑影响政府公共服务能力的各项体制的改革方向与改革任务的复杂性，妥善处理好需要与可能的矛盾，以缩小城乡之间、地区之间、群体之间的基本公共服务差距为着眼点，分层次、有步骤地逐步推进政府基本公共服务均等化。

1. 实施项目带动战略，通过率先实现某些项目的基本公共服务均等化，带动其他项目的基本公共服务均等化。从当前实际情况来看，我国各地针对基本公共服务非均等造成的种种社会问题，已经有选择地在某些项目上采取了缩小基本公共服务差距的实际行动，并在实践中取得了积极成效。如在文化教育服务领域，采取了加大政府投资力度，减免义务教育学杂费，缩小城乡

义务教育差距的行动。在社会保障服务领域，采取了加大政府支持力度，构建城乡居民最低生活保障体系和城乡居民医疗保险体系的行动。在基础设施建设服务领域，针对我国中西部边远区域和农村存在的交通、通讯设施落后问题，各级政府加大了对这些区域的交通、通讯设施的投资建设力度，启动了“村村通”工程，缩小了基础设施建设领域的基本公共服务差距。在卫生医疗服务领域，针对农村普遍存在的农民“看病难”和“吃水难”问题，各级政府加大了对农村公共卫生医疗设施的投入力度，在一些缺水和水污染区域，启动了“饮水工程”投资项目，初步缩小了公共卫生医疗服务差距。在住房保障服务领域，针对近年来城镇居民“住房难”问题日益突出，各级政府启动了住房保障投资，伴随着政府投资支持力度的不断加大，将会有效缓解城镇居民“住房难”问题。有鉴于此，针对温饱、教育、医疗和住房是社会居民最为关注的重大民生问题，我国近期内应重点选择义务教育、最低生活保障、医疗保险、住房保障、公共卫生、公共医疗、等几个具体科目，继续扩大公共投入力度，缩小这些基本公共服务的城乡差距和地区差距，率先推进基本公共服务均等化。着眼于中长期考虑，在积极创造条件的基础上，通过逐步加大公共投入和公共支持力度，不断改善交通设施、通讯设施、文化设施条件和生态环境质量，并通过启动农村养老保险、失地农民失业保险和积极开展城乡居民就业培训活动，逐步推进后续项目的基本公共服务均等化。

2. 实施区域带动战略，通过在某些区域率先推进基本公共服务均等化，带动其他区域协同推进基本公共服务均等化。实现基本公共服务均等化既是社会公共需要的基本内容，对维护社会和谐与促进社会稳定至关重要，也应该成为现代社会条件下各级政府必须恪守的价值准则和执政理念，必须自觉承担起推进基本公共服务均等化的历史重任。由于我国基本公共服务不均等成因复杂，地区间经济发展和财政实力的差距很大，财政体制的调整必须兼顾公平与效率原则，必须含有一定的激励因素，以此调动各级政府主动理财的积极性，这些决定了在我国在推进基本公共服务均等化过程中，既要加强中央对地方的财政宏观调控，又要允许有条件的区域率先推进基本公共服务均等化，通过发挥示范作用，带动其他区域协同推进基本公共服务均等化。从实践上看，上海、北京、浙江、江苏、广东等一些经济条件较好的地方，不仅在改善农村交通设施、通讯设施、文化设施条件方面，缩小了与城市的差距，而且已经率先建立了农村居民养老保险制度和失地农民失业保险制度。推进我国基本公共服务均等化，缩小我国基本公共服务的地区差距，关键是尊重发达地区推进基本公共服务均等化客观事实，不断加快落后地区的基本公共服务均等化进程，尽快拓展落后地区的基本公共服务均等化范围，提高落后地区的基本公共服务均等化水平。

3. 实施财政促进战略，通过完善财政体制，加大财政转移支付力度，推进基本公共服务均等化。各级政府是公共服务的提供主体，是推进基本公共服务均等化的政策落实者和任务承担者，政府落实基本公共服务均等化政策和承担基本公共服务任务是通过财政投入和财政支持实现的，因而政府推进基本公共服务均等化必须以基本财力均等化为保障条件。从实践上看，我国基本公共服务呈现的城乡非均等、地区非均等现象，主要是由于各级政府财权与事权不匹配和各级政府的财力非均衡造成的，尤其是基层财政发展严重不平衡和大部分基层财政运转困难是造成各地基本公共服务非均等与农村基本公共服务落后的根源。针对这种现象，必须按照财权与事权相匹配的原则，以财力重心下移为导向，理顺各级政府间的财政关系，调整和完善我国各级政府间的财政管理体制。在税收制度尚未健全，分税制内容尚未调整到位的条件下，关键是必须按照基本财力均等化的目标要求，通过调整和规范转移支付制度内容，逐步缩小和取消税收返还和原体制补助，加大中央对地方财力性转移支付力度和地方财政中省对县的财力性转移支付力度，缩小基层财政的人均财力差距，缓解基层财政困难，提高基层政府在提供基本公共服务方面的财力保障能力，使基层财政能够承担起推进基本公共服务均等化的财力保障任务。

4. 实施制度创新战略，提高政府公共服务能力和效率，推进基本公共服务均等化。基本公共财力均等化是政府推进基本公共服务均等化的基础条件，但基本公共财力均等化并不直接等同于基本公共服务均等化。政府推进基本公共服务均等化，除了必须具备基本公共财力均等化的客观条件，还必须通过制度创新，提高政府公共服务能力和公共服务效率。从总体上看，政府推进基本公共服务均等化的能力和效率主要包括政府调节区域协调发展的能力和效率，政府整合公共财力资源的能力和效率，政府控制行政成本的能力和效率，政府权衡财政政策的能力和效率。首先，实现基本公共服务均等化离不开经济发展，只有做大经济“蛋糕”，才能不断增强财政实力，更好地提供公共服务，只有促进区域协调发展和城乡协调发展，才能更好地实现基本公共服务均等化。政府调节区域协调发展的能力和效率，实质上是提高政府基本公共服务均等化能力和效率的基础内容。其次，我国各级政府的公共财力由税收和非税财政收入构成，前者通常被称为政府可用财力，后者则具有预算专户管理，部门具体使用性质，未被纳入政府实际可用财力中，从而降低了政府统一支配财力资源的效能。由于越是基层财政，政府非税收入占公共财力比重越大，因而按照实行全口径预算管理的要求，把政府非税收入纳入财政管理和实行统一支配，有利于整合公共财力资源，增加基层政府提供基本公共服务的可支配财力。再次，在基本公共财力均等化条件下，政府行政成本的高低是决定政府公共服务效率的关键，降低行政成本，提高政府行政效率，不仅是提高政府执政能力建设的要求，也有利于控制行政管理费支出规模，进一步优化财政支出结构，重点增加民生性基本公共服务支出。同时，提高政府权衡财政政策的能力和效率，也有利于提高政府基本公共服务能力和效率。如相对于政府安排“低保”资金救助贫困人口和安排失业保险金救助失业人口的民生财政政策而言，政府以减免税和财政补贴方式，支持全民创业和就业培训活动，有利于扩大社会就业，增加居民收入，减少贫困人口和失业人口，减轻财政用于“低保”和失业保险的财政支出压力，实现由救助贫困人口和失业人口的“输血”型民生政策向激励创业行为的“造血”型民生政策转变，提高政府的民生政策效能。总之，提高政府推进基本公共服务均等化的能力和效率，能够最大限度地挖掘政府公共服务潜能，更好地推进基本公共服务均等化。

1.6 基本公共服务均等化与财政体制创新路径

基本公共服务属于混合产品，实现基本公共服务均等化的财政体制设计应以市场机制充分发挥作用为前提。以基本公共服务均等化为目标推进财政体制创新的路径选择应着力于以下要点：按照科学发展观要求，转变政府职能，构建公共服务型政府；遵从立宪性一致同意模式，依法界定中央与地方政府责权，建立有效政府，实现中央政府与地方各级政府职责划分的法治化；转换收支额度测定与划分的思路，从追求全国使用同一标准，转到因地制宜区别对待的思路上来；转换转移支付实施的思路，创新转移支付机制。

一、基本公共服务均等化的理论分析

公共财政是市场经济下政府按社会公共众的集体意愿以成本最低方式提供公共产品满足社会公众公共需要的活动。按照公共产品的非竞争性、非排它性两个特征分析，对于公共产品的消费，由于纯公共产品完全具备非竞争性、非排他性，因此政府一旦提供出来，就自动实现了均等化，因而决定了基本公共服务不是纯公共产品领域，只可能是混合产品领域。对于混合产品领域，市场提供存在着不足，公共财政有必要介入混合产品提供，以实现混合产品提供效率。如果混合产品由中央政府统一提供，并且是采取非排它方式的免费提供，则这些混合产品的消费也能够实现均等化，不会出现非均等化的问题。如果混合产品由中央统一提供，但采取使用者付费方式，就会出现部分社会成员由于无能力支付费用而无法消费到这些混合产品，这样就出现了基本公共服务的非等化。如果混合产品由地方政府免费向当地居民提供，中央政府不加干预，那么就会由于地区间财力差距的客观因素和地方政府预算决策机制的主观因素而导致不同地区间居民基本公共服务非均等化。如果中央对地方提供混合公共产品规定统一标准，并且地方政府免费向当地居民提供，则不会出现基本公共服务非等化。如果地方政府采取有偿标准，这时辖区内低收入家庭可能无力支付费用，而享受不到基本公共服务，就会出现辖区内基本公共服务非均等化。如下图。

二、以基本公共服务均等化为目标的财政体制创新的要点

基本公共服务均等化为目标的财政体制创新涉及到体制设计的基本理念、基本公共服务范围、基本公共服务的财政支出责任，基本公共服务财政能力，基本公共服务的财政决策机制等方面。

（一）实现基本公共服务均等化的财政体制设计的理念

既然基本公共服务属于混合产品，那么实现基本公共服务均等化的财政体制设计应以市场机制充分发挥作用为前提，即通过财政体制实现基本公共服务均等化是市场机制基于效率原则无法有效解决的那部分混合产品的提供，而不是要求财政体制解决全部混合产品的提供。更为明确地说，通过财政体制实现基本公共服务，不是排斥市场机制提供基本公共服务范围内的各项混合产品，强制社会公众都接受同一标准的混合产品，而是让公众自由选择。政府提供的基本公共服务，公众根据自身的条件，可以选择接受，也可以选择不接受政府提供的基本公共服务。公众如果觉得政府提供的基本公共服务质量较低，满足不了自己的要求，那以可以花钱向市场购买质量更高的服务。比如，九年制义务教育对于高收入阶层来说，可能政府提供的义务教育质量不高，太过大众化，不适合自己孩子的特点，那么完全可以花钱把自己的孩子送到适合自己孩子特点的私立专门的学校就读，当这种现象存在时，就不能说政府没有实现基本服务均等化。相反，如果政府提供的九年制义务教育中，将学校分为省级重点、市级重点、县级重点与一般学校，然后财政体制上相应根据省级、市级、县级与一般学校配置义务教育资源，从而出现了政府提供的义务教育质量在不同类型学校之间的巨大差距，这就是基本公共服务非均等化。因此，实现基本公共服务均等化的财政体制设计首先是要求以人为本，保证全体国民，无论贫富，无论城乡、无论东西南北，都能够享受到某一数量与质量标准的基本公共服务，政府财政体制不应设置公民享受基本公共服务的身份限制、地域限制（见图1－5）。

（二）基本公共服务范围的界定

从法治角度看，基本公共服务就是作为一个国家的公民应该享有的最基本人权范围内的服务，对此，中华人民共和国宪法第

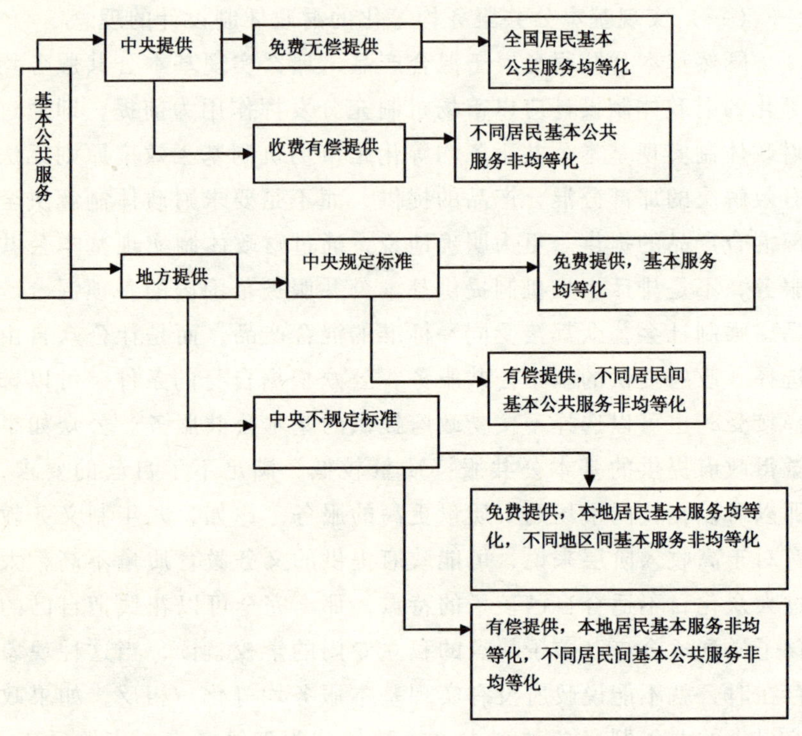

图 1－5　基本公共服务提供方式与基本公共服务均等化的关系图

二章“公民的基本权利与义务”规定与我国公民的基本权利相联系的基本公共服务包括就业培训、养老保障、医疗保障、社会救济、教育等。从执政党的政策主张来看，中共十六届六中全会决定指出“完善公共财政制度，逐步实现基本公共服务均等化。健全公共财政体制，调整收支结构，把更多财政资金投向公共服务领域，加大财政在教育、卫生、文化、就业再就业服务、社会保障、生态环境、公共基础设施、社会治安等方面的投入。”显然执政党所主张的基本公共服务范围要比宪法规定的与公民基本权利相联系的基本公共服务范围要宽得多。对此实现基本公共服务均等化的财政体制设计时，可将二者结合起来，将宪法规定的与公民基本权利相联系的基本公共服务作为近期目标，必须完成，将执政党政策主张的基本公共服务范围作为远期目标，在经济发展、财力不断增长的前提下逐步扩大基本公共服务范围，实现执政党的政策主张。但是前提是政府首先必须依法行政，实现宪法规定的与公共基本权利相联系的基本公共服务均等化，即首先达到公民在就业培训、养老保障、医疗保障、社会救济、教育方面的均等化。

（三）基本公共服务财政支出责任的划分

从上面基本公共服务提供方式与基本公共服务均等化之间的关系图看，实现基本公共服务均等化的财政支出责任既可以划给中央，也可以划给地方。从理想公正角度看，中央政府承担起基本公共服务均等化的财政支出责任可以更有利于实现全体国民基本公共服务均等化，但是从效率看，中央承担起全部的基本公共服务均等化的财政支出责任会降低基本公共服务均等化的提供效率。因此可以考虑中央与地方共担基本公共服务财政支出责任，将具有同质化的社会保障服务均等化财政支出责任划分给中央政府，将差异化的义务教育、就业培训、保障性住房均等化等方面的财政支出责任划分地方，以兼顾基本公共服务均等化实现过程中的公平与效率要求。

（四）财政能力

有效履行基本公共服务均等化的财政支出责任需要与之相匹配的财政能力，在分级分税财政体制下，中央政府控制了大宗税源，有很强的实现基本公共服务均等化的财政能力。但相对于中央政府而言，地方财政能力通常较弱，这就需要以实现基本公共服务均等化为目标，重构中央对地方的转移支付机制，弥补地方政府实现基本公共服务均等化的财力缺口，确保地方政府有实现基本公共服务均等化的财政能力。在确定各地方政府自有财政能力时，关键是要与主体功能区结合起来。对重点开发和优化开发地区，地方政府自有财政能力的确定应该以与经济增长速度相对应的地方政府自有财政能力增长速度为基础，对限制开发区与禁止开发区地方政府自有财政能力的确定则不以与经济增长速度相对应的地方政府自有财政能力增长速度为基础，完全以地方政府实际自有财力为基础。同时要以因素法确定各地方政府财力需求，充分考虑人口和自然条件等因素对财力需求的影响，坚决彻底抛弃以财政供养人口为依据确定各地财力需求的不科学方法。

（五）财政决策机制

财政决策机制即决定政府可支配财力如何合理安排有效使用的制度安排。要实现基本公共服务均等化，除了取决于政府可支配财力多少外，更取决于可支配财力的合理安排与有效使用。因此，以实现基本公共服务均等化为目标的财政体制设计，就必须抛弃政府主导型供给决定预算决策模式，构建社会公众公共需要约束型的需求决定决策预算模式，让公众对基本公共服务均等化的需求成为政府预算决策的最优先考虑目标。政府财力安排思路要从“保吃饭、保运转、保发展”转向“保基本公共服务，保一般公共服务、保经济建设”，即政府财力在保证基本公共服务均等化需求后，再来安排政府行政一般公共服务需求，最后的财力再用于经济建设投资。其次，建立政府间转移支出资金分配委员会，委员会成员除上级政府财政官员外，还应包括下级政府财政官员，由政府间转移支出资金分配委员会决定转移资金的分配。再次，建立省直接对县的转移支出机制，确保省财政转移支出资金直接到达县财政，以避免市政府各部门对省财政分配给县财政转移支出资金的截留。最后，上级政府对下级政府的财力转移支付方式应尽可能采用以均衡财政能力为目标的公式化、规范化、透明化的一般转移支付方式。财政部门编预算时就根据公式化的转移支付方式，把下一年度本级政府对下级政府财力转移支付分配给了所属的各个下级政府，而不需下级政府“跑步（部）

前（钱）进”。彻底取消上级政府各主管部门掌握控制下级政府可获得转移支出资金多少的不合理制度安排，降低下级政府获得转移支出资金的交易成本。

三、以基本公共服务均等化为目标推进财政体制创新的路径选择

（一）按照科学发展观要求，转变政府职能，构建公共服务型政府

公共财政理念告诉我们，政府在市场经济下的角色就是辖区内公共产品的提供者，其基本职责就在于按辖区居民的集体偏好以成本最低方式提供辖区居民所需要的公共产品，因此，按照公共财政理念，市场经济体制下的政府应该是服务型政府，即为辖区居民提供公共产品的服务，而不是管制型政府，而我国政府角色还一直定位在计划体制下的“全社会事务的管理者”，政府职能重在管理，而不是提供公共产品服务。而今天，国际化趋势下，公共财政理念已经成为了一种“普世价值”，按照公共财政理念，转变政府职能，构建服务型政府已经成了各国政府的共同努力。如何构建服务型政府，如何才能提供社会公众所需要的公共服务，各国政府一直都在探索之中，我国政府改革也是如此。从20世纪80年代就开始提出转变职能，20世纪90年代中后期服务型政府理念也开始引入，但是总体上看，我国政府职能转变步伐很慢，构建公众所希望的服务型政府之路很漫长，以至于政府至今仍然难以为居民有效提供基本公共服务。为此，以公共财政基本理念为指导，紧密围绕着辖区居民最需要优先解决的民生问题提供基本公共服务，即在市场经济下服务型政府首先要提供的服务不是满足政府自身运行所需要的一般行政管理服务，而是与辖区居民最紧密相关的教育、卫生、医疗、就业、基本生活保障等民生基本公共服务。政府理财观念不再是“一要吃饭、二要

建设”的传统陈旧观念，财政支出安排顺序也不是“保吃饭、保运转、保建设”，而是依据公共财政理念，按照辖区居民的集体意愿，优先满足代表着辖区最广大居民根本利益的民生服务的需要。政府目标也不再是追求经济增长，以增长论英雄，为增长而增长，而是以民生服务为重点的社会建设，以辖区居民对以民生服务为重点的社会建设的满足作为政府追求的基本目标，实现市场经济下政府基本职能的回归，从“促进经济增长型政府”向“提供基本公共服务型政府”的转变。

（二）遵从立宪性一致同意模式，依法界定中央与地方政府责权，建立有效政府，实现中央政府与地方各级政府职责划分的法治化

通过国家立法，而不是行政干预，能够确保中央与地方政府责权的稳定和规范，有效消除中央政府利用规则制定权经常改变规则的现象，为公共财政体制建立提供稳定的基础。为此，必须以宪法相关条款为依据，制定《中央与各级地方政府责权关系基本法》、《中央政府责权法》、《地方政府责权法》，以此作为处理中央与各级地方政府责权关系及地方政府责权的依据。《中央与各级地方政府责权关系基本法》应详细规定处理中央与地方政府财政关系的基本依据、基本原则、基本权限、基本程序、基本内容等，《中央政府责权法》与《地方政府责权法》则应详细规定中央与地方在责权范围和支出责任的具体分工。通过这些法律规定保证中央与各级地方政府行为的稳定性和可预测性，保护地方政府免受中央政府随意改变责权和税收分享比例、经费分摊比例的不利影响，增强地方政府建立起对中央政府的信任；减轻中央政府监督地方政府行为的重负，根除地方政府随意曲解中央政策的“上有政策、下有对策”的行为，破除地方保护主义，形成国内统一大市场。

（三）转换收支额度测定与划分的思路，从追求全国使用同

一标准，转到因地制宜区别对待的思路上来

在财政支出基本需要测定方面，采取首先用统一的因素法测定出标准支出需要，然后以各类不同地区实际的公共服务水平，与预期要达到的基本公共服务均等化目标水平之差为依据，设定一个系数，对标准支出需要给予调整的办法。在测算标准支出需求时，以地方辖区内享受基本公共服务居民人数作为基本因素，而不能以财政供养人数作为基本因素，同时考虑各地人口空间分布状况和自然环境因素，这种办法，既可保障测算上的规范统一，又可达到区别对待照顾欠发达地区的目的，满足缩小公共服务水平的差距。

在收入划分方面，可以设想在合并国税、地税两套机构为统一的国家税务局并由中央垂直领导的基础上，改变目前的税种专享制分税模式，实行地区差别税收分成制分税模式。可以考虑税收总额分成办法，对东部地区实行40%：60%分成比例，即东部地区的税收总额中地方政府分成40%，中央政府分成60%，中部地区实行45%：55%分成比例，即中部地区的税收总额中地方政府分成45%，中央政府分成55%，对西部地区实行50%：50%的分成比例，即西部地区的税收总额中地方政府分成50%，中央政府分成50%。

税种专享制分税模式与我国需要缩小地区差距，实现公共服务均等化不相适应，采用按地区发展程度分类适用不同比例税收分成制分税模式则能够兼顾发展程度不同的地区的财力需求。采用不同比例划分收入，既可以使无论贫困地区或是富裕地区，都能得到比较稳定的满足政府行使事权所需要的基本财力，又可减轻中央财政向地方转移支付的负担，既利于缩小地区间财力差距，又利于在财政体制上构造起促进公共服务均等化以及促进和谐社会建设的长效机制。

（四）转换转移支付实施的思路，创新转移支付机制第一，加强转移支付的立法工作，尽快制定颁布《财政转移支付法》，强化转移支付制度的法律权威性、严肃性、提高转移支付的透明性、规范性。

第二，实施直接到位的转移支付方式，即无论是一般转移支付，还是专项转移支付，都由承担转移支付责任主体通过国库直接拨给接受转移支付的主体的办法。除特殊情况外，一律不再实行逐级传递方式，以消除这种方式的弊端。

第三，强化转移支出的预算管理，即无论是一般转移支付，还是专项转移支付，都应在预算中具体落实到具体的接受主体，取消各主管部门的在分配权。

1.7 基于公共服务均等化的主体功能区财政政策

党的十七大报告指出，要“围绕推进基本公共服务均等化和主体功能区建设，完善公共财政体系”。推进基本公共服务均等化和主体功能区建设，是健全和完善公共财政体系的重要战略目标，也是当前我国财政职能发挥的主要着力点。实现基本公共服务均等化是推进主体功能区建设的主要功能目标之一，它不仅是限制开发、禁止开发区域政府的重要经济职能和基本支出责任，也是推进优化开发和重点开发区域功能建设的前提条件和基础保障。主体功能区建设则是有效实现基本公共服务均等化的必要载体，公共服务均等化是一个发展的概念、更是一个长期的过程，只有依据主体功能将国土空间加以适当划分，施以相应的体制与对策，才有助于各功能区财政保障能力的不断增强和基本公共服务供给水平的逐渐提高。因此，在当前河北省全面贯彻落实科学发展观，推动经济社会可持续发展，构建社会主义和谐社会的新的历史阶段，实现河北省基本公共服务均等化，必然要求以主体功能规划视角，对省域空间进行统筹布局与合理划分，构建市场主体行为符合各类区域功能定位的利益导向机制，建立健全分类施策、各有侧重的财政体制、机制和政策体系。

一、河北省主体功能区规划及其财政经济情况

（一）河北省四类主体功能区的划分

根据资源环境承载能力、现有开发密度和发展潜力，河北省统筹谋划未来人口分布、经济布局、国土利用和城镇化格局，将省域国土空间以县域为基本单元划分为优化开发区域、重点开发区域、生态和农业区域（限制开发）、禁止开发区域四类主体功能区（见表1-9）。

1. 优化开发区域。优化开发区域是经济实力较强，人口聚集程度较高，资源环境问题比较突出，通过推进创新和结构升级能够实现经济发展方式转变的城市化地区。河北省优化开发区包括燕山山前平原地区、冀中北部平原地区和张承盆谷地区，是京津冀都市圈的核心区、重要的服务功能区和能源矿产基地，涉及唐山、廊坊、张家口、承德4个市区和32个县[①]，国土面积3.65万平方公里，占河北省总面积的19.5%。

2. 重点开发区域。重点开发区域是地理区位优越，资源组合较好，环境容量较大，经济发展和人口集聚加快，开发前景广

① 为便于数据分析和实际操作，本研究报告以县区作为基本空间单元，根据县城及多数乡镇所处位置原则，将卢龙、迁西、丰南列入燕山山前平原，将万全、蔚县、涿鹿、怀来、滦平、承德、平泉列入张承盆谷地区，将抚宁列入沿海地区，将满城、元氏、灵寿、行唐、邢台、沙河、临城、内丘、武安、磁县列入太行山前平原，将兴隆、宽城列入冀北高原山区，将涞水、易县、顺平、唐县、曲阳列入冀西山区，将成安列入黑龙港南部地区。

阔，具备大规模工业化城市化空间条件，对带动全省发展具有重大战略意义的区域。河北省重点开发区包括沿海地区、太行山山前平原地区和黑龙港北部地区，是京津冀都市圈的重化产业集聚带，河北省重要工业化、城市化区和特色经济增长极，涉及石家庄、秦皇岛、保定、沧州、衡水、邢台、邯郸7个市区和63个县，国土面积4.77万平方公里，占河北省总面积的25.4%。

表1－9　　河北省主体功能区划分情况表

	优化开发区域			重点开发区域			生态和农业区域			禁止开发区域
	小计	县（市）	区	小计	县（市）	区	小计	县（市）	区	
合　计	53	32	21	100	63	37	42	41	1	945
石家庄	—	—	—	20	14	6	4	3	1	59
承　德	7	3	4	—	—	—	5	5	—	122
张家口	14	7	7	—	—	—	6	6	—	73
秦皇岛	1	1	—	6	2	4	1	1	—	62
唐　山	12	5	7	8	3	5	—	—	—	34
廊　坊	11	8	3	—	—	—	—	—	—	14
保　定	7	7	—	12	8	4	7	7	—	170
沧　州	1	1	—	19	13	6	—	—	—	4
衡　水	—	—	—	11	9	2	1	1	—	2
邢　台	—	—	—	13	9	4	8	8	—	33
邯　郸	—	—	—	11	5	6	10	10	—	372

注：表中区的个数依据2007年《河北财政年鉴》，包括管理区、开发区，未列入的衡水湖管理区属于禁止开发区域。

3. 生态和农业区域。生态和农业区域是资源环境承载能力较弱、大规模集聚经济和人口条件较差并关系到全省或更大区域范围生态和农业安全的区域。其中，河北省生态区域包括冀北高原山区和冀西山区，具有重要生态服务功能，是京津冀都市圈的地表水源涵养区和生态屏障；河北省农业区域位于黑龙港南部地区，农产品供给功能地位突出，是河北省重要的粮食和棉花主产区。生态和农业区域涉及41个县，国土面积8.11万平方公里，占河北省总面积的43.2%。

4. 禁止开发区域。禁止开发区域是国家和地方依法设立的各级各类自然保护区、风景名胜区、森林公园、地质公园、世界文化遗产、文物保护单位等点状分布的区域和基本农田。它是河北省自然文化资源保护区、生态功能区和粮食供给的安全保障，截至2007年共有945处，国土面积2.24万平方公里，占河北省总面积的11.9%。

（二）各类主体功能区财政指标对比分析

通过对2002年和2007年各主体功能区的主要财政指标的对比分析可以看出①，河北省各主体功能区间财政经济状况差异较大，且这一差异在最近五年呈扩大趋势。要实现河北省构建沿海经济社会发展强省和均衡区域间基本公共服务均等化的战略目标，就需要对不同主体功能区域实施差异化的财政体制与政策。

1. 从地方财政收入②看，重点开发区域稳占半壁江山，优化开发区域比重上升，生态和农业区域比重有所下降。2002年，河北省优化开发区域实现地方财政收入43.9亿元，占全省（县级收入）比重34.0%；重点开发区域实现收入67.7亿元，占全省比重52.5%；生态和农业区域实现收入17.4亿元，占全省比重13.5%（见表1-10、表1-11）。2007年，这三类主体功能区分别实现地方财政收入146.3亿元、207.7亿元、43.9亿元，占全省比重分别为36.8%、52.2%、11.0%（见表1-12、

① 本研究报告以县区为基本单元，点状分布的禁止开发区因无法统计未独立分析，其地域分划给其他三类开发区。

② 为直接反映地方政府从本地经济发展中汲取收入情况，选用了地方财政收入（即地方一般预算收入）指标，下同。

表1－13）。五年来，重点开发区域基本维持在占地方财政收入的1/2水平，优化开发区域比重上升较大，生态和农业区域比重有所下降。

表1－10　2002年各主体功能区主要财政指标表　单位：亿元

	地方财政收入	税收返还	财力性转移支付	可用财力	财政自给率
全省县级合计	129.0	72.4	83.3	408.0	31.6%
优化开发区域合计	43.9	23.9	23.0	126.7	34.7%
燕山山前平原	18.7	9.3	6.1	46.1	40.6%
冀中北部平原	19.1	8.8	9.5	50.2	38.1%
张承盆谷地区	6.1	5.8	7.4	30.4	20.0%
重点开发区域合计	67.7	38.4	37.4	201.5	33.6%
沿海地区	16.2	10.2	8.6	48.6	33.3%
太行山前平原	43.7	22.5	22.2	122.7	35.6%
黑龙港北部	7.8	5.8	6.5	30.1	25.9%
生态和农业区域合计	17.4	10.1	22.9	79.8	21.8%
冀北高原山区	3.3	2.3	8.0	23.1	14.3%
冀西山区	6.5	3.4	6.3	24.5	26.4%
黑龙港南部	7.6	4.4	8.6	32.1	23.8%
禁止开发区域	—	—	—	—	—

2. 从可用财力①看，重点开发区域稳占近半壁江山，优化开发区域比重上升，生态和农业区域比重下降。2002年，河北省优化开发区域可用财力为126.7亿元，占全省（县级财力）比重31.1%；重点开发区域可用财力为201.5亿元，占全省比重

① 可用财力指地方政府在一定时期内能机动支配的财政资金。按现行财政体制，可用财力为地方一般预算收入，加税收返还、转移支付（不含专项转移支付），减应上解收入。

49.4%；生态和农业区域可用财力为 79.8 亿元，占全省比重 19.6%（见表 1－10、表 1－11）。2007 年，这三类主体功能区可用财力分别为 263.4 亿元、362.7 亿元、145.8 亿元，占全省比重分别为 34.1%、47.0%、18.9%（见表 1－12、表 1－13）。对比地方财政收入结构，通过省对下财力结算和转移支付，各类主体功能区财力之间的差距明显缩小，但优化开发区域所占比重上升，生态和农业区域比重下降。

表 1－11　2002 年各主体功能区主要财政指标比重表　单位：%

	地方财政收入	税收返还	财力性转移支付	可用财力
优化开发区域合计	34.0%	33.0%	27.7%	31.1%
燕山山前平原	14.5%	12.8%	7.3%	11.3%
冀中北部平原	14.8%	12.1%	11.4%	12.3%
张承盆谷地区	4.7%	8.0%	8.9%	7.5%
重点开发区域合计	52.5%	53.1%	44.9%	49.4%
沿海地区	12.6%	14.1%	10.4%	11.9%
太行山前平原	33.9%	31.1%	26.7%	30.1%
黑龙港北部	6.0%	8.0%	7.8%	7.4%
生态和农业区域合计	13.5%	13.9%	27.5%	19.6%
冀北高原山区	2.6%	3.1%	9.6%	5.7%
冀西山区	5.0%	4.7%	7.6%	6.0%
黑龙港南部	5.9%	6.1%	10.3%	7.9%
禁止开发区域	—	—	—	—

3. 从财政自给率[①]看，各主体功能区自给程度均有提高，但自给差异度加大，优化、重点开发区域 2007 年自给率达 50% 以

① 财政自给率是反映地方收入满足本地区的支出需要程度的一个指标，表示为地方一般预算收入与可用财力之比。

上，生态和农业区域仅为30%。财政自给率可以反映某个地区以自身收入（地方财政收入）满足本地区支出需要（可用财力）的程度。这一指标越高，反映本地财政经济状况越好，财政收入的可持续发展能力较强；这一指标越低，说明本地越依赖于上级的转移支付来满足公共服务供给和促进发展的需要。2002年，三大主体功能区的财政自给率分别为34.7%、33.6%、21.8%，2007年分别为55.6%、57.2%、30.1%（见表1－10、表1－12）。虽然五年间各地区的财政自给程度都有所提高，但各地区财政自给程度的差异没有缩小，反而加大。优化开发和重点开发区域自身财政收入可以保证本地财力需要的一半以上，生态和农业区域只能保证30%。

表1－12　　2007年各主体功能区主要财政指标表　　单位：亿元

	地方财政收入	税收收入	税收返还	财力性转移支付	可用财力	收入质量	财政自给率
全省县级合计	397.9	317.9	70.8	378.0	771.9	79.9%	51.5%
优化开发区域合计	146.3	120.6	26.3	106.5	263.4	82.4%	55.6%
燕山山前平原	69.3	59.6	11.2	35.0	110.8	86.0%	62.6%
冀中北部平原	54.4	42.0	8.4	37.5	92.9	77.2%	58.6%
张承盆谷地区	22.5	18.9	6.6	34.0	59.7	83.8%	37.7%
重点开发区域合计	207.7	165.3	34.7	174.6	362.7	79.6%	57.2%
沿海地区	55.4	46.2	8.7	46.7	105.0	83.4%	52.7%
太行山前平原	139.8	109.8	21.6	94.1	211.0	78.5%	66.3%
黑龙港北部	12.5	9.3	4.5	33.8	46.8	74.6%	26.7%
生态和农业区域合计	43.9	32.0	9.8	96.9	145.8	73.0%	30.1%
冀北高原山区	16.1	13.4	2.8	29.9	47.3	83.3%	34.0%
冀西山区	19.1	13.2	3.4	25.5	46.5	68.8%	41.2%
黑龙港南部	8.6	5.4	3.6	41.5	52.0	63.1%	16.6%
禁止开发区域	—	—	—	—	—	—	—

4. 从一般性转移支付[①]效果看，财力性转移支付作用明显，税收返还对生态和农业区域基本未起到调节财力的作用。政府间实行一般转移支付的目的在于调节各级次、各区域政府间财力失衡状况，满足各地区提供基本公共产品和服务的需要。从河北省实行一般转移支付效果看，2002、2007 年河北省生态和农业区域接受转移支付前的地方财政收入比重为 13.5% 和 11.0%，接受转移支付后的财力比重为 19.6% 和 18.9%，分别提高了 6.1 和 7.9 个百分点，这说明河北省转移支付起到一定的作用。但这一效果主要依赖于由多个小项组成的财力性转移支付，反映地方即得利益的税收返还基本未起到调节作用，如 2002、2007 年生态和农业区域接受税收返还所占比重比地方收入比重仅高出 0.4 和 2.8 个百分点（见表 1－11、表 1－13）。

表 1－13　2007 年各主体功能区主要财政指标比重表　单位：%

	地方财政收入	税收收入	税收返还	财力性转移支付	专项转移支付	财政支出	可用财力
优化开发区域合计	36.8	37.9	37.1	28.2	29.2	33.4	34.1
燕山山前平原	17.4	18.8	15.8	9.3	9.4	13.4	14.4
冀中北部平原	13.7	13.2	11.9	9.9	9.0	11.6	12.0
张承盆谷地区	5.7	5.9	9.4	9.0	10.9	8.4	7.7
重点开发区域合计	52.2	52.0	49.1	46.2	44.5	46.5	47.0
沿海地区	13.9	14.5	12.3	12.4	11.9	13.4	13.6
太行山前平原	35.1	34.5	30.5	24.9	24.7	26.6	27.3
黑龙港北部	3.1	2.9	6.3	8.9	7.9	6.5	6.1
生态和农业区域合计	11.0	10.1	13.8	25.6	26.3	20.1	18.9

① 一般性转移支付包括税收返还和财力性转移支付两类，目的在于平衡各地区间的财力差距。

续表

	地方财政收入	税收收入	税收返还	财力性转移支付	专项转移支付	财政支出	可用财力
冀北高原山区	4.0	4.2	3.9	7.9	9.3	6.6	6.1
冀西山区	4.8	4.1	4.9	6.8	7.6	6.3	6.0
黑龙港南部	2.2	1.7	5.0	11.0	9.3	7.1	6.7
禁止开发区域合计	—	—	—	—	—	—	—

5. 从地方财政收入质量[①]看，优化开发区域收入质量高于全省平均水平，重点开发、生态和农业区域收入质量低于平均水平且依此递减。从规范性和稳定性上，税收收入要优于非税收入，因而一般把税收收入占财政收入的比重作为衡量某地财政收入质量的重要指标。2007 年，河北省县级税收收入占财政收入比重为 79.9%，优化开发、重点开发、生态和农业区域的这一比重分别为 82.4%、79.6%、73.0%，财政收入质量逐次下降（见表 1－12）。

6. 从各主体功能区的次区域层次看，财政经济状况从山前平原、沿海地区、高原山区到黑龙港地区依次弱化，黑龙港北部地区财政自给状况长期未得以改善，黑龙港南部地区自给状况恶化。在地理空间分布上，河北省四大主体功能区可分为九个次区域（见表 1－12、表 1－13）。其中，2007 年，太行山前平原地方财政收入所占比重超过 35%、可用财力比重超过 25%、财政自给率超过 2/3，均处于全省首位，但财政收入质量仅 78.5%，低于全省平均水平；燕山山前平原地方财政收入、可用财力比重约在 15%～20%之间，财政自给率接近 2/3；冀中北部平原和沿

① 收入质量是反映某地区财政收入结构和优化程度的一个指标，表示为地方一般预算收入中税收收入所占比重。

海地区财政收入、可用财力所占比重在10% ~15%之间，财政自给率处于1/2 ~2/3之间；张承盆谷地区、冀北高原山区、冀西山区地方财政收入所占比重在4% ~6%之间，财政自给率在1/3 ~1/2之间；黑龙港北部、南部地区财政收入所占比重不到全省4%，财政自给率在1/3以下，财政收入质量在75%以下，均处于全省最低水平。从五年比较看，燕山山前平原地方财政收入、可用财力比重增加较大；黑龙港地区地方财政收入、可用财力比重下降较大；在财政自给率上，随着省以下财政体制的逐步完善和各地财源建设的不断加强，多数次区域的财政自给率都提高10 ~30个百分点，只有黑龙港北部地区的财政自给率基本未变，黑龙港南部地区更是唯一一个财政自给率下降的区域，从23.8%降至16.6%。

7. 从县域经济分布格局看，财政经济状况较发达县大多处于优化和重点开发区域的三大次区域，欠发达县则主要位于生态和农业区域及重点开发的黑龙港北部地区。2007年，河北省县域生产总值、地方财政收入前30名中分别有28、26个位于优化和重点开发区域，而且主要分布在太行山和燕山山前平原，其次是沿海地区；河北省县域生产总值、地方财政收入后30名中分别有14、18个位于生态和农业区域，其次是分布在重点开发的黑龙港北部地区（见表1－14）。位于优化和重点开发区域的较发达县地方收入都超过2.5亿元，落后县地方财政收入则不足0.5亿元，甚至一些县地方财政收入出现减少。综观全省，冀北坝上地区、冀西山区和黑龙港流域是河北省传统的三大落后地区，主要处于冀北山区的张家口、承德两市占全省地方财政收入比重由2002年的5.8%增至2008年的8.4%，处于黑龙港流域的沧州、衡水两市地方收入比重则由13.8%降至7.6%，衡水市2008年地方财政收入规模甚至低于迁安和三河两个县级市的水平。

表 1－14　2007 年各主体功能区县域经济分布格局表

地　区	生产总值前 30 名	生产总值后 30 名	地方收入前 30 名	地方收入后 30 名
优化开发区域合计	9	5	10	0
燕山山前平原	5	0	5	0
冀中北部平原	4	0	4	0
张承盆谷地区	0	5	1	0
重点开发区域合计	19	11	16	12
沿海地区	4	2	4	2
太行山前平原	13	6	12	5
黑龙港北部	2	3	0	5
生态和农业区域合计	2	14	4	18
冀北高原山区	0	5	2	3
冀西山区	2	5	2	2
黑龙港南部	0	4	0	13
禁止开发区域	—	—	—	—

二、以主体功能区视角审视当前河北省实施的财政体制与政策

（一）当前河北省实施的财政体制和区域财政政策

财政体制是国家管理体制的重要组成部分，自 1994 年确立分税制财政体制以来，经过不断深化改革和探索创新，河北财政体制日臻完善。在财政收入上，初步形成了与市场经济模式相适应的比较规范的省以下财政收入划分体制；在财政支出上，以政府支出科目为线索，初步理清了省以下各级政府间的事权与支出责任；在转移支付上，建立了以标准收支测算为基础的均衡各地基本公共服务提供能力的一般性转移支付和管理日趋透明、项目

整合有效的专项转移支付两者并重的转移支付体系；在财政管理上，进行了扩权强县和省直管县改革，省财政对扩权县（直管县）财政体制实行直接管理；在县乡财政体制上，实施了以“定额分享、超收全返”、“超分成增长率收入全返”为政策要点的分类施策的激励性体制机制和以“统筹统支加激励”、“相对规范分税制”两种模式为代表的县乡财政收入体制试点。在深化探索和改革财政体制以外，着眼于建设“沿海经济社会发展强省”，河北省注重以财政政策的创新来优化各区域间经济资源的有效配置，通过实施异地投资税收分享和利于区域经济增长极形成的激励政策促进地区产业结构的调整和经济发展方式的转变。同时，着眼于构建“和谐河北”，通过财政奖补政策，增强经济资源匮乏的欠发达地区提供基本公共产品和服务的能力。

（二）主体功能区规划对河北省现行财政体制和政策提出了新的要求

财政体制的改革完善和区域财政政策的实施，优化了各主体功能区经济资源的有效流动与合理配置，有力推动了沿海经济社会发展强省的构建和各功能区间基本公共服务均等化的实现，但与当前河北省主体功能区规划的功能定位和发展方向的要求还存在较大差距，主体功能区规划的实施对河北省当前的财政体制和政策提出了如下要求。

1. 在财政支出体制上，需要根据主体功能区功能定位的差异调整省以下各级政府的管理职能及相应的财政支出责任。各类主体功能区的功能定位、发展方向和目标不同，相应地域政府的经济管理职能及其对应的财政支出责任与绩效评价方法也应该有所区别。优化开发区域政府职能应侧重于转变经济发展方式，提高高新技术产业集聚和区域创新功能；重点开发区域政府职能应侧重于推进工业化城镇化进程，增强产业和人口集聚能力；生态和农业区域政府职能应侧重于保护环境、提供生态产品与调整农业结构、增强农产品提供能力；禁止开发区域政府职能应侧重于保证生态和粮食安全。显然，省以下政府间财政支出责任的进一步划分需要以各功能区域政府主体功能和发展方向的差异为依据。

2. 在财政收入体制上，需要根据主体功能区管理职能和支出责任的区别调整省以下政府间税收分成体制。整齐划一的政府间税种分成，固然有利于全省财政体制的统一规范，却难以协调各主体功能区政府管理职能和发展目标的差异。优化开发区域市县为调整经济结构、吸引高技术资源要素，需要增加对高新技术企业和现代服务业税收（增值税、营业税、企业所得税）的分享比例，同时降低殃及本地域资源环境承载能力行为的税收（资源税、耕地占用税）分成比例；重点开发区域市县为承接优化开发区产业转移和限制、禁止开发区要素流动，需要提高对增值税的分享比例，为聚集人口、加快城市化进程需要提高一般营业税分享比例；生态和农业区域县市要控制工业化和城市化开发规模，增强生态和农业产品供给能力，要降低主体税种（增值税、营业税、企业所得税、个人所得税）分成比例，取消资源税和耕地占用税分成，相应增加对农业产业化龙头企业补助；禁止开发区域县市则降低各类税收分成。所以，应根据主体功能区管理职能和支出责任的区别推行激励和约束机制并重的税收分成体制。

3. 在转移支付体制上，需要以一般性转移支付和专项转移支付协调应用为杠杆，配合收入划分体制对各类主体功能区分类施策。一般性转移支付目标在于平衡地方预算，实现各地基本公共服务的均等化；专项转移支付在于实现国家特定的政策目标。显然，对优化开发区域市县一般性转移支付作用有限，专项转移支付应侧重于产业升级改造；对重点开发区域市县一般性转移支付作用不大，主要是保证所有居民享有大体相当的公共服务，专项转移支付应侧重于夯实本区域社会经济发展基础；对生态和农业区域一般性转移支付意义重大，对基层政府机构的正常运转和基本公共服务支出进行保障，专项转移支付项目单一，应主要用于维护生态环境和保障农业发展；对禁止开发区域，一般性转移支付用于基本公共服务的提供，专项转移支付则应用于生态环境补偿。

4. 在财政管理体制上，为保证各县市主体功能的顺利实施，需要对位于不同类型功能地域的县市理顺优先次序，分类分步推进改革。河北省实施的“省财政直管县”改革是遵循中央精神，并结合河北省产粮大省现实的一项重大举措，但多数产粮大县经济发展程度较低，直管后的效果还需进一步分析，如何适应主体功能区的规划要求也需深入研究。一般而言，优化开发区域市县的经济实力和竞争力较强，对上级（市级）财政依赖程度较弱，有条件在财政管理体制以及经济社会和行政管理体制上率先突破；对某些发展潜力较大或特色产业突出的重点开发区域市县，应逐步扩大部分财政和经济社会管理权限；对生态和农业区域市县，应先在财政管理体制改革上试点探索；对禁止开发区域中的风景名胜区、自然保护区、文物保护单位等按照批准级次，纳入该级财政管理，其中，省级自然、文化保护区应由省财政直接管理。

5. 在县乡财政体制上，河北省当前实施的县乡财政体制必然要根据县市所处功能区的功能定位和发展方向加以调整。当前，河北省的县乡财政体制主要有两种：一是省对县（区）在税种分成基础上，按照一定的财政经济指标对不同县区分别激励施策。这种划分方法虽然与以前概念式的地区分类法相比，更为规范有效，但它依然存在着指标选取是否科学、作用时间是否持久等问题。主体功能区规划实施后，这种激励体制难免存在与县区所处功能区发展目标相悖的问题，因而要加以调整。二是在县对乡财政体制上，实施了“统筹统支加激励”和“相对规范分税制”两种体制模式。在以县市为基本单元的主体功能区规划实施后，这两种模式必然要根据所处功能区的功能定位加以调整和改革，如生态和农业区域县市就不宜实行“相对规范分税制”模式。

6. 在区域财政政策上，应以各种政策资源的科学配置优化经济资源在各主体功能区间的合理集聚。当前，河北省的区域财政政策主要有两类：一是通过实施异地投资税收分享办法和利于经济增长极形成的激励性体制政策，促进经济资源的合理流动与配置；二是通过缓解县乡财政困难奖补政策，增强经济资源匮乏的欠发达地区政府提供基本公共服务的能力。主体功能区规划实施后，有些政策要根据区位功能调整完善（如激励性体制政策），有些政策因已被纳入主体功能区域需取消（如财政奖补政策）。总之，财政政策也是一种财政资源，一种更高级的经济资源，只有首先将这些政策资源整合规范、配置到位，才能最大限度地发挥其对不同功能区低级经济资源（资本、技术、劳动力、自然资源）的优化配置作用，如引导先进技术资源向优化开发区倾斜，引导资本、劳动力和技术向重点开发区聚集，引导绿色型经济资源向生态和农业区转移，引导符合区域规划的旅游要素（产业、人才、资金）向禁止开发区域（如保护区的外围区）流动。

因此，为实现不同主体功能区域的发展目标、保障基本公共服务在全省地域的广泛覆盖，就要以各主体功能区域政府管理职能及支出责任的差异为依据，构建市场主体行为符合各类区域主体功能定位的利益导向机制，健全完善保障主体功能规划实现的分类施策的财政体制、机制和政策体系，引导各类资源要素在各功能区间的有效流动与优化配置。

三、主体功能区财政政策目标与原则

制定主体功能区财政政策，要坚持以邓小平理论和“三个代表”重要思想为指导，深入贯彻落实科学发展观，以不同主体功能区功能定位和发展方向为政策需求，以处理好主体功能区拟订制度与现行财政体制的衔接问题为切入点，以建立健全服务于基本公共服务均等化的公共财政目标体系为主线，合理选择优化开发、重点开发、生态和农业、禁止开发区域的不同财政政策模式，综合运用税收收入、转移支付、公共投资、政府采购等政策工具，引导资源要素向目标功能区合理流动，为构建高效、协调、可持续发展的国土空间开发新格局提供政策保障（见表1－15）。

表1－15　　河北省各主体功能区财政体制调整表

类型	政府职能重点	支出责任配置	收入划分调整	转移支付制度	调整效果
优化开发区域	①转变经济发展方式； ②加速城市化进程。	①加大基础设施整合和公共服务设施建设投入，建立现代服务业人员培训财政补助机制； ②提高研究与发展支出占财政支出的比重； ③完善节能减排“以奖代补”机制； ④建立健全排污权有偿使用和交易制度； ⑤推行政府绿色采购； ⑥通过税收减免、技改贴息等方式引导企业技术创新和产业升级，对于土地集约利用强度高的企业给予奖励。	①提高对高新技术企业税收（增值税、企业所得税）和现代服务业税收（营业税、企业所得税）分享比例； ②省市两级将新、扩建高新技术企业新增增值税部分全留给县； ③降低资源税、耕地占用税分成比例。	①取消省对下一般性转移支付； ②整合省对下专项转移支付； ③增加科技创新、技术改造、节能减排等专项资金。	①提高财政收入质量； ②提高财政自给率； ③发挥税收返还调节作用； ④优化专项转移支付。

续表

类型	政府职能重点	支出责任配置	收入划分调整	转移支付制度	调整效果
重点开发区域	①增强产业集聚能力；②增强人口集聚能力。	①保障提供一视同仁的公共服务；②加大基础设施建设投入，迎接新一轮的城市移民；③对劳动力就业与创业培训给予直接补贴，鼓励企业引进经营管理人才和各类技能实用人才；④加大对重点建设项目的投资力度，支持有比较优势的产业和劳动密集型产业；⑤鼓励和支持中小企业和民营企业发展；⑥加大对节能设施改造新能源开发和节能新技术利用支持，构建多元化、多渠道区域科技创新体系。	①提高增值税分享比例，对次区域实行不同分享比例；②将一般营业税全部下放给重点开发区域市县；③在税法规定的幅度税额内，采用低标准的城镇土地使用税率；④对聚集中小企业的产业园区减免土地、管理等费用。	①根据实际居住人口测算一般性转移支付；②增加国债、基础设施、吸纳就业项目；③整合专项转移支付，重点保障基本设施、义务教育、社会保障、环境保护和社区服务。	①提高财政收入比重；②发挥税收返还调节作用；③增加可用财力；④整合专项转移支付。
生态和农业区域	①保护环境、发展生态型绿色产业；②调整农业结构、增强农产品供给能力。	①承担保障国家机构正常运转、国家生态与农业政策的落实、构建农业综合服务体系、引导超载人口逐步有序转移、为辖区居民提供基本设施与公共服务等基本公共需求；②限制开发区域的修复生态、保护环境和农业发展支出由中央和省级财政负担。	①降低共享税分享比例；②取消资源税分成；③县对乡不宜实行“相对规范分税制”模式；④将新、扩建农业产业化龙头企业省市两级新增增值税部分全留给县。	①提高一般性转移支付系数；②设立生态和农业区域专项；③建立结对式对口支援制度；④建立受益者付费与补偿机制。	①降低财政收入比重；②增加可用财力；③加大一般性和专项转移支付。

续表

类型	政府职能重点	支出责任配置	收入划分调整	转移支付制度	调整效果
禁止开发区域	①按批准设立级次管理。②保障生态和粮食安全。	①纳入所在级次财政预算；②对符合条件的旅游业给予补贴；③各市、县财政对土地开发整理给予补助。	①降低或取消各类税收分成；②合理规划对旅游资源的收费水平。	①增加一般性转移支付；②设置综合性的生态修复转移支付；③增设生态移民专项。	①保障基本支出；②保障项目支出。

（一）主体功能区财政政策的主要目标

1. 推进各主体功能区基本公共服务均等化。完善省以下财政管理体制，调整财政转移支付机制，进一步增加对限制开发和禁止开发区域用于公共服务的一般性转移支付和用于生态环境补偿的专项转移支付，实现财力在国土空间和功能区之间的均衡分配，逐步使四类功能区的居民享有均等化的基本公共服务。

2. 引导资源要素向目标功能区合理流动。引导自主创新和高技术产业化的投资向优化开发区域倾斜，提升区域经济实力、活力和竞争力，实现由资源依赖型向创新驱动型转变；引导资本、劳动力和技术向重点开发区域聚集，增强区域产业和人口集聚能力，推进工业化城镇化进程；引导绿色型经济资源向生态和农业区域转移，使超载人口逐步有序迁出，实现提供生态产品和修复生态的双重目标；引导符合区域规划的旅游要素（产业、人才、资金）向禁止开发区域（主要是外围区）流动，将人为活动对自然生态的干扰降至最低。

3. 加快建立生态环境保护区域补偿机制。立足有效纠正生态环境保护外部性，完善对限制开发区域和禁止开发区域的纵向和横向转移支付机制。省财政通过设立专门的生态效益补偿基金，采用对下转移支付方式对这些区域因开发管制放弃开发机会进行补偿；建立直接受益主体收取适当费用充实生态效益补偿基金的机制，通过区域间合作和对口支援方式进行受益者补偿。通过纵向和横向转移支付，实行下游地区对上游地区、开发区域对保护地区、生态受益地区对生态保护地区的生态环境补偿，保证四类主体功能区域协调发展。

（二）主体功能区财政政策应遵循的基本原则

1. 责权匹配原则。不同类型的主体功能区域有不同的功能定位和发展方向。因此，应围绕编制主体功能区规划，打破省内同级政府管理职能及承担财政支出责任无差异现状，根据其主体功能区域归属调整省以下各级政府管理职能及相应财政支出责任，使不同类型主体功能区域内各级政府责权相匹配，为实行主体功能区域经济社会政策提供制度保障。

2. 公共理财原则。将满足社会公共需要作为财政的首要任务，加大民生和各项社会事业投入，推进各主体功能区域的基本公共服务均等化；处理好政府与市场的关系，注重发挥市场对经济发展的基础性作用，财政不再向一般竞争性领域投资，而是通过财政贴息、政府担保、加强公共基础设施建设、建立公平税费环境等间接方式，引导资源要素向目标功能区域合理流动。

3. 分类指导原则。为实现不同主体功能区域的功能定位和发展方向，必须坚持突出功能、调节差异的原则，调整财政转移支付的方向和结构，实施有利于资源合理流动的差异化财政政策，增强财政宏观调控的有效性和科学性，既要积极引导符合主体功能定位、与资源环境承载能力相适应的工业化、城镇化建设，又要限制或禁止不符合主体功能定位的无序开发和破坏环境行为，通过规范开发秩序来实现又好又快发展。

4. 量力而行原则。考虑到河北省规划基础和经济社会目前所处的发展阶段，市场机制尚未健全，政府的财力、管理能力和手段又有限，所有这些将直接影响主体功能区差别化政策的力度。因此，在制定财政支出和对下转移支付的定量化指标时，既要满足各类主体功能区域的发展需求，又要考虑河北省财力状况和今后优化开发区域、重点开发区域的发展趋势，区别开发时序，量力而行、稳步推进。

5. 定期调整原则。主体功能区划是对国土空间的中长期战略性开发和布局安排，宜保持相对稳定性，但区域经济和社会的发展是一个动态过程，资源环境的承载能力、开发密度和发展潜力等指标的变化决定着主体功能区的划分不能一成不变，各功能区域的定位、边界、范围也要适时调整。为此，要建立对地域单元进行动态监测、对相关财政体制和政策进行定期调整的机制，促使各区域的功能定位和自身发展状况相匹配，保证空间开发的科学性和政府调控的有效性。

四、河北省财政体制适应主体功能区规划的调整建议

（一）优化开发区域实施以提升区域经济竞争力为主导的财政体制

1. 优化开发区域的政府职能重点。处于优化开发区域的政府经济管理职能，应侧重于两个方面：一是转变经济发展方式。增强唐山高新技术产业集聚和区域创新功能，加快京津卫星城高新技术成果转化基地和张承生态型制造业基地建设，引进高层次创新型人才和高技能人才，大力发展现代服务业，通过优化空间和产业结构不断提升区域自主创新能力，逐步实现由资源依赖型向创新驱动型发展模式转变。二是加速城市化进程。加快冀东城市群、京津卫星城、张承组团式城市建设，扩大中心城市空间，推进区域基础设施一体化，通过城市群建设不断提高城市聚集功能。

2. 优化开发区域的财政支出责任配置。与职能对应的财政支

出责任包括：①按照优化空间结构和城镇化布局的要求，加大产业发展带、城市群、工业园区的基础设施整合和公共服务设施建设的财政投入力度，建立现代服务业人员培训财政补助机制，提升区域经济综合配套能力；②提高研究与发展支出占财政支出的比重，加快高新技术成果转化和科技创新平台建设，探索建立科技型、外向型技术人才和经营管理人才的激励导向机制，增强燕山山前平原地区和冀中北部平原地区转化京津高新技术的能力和自主创新能力；③完善节能减排“以奖代补”机制，加大对企业节能设施改造和节能新技术利用的财政支持力度；④按照补偿治理成本原则提高污水和大气主要污染物排放的收费标准，并建立健全排污权有偿使用和交易制度；⑤全面推行政府绿色采购，引导全社会发展循环经济和采用节能环保新技术；⑥根据产业政策制定的产业优化和转移导向目录，通过税收减免、技改贴息等方式引导企业技术创新和产业升级，对于土地集约利用强度高的企业给予奖励，为优先发展先进制造业和高新技术产业提供良好的财税制度环境等。

3. 优化财政收入配置格局，提高优化开发区域资源配置效率。优化开发区域为了吸引高技术资源要素、调整经济结构，需要围绕增强区域创新能力，提高县市对高新技术企业税收（增值税、企业所得税）和现代服务业税收（营业税、企业所得税）的分享比例，将新、扩建高新技术企业新增省级和市级分享增值税部分全留给县，吸引高技术含量经济资源向优化开发区域流动，促进政府优化城镇基础设施布局和发展现代服务业；优化开发区域的资源环境承载能力有限，要改变依靠大量占用土地、消耗资源和排放污染实现经济较快增长的模式，降低此类税收（资源税、耕地占用税）分成比例，限制一般性重复建设。

4. 调整转移支付制度，引导优化开发区域加快发展方式转变。以基本公共服务支出标准因素为核心，修订现行转移支付制度中的标准支出项目，逐步取消省对下一般性转移支付，使优化开发区域市县树立经济实力较强和引领全省发展的意识；优化省对下专项转移支付，改变专项资金的“散碎”问题和“撒芝麻盐”现象，省财政安排的科技创新、技术改造、节能减排等专项资金向优化开发区域倾斜，引导优化开发区域产业升级改造。

（二）重点开发区域实施以提升资源要素积聚力为主导的财政体制

1. 重点开发区域的政府职能重点。处于重点开发区域的政府经济管理职能，应侧重于两个方面：一是增强产业集聚能力。加快建设沿海产业隆起带，构筑临港产业体系；以石家庄市为中心，沿铁路线形成纵横交错的现代制造产业带，构建区域科技创新体系；以衡水市为中心，沿综合运输线构筑点轴结合的产业发展格局，形成产业走廊和工业密集区。二是增强人口集聚能力。加快建设沿海城镇带和京广复合轴线城市带群，梯次推进城市发展和小城镇化建设，实现人口向沿海地区、冀中南山前平原地区和黑龙港北部地区的集聚。

2. 重点开发区域的财政支出责任配置。与职能相应的财政支出责任包括：保障为外来人口提供与当地居民同样的公共服务；加大基础设施建设投入，迎接新一轮的城市移民；对劳动力就业与创业培训给予直接补贴，鼓励企业引进经营管理人才和各类技能实用人才；加大对重点建设项目的投资力度，通过税收优惠、加速折旧、贷款贴息等方式吸引外部资本资金进入，支持有比较优势的产业和劳动密集型产业加快发展；设立引导基金，用贴息、风险补偿等方式鼓励和支持中小企业和民营企业发展；加大对节能设施改造新能源开发和节能新技术利用的支持，构建多元化、多渠道的区域科技创新体系等。

3. 财政收入权向下倾斜，调动重点开发区域发展经济积极性。提高重点开发区域市县对增值税的分享比例，促进政府承接优化开发区域转移产业和吸引生态和农业区域、禁止开发区域的生产要素向重点开发区域流动。对于重点开发次区域之间也可实行不同的主体税收分享比例。对秦唐沧沿海隆起带，省分享主体税收的比例应小于内地的重点开发区域，以推动生产要素向沿海隆起带流动。另外，将一般营业税全部下放给重点开发区域市县，促进政府加快城市化进程和小城镇建设；重点开发区域县市为聚集人口，可在税法规定的幅度税额内，采用低标准的城镇土地使用税率；重点开发区域县市为促进产业集群发展，对聚集中小企业的产业园区减免土地、管理等费用。

4. 调整转移支付制度，引导重点开发区域人口和产业集聚。根据实际居住人口测算出省对下一般性转移支付，保证重点开发区域市县为辖区所有居民提供大体相当的公共服务；以专项支付的方法支持国债投资项目、重大基础设施项目、具有较强吸纳就业和带动作用的项目向重点开发区域倾斜；整合省对下专项转移支付资金，将其补助范围收缩到基本设施、义务教育、社会保障、环境保护、社区服务等主要方面，夯实重点开发区域社会经济发展基础。

（三）生态和农业区域实施以提升生态功能恢复力和农业综合供给力为主导的财政体制

1. 生态和农业区域的政府职能重点。处于生态区域的政府经济管理职能侧重于修复生态、保护环境和发展生态型绿色产业，通过财政补助、贷款贴息等手段，支持保护性、可循环性投资项目以及资源适宜型生态科技园区建设，培育开发利用可再生资源的新兴产业；处于农业区域的政府经济管理职能则侧重于调整农业产业结构、增强农产品的供给能力。

2. 生态和农业区域的财政支出责任配置。这类限制开发区域，受经济发展和财政收入水平较低所限，政府承担的主要财政支出责任是承担保障国家机构正常运转、国家生态与农业政策的落实、构建农业综合服务体系、引导超载人口逐步有序转移、为辖区居民提供基本设施与公共服务等基本公共需求；限制开发区域的修复生态、保护环境和农业发展支出由中央和省级财政负担。

3. 调整财政收入权归属，落实生态和农业区域开发限制原则。生态和农业区域县市的资源环境承载能力较弱，不宜大规模集聚经济和人口，要控制工业化和城市化开发规模，降低主体税种（增值税、营业税、企业所得税、个人所得税）分成比例（如将现行增值税25%由部分省市分享10%和15%，调整为对生态和农业区域省市按15%和10%分享）；取消资源税分成，同时将省级集中部分统筹下放给生态和农业区域市县，增强基层政府生态保护和提供农业服务能力；县对乡不宜实行“相对规范分税制”模式；生态和农业区域县市为增强生态和农业产品供给能力，发展特色农产品，宜对新、扩建农业产业化龙头企业增加的省级和市级分享增值税全部留给县。

4. 构建纵横结合转移支付模式，保障生态和农业区域功能定位实现。在纵向转移支付方面，探索建立健全省以下财政转移支付机制，提高生态和农业区域的一般性转移支付系数，对限制开发区域基层政府的正常运转提供经费保障，对基本公共服务支出进行补助，对因保护生态环境而造成的生产损失和收入减少进行补偿，向放弃开发权区域倾斜，使居民享有均等化的基本公共服务；设立生态和农业区域专项转移支付类别，明确规定用于经常性生态环境建设资金的增长速度要略高于财力增长速度，对限制开发区域的修复生态、保护环境和农业发展给予保障。在横向转移支付方面，把缩小四大主体功能区之间公共服务的差别作为对口支援的核心内容，遵循“优势互补、互惠互利”原则，在生态和农业区域同优化开发区域、重点开发区域之间建立结对式对口支援制度，有重点地选择若干“雪中送炭”项目，从资金、物资、技术、人员等方面给予支援，实现区域协调发展；在生态和农业区域同优化开发区域、重点开发区域之间建立受益者付费与补偿机制，即建立直接受益主体收取适当费用充实相应生态补偿基金的机制，实行下游地区对上游地区、开发区域对保护地区、生态受益地区对生态保护地区的生态环境补偿，实现地区之间的财富转移。

（四）禁止开发区域实施以提升环境和粮食安全保障力为主导的财政体制

1. 各类禁止开发区域的政府职能重点。禁止开发区域包括国家和地方依法设立的各级各类自然保护区、风景名胜区、森林公园、地质公园、世界文化遗产、文物保护单位等点状分布区域和基本农田。处于禁止开发区域的政府经济管理职能侧重于保障生态安全和粮食安全，保护各类资源的原真性、完整性与基本农田的数量、质量。此外，政府在区域布局上要坚持对不同范围保护区域分类禁止开发。自然保护区可分为核心区、缓冲区和实验区，核心区禁止任何单位和个人进入，严格限制科研活动，缓冲区只准进入从事科研观测活动，实验区可以进入从事科学试验、教学实习、参观考察、旅游等活动。

2. 禁止开发区域的财政支出责任配置。对各类生态区域，政府承担的主要财政支出责任在于维护生态环境，加大对环境保护、水污染防治、饮用水安全等薄弱环节和涉及人民群众生命健康领域的投入。在此基础上，各级财政在不影响保护功能的前提下，可适度提供旅游等生态产品，财政予以一定补贴。此外，各风景名胜区、自然保护区、文物保护单位等按照批准设立级次，人员工资和运转经费纳入该级财政预算，并积极争取将国家级单位人员工资和日常管理所需经费纳入中央财政预算。对基本农田，各市、县财政对土地开发整理给予补助；省财政加大优质粮食产业工程、大型商品粮基地项目的投入，重点支持基本农田水利、农业防灾减灾等建设，确保土地出让平均收益的15%用于农业土地开发和建设高标准粮田。

3. 调整或取消财政收入权归属，减少禁止开发区域经济利益诱惑。禁止开发区域要降低各类税收分成，合理规划对旅游资源的收费水平。为保障生态系统的稳定、安全，严禁不符合主体功能定位的开发活动，保护区管委会要降低甚至取消各类税收分成，同时通过适度开发旅游资源，保持合理的收费水平。

4. 优化转移支付内部结构，保证禁止开发区域环境合理补偿和人口有效移出。增加一般性财政转移支付比重，专项转移支付主要用于生态环境补偿。上级政府增加本地一般性转移支付比重，保证本地基本支出需要；参照现行财力性转移支付中退耕还林还草、天然林保护工程等项目，设置更为综合的生态修复转移支付；为有序转移人口，考虑增设生态移民专项转移支付。

五、河北省针对不同类型主体功能区的财政政策选择（见表1－16）

表1－16　河北省各主体功能区财政政策取向表

类型	财政政策模式	政策导向	主要内容
优化开发区域	创新驱动型财政政策模式	发挥财政政策激励作用，促进优化开发区域引领全省科学发展。	①推行适应城市化管理的财政体制政策，注重发挥市场配置资源基础作用，较少财政层级，明确支出责任，完善公共服务保障体系； ②实行转变发展方式优先的绩效评价模式，并制定相应的财税奖励政策； ③实现与京津人才投入机制的对接，甚至在河北省核心创新领域拥有自主知识产权成果的高层次创新型人才引进条件要优于京津两地，加大对重大科技攻关和高新技术项目资助力度，对取得重大突破和科技成果转化成绩突出的专家型人才团队给予重奖。

续表

类型	财政政策模式	政策导向	主要内容
重点开发区域	规模增长型财政政策模式	发挥财政政策引领作用，促进重点开发区域扩大经济发展规模。	①加大“省直管县”改革，构建以统收统支为主、分税制为辅的县乡财政体制格局，实施非均衡发展的财政体制政策，完善有利于经济增长极形成的激励性体制政策和异地投资税收分享办法，促进有潜力的地区加快发展； ②实行工业化和城镇化水平优先的绩效评价模式，并制定相应的财税奖励政策； ③设立专项基金，引导重点开发区域探索建立科技型、外向型技术人才和经营管理人才的激励机制。
生态和农业区域	生态补偿型财政政策模式	发挥财政政策约束作用，限制生态和农业区域经济活动。	①推行适应生态服务的财政体制政策，较少财政层级，增强省政府宏观调控能力和基层政府环境保护与公共服务保障能力； ②实行农业发展优先和生态保护优先的绩效评价模式，并制定相应的财税奖励政策； ③加大对生态和农业科技项目和生态移民的资助力度，引导生态和农业区域探索建立生态保护人才、农业技术人才和农村实用人才的激励机制。
禁止开发区域	保护管理型财政政策模式	发挥财政政策限制作用，严格限制禁止开发区域经济活动。	①以票价手段合理控制、适度开发生态产品； ②实行依法保护优先的绩效评价模式，并制定相应的财税奖励政策； ③对移民家庭和接受移民的地区给予必要的安置补助，对保护区内剩余人口就地转为管护人员，增强其财力保障程度。

（一）对优化开发区域实行以转变经济发展方式为绩效评价优

先模式的创新驱动型财政政策

发挥财政政策激励作用，促进优化开发区域引领全省科学发展。推行适应城市化管理的财政体制政策，注重发挥市场配置资源基础作用，减少财政层级，明确支出责任，完善公共服务保障体系；对优化开发区域实行转变发展方式优先的绩效评价模式，并制定相应的财税奖励政策；实现与京津人才投入机制的对接，甚至在河北省核心创新领域拥有自主知识产权成果的高层次创新型人才引进条件要优于京津两地，加大对重大科技攻关和高新技术项目资助力度，对取得重大突破和科技成果转化成绩突出的专家型人才团队给予重奖。

（二）对重点开发区域实行以提高工业化和城镇化水平为绩效评价优先模式的规模增长型财政政策

发挥财政政策引领作用，促进重点开发区域扩大经济发展规模。加大“省直管县”改革，构建以统收统支为主、分税制为辅的县乡财政体制格局，实施非均衡发展的财政体制政策，完善有利于经济增长极形成的激励性体制政策和异地投资税收分享办法，促进有发展潜力的地区加快发展；对重点开发区域实行工业化和城镇化水平优先的绩效评价模式，并制定相应的财税奖励政策；设立专项基金，引导重点开发区域探索建立科技型、外向型技术人才和经营管理人才的激励机制。

（三）对生态和农业区域实行以促进农业发展和生态保护为绩效评价优先模式的生态补偿型财政政策

发挥财政政策约束作用，限制生态和农业区域经济活动。推行适应生态服务的财政体制政策，较少财政层级，增强省政府宏观调控能力和基层政府环境保护与公共服务保障能力；对生态和农业区域实行农业发展优先和生态保护优先的绩效评价模式，并制定相应的财税奖励政策；加大对生态和农业科技项目和生态移民的资助力度，引导生态和农业区域探索建立生态保护人才、农业技术人才和农村实用人才的激励机制。

（四）对禁止开发区域实行以依法严格保护为绩效评价优先模式的保护管理型财政政策模式

发挥财政政策约束作用，严格限制禁止开发区域经济活动，对旅游观光等生态产品的提供通过票价手段合理控制，适度有序开发。对禁止开发区域实行依法保护优先的绩效评价模式，并制定相应的财税奖励政策。此外，政府通过推进户籍管理制度及与其挂钩的教育、医疗、社会保障改革，将保护区内的部分人口有序迁出，财政对移民家庭和接受移民的地区给予必要的安置补助；保护区内剩余人口就地转为管护人员，政府提高保护区单位面积管护经费标准，增加经费总量，增强其财力保障程度。

六、主体功能区财政政策的配套措施

（一）建立省、市、县、乡四级联动的预算管理体系

由于主体功能区规划打破了行政区划界限，致使所有的设区市、部分县（市）被分隔为不同的主体功能区，这就造成了行政区域与功能区域的交叉重叠。对不同的主体功能区实施分类指导的财政政策，必然造成设区市内和部分县（市）执行不同区域财政政策问题。深化预算管理改革，建立全省统一、上下联动的预算管理体系，才能保障不同区域财政政策在同一个行政区域内分别执行，并接受省财政的资金流向监控和绩效评价。

（二）建立有利于主体功能实现的省以下财政管理体制

主体功能区在规划上打破行政区界限，但在主体功能区规划的实施上，还需要依托一定层级的行政区。主体功能区的建设不仅要强调地方政府在区域内的职能，更要强调地方政府在区域间关系中的职能，加强主体功能区内各行政区间的合作。这些都需要按照主体功能设计对政府间财政收入划分、财政支出责任划分、转移支付制度，对现行的财政管理体制进行调整和完善。

（三）建立保障主体功能实现的专项资金管理制度

目前从各个部门“条条”下来的财政专项资金很多。由于这些资金都掌握在各部门中，使用分散，缺乏统筹规划，各个环节缺少衔接，导致资金使用的效率不高。按照主体功能分工，将来自各条渠道的财政资金集中起来，由政府统筹安排，相关部门负责组织实施，对资金使用情况进行跟踪调查，及时总结经验教训，以提高财政资金的使用效率。

（四）建立促进主体功能实现的区域政策协调制度

推进河北省主体功能区建设、逐步实现不同主体功能区间的基本公共服务均等化是一个复杂的系统工程，涉及到政府各个部门，需要依据区域差异建立起保障主体功能定位实现的政策体系。因此，推进主体功能区形成的财政政策应与投资、产业、土地、人口管理、环境、应对气候变化等其他区域政策相互协调、相互补充、相互促进，逐步形成目标明确、重点突出、手段多样、现实可行的区域政策体系。

1.8 民生财政与基本公共服务均等化

随着以改善民生为重点的社会建设的推进，我国的公共财政在理念和实践上愈益趋向民生财政。同时，“完善公共财政制度，逐步实现基本公共服务均等化”也已成为我国公共财政制度建设的具体目标之一。在这一背景下，弄清民生财政建设与实现基本公共服务均等化的关系，并对其加以有效的协调和整合，显然是非常必要的。

一、相关概念的梳理

（一）民生与民生财政

“民生”一词最早出现在《左传》宣公十二年，所谓“民生在勤，勤则不匮”。在漫长的中国社会中，民生通常是指老百姓的基本生计。到20世纪20年代，孙中山给“民生”注入新的内涵，并将其上升到“主义”的高度，成为“三民主义”中的民生主义。孙中山对民生给予的经典阐释是：“民生就是人民的生活——社会的生存，国民的生计，群众的生命”[①]，“民生是社会一切活动的原动力”[②]。孙中山的民生概念大致是广义的，涵盖范围较为广泛。而狭义的民生概念主要是指民众的基本生存和发展条件，以及与这些条件相关的权益保障等。多数情况下，我们所说的民生是狭义的，因为狭义的民生概念既易于人们理解和把握，又易于政府以此为依据制定政策和制度。

无疑，一个国家的民生状况与政府有关，进而与财政有关。政府的作用是通过提供服务性和制度性公共产品使一国国民的民生状况不断得到改善，也就是社会发展水平不断提高。从这个意义上讲，政府保障和改善民生是其社会建设的重要内容。政府对民生的保障可以由低到高分为不同的层次：第一个层次是关于生存层面的，具体包括最低生活保障、自然灾害救济、基本养老保障、基本住房保障、基础卫生防疫、人身安全、就业服务、基本交通设施等；第二个层次是关于基本发展层面的，具体包括义务教育、职业教育与培训、基本医疗与保健、财产安全、必要的基础设施、基本环境保护、基本文化娱乐等；第三个层次是关于高级发展层面的，是前一个层次的全面升级，如高等教育、高级医

---

① 《孙中山选集》，人民出版社，1981年，第802页。

② 《孙中山选集》，人民出版社，1981年，第835页。

疗保健、高级文化娱乐、环境的全面保护、完备的基础设施、产权的全面有效保护等。当作为政府工具的财政以保障和改善民生为基本追求，并且财政收支向以上民生领域倾斜时，这时的财政即可称为民生财政。

（二）基本公共服务与基本公共服务均等化

首先要说明的是，笔者认为公共服务即公共产品，二者只是提法不同而无实质不同。在中央权威文件中将公共产品称为公共服务，可能只是为了与公共服务型政府的建设目标及提法相配套。并且这里的公共服务显然是广义公共服务，即涵盖市场经济中政府的所有职能。

关键是如何进一步定义基本公共服务。按以上逻辑不难推出，基本公共服务应是体现政府基本职能的公共服务，具体包括国防与外交、行政管理、基础设施、社会保障、公共教育、公共文化、环境保护等。然而，在基本公共服务均等化语境中，基本公共服务的范围按上述界定未免过宽。这是因为均等化目标本身已构成了对所谓基本公共服务的选择约束，显而易见的是，只有那些需要均等化又没有实现均等化的基本公共服务，才是这一语境中的基本公共服务，而那些不存在均等化问题的理论上的基本公共服务则应予排除（如国防与外交、行政管理、全国性基础设施等）。在此基础上，可进一步确立如下选择标准：（1）服务需求的“同质性”。表现为地区间、城乡间、群体间、居民间对这些服务的需求基本无差异，进而在服务的供给上不必过多考虑需求主体不同的诉求。（2）服务内容的“民生性”。在我国构建以人为本的和谐社会背景下，民生问题日益凸显，政府提供的公共服务是否具有民生性应成为判定其是否“基本”的一个重要标准。（3）服务地位的“基础性”。指这些服务的供给对人的生存和发展具有重大影响，居于基础性地位。同时，这些服务从需求层次来看，恰恰又处于较低层次。（4）供求矛盾的“突出性”。

指这些服务由于全国范围内的非均等化供给，造成了在一些地区供求矛盾十分突出，在现有政府财力约束下，有必要通过均等化措施优先加以解决。

接下来的问题是，何为基本公共服务均等化？笔者认为，基本公共服务均等化是一个动态发展的过程。从横向上看，作为均等化对象的基本公共服务的范围会逐步扩展，某些现在不具有同质性的较高层次公共服务，随着经济和社会发展带来的人们整体需求层次的提升而日益具有了同质性，进而成为一种必要的基本公共服务进入均等化的视野①。从纵向上看，均等的水平也应不断提高，由底线均等下的差距较大的低水平均等逐渐迈向差距不断缩小（均等化不可能也无必要取消差距）的高水平均等。

二、民生财政建设与基本公共服务均等化关系的阐释

由以上分析不难发现，实践层面的基本公共服务与民生保障在具体内容上有一个较大的交集（重合），存在着一致性，特别是我们又强调了服务内容的“民生性”作为界定现阶段基本公共服务的主要标准。因此，扩大民生领域的财政支出也就在很大程度上意味着增加基本公共服务供给，这为民生财政建设与基本公共服务均等化目标的有效对接提供了一个必要的前提条件。

然而，民生财政建设与基本公共服务均等化并非等价关系，表现在：（1）从二者各自涵盖的内容上看，民生保障的层次有高有低，财政向民生领域倾斜，就其涵义而言可涵盖各个层次，而基本公共服务均等化在现阶段只能是着眼于满足较低层次的公共需求。（2）民生财政建设主要是调整财政支出的结构，通过向民

① 德国著名经济学家阿道夫·瓦格纳早在100多年前就发现并预见了这一现象，并将其归因于公共需求的收入弹性，用于解释他的描述财政支出不断增长的“瓦格纳法则”。

生领域倾斜来实现，重在财政支出内容上的选择；而基本公共服务均等化是改变其在地区间、城乡间、群体间、居民个人间供给的非均等状况，通过向供给短缺的地区、农村、群体和个体倾斜来实现，重在财政支出对象的选择上。(3) 民生财政是我国在进入一定社会发展阶段后的一种公共财政类型，它的内涵十分丰富；而基本公共服务均等化只是政府针对我国各种社会差距过大的现状所采取的破解之策和工作目标。

综上，民生财政的推进客观上既可以促进基本公共服务均等化目标的实现，也可能加剧基本公共服务的非均等状态，进一步拉大基本公共服务供给的地区差距、城乡差距、群体差距和个体差距。由此可以得出的基本结论是：民生财政建设与基本公共服务均等化的协调统筹十分必要。

三、统筹民生财政建设与基本公共服务均等化的基本思路

在基本公共服务均等化的阶段性目标选择上，较为主流的观点①认为：公共服务"均等化"要经历三个阶段。初级阶段的目标可能更侧重于区域公共服务均等化；中级阶段的目标会更多地侧重于城乡公共服务均等化；高级阶段的目标则为实现全民公共服务均等化。笔者认为，在基本公共服务供给方面，相对于地区差距而言，城乡差距更为严重，且农村覆盖了我国大部分人口，在城乡基本公共服务均等化方面实现率先突破，同时兼顾地区，最终实现全国范围内的全民基本公共服务均等化，在我国可能是更为必要和可行的。基于这一基本认识，以下将城乡基本公共服务均等化作为一个先行步骤，就若干基本公共服务，探讨其与民

① 见贾康："公共服务的均等化应积极推进，但不能急于求成"，《审计与理财》，2007年第8期；安体富："公共服务均等化：理论、问题与对策"，《财贸经济》，2007年第8期。

生财政建设统筹的基本思路。

（一）公共教育

公民受教育的程度决定其发展能力，无疑是民生的重要内容。又由于教育具有正的外部效应，没有政府的支持是难以有效发展的，教育财政支出也就成为一项重要的民生支出。我国的情况是，财政性教育支出一直是一块短板，其占 GDP 的比重始终未达到4%这一预定20世纪末实现的目标。为此，财政向民生倾斜也就必然包括向教育的倾斜，根据公共财政原理，财政支持教育的重点是义务教育，即重点向义务教育倾斜。然而，考虑到城乡公共服务均等化目标，这种向义务教育的倾斜还有一个城乡选择问题。在城乡义务教育存在较大差距的情况下，显然应该进一步向农村倾斜。近年来，伴随着农村税费改革，财政对农村的义务教育投入力度不断增加，目前已免除了农村义务教育阶段学生的学杂费和教科书费，向部分住宿学生提供生活费补贴，增加公用经费投入等。但城乡之间义务教育的投入水平，尤其是教育质量仍有较大差距，还需通过农村义务教育经费保障机制的进一步改革来加以解决。建议：（1）在继续坚持农村义务教育管理“以县为主”的基础上，重新调整和明确省级财政对农村义务教育的经费保障责任，缓解发展农村义务教育与县级财政困难的突出矛盾。具体可考虑将农村中小学教师工资的发放上移到省，实行农村中小学教师工资的省级统筹。（2）在教师工资保障责任上移的同时，明确将农村义务教育所需公用经费、校舍维修改造费、补助寄宿生生活费等作为县级财政的保障责任。（3）中央主要通过转移支付弥补由于保障责任上移导致的省级财政的财力缺口。

（二）基本社会保障

基本社会保障关系公民的生存安全，既是民生保障，也是公共服务，从而构成财政向民生倾斜的重要领域和基本公共服务均等化的重要内容。整体来看，此方面也存在较大的城乡差距，城市的基本社会保障水平高于农村，农村居民存在比城市居民更大的社保权利缺失。由于基本社会保障包括最低生活保障、基本医疗保障、基本养老保障、基本住房保障等具体内容，有必要进行具体分析。

1. 在最低生活保障方面。目前城乡都已建立了相关制度，但保障水平城镇明显高于农村，大体上是农村的二到三倍，即使考虑城乡生活费用的差别，这种差距仍有较大的缩小空间。其思路是在财政投入的增量上做文章，做到财政投入的增速农村高于城市。目前农村低保资金来源主要是县市财政，县级财政的困难使其难以增加资金投入，为此须追加上级政府的责任。建议建立省域范围内统一的基础性农村低保制度，县市资金不足部分由省级承担，首先确保省域范围内不同县市的农村最低生活保障均等化，并不断提高其保障水平，尔后逐步实现城乡最低生活保障的均等化。

2. 在基本医疗保障方面。城镇有城镇职工基本医疗保险和正在一些城市试点的城市居民基本医疗保险；农村则是近年来强力推进的新型农村合作医疗。就其覆盖面看，农村高于城市；就其保障水平看，城镇职工基本医疗保险的保障水平最高，但只保障了城镇不到50%的人口，而城市居民基本医疗保险与新型合作医疗的保障水平大致相当；就其财政直接投入看，总体上农村高于城市。因此，城乡基本医疗保障的均等化需城乡双向联动，财政的投入既要继续增加对新型农村合作医疗的补助，也不能忽略了还未被医疗保障覆盖的城镇居民。

3. 在基本养老保障方面。城镇已建立了城镇职工基本养老保险制度，农村则一直在一些地区试点农村养老保险制度。城镇职工基本养老保险制度虽然还有一些问题亟待解决，但基本制度框架已建立，只是需要继续完善而已。农村尚无一个成熟的制度框架，而最成问题的是资金来源，其解决恐需更长时间。其实，城镇职工基本养老保险制度目前也只覆盖了不到50%的城镇居民，按均等化衡量，城镇居民内部的非均等化问题亦十分严重。基于我国的现实国情，笔者认为：养老保险有其特殊性，它不可能实现过高的覆盖率。为此，在城市扩面的人群主要应限于45岁以下人群，45岁以上人群未被现制度覆盖的，其年老后的生活由最低生活保障保底，同时在政策上鼓励（家庭赡养费用税前扣除、公共服务费用减免等）对这部分人的家庭赡养。农村的基本养老保障重点放在进入城市打工的农民工（随着城镇化的发展，其总量和比重将快速增加）上，通过种种方便和优惠措施，鼓励其进入城镇职工养老保险体系，其他未被覆盖者，主要通过农村低保、五保、家庭保障等解决其未来养老问题。总之，依赖于城乡的通盘谋划，最终实现城乡的基本养老保障均等化。

4. 基本住房保障。我国目前在城市已初步建立了廉租房和经济适用房体系，但尚未顾及农村，着眼于城乡均等化目标，有必要及早考虑。实际上，虽然农村低收入者的住房问题没有城市突出，但并非不存在。可仿照城市做法，与低保挂钩，主要通过住房补贴的方式提供保障。

（三）就业服务

就业是民生的基础，在现代市场经济条件下，政府提供的就业服务成为一项基本公共服务。其服务的重点区域在城市，服务对象则城乡兼有。目前，劳动年龄人口的快速增长，农村劳动力的转移，使我国城镇的就业形势十分严峻。理论和实践都证明，财政在促进就业方面大有可为。其手段主要是通过就业技能培训，增加其就业能力；通过提供公益性就业岗位，直接实现一部分劳动者的就业；通过失业保险救济，使失业者渡过难关等。从城乡均等化角度，对进入城市的农民工与城镇职工要依靠制度完善做到一视同仁。

（四）基础设施

作为民生内容的基础设施主要是直接服务于生活的生活性基础设施，这方面的城乡差距巨大。农村基础设施的完善，无疑需要增加政府投入，但更重要的是要进行投入机制创新。主要思路：（1）创新农村基础设施政府投资体制，通过重新合理划分投资责任，开辟新的资金来源渠道，强化基层地方政府的投资主体地位。（2）整合地方各级政府和部门的农村基础设施投资，形成分工明确、相互制约、管理规范、运转有效的资金使用管理机制，提高资金使用效益。（3）拓宽融资渠道，实现政府主导下的投资主体多元化。（4）按“工业反哺农业、城市支持农村”的基本思路，延伸地方政府对农村基础设施投入的范围和领域。

本节参考文献

1. 刘尚希：“怎样实现我国基本公共服务均等化”，《上海党史与党建》，2007 年第 7 期。

2. 常修泽：“中国现阶段基本公共服务均等化研究”，《中共天津市委党校学报》，2007 年第 2 期。

3. 安体富：“公共服务均等化：理论、问题与对策”，《财贸经济》，2007 年第 8 期。

4. 贾康：“公共服务的均等化应积极推进，但不能急于求成”，《审计与理财》，2007 年第 8 期。

5. 陈海威、田侃：“我国基本公共服务均等化问题探讨”，《中共福建省委党校学报》，2007 年第 5 期。

6. 吕炜、王伟同：“我国基本公共服务均等化问题研究”，《财政研究》，2008 年第 5 期。

7. 社会科学院课题组：“财政与民生”，《光明日报》，2008 年 2 月 26 日。

8. 吴忠民：“改善民生的战略意义”，《光明日报》，2008 年

9月2日。

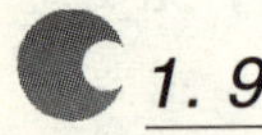

1.9 基本公共服务均等化与公共财政政策

所谓公共服务水平均等化是指在一个国家内，不同地区的居民能享受到大体相同的公共服务。随着经济的发展，城乡、地区间的公共服务供给的差距日益扩大，这成为阻碍经济进一步发展和影响社会稳定的重要因素之一。在居民收入水平和公共服务需求不断增长的情况下，公共服务总体供给不足，以及城乡、地区间供给的不均衡，已经成为建设和谐社会中的突出问题。实现公共服务水平均等化将对社会经济产生重要影响，有利于提高资源配置的效率。根据边际效用递减规律，提供相同财力分别到财力不足地区和财力充裕地区，以增加公共产品供给，前者所产生的效用比后者要大。增加对财力不足地区的补助，将提高该地区公共产品的供给能力，减轻财力充足地区的长期负担。在不改变财力充足地区公共服务供给水平的前提下，改善财力不足地区的供给状况，将出现帕累托改进，从而实现社会福利最大化。因此，实现公共服务水平均等化有助于改变这种不均等的局面，提高资源的使用效率。

一、我国公共服务的现状和存在问题

（一）城乡的公共服务供给严重不均等

我国现行公共服务供给制度是偏向城市的，城乡二元经济体制和城市偏向型的公共服务供给制度，导致了我国城乡间的公共服务供给的不均等。其中，城乡间公共服务非均等最突出的领域

在义务教育、医疗卫生、社会保障、公共基础设施等方面。以教育为例，2005年，我国接受义务教育的总人数大约1.7亿人，其中大约65%在农村，而我国义务教育经费的分布却是城市占有绝大部分教育经费。

在医疗卫生方面，首先，表现在卫生费用的分布上，农村的公共卫生和基本医疗设施与城市比较有差距。其次，表现在资源分布上，农村地区由于资金匮乏，许多乡镇卫生院的软、硬件条件都不到位，缺乏专业技术人员，甚至缺乏一些基本的手术器材。农民工难以享受到"新农合"的优惠，而在务工地更难享受到城镇医疗保障等。社会保障方面，社会保障覆盖范围窄，我国部分社会群体保障待遇水平较低，城乡社会保障存在体制分隔、缺乏衔接。农村劳动力进城务工人员的基本养老保险总体参保率仅为15%。

（二）地区间公共服务差距过大

改革开放以来，我国国民经济发展水平有了很大的提高，但我国"让一部分先富起来"的指导思想和经济政策的倾斜，导致了我国东、中、西部地区经济发展的严重不均衡，公共服务供给水平也因此严重不均，无论是城乡间，还是城市、农村的横向比较，东西部都有较大的差距。义务教育和医疗在设施、设备和人员配置等方面存在巨大的地区差别。就人均教育事业费而言，中西部比较低，中部最低。1998年中部、西部为66.99元和80.33元，分别为最高水平东部的29.48%和35.35%，东中部绝对差为160.28元。2005年中部、西部为209.25元和250.28元，分别为最高水平东部的54.84%和65.59%，东、中部绝对差为172.32元，呈扩大趋势。但是，2005年，全国人均教育费支出为285.26元，中部，西部和东北部地区人均教育费支出低于全国平均水平，分别占平均水平的73.35%、87.74%和96.14%，中部最低。中西部和东北部地区人均卫生费支出也低于全国平均水平，分别占平均水平的63.08%、96.28%和99.42%。尽管各地区人均各项支出水平2005年比1998年都有大幅度增加，但无论是各地区人均支出水平的比较，还是地区人均支出与全国平均水平的比较，中西部地区，特别是中部地区人均支出数额都明显落后于东北部尤其是东部地区，中部与东部人均教育费和人均行政管理费差距有扩大趋势。现行社会保障制度的地域差异较大，并且存在地区分割，即全国各省级、县级统筹之间的分割。

二、公共服务不平衡的主要成因分析

（一）政策导向上以经济建设为中心和其相应的官员绩效考核机制

政府会将财政收入的大部分用于建设性投资，公共支出格局带有浓厚的建设支出的特点，这些支出，在政府不具有比较优势的领域，有些应由或者可以由市场机制来发挥作用，使政府公共财政资金用在提供公共服务、平衡城乡公共服务差异上。我国实行的是市场经济体制，必须发挥市场经济的优势，政府应该把工作重心从经济建设转移到公共服务上来，在市场失灵的公共产品以及公共服务的提供领域发挥其应有的作用，特别是在缩小城乡基本公共服务的差距上。因为我国农业基础薄弱，农村、农户的经济状况堪忧，发展能力弱，是市场竞争的弱者，因此政府应该重视乡村公共服务的供给，缩小城乡公共服务的差距。与这个工作重心转变相适应，我们同时也要把公共服务、公共产品的提供作为各级政府与官员考核的一项重要指标，适当降低对经济增长的追求，以激励各级政府及官员加大提供公共服务、公共产品，实现城乡、区域公共服务均等化。

（二）公共资金分配结构的不平衡性

城乡公共服务供给的主体分别为政府公共财政和乡镇集体财力。在分税制财政制度下，基层政府掌握的财力非常有限，致使乡村公共服务的供给处于非常低的水平。城市政府财力相对充足，城市居民享受教育、卫生、社保在内的多项公共服务，而广大农村居民却没有享受到经济发展带来的好处。2005年，农业支出7.22%，加上文教卫支出不超过15%，农村人口与城市人口的比重为57%和43%，因此农村人口所获得的财政资金比平均水平低得多。资金分配结构的不平衡性，导致公共服务的差异。

（三）我国基本公共服务标准的不明确

在我国基本公共服务的标准中，一些标准比较模糊，大部分文件或政策只说明按照当地的情况考虑，没有给出最低标准，各项公共服务的人均占有标准也没有设定，标准制订工作还比较滞后，不能适应经济社会发展的需要，标准制修订又不透明、不及时，有些标准未能得到全面、正确的实施。

（四）现行转移支付制度存在的均等化缺陷

1994年建立财政转移支付制度的目的是实现地区间公共服务的均等化，但由于采取了维护地区既得利益的原则，现行转移支付制度对缩小地区财政能力差距收效甚微，以至于地区间公共服务的非均等化有扩大趋势。从转移支付的效率上看，增值税和消费税税收返还调节地区之间财政收入差异的效果是最差的；一般性转移支付、农村税费改革转移支付等调节地区差异的效果显著；体制补助、专项补助、国债补助、结算补助、调整收入任务补助和其他补助的横向均等化效果也比较明显。从转移支付的结构上看，2000～2003年，公平性最差的增值税和消费税税收返还占整个转移支付资金的比重虽逐年下降，但却稳居首位，平均为37.21%；公平性最好的一般性转移支付、民族地区转移支付、农村税费改革转移支付、调整工资转移支付所占比重合计仅为15.41%；国债补助、专项补助、结算补助、调整收入任务补助、体制补助、其他补助所占比重合计为52.62%。由此可见，转移支付制度并未发挥应有的均等化作用。

三、推进基本公共服务均等化的财政政策

（一）强化政府公共服务职能，建立和健全公共财政体制

政府要扩大公共服务的覆盖面，提供包括教育、医疗、社保在内的多项公共服务。还是以教育为例，要完善农村义务教育的投入机制，实现全民义务教育。在美国，义务教育经费由联邦政府征收的所得税，州政府征收的消费税和教育税，学区或市政府征收的财产税构成。州级政府财政对义务教育的支持力度最大。在州级政府财政预算和实际投入中，教育在公共事业中向来是优先的。美国各州中小学教育支出占财政预算的35.5%，有的甚至高达40%。以美国明尼苏达州为例，2005学年学校教育经费中，州政府投入高达69.5%，接下来分别是个人财产税14.6%，地方政府9.1%，联邦政府6.8%。由此可见，要继续强化中央和省级政府对农村义务教育的支出责任，改变目前的这种义务教育主要由县乡级地方政府负责的投入机制，中央和省级政府承担大部分农村义务教育所需费用，逐步实现全国义务教育的均等化，由西到东对各地义务教育进行补助，保证农村实现真正的九年义务教育，不断提高农村人民的科学文化素质。在社会保障方面，可以逐渐实行城乡统一的最低生活保障制度和与之相对应的养老制度。在医疗方面，可以学习或者借鉴印度等国家城乡统一的免费医疗制度等。

（二）完善转移支付制度，实现公共服务的均等化

转移支付制度是实现公共服务均等化的主要手段之一，而我国目前的转移支付制度十分不完善。因此，要促进基本公共服务的均等化，应对转移支付制度作如下改进：

1. 继续完善专项转移支付，提高其有效性。政府实行转移支付制度，在于解决财政失衡，促进地区间经济平衡发展。在转移

支付过程中不但要促进地区间经济发展的平衡，还要以实现公共服务均等化为目标，转移支付的分配要坚持公平、公正、合理的原则。中央政府给予地方政府大量的以项目或计划为基础的专项转移支付，以确保为具有全国意义的公共服务提供最低标准。中央政府转移支付的每一个专项，都规定专款专用，提高转移支付的有效性。哪个部门拨出的专项，就由哪个部门进行管理和监督。规范专项转移支付的审批制度。按地方实际需求进行资金的支付，提高地方政府资金配套力度，发挥专项转移支付的均等化作用。

2. 实行有利于均等化的转移支付形式。目前，我国转移支付制度形式过多，缺乏规范的转移支付标准，部分转移支付形式不利于公共服务的均等化。首先，应逐步取消税收返还制度。这一措施属于非均等化的转移支付，不利于实现公共服务的均等化目标。目前，税收返还在转移支付总额中占有很大的比例，这就使得我国转移支付制度整体上失去了平衡地区间财力的作用。其次，要加大有利于实现均等化的一般性转移支付的比例。在我国现有的转移支付模式中，真正具有均等化作用的一般性转移支付在转移支付总额中所占比例太小，影响了转移支付的整体效用。

（三）合理划分各级政府事权财权

在提供公共服务的财力上，应当是：中央政府的最大支出项目应是法律规定的国民社会福利项目，包括对老年人、儿童、残疾人和收入在贫困线以下者的生活补助与医疗补助等。省级政府的最大支出项目是对地方政府的拨款和教育支出。地方政府的支出主要用于地方的公共服务项目，包括中小学教育等。我国地方政府公共服务的能力还较弱，这与事权财权定位不清，公共服务投入比重过低有直接关系。先实现地方政府的“能力均等”，再实现公民的“机会均等”。

（四）建立科学民主的公共服务的需求表达和供给决策机制，

并逐步实现公共服务供给主体的多元化

可以把政府的预算报告发布在因特网上以供浏览，有利于公众监督。此外，与国民有关的所有税、费和保险均可以在网上缴纳、申报和查询。进一步完善居委会制度和人民代表大会制度，通过真正的民主选举约束领导人，切实保证公共服务自下而上的决策机制和有效提供。把基本公共服务的提供状况加入到官员的考核机制中，作为重要的绩效评估标准，激励其更好地为地方服务。

在公共服务的供给上，对于一些准公共产品，可以通过市场机制提供。加快融资机制的创新，实现公共服务主体多元化。

消除城乡差别和地区差别是一个系统的长期的工程，是构建社会主义和谐社会的重要步骤，是实现社会公平正义和解决三农问题的关键，并不是通过近期努力可以完全实现的。所以希望能通过对政府职能、政府财政体制和一些制度方面的改革来促成公共服务均等化，以使各地居民在义务教育、医疗、社会保障等公共服务方面享有均等的待遇，在此基础上获得同等的机会和发展条件，逐步实现社会主义和谐社会。

本节参考文献

1. 马海涛："中国政府间转移支付制度——现状、问题及改革"，《政府间财政关系》，人民出版社，2006 年。

2. 倪红日："对中国政府间财政关系现状的基本判断和发展趋势分析"，《经济体制社会比较》，2007 年第 1 期。

3. 江明融："公共服务均等化略论"，《中南财经大学学报》，2006 年 3 月。

4. 社会和劳动保障部：《2005 年中国劳动和社会保障年鉴》，中国劳动社会保障出版社，2005 年。

5. 周建明：《社会政策：欧洲的启示与对中国的挑战》，上海社会科学院出版社，2005 年。

6. 安体富：“完善公共财政制度　逐步实现公共服务均等化”，《财经问题研究》，2007 年第 7 期。

7. 中国（海南）改革发展研究院：“加快推进基本公共服务均等化（21 条建议）”，《经济研究参考》，2008 年第 3 期。

8. 中国财政学会“公共服务均等化问题研究”课题组：“公共服务均等化问题研究”，《经济研究参考》，2007 年第 58 期。

9. 夏杰长：“提高基本公共服务供给水平的政策思路——基于公共财政视角下的分析”，《经济与管理》，2007 年第 1 期。

10. 陈昌盛、蔡跃洲：《中国公共服务综合评估报告 2006》，中国社会科学出版社，2007 年第 4 期。

1.10

基本公共服务均等化与经济增长

对于基本公共服务均等化领域的研究，目前已经取得许多成果。从基本公共服务均等化的内涵、现状到具体的实施建议，很多学者作了详尽的论述。然而，就推进基本公共服务均等化的原因和意义来说，大多都是从社会公平、人道主义的角度来论述实施基本公共服务均等化的必要性，即所有的人，不管收入高低，所在地区的经济条件如何，都有同等享受基本公共服务的权利，从而保证群众的基本生存与基本发展权利。目前我国经济受西方金融危机的影响，实体经济有所下滑，国家为了抑制经济下滑，保持经济增长，而制定了庞大的刺激内需的积极财政政策。在这种大环境下，如果大力推进基本公共服务均等化，对我国现阶段的宏观经济政策——拉动内需，保持经济增长又有怎样的作用呢？本节依照相关政策推算出在基本公共服务均等化领域的资金需求，在此基础上探讨对我国现阶段经济的影响。

一、基本公共服务所涉及的领域

在界定基本公共服务的范围的问题上，至今没有统一的观点，但是，无论是何种标准和思路，公共产品及政府提供公共服务的责任都是满足人们的现实需求。向社会提供人们生存和发展所必需的、无法通过其他方式有效供给和保障的产品和服务是政府的职责。然而相对于人们的多样性和无限性的需求，政府的能力始终是有限的。因此，政府必须根据公共产品和服务的性质、需求的紧迫和重要程度以及政府的财政能力来确定政府提供公共服务的范围。根据人们对公共服务需求的紧迫性，我们可以将公共服务分为“基本公共服务”和“非基本公共服务”两类。前者是政府必须承担和满足的公共产品和服务。基本公共服务可归结为：满足人们最基本的生存要求和最基本的发展要求的公共服务。从这个角度来说，我认为基本公共服务应包括：公共卫生和基本医疗、社会保障、基础教育、公共文化体育等方面。

二、基本公共服务均等化的推进存在的财政需求

（一）基础教育均等化的财政需求

基础教育均等化的基本要求是实现全国不同地区、不同人群的适龄儿童、少年平等地享受义务教育，地区之间、城乡之间以及不同收入的人群之间，享受到的基础教育的水平应大体均衡。2006 年，我国教育经费占 GDP 的比重为 2.86%。远远低于 20 世纪末世界的平均水平，也没有达到国家规定的 2000 年达到 4% 的目标。目前世界公共教育投入占各国 GDP 的平均水平约为 7% 左右，其中发达国家达到了 9% 左右，经济欠发达的国家也达到了 4.1%。根据国际欠发达国家的平均水平，我们对 2010 ~ 2020 年

教育支出占 GDP 的比重进行预算。2010 年、2015 年和 2020 年教育总支出分别为：8944 亿元、1.4563 万亿元和 2.37312 万亿元（见表1－17）。

表1－17 中长期教育支出预测

项　目	2005 年	2010 年	2015 年	2020 年
学生数（亿人）	3.6904	4.401751	4.636339	4.83495
GDP（万亿元）	18.30	27.95	40.12	57.60
财政总收入（万亿元）	3.164929	5.56205	8.46532	13.0176
教育投入占 GDP 比重（%）	2.82	3.2	3.63	4.12
教育投入总量（万亿元）	0.516108	0.894400	1.456356	2.37312
教育投入占财政收支比重（%）	15.21	16.08	17.20	18.23
生均支出（元/生）	398.52	2031.92	3141.18	4908.26

如果根据 2010～2020 年我国教育财政投入的规模及同期农村义务教育阶段学生规模状况（袁桂林等，2006），2010、2015、2020 年我国义务教育财政投入分别为：8944 亿元、1.456356 万亿元和 2.37312 万亿元，生均教育经费也从 2031.92 元增长到 4908.26 元。

（二）社会保障均等化的财政需求

从世界范围看，虽然各国社会保障支出有很大的差异，但社会保障和福利支出通常占总支出的 10%～20%（世界银行，2004）。为了在 2020 年全面建设小康社会时达到世界中等收入国家的水平，“十一五”期间应达到上述投入目标，并在 2020 年进一步提高水平。我们根据最低要求，2010年实现社会保障支出占财政支出的15%；2020年达到20%的水平。对社会保障财政投入进行测算，2010年、2015年和2020年，社会保障财政投入规模大约为8343.08亿元、1.44757万亿元和2.60352万亿元，占同期GDP的比重分别为2.99%、3.61%和4.52%（见表1－18）。

表1－18 社会保障支出中长期预测

项目	2005年	2010年	2015年	2020年
人口（亿人）	13.0628	14.2631	14.4052	15.0640
GDP（万亿元）	18.30	27.95	40.12	57.60
财政总收入（万亿元）	3.164929	5.56205	8.46532	13.0176
社会保障投入占GDP比重（%）	1.88	2.99	3.61	4.52
社会保障投入总量（万亿元）	0.344977	0.834308	1.44757	2.60352
社会保障投入占财政收支比重（%）	10.9	15	17.1	20
人均支出（元）	264.09	584.94	1004.89	1728.31

（三）基本医疗及公共卫生服务均等化的财政需求

从长远来看，医疗卫生服务均等化要求构建城乡一体的全民基本医疗卫生保障体系，让人们平等享有基本医疗和卫生服务。如果根据我国国内现行的统计及标准，2005年全国医疗卫生投入总支出为1036.81亿元，占GDP的比重仅为0.57%，占财政收入和支出的比重分别为3.28%和0.03%。全国人均医疗卫生财政投入为79.37元。这远远低于世界银行对我国及其他国家2002年的测算水平。如果据此测算，我国医疗卫生总支出占GDP的比重仅相当于低收入国家2002年平均水平的1/3。这意味着在“十一五”期间我国需要大幅度地增加医疗卫生的投入。

为了保障基本医疗和卫生，2010 年我国公共卫生的投入应达到世界银行规定的中下等收入国家的平均水平，2015 年达到中等收入国家的平均水平，2020 年全面建设小康社会时应达到中上等国家平均水平。如果以 2002 年标准测算，2010 年、2015 年和 2020 年我国公共卫生保健的支出应分别占 GDP 的 2.7%、3%和 3.4%。据此，2010 年、2015 年和 2020 年度公共卫生保健的公共支出规模大体为：7546.5 亿元、12036 亿元和 19584 万亿元。人均卫生保健支出分别为 529.09 元、835.53 元和 1300 元。虽然相对于目前投入状况有较大幅度的增长，但是，相对于世界平均水平及发达国家，仍是处在较低的水平（见表 1－19）。

表 1－19　　医疗卫生支出中长期预测

项　　目	2005 年	2010 年	2015 年	2020 年
人口（亿人）	13.0628	14.2631	14.4052	15.0640
GDP（万亿元）	18.30	27.95	40.12	57.60
财政总收入（万亿元）	3.164929	5.56205	8.46532	13.0176
医疗卫生投入占 GDP 比重（%）	0.57	2.7	3	3.4
医疗卫生投入总量（万亿元）	0.103681	0.75465	1.2036	1.9584
医疗卫生投入占财政收支比重（%）	3.28（收入比） 3.06（支出比）	13.57	14.22	15.04
人均支出（元）	79.37	529.09	835.53	1300

（四）公共文化均等化的财政需求

大幅度增加公共文化的投入，加快建立覆盖全社会的公共文化服务体系，全国文化事业费占国家财政支出的比重至少要达到 0.5%，占国内生产总值的比重至少达到 0.1%；其中，群众文化事业费支出至少占全国文化事业费总支出的 20%，并最终稳定在

25%的水平上。2010年人均文化事业经费从2005年的10.21元提高到近20元，2020年进一步达到人均40元乃至50元（见表1-20）。

表1-20 公共文化事业经费支出的中长期预测

项　目	2005年	2010年	2015年	2020年
人口（亿人）	13.0628	14.2631	14.4052	15.0640
GDP（万亿元）	18.3	27.95	40.12	57.60
财政总收入（万亿元）	3.164929	5.56205	8.46532	13.0176
文化事业费占GDP比重（%）	0.07	0.1	0.11	0.12
文化事业费总量（亿元）	133.77	279.5	441.32	691.2
人均文化事业经费（元）	10.21	19.59	30.64	45.88
人均农村文化服务经费（元）	—	1.00	—	5.00

（五）实现基本公共服务均等化的总投资需求

根据对我国公共教育、医疗卫生、公共文化及社会保障等领域在2010~2020年支出的测算，得出表1-21。可知我国在2010年、2015年和2020年公共教育、医疗卫生、公共文化及社会保障三项支出年度规模分别为2.511308万亿元、4.151658万亿元和7.00416万亿元。

表1-21 2010~2020年公共教育、医疗卫生、社会保障及公共文化的投入标准及财政需求预测

项目	单位	2005年	2010年	2015年	2020年	总量合计（亿元）
教育	标准(元/人)	398.52	2031.92	3141.18	4908.26	—
	总量(亿元)	5161.08	8944	14563.56	23731.2	52399.84
社会保障	标准(元/人)	264.09	584.94	1004.89	1728.31	—
	总量(亿元)	3449.77	8343.08	14475.7	26035.2	52303.75

续表

项目	单位	2005年	2010年	2015年	2020年	总量合计（亿元）
医疗卫生	标准(元/人)	79.37	529.09	835.53	1300	—
	总量(亿元)	1036.81	7546.5	12036	19584	40203.31
公共文化	标准(元/人)	10.21	19.59	30.64	45.88	—
	总量(亿元)	133.77	279.5	441.32	691.2	1545.79
总量合计(亿元)		9781.43	25113.08	41516.58	70041.6	146452.69

显然，基本公共服务均等化需要大量的财政投入。不过，我们必须看到，上述均等化及财政投入目标是基于我国现实的有限目标，同世界其他国家比较来看，无论是财政投入总量还是所占比重，与一些发达国家仍有相当距离。从公共教育、医疗卫生及社会保障等公共投入占GDP的比重来看，根据世界银行的统计，1997年，美国公共养老金支出、公共卫生保障支出及公共教育支出占GDP的比重达到19.8%，法国为26.5%，日本为17%，英国为21.4%，俄罗斯（1996年）为12.3%（世界银行，2005）。这表明即使到2020年，我国公共教育、医疗卫生及社会保障的投入在GDP中的比重仅为12.16%，不及某些发达国家的一半。

三、基本公共服务均等化的推进有利于拉动经济增长

从对我国在基础教育、基本医疗、社会保障和公共文化等方面的投资需求可以看出，基本公共服务均等化需要大量的财政投入。在现阶段，我国经济出现下滑趋势，在这个大背景下，推进基本公共服务均等化肯定会对我国的经济起到积极的作用。

（一）推进基本公共服务均等化可以扩大内需，拉动经济增长

1. 用于基本公共服务均等化的投资本身就构成了我国内需的一部分。从上面的预测我们已经知道，在基本公共服务均等化领域的投资需求是相当大的，2010 年的投资需求高达 25113.08 亿元，此处的预测值只是当年的投资需求，还没有考虑存量的问题。当然，政府在基本公共服务领域的投资可能会有一定的挤出效应，但是我们知道，政府投资的挤出效应主要是由于利率上升引起的，由于我国现阶段采取的是鼓励投资的政策，法定利率一直在降低，因此，政府在基本公共服务领域投资的挤出效应不大。另外，基本公共服务领域不具有竞争性，不会减少私人在这些领域的投资，如私立学校等。

2. 推进基本公共服务均等化可带动我国居民消费支出的增长。在经济落后地区，尤其是农村，享受到的基本公共服务的水平非常低，他们在面临“看病难”和“上学难”问题时，不得不把自己微薄的收入积攒起来用于孩子上学以及将来可能面临的看病支出，另外他们还要为以后的养老储蓄收入。因此这些地方的居民的收入多用来储蓄以备不时之需，用于消费的很少。基本公共服务涉及的领域都是关乎民生的领域，像基础教育、社会保障、基本医疗及公共卫生服务，在这方面的投资增强了社会保障机制，消除了人们的后顾之忧，可以释放这些用于储蓄的收入，降低居民的预防性储蓄，从而提高他们的消费支出。

（二）推进基本公共服务均等化可以扩大投资乘数

当前中央政府决定实行积极的财政政策和适度宽松的货币政策，同时加大投资力度，计划在 2010 年年底前投资 4 万亿元扩大内需，以此促进经济增长。投资规模的扩大有利于拉动经济增长，但是投资对经济规模的影响程度不仅仅取决于投资规模，还取决于投资乘数。

我们知道一笔原始投资对经济增长的拉动是倍乘的，可以促进国内生产总值多倍的增加，因此为了提高投资拉动经济增长的效果，还要促进投资乘数的增加。根据经济学的原理，投资乘数主要取决于边际消费倾向、边际税率和边际进口倾向等因素。如果边际消费倾向越大，则一笔投资能够刺激更多的消费，投资乘数也就越大，国内生产总值增长就会更快。为了实现“保增长”的目标，增加投资拉动经济增长的规模，政府需要扩大投资乘数，使得投资支出对经济拉动作用更强。增加边际消费倾向就是增加消费占收入的比例，提高居民的消费意愿，使得居民收入中更多的支出是用来消费，而不是用来储蓄，促使更多的资金流向实体经济。实际上，居民扩大消费支出，总需求将上升，国内产出也会相应上升，有利于促进经济增长。

推进基本公共服务均等化，完善社会保障体系，解决居民的后顾之忧，才能有效提高居民边际消费倾向。目前财政部正积极采取措施，加大对“三农”、教育、医疗卫生、社会保障、保障性安居工程建设等民生领域的投入，这些都将有利于提高居民边际消费倾向。

总之，“投资乘数”是一笔投资促进国内生产总值增加的放大器，投资乘数的提高会对经济增长起到一定的拉动作用。现阶段推进基本公共服务均等化可以扩大投资乘数，使政府投资对经济的拉动效应最大化。

（三）推进基本公共服务均等化有助于促进人力资本积累率和资源利用率

据测算，初等、中等教育的社会收益率，世界平均水平是20%、13.5%，低收入国家是23.4%、15.2%，均大于物质生产领域的平均收益率。在健康和教育领域的基本公共服务投入，有助于促进人力资本的积累，实现中国由人口大国向人力资源大国的转变，提高劳动生产率，从而促进经济的发展。

四、结论和建议

通过以上的分析可以看出，我国在基本公共服务均等化的道路上还有很长的路要走，财政需求非常大。要推进基本公共服务均等化，政府要投入很大的财力。现阶段在我国经济下滑的背景下，如果大力推进基本公共服务均等化，对我国的内需拉动很大，有利于保障我国经济的稳定发展。

针对现阶段我国基本公共服务均等化的推进对经济的作用情况，我认为应该首先缩小城乡差距，满足农村居民和低收入者的医疗卫生和义务教育问题，这样，推进基本公共服务均等化对我国内需的拉动会更明显，进而对我国的经济的拉动作用也更加明显，以下几点值得注意：

（一）完善农村义务教育经费保障机制

在免除学杂费的基础上，进一步明确各级财政在农村义务教育方面的支出责任，通过中央和省级政府进一步的经费追加，逐步缩小城乡义务教育硬件条件和教师队伍质量上的差距。经济落后地区的义务教育经费由中央及省级政府划拨。

（二）全面推进农村合作医疗制度

中央和省级财政应当逐步增加投入比例，完善保障办法，在保大病的同时，加大常见病的预防和治疗，加大补贴力度；逐步扩大定点医疗机构，使农民有更多的选择余地，进而促进医疗机构服务质量的提高。

（三）推进农村社会养老保险试点

农村社会养老保险制度的建设应纳入社会与经济发展当中，明确中央和地方的责任，加大对农村社会养老保险的资金投入和制度建设投入，逐步探索建立个人缴费、集体补贴、政府补贴的多方筹资机制和以个人账户为主、统筹调剂为辅的新型农村社会养老保险机制，充分考虑城乡的衔接问题。

本节参考文献

1. 高培勇、杨之刚、夏杰长：《中国财政经济理论前沿(5)》，社会科学文献出版社，2007 年。

2. 李一花：“城乡基本公共服务均等化研究”，《税务与经济》，2008 年第 4 期。

3. 李雨谦：“聚焦 4 万亿经济刺激计划：公共服务均等化助推 4 万亿乘数效应”，《中国经济时报》，2008 年 11 月。

4. 王家永、李晓莹：“基本公共服务均等化与财政责任”，《财会研究》，2008 年第 13 期。

5. 吕炜、王伟同：“我国基本公共服务提供均等化问题研究——基于公共需求与政府能力视角的分析”，《经济研究参考》，2008 年第 34 期。

6. 刘国军：“完善实现基本公共服务均等化的制度保障”，《公共管理》，2007 年第 3 期。

7. 刘尚希：“基本公共服务均等化：现实要求与政策路径”，《浙江经济》，2007 年第 60 期。

8. 傅适忠：“实现基本公共服务均等化的财政思考”，《现代经济探讨》，2007 年第 5 期。

9. 廖文剑：“基本公共服务均等化研究文献综述”，《辽宁行政学院学报》，2008 年第 9 期。

10. 刘尚希、杨元杰、张洵：“基本公共服务均等化与公共财政制度”，《经济研究参考》，2008 年第 40 期。

11. 大连市财政局基本公共服务均等化研究课题组：“基本公共服务均等化与财政责任”，《财会研究》，2008 年第 13 期。

12. 李红凤：“完善公共财政体系推进基本公共服务均等化”，《辽宁工业大学学报（社会科学版）》，2008 年第 6 期。

1.11
基本公共服务均等化与政府管理制度转型

随着社会经济的发展，我国经济实力迅速增强，2006年我国人均GDP首次突破2000美元。在经济总量迅速增强的同时，我国政府更注重推进全国范围内的基本公共服务均等化。党的十七大提出要把加速推进我国基本公共服务均等化放在重要位置，实现基本公共服务均等化是贯彻落实科学发展观的内在要求，也是推进以民生为重点的社会建设的基础性工作。但实际上，我国公共需求的全面快速增长与公共服务供给严重不足的矛盾日益激化，成为我国经济社会发展中的主要矛盾之一。

一、基本公共服务均等化的内涵

（一）科学认识我国现阶段的基本公共服务

公共服务同公共产品一样，具有非排他性和非竞争性两个特性。世界上一些国家又根据自己的经济实力、市场和制度环境，以及实际的公共需求，从公共服务中划分出基本公共服务。基本公共服务是指在市场失灵领域，政府通过税收、转移支付等手段确保社会成员都能享有的，满足全体社会成员的基本需求的公共服务。基本公共服务的范围和特点因不同国家或地区、不同发展阶段或时期而呈现差异。这不仅取决于一国政府可用于再分配的财政收入的多少，还取决于市场失灵的程度、市场的发育程度、非营利部门的成熟状况、公共部门交易费用的高低等诸多因素。

具体到我国，笔者认为确定我国现阶段基本公共服务必须基于五个原则：第一，现实性历史性原则，即从我国现阶段的历史特点出发，根据人民群众最关心、最迫切、最需要解决的问题来确认我国现阶段基本公共服务；第二，在借鉴国际经验来建立我国公共服务体系的同时，确定我国现阶段基本公共服务与国际接轨；第三，合乎有关法律法规原则，比如，《中共中央关于构建社会主义和谐社会若干重大问题的决定》和党的十七大政治报告就是很好的依据，另外，宪法也是我们确定我国现阶段基本公共服务时应当考虑的，因为它规定了公民的基本权利；第四，长期发展性原则，必须从整个国家、全社会发展来考虑基本公共服务，充分考虑基本公共服务的供给对社会成员发展能力的培养和对社会可持续发展的影响。

根据上述确定的原则，我们认为我国现阶段的基本公共服务应当是：在我国社会主义市场经济基本框架已经初步建立但还需继续完善条件下，政府为实现社会的公平和公正，通过完善财政体制和提供财政保障（包括一般性转移支付和专项转移支付）来使不同地区政府确保本地区居民有机会、有能力、有权利接近主要公共服务项目。就转移支付而言，基本公共服务均等化实质上是政府间对基本公共服务的责任分享。这种责任分享是建立在公共事务责任明确和财政责任合理划分基础上的。我们把我国现阶段的全国性基本公共服务的范围划定为医疗卫生（或者叫公共卫生和基本医疗）、基本教育（义务教育）、社会救济、就业服务、养老保险和保障性住房。

（二）基本公共服务均等化的内涵理解

基本公共服务均等化是指政府要为社会公众提供基本的、在不同阶段具有不同标准的、最终大致均等的公共产品和公共服务，是公共财政的基本目标之一。从本质上讲，提供基本公共服务是为了公民个体的公共服务需求，但每个人因其自身特征（年龄、收入、健康等）的不同，其所产生的基本公共服务需求也将不同。从这个意义上讲，所有公民均衡划一的公共服务供给是不合理的，也不是基本公共服务均等化的根本目的。因此，我们认为基本公共服务均等化的涵义是指具有相同公共需求的公民，可以享受到大致相同的公共服务。其中包含几个要点：一是基本公共服务均等化并不是所有人都享受均衡划一的服务水平，也就是说基本公共服务均等化并不是简单的基本公共服务平均化，因为个体特征的不同，其公共需求的类别和数量也就不同；二是具有相同特征的个体应当享受到大致相同的服务；三是各地区的基本公共服务提供总量，不仅要反映各地区的实际人口数量，也要反映各地人口结构（老龄化、贫困率等）特征情况。

二、我国现阶段基本公共服务均等化的现状分析

（一）我国现阶段基本公共服务均等化的现状评价

1. 义务教育：地区和城乡差别明显。长期以来，我国财政支出用于广大农村地区的教育投入严重不足，城乡教育资源分布差距较大。主要表现为教育经费的投入，教育设施，师资水平，学生的升学率、失学率等城乡差别悬殊。城乡教育资源投入的不均等使得农村地区教育水平和教育质量低下。据资料统计，农村15岁以上人口平均受教育年限不足7年，与城市平均水平相差近3年。在15~64岁农村劳动力人口中，受过大专以上教育的不足1%，比城市低近13个百分点，全国现有8500万文盲和半文盲，3/4集中在西部农村、少数民族地区和贫困县。从教育经费支出的承担主体看，目前城市义务教育由国家财政负担，农村义务教育实行“以县为主”的管理体制，由乡财政或县财政负担。在县乡财政普遍困难的情况下，大部分农村教育供给不足，农村实际完成初中教育的不足30%。

2. 公共卫生和基本医疗：资源分布不均衡，地区差别巨大。卫生保健方面的地区差距首先表现在卫生费用的分布上。卫生费

用由两大部分组成：政府预算对卫生事业的拨款和居民个人在医疗保健上的开销。其次表现在资源分布上。据卫生部调查统计，医疗卫生资源约有80%集中在城市，其中2/3又集中在大医院，用于农村卫生经费的比例，从1991年的20%降到2000年的10%，其中专项的农村卫生经费只有1.3%，农民人均卫生事业费只有12元，仅为城市人均值的28%。乡镇卫生院只有1/3正常运转。2004年每千人口医生数，农村只有0.85人，仅为城市2.32人的1/3。农村中还有10%的村没有医疗点，新的农村合作医疗覆盖面和医疗费水平均很低。据2004年年底召开的新闻发布会，70%的医疗费用于占30%的城镇人口，而农村约有40%～60%的人因看不起病而因病致贫、返贫，中西部地区因病无钱医疗而死亡的比例高达60%～80%。

3. 严重的城乡歧视：外出务工者得不到与城市职工相同的就业服务。据粗略估计，我国有劳动能力的人口大约有8亿人，其中能够进入到正规就业的人员大约只有2亿人，这样包括从事农业生产的农民在内的非正式就业人员超过了5亿人，其中，流入到城市的农民工大约有1亿人，他们中绝大多数属于非正规部门就业。有一小部分流动人口在正规部门就业，大多数在非正规部门就业。流动人口在非正规部门就业的重要原因之一就是，长期以来城市中存在城乡二元劳动力市场，实行“限制就业”模式和“半开放歧视”模式将流动人口限制在有限的行业就业。

4. 基本养老保障：地区和城乡的不均等。我国的城乡基本养老保险制度是建构在完全不同理念和制度模式之上的。城市的养老保险强调风险共担和社会公平，对农村来说，虽然刚出台了实行农村养老保险的政策，规定农民在60岁后可以领取每月55元的养老金，但就目前情况来说，这还只是在试点地区范围内实行，全国大部分地区仍以土地保障和家庭保障为主。另外，我国也存在严重的地区之间的基本养老保险不均等，主要表现在地区之间的养老保险的参保率和人均养老金两个方面，养老保险参保率反映的是基本养老保险的覆盖面，人均养老金反映的则是保障水平。我国的人均养老金水平与经济发展水平基本是一致的，经济发达地区的人均养老金水平较经济不发达地区要高。

5. 社会福利和社会救助费：严重投入不足。长期以来，我国民政基础设施资金投入不足，福利服务设施陈旧简陋。例如，大连市的老龄人口已经达到全市总人口的13%以上，但是全市仅有几所养老院，难以满足社会的需求，而且这些养老设施主要分布在城镇。“十一五”期间，黑龙江省农村五保供养对象集中供养率要达到50%以上，需要增加床位4万张，改造2.9万张，以及建设1000个五保村，共需资金10.33亿元。除可通过地方财政自筹、变现现有资产等方式解决部分资金外，需省级财政投入3.7亿元，年需省级财政投入7400万元。对于老工业基地，这是一个巨大挑战。

（二）影响我国现阶段基本公共服务均等化的主要因素

1. 在技术上，我国还没有针对实现基本公共服务均等化目标来建立一套针对基本公共服务的供给标准，以及与这些标准相对应的客观因素评估法，来核定地方财政平衡能力，根据地方的税源、税种以及税基、税率等计算各地的“理论收入”，和计算地方财政支出水平与地方“理论收入”之间的差额，以及政府间计算转移支付数额的方法。我国基本公共服务的标准存在一系列问题，包括：一些标准比较模糊，大部分文件或政策只说明按照当地的情况考虑，没有给出最低标准，各项公共服务的人均占有标准也没有，一些方面的服务标准还没有被考虑，标准制订工作还比较滞后，适应不了形势变化和经济社会发展的需要，标准修订工作透明度不够，标准修订不及时，有些标准标龄太长，标准老化，有些标准未能得到全面、正确实施。

2. 在政府间关系上，虽然我国提出建设公共财政的基本思路和政策框架，而且推进工作也在进行，但是需要做的工作还很多。首先，政府间的关系需要进一步理顺，尤其是像在中国这样一个有五级政权的国家，划分各级政权在公共服务供给中的角色就尤为困难（基本公共服务均等化实践搞得比较好的国家，如加拿大，在财政能力均等化领域的分权仅仅发生在联邦政府和省政府之间，这样问题就容易得多），实践中确实存在众多问题。其次，目前我国非对称性财政结构不利于实现基本公共服务均等化，中央财政收入和支出占整个国家财政收入和支出的比重缺乏合理的制度安排，各级政府在义务教育、公共卫生和基本医疗、社会救助、社会福利、基本养老保险等方面的事权划分不清，责任不明，中央政府有关政策文件在涉及政府间的有关问题上过于模糊，不利于政策实施。

3. 在城乡差异方面，城乡分割是中国实现基本公共服务均等化的核心问题之一，虽然城乡问题在一般意义上不属于均等化问题。长期实施户籍制度造成的乡村居民和城镇居民的不同身份，以及掩藏在这个身份背后的享有基本公共服务的权利是我国现阶段基本公共均等化问题的特征之一，也是我国基本公共服务均等化区别于其他国家的特点。

4. 公共服务均等化必然要求地方财力均等化。我国目前存在的地方发展差距以及现行税收制度、财政体制所决定的地方财政收入差距，是转移支付难以弥平的。

三、推进基本公共服务均等化建设的建议

鉴于以上我国基本公共服务均等化的主要影响因素，笔者认为，现阶段推进实现基本公共服务均等化，应着力促进四方面制度的转型，即：政府转型，基本公共服务的供给，政府间的转移支付，城乡基本公共服务一体化，地方财力均等化。

（一）政府转型：“全能型”转为“服务型”

在提出推进我国基本公共服务均等化的具体建议之前，我们必须明确，政府能否顺利转型，政府能否为社会公众服务是基本公共服务均等化的首要标志。基本公共服务均等化即为社会民众提供“一视同仁”的服务，基本公共服务均等化的过程便是公共财政框架体系的逐步建立。我国的经济改革在某种程度上仍属于强制性的制度变迁，所以现阶段我国公共财政框架建立的关键在于政府，政府不能为公众服务，不能由以前的“全能型”政府转变为“服务型”政府，公共服务均等化目标便不能实现。

（二）基本公共服务的供给转型

1. 确定全国基本公共服务范围，建立全国基本公共服务标准，建立与经济增长相匹配的各项基本公共服务标准和基本公共服务支出随经济总量增加和财政能力提高的自然增长机制，明确我国在法定基本公共服务上需要均等化的地区和领域，为计量实现基本公共服务均等化所需要的财政支出需求奠定技术基础。

2. 从基本公共服务供给制度看，基本公共服务均等化要求实现一视同仁，保证社会成员都享有基本公共服务的权利，不能把任何人排除在政府提供的基本公共服务受益范围之外；从基本公共服务的提供成本的分担机制来看，基本公共服务的成本应由每一个社会成员公平分担，而不应由某部分人来承担。如在农村，已经取消了农业税、农林特产税等专门向农民征的税，这就预示着我国已经向基本公共服务均等化迈出了重要的一步。

（三）政府间财政转移支付制度转型

提高基层财政保障水平，促进地区间公共服务均等化，应坚持科学有效地使用转移支付这一调控手段。在经济发达国家，基本上都是从政府间财政转移支付制度着手来解决公共服务均等化问题，所以，政府间的转移支付对我国的基本公共服务均等化有着重要的影响。

一般地，我们把政府间转移支付分为一般转移支付和专项转移支付，且一般转移支付占绝大比例。分析我国转移支付资金的用途可以发现，用于基本公共服务支出的一般转移性支出少之又少，而且各种转移支付形式交叉并存、随意性大。鉴于这些，我们把转移支付改革的方向定为：减少转移支付科目；减少税收返还以保证中央收入，进而保证一般性转移支付资金充裕度；老少边穷地区的专项转移支付保证落实到位，专款专用；可以尝试建立发达地区与欠发达地区的对口支援；一般性转移支付可以由地方政府自主使用，避免地方政府将转移支付资金用于形象工程建设等，保证转移支付特定目标的实现。

（四）城乡基本公共服务的一体化转型

目前我国公共服务的提供在社会保障、就业服务、义务教育、医疗卫生、基础设施和公民权利方面存在着明显的城乡不均等现象。要解决这些问题，应做到以下几个方面：首先，应当改革我们的户籍制度，取消二元户籍制度，实行城乡统一的公民身份。其次，从就业方面说，应该为农民创造更多的就业机会，取消对农民进城就业的限制性规定，逐步统一城乡劳动力市场，形成城乡劳动者平等就业的制度。依法维护进城农民工的合法权益，引导农村富余劳动力平稳有序转移。再次，推进乡镇企业改革和调整，大力发展县域经济，积极拓展农村就业空间。在市场经济条件下，尤其是市场主体产权不断明晰的情况下，工业反哺农业、城市支持农村将主要体现为国家通过财政手段，优先安排广大农民最急需、受益面广、公共性强的农村公共产品和公共服务。

本节参考文献

1. 丁元竹："基本公共服务均等化：战略与对策"，《中共宁波市委党校学报》，2008 年第 4 期。

2. 陈亚璞："公共服务均等化问题探讨"，《市场周刊（理论研究)》，2008 年第 3 期。

3. 吴春梅、刘晓杰、张丽：“基本公共服务均等化研究现状与展望”，《郑州航空工业管理学院学报》，2008 年第 4 期。

4. 王伟同：“基本公共服务均等化的一般分析框架研究”，《东北财经大学学报》，2008 年第 9 期。

1.12 基本公共服务均等化需要探讨的几个问题

基于基本公共服务均等化的政策语境，公共服务与公共产品应属于同义的不同表达，没有本质差异，而基本公共服务是那些直接满足社会公众基本公共需求的公共服务。我国现阶段基本公共服务的均等化的目标定位是“底线均等”，其应在机会均等与结果均等两个层面求得统一。在推进公共服务的均等化过程中，“地方标准”是一个客观存在，但对“地方标准”地区差异性及其可能引发的“可持续性”、“道德风险”及“盆地效应”等问题应有一个清醒认识。政府间转移支付制度是实现基本公共服务均等化的基本手段之一，但转移支付制度改革的路径不是一味扩张专项转移支付或一般性转移支付，而应把引入和构建分类转移支付制度作为一个发展方向。

一、如何把握公共服务的内涵及其与公共产品的关系

“公共产品”是现代财政学的核心概念之一。非竞争性和非排他性是公共产品的两个基本特征。完全具备非竞争性和非排他性的产品，属于纯公共产品，而只具备其中一个特征，或排他性、竞争性不充分的产品，则属于准公共产品。公共产品有狭义

和广义之分。狭义的公共产品是指政府通过自身的生产与分配活动所提供的公共产品，属于直接的资源配置范畴。广义的公共产品则涵盖市场经济中政府的所有职能。在广义的公共产品中，不仅包括国防、治安、文教、社会公共设施等狭义的公共产品，也包括政府为实现宏观经济稳定和收入分配公平而制定的各种制度与政策措施。

何为公共服务？它与公共产品存在怎样的关系？对此理论界并未给出一个统一的解释。综合国内外专家学者的论述，基本上可以归纳为“不同论”与“等同论”两种观点。前者认为政府为民众提供的那些无形的消费服务就叫公共服务，而有形的被称为公共产品。后者认为公共服务和公共产品是同义的不同表达，没有本质差异。而按照公共产品的广义理解，把法律、制度、秩序、公平正义等也纳入公共产品的范围，可以得出：公共服务=公共产品=政府职能。

基于基本公共服务均等化的政策语境分析，笔者基本认同后一种观点。所谓公共服务应是政府为满足社会公共需要而提供的各类公共产品。作为均等化对象的公共服务，不仅仅是那些无形的“公共服务”，也包括那些有形的公共产品，如公共交通等公共设施。需要强调的是：第一，把公共服务等同于公共产品，并确立广义的公共产品或服务概念，并非意味着政府的所作所为都是提供公共服务。公共服务的边界是市场失灵领域，也即社会公众自身无法解决的事项。社会公众自身可以做的事情，即使政府在做，也不能认为是公共服务。同样，政府没有做的事情，也不能认为就一定不是公共服务。因此，在界定公共服务范围时，需要注意现实中政府行为存在的“越位”和“缺位”问题。第二，政府公共服务的对象是全社会所有的私人部门，既包括居民，也应包括各类组织，如企业。那种把政府为居民提供的服务叫公共服务，而把对企业提供的服务排除在公共服务之外的观点，也是值得商榷的。

二、如何界定基本公共服务的性质及内容

何为基本公共服务？它包括哪些内容和项目？从现有的文献资料看，大致有以下几种观点：一是从民生性和公共服务的技术特征角度，认为基本公共服务是指与民生相关的纯公共服务。除此以外的公共服务都属于一般公共服务（安体富，2006）。二是从消费需求的层次和同质性的角度，认为"基本"公共服务，可从两个角度理解：从消费需求的层次看，与低层次消费需要有直接关联的即为基本公共服务；从消费需求的同质性看，人们无差异消费需求属于基本公共服务（刘尚希，2007）。三是从保护人的基本权利的角度，认为基本公共服务是指建立在一定社会共识基础上，根据一国经济社会发展阶段和总体水平，为维持本国经济社会的稳定、基本的社会正义和凝聚力，保护个人最基本的生存权和发展权，为实现人的全面发展所需要的基本社会条件（陈昌盛，2007）。四是从基础性、广泛性、迫切性和可行性四个标准来界定基本公共服务。所谓基础性，是指那些对人类发展有着重要影响的公共服务；所谓广泛性，是指那些影响到全社会每一个家庭和个人的公共服务；所谓迫切性，是指事关广大社会最直接、最现实、最迫切利益的公共服务；所谓可行性，是指公共服务的提供要与一定的经济发展水平和公共财政能力相适应（中国海南改革发展研究院，2008）。五是基于现实性、国际性、法制化、战略性和发展性原则来界定基本公共服务（丁元竹，2007）。

笔者认为，目前理论界关于基本公共服务的不同观点反映了考察问题的不同视角。实际上基本公共服务本身就是一个"立体物"，从不同角度审视，就存在不同的特征。在借鉴理论界现有研究成果的基础上，我们认为，基本公共服务是直接满足社会公众基本公共需求的公共服务。其内含如下基本要点：第一，基本

公共服务对应的是社会公众的低层次的或基本的公共需求。在我国现阶段，基本公共需求是指那些与民生直接相关的，即与实现人的生存权利有关的全部需求和与实现人的发展权利有关的普遍需求。基本公共服务具有需求的无差异性。不同地区、人群之间、城乡之间对这类公共服务的需求具有同质性。与之相对应的非基本公共服务则具有需求的差异性。第二，按照社会公共需求的层次划分，公共服务可以分为基本公共服务和非基本公共服务。满足其他层次需求的公共服务则属于非基本公共服务。第三，基本公共服务并非就是纯公共服务，有些准公共服务，只要是与民生直接相关，也应属于基本公共服务。第四，基本公共服务的供给范围，受社会成员的基本公共需求与政府的供给能力共同影响和决定，存在一个动态的发展过程，具有阶段性特征。

三、如何认识基本公共服务"机会均等"与"结果均等"的关系

关于基本公共服务的均等化的目标定位，理论界的共识是"均等化"不是基本公共服务的平均化，而应着眼于"底线均等"，即实现基本公共服务的"低标准、广覆盖"。然而，均等化本身还包含着"机会均等"与"结果均等"两层含义。如何把握二者的关系，人们的认识并不一致。有的学者认为，相对于机会均等，"结果均等更重要"（安体富、任强，2006）。而有的学者更强调机会的均等，认为"均等化的本质是通过某一个层面的结果平等来达到机会的均等，公民不因性别、年龄、民族、地域、户籍而受到不同的待遇。很显然，实现基本公共服务均等化，不是强迫公众接受均等的结果，而是让公众自由选择政府提供的公共服务"（刘尚希，2007）。

笔者认为，在实现基本公共服务均等化过程中，必须首先确保公众对基本公共服务享有均等的机会。在机会均等的前提下，

结果均等的实现程度取决于不同基本公共服务项目的特殊性质。应该指出，基本公共服务属于那些对公众自身生存和发展具有基础性意义的公共服务。对于给予的基本均等的消费机会，理性的消费者（追求自身福利最大化）应有的选择不是拒绝，而是接受。显然，对于那些排斥基本公共服务消费的公众来讲，一定是他们对这些基本公共服务的主观效用评价低于其实际效用，换句话说，这些基本公共服务对他们而言是一种优质品。根据市场失灵理论，对于正常公共服务的消费，政府必须建立某种偏好显示机制，满足消费者的偏好，而对于优质品的消费，政府应通过强制性的制度安排，矫正消费者的偏好。据此，笔者认为，基本公共服务均等化，既应为消费者创造均等的消费机会，也应通过规制和激励的制度安排，如，强制性的义务教育、社会保险制度等，保证均等的消费结果。总之，基本公共服务的均等化应求得机会均等与结果均等两个层面的统一。

四、如何看待基本公共服务均等化中的“地方标准”

目前，基本公共服务均等化已经成为地方财政政策的一项重要内容。然而，由于受各种主客观因素的影响，各地基本公共服务均等化的“建设标准”并不相同，甚至相差较大。广东省已率先研讨全省基本公共服务均等化发展战略规划，并重点就农民工的基本公共服务供给问题，探索包括义务教育券、基本医疗券等在内的公共服务券制度。在全国一些地区，九年制免费义务教育尚未真正实现，而河北省某县已经在规划实行高中阶段免费义务教育。应该说，地方政府对基本公共服务均等化的探索和实践是值得鼓励的，但由此形成的各种“地方标准”及其可能引发的问题同样值得我们关注。其一，可持续性问题。基本公共服务均等化是一个长期、渐进过程。一些地方基本公共服务标准起点过高，超过自身的经济和财政承受能力，将使得均等化过程变得不可持续。其二，道德风险问题。基本公共服务均等化需要建立在明确的政府间职责分工的基础上。在我国目前政府间财政职责分工不明确的情况下，缺乏硬性预算约束的地方政府有可能从本辖区利益，甚至本地政府的利益考虑，把基本公共服务的供给标准定得偏高，倒逼上级或中央政府为之埋单。其三，“盆地效应”问题。这里的“盆地效应”是指在不存在辖区间流动性壁垒的情况下，发达地区基本公共服务的高标准供给，会诱使民众从低标准地区大量涌入的现象。随着我国户籍制度改革的逐步深入，居民地区间的流动会变得更为容易，由此引发的这种盆地效应会对流入地区的财政经济运行产生较大影响。

基于基本公共服务均等化中“地方标准”可能引发的问题，笔者认为：（1）中央政府应承担起基本公共服务均等化宏观调控的职责，在国家层面上建立基本公共服务均等化统一的保障标准，以“国家标准”引导和协调“地方标准”。（2）按照公平和效率两相兼顾的原则明晰中央和地方在基本公共服务均等化方面的职责分工。对于那些不能按国家标准提供基本公共服务的欠发达地区，不论基本公共服务项目是否属于地方性物品，中央都应通过转移支付的形式与地方共同承担提供职责，以体现公平原则。对于那些可以按国家标准提供基本公共服务的发达地区，应按照基本公共服务的受益范围确定中央和地方各自的支出责任，以体现效率原则。（3）至于发达地区在国家标准以上提供基本公共服务而引发的所谓“盆地效应”，治本之策在于缩小地区间的经济和财政差距，发达地区在其中应承担横向转移支付的责任，而不是要求中央给予额外的经济补偿或支持。另外，“盆地效应”的存在对发达地区来讲并不仅仅是一种财政负担，也是其财政竞争力的一种体现。发达地区在基本公共服务上的财力投入可以从外部资源流入和利用上得到回报，对此应该有一个辩证的认识。

五、如何构建与基本公共服务均等化相匹配的转移支付制度

关于构建与基本公共服务均等化相匹配的政府间财政转移支付制度，目前大致存在“一般性转移支付有效论”和“专项转移支付有效论”两种观点。“一般性转移支付有效论”看到了税收返还和专项转移支付的缺陷，主张扩大一般性转移支付的规模。“专项转移支付有效论”则认为“专项转移支付大部分都是公共支出，针对性更强，而推进基本公共服务均等化就是要有针对性解决一些重点的问题，因此专项转移支付更有效（白景明，2008）”。“当用拨款来保证各地区之间某些公共产品或服务的最低服务标准时，合适的拨款类型应该是有条件整额拨款或有条件封顶配套拨款”（钟晓敏，2001）。笔者认为上述两种观点各有偏颇。其一，采用一般性转移支付实现基本公共服务均等化，由于地方政府“经济人”性质，必须以辖区民众“自下而上”的有效监督和约束为前提条件。唯此，才能保证地方政府的政策理性和地方财政的民生导向，把转移支付资金真正用在与当地民生密切相关的基本公共服务项目上。而众所周知，我国这种监督和约束机制并不健全。主要表现是地方预算的不完整和不透明，存在大量预算外和制度外收入；许多地方人大对预算的监督仍沿袭多年来的行为模式，只重程序而不重实质，往往使预算监督制度流于形式。在我国现阶段地方预算监督和约束比较“弱位”的背景下，地方政府极有可能会在错误的政绩观和利益观的驱动下，把中央意欲实现基本公共服务均等化的转移支付资金用于非基本公共服务，甚至非公共服务项目上，出现“漏出效应”。实际上，从国际经验看，大多数发达国家如德国、加拿大、英国等之所以选择一般性转移支付作为均等化的主要工具，主要是因为这些国家财政均等化的目标定位是地方财政能力或一般性公共服务的均等化（这与我国基本公共服务均等化的目标定位并不相同），而

且地方公众对政府的民主监督机制相对也比较健全（这与我国地方政府的预算软约束形成鲜明对比）。但既便如此，为了防止地方财政行为的偏差，保证一些基本公共服务的供给，有些国家仍安排相当数量的有条件转移支付。其二，采用专项转移支付实现基本公共服务均等化，由于在资金使用上限制过死和项目划分过小，既会造成中央审批成本过高，也不便于地方对转移支付资金的统筹安排，从而会降低转移支付资金的使用绩效。

鉴于一般性转移支付和专项转移支付的上述缺陷，笔者主张引入和构建分类转移支付制度作为我国今后一个时期均等化转移支付的主要类型。所谓分类转移支付，是一种介于一般性转移支付和专项转移支付之间的转移支付形式，和无条件（一般性）转移支付相比，它是有条件的，中央政府规定这种拨款的使用方向。但它又不同于有条件专项转移支付，即它不指定地方应该使用拨款的细目或具体用途，地方拥有一定的自由裁量权。分类转移支付的均等化优势在于，一方面，其“有条件性”可以保证地方政府真正把转移支付资金用于基本公共服务事项，减少一般性转移支付运行中的“漏出效应”；另一方面，其“宽条件性”，即在基本公共服务事项范围内，不规定具体实施项目，又可以克服专项转移支付对地方限制过细和过死的缺陷，便于地方统筹安排。可以说，分类转移支付，既兼具一般性转移支付和专项转移支付的共同优点，又克服了两者各自存在的缺陷和问题，因而是一种改良型转移支付类型。从国际经验看，澳大利亚在2001～2002财政年度安排的特定转移支付款项占整个州级政府获得的财政受助总额的41%，并且其投入主要集中在教育、卫生、交通、社保、住房等领域（前三项约占75%），明显具有分类转移支付的性质。分类转移支付也被澳大利亚官方邀请的独立评估机构的改革建议所推崇。美国拥有世界上最大规模和最多项目的专项转移支付体系。由于分类转移支付被认为兼具一般性转移支付和专项转移支付的优点，成为近年来美国专项转移支付改革的主要方向。在我国构建均等化转移支付过程中，上述转移支付制度发展和改革的国际新动向显然是值得我们关注和借鉴的。

本节参考文献

1. 安体富："公共服务均等化：理论、问题与对策"，《财贸经济，2007 年第 8 期。

2. 刘尚希："基本公共服务均等化：目标及政策路径"，《中国经济时报》，2007 年 6 月 15 日。

3. 陈昌盛："基本公共服务均等化：中国行动路线图"，《上海证券报》，2007 年 12 月 21 日。

4. 丁元竹：《我国现阶段的基本公共服务均等化》，新华网，2007 年 5 月 28 日。

5. 马国贤："基本公共服务均等化的公共财政政策研究"，《财政研究》，2007 年第 10 期。

6. 中国（海南）改革发展研究院：《百姓·民生：共享基本公共服务 100 题》，中国经济出版社，2008 年。

7. "广东积极推进基本公共服务均等化"，《南方日报》，2008 年 5 月 9 日。

第2章

基本公共服务均等化与转移支付制度创新

2.1

中国的财政均等化与转移支付体制改革

在过去30年中，改革开放和经济高速成长大大提高了中国在国际舞台上的影响力和人民的生活水准，使绝大多数中国人迅速摆脱了贫困并开始向“小康”社会迈进。与此同时，在确保超过全球人口总量1/5的人口公平分享日益增大的“经济蛋糕”和“公共服务蛋糕”方面，仍然需要克服一系列困难和障碍。然而，要想保持健康的经济发展并使经济发展的成果惠及全体人民以促进社会和谐，必须把财政均等置于政府政策议程的优先位置。

一、规模庞大且迅速增长的政府间转移支付

最近10余年来，中国的GDP以令人晕眩的速度（9%～10%）增长，而政府财政收支更是超高速度增长（大约相当于GDP速度的两倍）。考虑到这段时间里物价总水平相对稳定，经

济崛起带来的财政崛起，尤其给人以深刻的印象。

在经济崛起尤其是财政崛起的同时，政府间转移支付的规模也在迅速崛起。根据预算安排，2006 年中央对地方政府的税收返还和补助增加到 12697 亿元，占中央财政总支出 22222 亿元的 57%；占地方财政收入总额 29600 亿元的 43%，相对规模之大几乎超过了世界上绝大多数国家（只有日本等极少数国家能够相提并论）。在联邦制国家中，联邦对州与地方的转移支付通常不超过联邦支出的 1/3，但在中国，中央对地方转移支付占中央支出的比重高得多（2005 年为 57%）。2005 年，美国联邦、州与地方三级政府的总支出为 38590 亿美元，其中联邦政府支出约为 24720 亿美元，联邦政府对州与地方政府的补助总额为 4260 亿美元，约占联邦政府支出的 17%，约占州与地方支出总额的 31%①，分别比中国同期低 40 和 14 个百分点。事实上，与加拿大、澳大利亚和其他大多数发达国家与发展中国家相比，中国政府间转移支付的相对规模也要大得多。

中国的政府间转移支付相对规模之所以远大于其他国家，与公共支出（公共服务）责任过度下放这一事实密切相关②。中国是个单一制的政府结构和具有集权传统的国家，但服务责任的下放比多数联邦制国家走得更远，甚至在其他国家通常由国家级政府负责的社会保障与福利，在中国也主要由地方政府承担（参见表 2－1）。

① 雷蒙德·C. 斯哥帕驰："美国政府间预算框架"，中国政府间财政关系国际研讨会，中国人民大学财政金融学院、美国中美关系学会联合举办（北京），2006 年 7 月 10～11 日。

② 根据财政联邦制（fiscal federalism）理论，支出责任应下放给那些不至于产生外溢、具有起码财政能力、并且管理上能够胜任的规模最小的地理辖区。此外，成功的财政分权还需要地方政府具有很强的受托责任（accountability）。在这些基本要求尚未具备时的服务责任下放，称为过度下放（excess transfer to a lower level）。

表 2－1　2005 年服务责任在中央与地方间的分配（%）

	中央	地方	合计
社会保障与就业	45	55	100
教育	10	90	100
医疗卫生	4	96	100

资料来源：财政部：《关于 2005 年中央和地方预算执行情况与 2006 年中央和地方预算草案的报告》，2006 年 3 月 5 日第十届全国人民代表大会第四次会议。

表 2－1 显示，2005 年医疗卫生支出的 96% 由地方政府负责。这个比例比美国要高得多。在公共医疗和卫生保健支出中，美国联邦政府在 2005 年承担了 55%，州政府承担 45%。公共联邦补助是政府为低收入人士提供的，主要项目是公共医疗补助，联邦和州在 2005 年分别提供 1820 亿美元和 1380 亿美元。该项目由联邦政府确定受益的范围及符合条件人员的范围，具体的福利发放及人选区由州政府确定。联邦政府承担的份额由“州人均收入/国家人均收入”比率决定，联邦承担的比率为 50% ~83% 不等[①]。与澳大利亚相比，中国地方政府在教育、健康和社会保障与福利方面的责任也大得多。2003 ~2004 财政年度中，澳大利亚联邦政府承担了 31%（州与地方承担 69%）的教育支出、62%（州与地方承担 38%）的医疗保健支出，以及 92%（州与地方承担 8%）的社会福利与保障支出[②]。

在服务责任下放的同时，中央政府将大量的财政资源通过转移支付（包括税收返还）转移给地方政府。因此，就地方支出占

① 雷蒙德·C. 斯哥帕驰：“美国政府间预算框架”，中国政府间财政关系国际研讨会，中国人民大学财政金融学院、美国中美关系学会联合举办（北京），2006 年 7 月 10 ~11 日。

② 艾伦·莫里斯：澳大利亚的财政均衡化体制，政府间财政关系国际研讨会（新疆），中国财政部、加拿大国际开发署、世界银行联合举办（新疆乌鲁木齐）2004 年 7 月，会议论文。

全部公共支出比重而言，中国比绝大多数国家都要高得多。中国地方政府的支出比重超过70%（2005年高达76%），而2005年美国州与地方政府支出合计只占35%；在英国，地方政府支出约占全部支出的25%[①]。由于中国地方政府高水准支出在很大程度上通过中央政府转移支付支撑的，地方政府对中央政府的财政依赖度比许多国家高得多。2005年，中国地方政府总收入中的43%依赖中央的转移支付，而在美国这个比例（2004年）约为22%，比中国低整整21个百分点。

二、日益拉大的财政差距与服务差距

引人注目的是，虽然政府间转移支付相对规模十分庞大，但证据显示中国各地区间的财政差距和公共服务差距正迅速扩大，并远远超过备受关注的地区间经济（人均收入）差距。按照2004年的数据测算，在中国31个省级辖区中，五个人均财政支出（含中央的转移支付与税收返还）最高的省级辖区的人均支出，相当于五个人均支出最低辖区的人均支出的7.7倍；其中，人均支出最高辖区（上海）相当于最低辖区（河南）的（8008元/908元）8.8倍（见表2－2）。

表2－2　地区间经济差距、财政能力差距和公共服务差距

	计量指标	比值
经济差距	城乡人均收入（2005）	3.2：1
财政能力差距	5个最高辖区/5个最低辖区（2004）	7.7：1
	最高辖区/最低辖区（2004）	8.8：1
公共服务差距	城乡医疗卫生资源	7.4：1
	城乡小学生均财政支出（2000）	4.5：1

① 艾伦·卡特："英国地方政府融资：实践与挑战"，中国政府间财政关系国际研讨会，中国人民大学财政金融学院、美国中美关系学会联合举办（北京），2006年7月10～11日。

表2-2显示中国的地区差距非常大。首先是经济差距。地区间经济差距一直呈扩大趋势。2005年，中国城乡居民人均可支配收入之比为10493元：3255元=3.22：1，比前些年进一步扩大①。令人不安的是，与地区间经济差距相比，中国地区间基本公共服务差距似乎更大。由于存在巨大的公共服务不平等，贫困地区居民获得教育与卫生保健的机会显著地低于发达地区。中国卫生资源（医疗、护士、医疗设施与设备等）的大约80%分布在占全国人口35%的城市，其余20%分布在占全国人口65%的农村。据此换算，城乡居民人均享受的医疗卫生资源之比为（80%/35%）：（20%/65%）=7.4：1。

教育资源的城乡不平等分布情况也十分严重。农村税费改革前的2000年，全国用于小学教育的政府支出为849亿元，其中用于农村的为497亿元，用于城市小学为352亿元。当年城市小学生在校人数为1680.9万人，县镇和农村则多达10862.6万人，后者是前者的6倍多。折算下来，城市与农村（包括县镇）小学生均教育支出之比为2094元：458元=4.5：1②。与教育和卫生保健相比，养老保障方面的城乡差距更为明显。虽然政府正在采取措施扩大社会保障体系的覆盖面，但目前绝大多数农民几乎没有保障可言，城市人口享受养老保障的人口比率比农村高得多。另外，在基础设施、干净饮用水和能源供应和互联网普及率等方面，农村与城市也完全不在一个档次上。

三、现行转移支付的类别与结构

规模巨大但均等效果不佳，显示目前的转移支付体制存在着明显的结构性缺陷。

---

① 根据《中国统计年鉴（2004）》计算。

② 根据《中国统计年鉴（2002）》计算。

表 2-3　中央对地方财政转移的规模与结构　单位：亿元

年度	2000 年	2001 年	2002 年	2003 年	2004 年	2005 年
直接补助	2365	3454	3863	4360	5941	7330
一般目的	670	1136	1335	1864	2604	3813
占总额（%）	—	—	—	23	26	33
特定目的	1695	2318	2528	2496	3337	3517
占总额（%）	—	—	—	30	34	31
税收返还	—	—	—	3880	4026	4144
占总额（%）	—	—	—	47	40	36
总计	—	—	—	8240	9967	11474

注：（1）资料来源：2004 年及以前年度数据来自《中国统计年鉴（2004）》；2005 年数据来自财政部：《关于 2005 年中央和地方预算执行情况与 2006 年中央和地方预算草案的报告》，2006 年 3 月 5 日第十届全国人民代表大会第四次会议。（2）税收返还中包括“体制补助”。

由表 2-3 可知，目前转移支付的主要部分是税收返还（包括数额不大的原体制补助），虽然近年来相对规模有所下降，但目前占转移支付总额的比重仍然超过 1/3。然而与许多发达国家（例如日本和德国）不同，在中国，中央对地方的税收返还是按来源地规则设计的。在此规则下，各辖区获得的税收返还数额只是取决于向中央政府“贡献”多少税收，不取决于各辖区的人口、人均收入、地理特征以及其他影响财政能力（标准收入）和支出需求（标准支出）的因素。在地区差距很大而且没有其他有效手段时，这种做法产生很大的问题。收入来源地规则意味着地方掌握的资源越多，经济发展程度越高，地方居民越富有，获得的转移就越多，自然易导致公共服务参差不齐[①]。

逆向均等化问题也出现在特定目的转移支付中。从原理上讲，特定目的的转移支付应严格地基于“外溢”原则设计。根据这项原则，一项需要委托地方实施和管理（如治理沙尘暴）的某项服务产生的利益，如果有 80% 溢出到其他辖区，那么，中央政府即应补偿该项服务成本的 80%，其余 20% 由地方配套解决[②]。然而事实上，中国目前的专项转移支付体制在很大程度上偏离了这一原则。

无论如何，只要中央鼓励地方供应的服务项目的利益并未完全外溢到其他辖区，那么，要求地方配套就是合理的。但这样一来也会产生一个令人不快的问题：由于发达地区有能力提供中央要求的全部配套资金，但贫困地区很难做到这一点，因此，大量专项转移支付资金最终流向了发达地区而非贫困地区。中央和地方政府脆弱的项目管理和监督能力，“政出多门”、“钱出多门”且缺乏有效协调的条块分割体制，也在很大程度上加剧了专项转移的逆向均等化效果。

从严格意义上（以财政能力与支出需求作为分配基础）讲，在现行的各类转移支付中，具有确切的正面均等效果的转移支付仅限于始于 1995 年的“一般性转移支付”，但其总量占均衡性转移支付的比重不到 30%（2005 年为 29%），占全部转移支付的比重不到 10%（2005 年为 9.8%）。至于民族地区转移支付（始于 2000 年）中，也只有一部分遵循了财政均等化的内在逻辑（以财政能力与支出需求的差额作为分配基础），其余部分采用来

① 理查德·M. 伯德、罗伯特·D. 埃贝尔、克里斯蒂·I. 沃利克：“财政分权：从命令经济到市场经济”，《社会主义国家的分权化》，中央编译出版社（北京），2001 年。

② 在这里，配套比率是 4∶1（或 1∶0.25），即中央每补助 4 元钱，地方需拿出 1 元钱的配套资金。

源地规则（哪里来就分配到哪里去）分配。在这里采用来源地分配规则旨在激励民族地区的征税努力（增收积极性），目的无可厚非，但与财政均等化的内在要求并不吻合。

在均衡性转移支付中，规模位居第二（2005 年占一般目的转移支付比重为 26%）的“调整工资转移支付”又如何呢？这项始于1998 年的极具“中国特色”的转移支付，直接分配给了老工业基地和中西部地区，粗略地看似乎具有正面的均等化效果，然而，结论远非这么简单。这里的关键问题在于：中央政府虽然把资金分配给了相对贫困的辖区，但这些资金被直接用于补贴地方政府的运营成本。从终极意义上讲，“真正的”财政均等化，只是针对当地民众（尤其是贫困人口）从中受惠的“服务”而言的均等化，特别是基础教育和基本卫生保健这类涉及公民权益的基本公共服务的均等化。向贫困地区政府提供补助以支持它们向发达地区政府攀比工资与福利，如同支持它们攀比公务用车、公费出国（旅游）或豪华奢侈的办公条件一样，都有违财政均等概念的本质意涵。

始于 2001 年的“农村税费改革转移支付”是针对农村税费减免导致地方收入减少，而由中央政府提供的补偿性转移支付。2005 年农村税费改革的中央财政为此转移支付 662 亿元，比 2004 年增长 26.3%[①]。这项转移支付资金主要分配给了农业大省、粮食主产区以及民族地区和财政困难地区，但游戏规则是补偿中央减免农村税费导致的地方收入损失。应注意到这个规则与财政均等目标的规则（以财政能力和支出需求为基础）是不一致的，因为完全存在这样的可能性：有些发达地区因农村税费减免遭受的收入损失，比某些贫困地区更大。在这种情况下，这项转

① 财政部：《关于 2005 年中央和地方预算执行情况与 2006 年中央和地方预算草案的报告》，2006 年 3 月 5 日第十届全国人民代表大会第四次会议。

移支付将被更多地分配给发达地区。作为初步结论，本节认为这项转移支付的均等化效果是不确定的。

与民族地区转移支付规模相当的“三奖一补”转移支付始于2005 年。中央政府的意图是提供激励：激励贫困地区增收节支以缓解日益加深的基层财政困难。很清楚，这项转移支付并不与财政均等因素（影响财政能力与支出需求）挂钩，虽然出发点良好，但毕竟不合财政均等目标的内在要求，因此，其均等效果是不确定的。

根据以上对转移支付结构和特征的初步分析可知，在目前约占地方收入 43%、中央支出 57%、总额达 11474 亿元人民币的转移支付中，完全遵循严格的均等化规则的转移支付充其量也不到 20%（其中一般性转移支付约占 10%），而超过 80% 的部分与财政均等化要么与财政均等的内在逻辑不符，要么其实际效果捉摸不定。其中，合计占转移支付总量 67%（2005 年）的税收返还和专项转移支付，完全是按照不同于财政均等目标的内在逻辑和规则设计的，其实际的均等化效果极可能是负面的。

四、控制导向、短期目标与对均等目标的偏离

自相矛盾的是：在一再强调“促进基本公共服务均等化”的情况下，为什么政策制定者反而设计出整体而言无法促进均等目标的转移支付体制呢？这里有三个可能的答案：（1）目前的转移支付是中央与地方政府相互博弈的产物，中央政府需要通过这一体制实现纵向控制的意图，同时又要消除地方的不满和改革的阻力；（2）中央政府赋予了转移支付体制过多且往往相互冲突的功能与目标，在目标无法兼顾的情况下，均等目标有意无意地被置于相对次要的地位；（3）省以下地方政府没有建立起严格的、主

要以均等目标为导向的二级或三级转移支付体制[①]。下面只对前面两个原因稍作些分析。

从宏观上看，目前的转移支付体制是范围更大的政府间财政安排的一个组成部分。单一制的政府结构、中央集权的传统、对地方政府不听中央号令的担忧和基于其他因素的考虑，促使中央政府建立起一套偏重纵向控制功能（而非横向均等功能）的政府间财政安排。从历史上看，东亚国家大多具有中央对地方政府实施强有力控制的传统（中国尤其典型），而政府间财政安排被当作实施纵向控制的最佳工具。偏重控制功能的政府间财政安排具有三个鲜明的特征：

1. 税权高度集中。中央政府认为可以给地方一些钱（税收和非税收入），但征税权（主要是确定税基和税率的权力）则由中央控制甚至完全垄断（中国目前的情形就是如此）。

2. 支出（服务）责任高度分散。在有效管理大多数公共服务方面，中央政府需要高度依赖地方。认识到这一点，中央政府倾向于将范围广泛的支出责任下放给地方政府（甚至基层地方政府），同时保留监督权和主要的决策权。

3. 偏重填补纵向财政缺口的转移支付。税权的高度集中和支出责任的高度分散相结合，形成了规模庞大的纵向财政缺口（地方政府的自有收入远不足以抵补支出），转移支付理所当然地被当作填补纵向缺口的工具。

在这里，转移支付同时实现了中央政府“想要的”三重意图：控制征税权，下放支出责任（效果类似于向地方转嫁赤字），让地方政府在财政上形成对中央的高度依赖。很清楚，这三重意

① 中央对地方政府的转移支付可视为一级转移支付，省级政府对下级政府的转移支付可视为二级转移支付；地市级政府对基层政府的转移支付可视为三级转移支付。

图都服务于加强对地方控制这一根本目的，而转移支付——更一般地讲是包括转移支付、支出责任划分和税收划分在内的整个政府间财政安排，被当作实现纵向控制目的的利器。在控制导向的支配下，均等目标往往被置于相对次要的位置。

与“控制导向”压倒“均等导向”类似的是：政府间转移支付经常被当作应付一大堆短期问题的工具，而疲于应付短期问题的转移支付经常与财政均等的指导方针相冲突。作为一个经济转轨、社会转型的发展中国家，中国与许多国家（尤其是发达国家）相比的一个显著特点是：它的体制和政策经常处于变动中，而这种变动不可避免地将一大堆恼人的、不得不随时应付的短期问题抛洒在中央和地方政府面前。减免农村税费，地方的收入遭受损失，中央怎么办？中央政府决定给公务员涨工资，可是贫困地区没有足够的钱来涨工资，中央该怎么办？基层财政那么困难，需要鼓励地方政府通过增收节支缓解财政困难，中央政府又该怎么办？诸如此类的短期问题虽然明显地与均等目标不一致。

本部分讨论表明：中国在 1994 年建立的以税收分享（tax sharing）和直接补助（direct grants）构成的现行转移支付体制，虽然在某种程度上融入了财政均等因素，但总体而言是非常不充分的，而且没有严格遵循财政均等概念的内在逻辑。因此，迄今为止，中央政府财政转移的大部分仍然是根据非均等因素被分配给各地方辖区的，这是导致财政均等化效果不佳的重要原因。

五、结论与政策含义

1. 虽然人们通常关注和担忧的是经济财富的两极分化，但严峻的现实是：目前中国地区间财政能力和基本公共服务同样出现了两极分化的局面，而且其影响和后果丝毫也不亚于经济财富的两极分化。因此，仅仅致力缩小经济差距和消除经济贫困（economic poverty）的政策是不够的，消除财政能力贫困（poverty of

fiscal capability）和公共服务贫困（poverty of public service），需要被置于政府战略和国家政策层面更为优先的位置。

2. 系统地推进财政均等目标，首先需要对目前的政府间转移支付体制作重大的结构性改革，以满足均等的基本标准。其中最重要的一点是：必须对地方辖区的财政能力和支出需求进行切实地计量，以此作为公式化转移的基础。更一般地讲，需要一个更具再分配功能的转移支付体制。

3. 协调均等目标与其他目标之间冲突是非常重要的。需要清醒地认识到，无论是把转移支付作为控制地方政府的手段，还是作为疲于应付短期问题的权益之计，都可能导致与财政均等目标之间的冲突，并削弱中央政府推动财政均等目标的努力和效果。目前偏重纵向控制的财政结构虽然可以将财政均等因素包容其中，但在许多方面与均等概念不一致。

本节参考文献

1. 理查德·M. 伯德、麦克尔·斯马特："政府间财政转移支付对发展中国家的启示"，《经济社会体制比较》，2005 年第 5 期。

2. 安瓦尔·沙阿："政府间财政约定——国际应用经验教训"，2003 年；中国财政部、世界银行和加拿大国际开发署 2004 年 8 月 9～12 日联合举办，会议论文。

3. 雷蒙德·C. 斯哥帕驰："美国政府间预算框架"，中国政府间财政关系国际研讨会，中国人民大学财政金融学院、美国中美关系学会联合举办（北京），2006 年 7 月 10～11 日。

4. 财政部：《关于 2005 年中央和地方预算执行情况与 2006 年中央和地方预算草案的报告》，2006 年 3 月 5 日在第十届全国人民代表大会第四次会议上。

5. 理查德·M. 伯德、罗伯特·D. 埃贝尔、克里斯蒂·I.

沃利克："财政分权：从命令经济到市场经济"，《社会主义国家的分权化》，中央编译出版社（北京），2001 年。

6. 艾伦·莫里斯："澳大利亚的财政均衡化体制"，政府间财政关系国际研讨会（新疆），中国财政部、加拿大国际开发署、世界银行联合举办（新疆乌鲁木齐），2004 年 7 月，会议论文。

7. 艾伦·卡特："英国地方政府融资：实践与挑战"，中国政府间财政关系国际研讨会，中国人民大学财政金融学院、美国中美关系学会联合举办（北京），2006 年 7 月 10 ~ 11 日。

8. 财政部预算司：《中国政府间财政关系》，中国财政经济出版社，2002 年，第 50 ~ 51 页。

2.2

分类转移支付：基本公共服务均等化中的角色定位与制度建设

为了实现基本公共服务均等化，必须进一步改革和完善政府间转移支付制度。目前，主流思路是压缩专项转移支付的比重，确立一般性转移支付的主体地位。笔者认为，基于我国财政基本公共服务均等化的目标定位、地方预算监督和约束比较"弱位"的背景条件，以及我国财政分权现状等现实因素考虑，我国转移支付的主体形式应是分类转移支付。构建我国分类转移支付制度的基本思路是：科学界定基本公共服务和均等化转移支付范围内的基本公共服务，明确分类转移支付的项目类别；对现行转移支付进行重新整合，解决分类转移支付的财力来源；建立基本公共服务的最低保障标准，以此为标尺，根据各地区基本公共服务的理论供给水平以及中央分类转移支付能力，确定对不同省（区）

分类转移支付额度；建立健全与分类转移支付相匹配的多元监督体系。

一、分类转移支付应作为我国均等化转移支付的主角

中央对地方的转移支付，按是否指定资金用途，可以分为三种类型：无条件总额转移支付、有条件专项转移支付和有条件分类转移支付。无条件总额转移支付，在我国也称一般性转移支付。中央不指定一般性转移支付的用途，地方在资金安排上有充分的自由裁量权。与之相对应的是有条件专项转移支付，也叫做专项转移支付或专项拨款。中央政府限定了专项拨款的用途，地方政府必须专款专用。有条件分类转移支付，也简称分类转移支付，是介于上述二者之间。和无条件（一般性）转移支付相比，它是有条件的，中央政府规定这种拨款的使用方向，但它又不同于有条件专项转移支付，即它不指定地方应该使用拨款的细目或具体用途，地方拥有一定的自由裁量权。

上述转移支付的分类本身并不包含均等化意义。那种把均等化转移支付等同于一般性转移支付，而把专项和分类转移支付排除在均等化转移支付系统以外的观点是没有根据的。至于一个国家选择何种类型转移支付作为财政均等化的主要工具，则取决于其财政均等化的目标定位、现实约束条件以及对分权和集权关系的把握与认识。从我国现阶段的情况分析，有条件分类转移支付似乎更有理由担当均等化转移支付的主角。

（一）分类转移支付与我国基本公共服务均等化的目标最为匹配

公共服务可分为基本公共服务和一般公共服务。其中，一般公共服务的需求具有明显的地区差异性，其供给决策必须立足于当地居民的偏好，由地方自主决策才是有效率的，因此，如果不强调基本公共服务，而是从一般意义上讲公共服务的均等化，由

于其内含非基本公共服务的均等化，应该采用中央不指定使用方向的一般性转移支付与之匹配。但是，就我国目前情况而言，考虑到公共服务全面均等化可能产生的负面效率影响（对发达地区增收节支积极性的负面影响和不发达地区由此可能产生的依赖思想），以及财政整体实力，特别是中央转移支付能力的制约，党的十六届六中全会通过的《中共中央关于构建社会主义和谐社会若干重大问题的决定》把我国现阶段财政均等化的目标明确定位为“逐步实现基本公共服务均等化”。针对基本公共服务均等化的目标而言，笔者认为分类转移支付较之其他两种形式更有优势。其一，采用一般性转移支付实现基本公共服务均等化，由于地方政府“经济人”性质，必须以辖区民众“自下而上”的有效监督和约束为前提条件。唯此，才能保证地方政府的政策理性和地方财政的民生导向，把转移支付资金真正用在与当地民生密切相关的基本公共服务项目上。而众所周知，我国这种监督和约束机制并不健全。主要表现是地方预算的不完整和不透明，存在大量预算外和制度外收入；许多地方人大对预算的监督仍沿袭多年来的行为模式，只重程序而不重实质，往往使预算监督制度流于形式。在我国现阶段地方预算监督和约束比较“弱位”的背景下，地方政府极有可能会在错误的政绩观和利益观的驱动下，把中央意欲实现基本公共服务均等化的转移支付资金用于非基本公共服务，甚至非公共服务项目上，出现“漏出效应”。其二，采用专项转移支付实现基本公共服务均等化，由于在资金使用上限制过死和项目划分过小，既会造成中央审批成本过高，也不便于地方对转移支付资金的统筹安排，从而会降低转移支付资金的使用绩效。实际上，从国际经验看，大多数发达国家如德国、加拿大、澳大利亚、英国等之所以选择一般性转移支付作为均等化的主要工具，主要是因为这些国家财政均等化的目标定位是地方财政能力或一般性公共服务的均等化，而且地方公众对政府的民主监督机制相对也比较健全。但既便如此，为了防止地方财政行为的偏差，保证一些基本公共服务的供给，有些国家仍安排相当数量的有条件转移支付。如澳大利亚在 2001～2002 财政年度安排的特定转移支付款项占整个州级政府获得的财政受助总额的 41%，并且其投入主要集中在教育、卫生、交通、社保、住房等领域（前三项约占 75%），明显具有分类转移支付的性质。分类转移支付也被澳大利亚官方邀请的独立评估机构的改革建议所推崇。美国拥有世界上最大规模和最多项目的专项转移支付体系。由于分类转移支付被认为兼具一般性转移支付和专项转移支付的优点，成为近年来美国专项转移支付改革的主要方向（课题组，2006）。

（二）分类转移支付有助于改善我国中央与地方的集权与分权关系

当今世界各国对集权与分权关系的处理，都不是单纯地强调集权或者分权，而是更加注重二者的兼顾与协调。在税收划分上，一般国家的做法是中央集中主要税种和拥有主要税权，而后中央通过转移支付的方式把部分财力返还地方，以实现地方事权和财权（力）的匹配。在这个过程中，似乎税收划分更带有集权的成分，而转移支付正相反。其实不然。不同的转移支付形式的性质是有很大区别的。专项转移支付由中央指定用途，是中央调控地方的主要载体，可以认为是一种集权型转移支付。而地方对一般性转移支付拥有财力支配权，属于分权型转移支付。这两种转移支付各自存在的缺陷是，专项转移支付把资金限定在特定的项目上，地方没有因地、因事灵活调整的空间，不宜作为转移支付的主体形式，而一般性转移支付把资金的支配权完全交由地方，大量使用会出现分权过度问题。分类转移支付避免了二者的不足，它只是指定地方在资金使用上的大类范围，地方在指定的大类范围内仍有一定的灵活余地，是在转移支付过程中处理集权和分权关系的理想形式。就我国情况而言，分税制改革以来，虽然财政收入的中央集中度明显提高，达到了 50% 的水平，但剔除税收返还，中央的集中度还不足 45%，这在国际上已经是一个低水平。如果考虑到地方事实上还拥有大量的预算外收入和土地财政收入，以中央和地方实际可支配的财力来衡量，我国已然表现出一定程度的分权过度。解决分权过度，需要多方面的措施联动，但笔者认为，把分权型的一般性转移支付改造为适度集（分）权型的分类转移支付应该有助于改善我国中央和地方的集权分权关系。

（三）分类转移支付有利于加强转移支付资金的审计与监督

从历年转移支付审计结果看，发现和披露问题比较集中的是专项转移支付。而从性质上看，专项转移支付使用中的问题又可分为三类：一是既不合规（违背了中央专项资金的使用方向）也不合理（违背了地方社会经济发展的实际需要）。例如，地方财政挤占挪用专项资金，用于平衡本地预算、兴建办公楼和对外投资等；二是合理却不合规。即有些地区根据当地情况对已批准项目的使用计划进行调整或改变。例如，为解决农村中小学危房改造问题，2005 年中央财政对某省某某市 8 个农村中小学安排了专项资金，但当地由于进行“并校”改革，有的学校即将撤销或生源减少，当地政府调整了专款的使用方向，避免了资金浪费，这无疑是合理的，但却不符合有关规定。三是合规却不合理。即地方按指定用途使用资金，虽然符合有关规定，但不符合实际需要。例如，某自治区下辖 4 区在 2000 年 9 月前已完全禁牧，但 2003 年至 2005 年中央财政仍安排 8677 万元转移支付资金用于 4 区相关建设。笔者认为，审计中发现的问题对我国转移支付制度改革具有重要的启示：（1）之所以发现和披露问题比较集中地出现在专项转移支付上，除了专项资金本身在管理和使用上存在较为严重的问题外，另一个重要原因是专项资金指定了使用的方向和项目，这为审计部门提供了可供审计的标准。一般性转移支付没有作为审计的重点，并不能说其本身不存在问题，更不能说明地方把资金真正地用在了关乎民生的基本公共服务项目上，而是这类资金如何使用，地方可以自主决定，缺乏一个可供执行审计监督的标准。（2）专项转移支付对资金的使用要求过于严格和具体，在信息不对称的情况下，有时不可避免地出现项目计划与实际需要的脱节。例如，根据审计署2005年对辽宁、陕西、内蒙古、湖南、贵州五省（区）的审计报告，中央对5省（区）的专项转移支付中，36.3%直接分配到具体项目。尽管这些项目是经过逐级申报和层层审核确定的，但部分项目仍存在计划与实际脱节的问题。这是审计中出现上述“合理却不合规”或“合规却不合理”怪现象的主要原因。根据以上分析，笔者认为，从转移支付资金监督审计的角度看，一般性转移支付和专项转移支付都存在明显的缺陷，前者在使用方向上没有一个可供审计监督的标准，而后者的使用方向规定得过于具体，使得提供的审计标准本身往往会出现问题。分类转移支付作为一种使用条件放宽了的转移支付形式，其“有条件性”可为审计部门提供审计的标准，具有一般性转移支付所不具备的优点，同时其“宽条件性”又可在一定程度上避免专项转移支付运用中陷入“审计标准偏差”的困境，从而避免以往审计中出现的“合理却不合规”或“合规却不合理”的反常现象。

二、构建我国分类转移支付制度的基本思路

（一）科学界定基本公共服务和均等化转移支付范围内的基本公共服务，明确分类转移支付的项目类别

1. 界定基本公共服务的范围。基本公共服务应该是指那些与民生密切相关的公共服务。这种基本公共服务并不一定就是纯公共服务，有些准公共服务，如医疗项目，与民生密切相关，且政

府在其中承担相当的责任，也应纳入基本公共服务的范围。

2. 界定均等化转移支付范围内的基本公共服务。实施均等化转移支付的目的是缩小各地基本公共服务供给水平的差距，社会公平应是均等化转移支付制度构建优先考虑的原则。在这个原则下，以下几项基本公共服务应纳入均等化转移支付的范围：一是纯地方性基本公共服务，如地方性的公共基础设施、社会治安、就业再就业服务等。从效率的角度，这类公共服务的供给应作为地方的职责，但从公平的角度，应通过转移支付来缩小各地提供水平上的差距，或保证各地最低限度的公共服务供给。二是外溢性地方基本公共服务，如义务教育、医疗卫生、社会救济等。从效率的角度，这类公共服务的供给应由中央和地方应共同承担责任，但在中央承担了相应的提供责任（资金份额）后，一些地方由于财政能力的限制，不能提供相应的配套资金来保证最低限度的供给水平。因此，应从公平的角度纳入均等化转移支付的范围。需要指出的是，那些应完全由中央提供的全国性基本公共服务，如国防、全国性的环保项目等应通过中央的直接支出来解决，不属于均等化转移支付的范围。

3. 界定分类转移支付的项目类别。以上述界定为基础，在我国现阶段，应把以下 8 类基本公共服务作为分类转移支付的对象：(1) 义务教育类，包括中小学教师的工资、公用经费、维修费等；(2) 医疗卫生类，包括卫生基础设施、医疗卫生服务、医疗救助服务、基本医疗保险和合作医疗项目等；(3) 社会养老保险和养老救济类；(4) 最低生活保障类，包括城镇和农村居民的最低生活保障项目；(5) 交通类，主要是基本道路建设，如农村的“村村通”工程等；(6) 区域生态环境治理类；(7) 基础科学研究类；(8) 就业再就业服务类，包括提供再就业信息、再就业技能培训和提供创业补助等。

（二）对现行转移支付进行重新整合，解决分类转移支付的

财力来源

分类转移支付构建并不是在现有转移支付制度之外“另起炉灶”，其资金来源于现有转移支付制度的整合和改造。我国目前中央对地方安排的各类转移支付（包括税收返还）总量规模并不小。2005 年已达 11120.07 亿元，占地方财政支出的 44%。之所以未能取得基本公共服务均等化的理想效果，关键是转移支付机制本身存在以下问题：(1) 一般性转移支付被认为是最具均等化效果的，但其标准财政支出的测算超出了基本公共服务的范围，并未体现纯粹的基本公共服务导向。如其标准财政支出中把行政单位人员经费和公用经费作为一个重要测算项目，这实际上意味着对落后地区政府运营成本的补助（至于工资性转移支付，这种行政补助的性质就更为明显）。而“从终极意义上讲，‘真正’的财政均等化，只是针对当地民众（尤其是贫困人口）从中受惠的服务的均等化”（王雍君，2006）。而至于在转移支付资金使用过程中，缺乏约束的地方政府是否真正把转移支付资金用于基本公共服务项目，更是一个未知数。因而，一般性转移支付对于基本公共服务的均等化作用可能并不像人们想象的那样好。(2) 至于专项转移支付，应该承认其中有不少项目，如针对中西部地区安排的义务教育专项拨款、农村新型合作医疗专项拨款等，其显著的基本公共服务均等化的效果有目共睹。但客观地讲，也有不少项目，由于资金安排分散、地方难以统筹安排以及欠发达地区难以落实配套资金等原因，其均等化的效果并不理想。(3) 税收返还基本上是照顾发达地区的既得利益，虽然对地方增收具有一定的激励作用，但与均等化目标背道而驰。

为了使现有转移支付资金更集中、有效地服务于基本公共服务的均等化，笔者在这里提出一个“取消税收返还、改造一般性转移支付和分流专项转移支付”结构性整合思路。(1) 应该对税收返还的取消采取更为积极的姿态，可以考虑规定一个“退出”时间表（如3年），而不是期待税收规模的扩大而自然消减税收返还比重。因为采取“自然消减法”虽可降低税收返还占比，但随着增值税和消费税的收入增长，其绝对额却是逐年扩大的。从2002年到2005年中央对地方的税收返还比重下降了9.3个百分点，但其绝对额增加了809亿元。若能实现在3年内解决税收返还问题，每年多减少1000多亿元，对地方财政的影响并不大，但却可以极大地增强中央的分类转移支付能力。(2) 把一般性转移支付改造为分类转移支付。对现行一般性转移支付的标准财政支出项目范围进行重新梳理，剔除与基本公共服务均等化不相匹配的项目。在此基础上，按基本公共服务的类别重新配置转移支付资金的使用方向。(3) 针对专项转移支付存在的诸多问题，财政部已经提出了一系列规范和改革措施，其中包括严格控制新增专项转移支付项目设置，将中央现有专项转移支付项目分为取消类、整合类、固定数额类、保留类等四种类别，并分别处理。笔者认为应以此为契机，把具有均等化属性的专项转移支付剥离出来，整合改制为分类转移支付，即中央按照基本公共服务的类别指定使用方向，在大类内部，具体项目的资金安排由地方统筹。

（三）建立基本公共服务的均等化标准，以此为标尺，根据各地区基本公共服务的理论供给水平以及中央分类转移支付能力确定对不同省（区）分类转移支付额度

1. 关于基本公共服务的均等化标准。在我国现阶段经济发展水平和财力水平还不够高的情况下，基本公共服务均等化的标准，应该是现阶段不同地区的居民都能享受的最低限度的基本公共服务水平。因此，要实现基本公共服务的均等化，当务之急是依照科学性和可操作性两相兼顾的原则，对各类基本公共服务研究确立一个全国统一的最低保障标准。所谓可操作性是指能够为政府基本公共服务供给提供明确的目标指向和为分类转移支付提

供可供操作的依据。所谓科学性是指所确立的最低标准既能满足居民现阶段的基本公共服务需要，又要权衡政府的实际承受能力，还要考虑公共服务标准本身的不可逆性，进行前瞻性设计，为未来的可持续性发展留有余地。

有些基本公共服务（如基础义务教育）存在法定的保障标准，应以此作为全国统一的最低保障标准。但大部分基本公共服务并没有明确的法定标准，如医疗卫生服务。2006年中央"一号文件"提出了到2008年在全国农村基本普及新型农村合作医疗制度，加强以乡镇卫生院为重点的农村卫生基础设施建设，健全农村三级医疗卫生服务和医疗救助体系。由于农村是医疗卫生水平和经济发展水平最低的地区，因此，农村的医疗卫生标准可以作为全国最低公共服务保障标准，但农村新型合作医疗的报销范围和标准，究竟应达到一个什么水平，农村公共卫生和医疗救助应完善到什么程度，仍需要作进一步的量化和细化研究。农村养老保险和救济、农村居民最低生活保障等项目也存在类似的问题。

应当注意的是，目前大部分地方基本公共服务供给的政策和制度仍处于试点和探索阶段，其间，中央政府应予以鼓励和引导。在对那些漠视民生而在基本公共服务供给上无所作为或少有作为的地方政府实行责任追究的同时，应防止一些地方在基本公共服务供给上的"大包大揽"和竞相攀比倾向，如超过地方财政承受能力而把合作医疗报销标准定得过高和范围过宽、养老金标准定得过高等。因为笔者担心，由于基本公共服务供给标准的不可逆性，一方面，起点过高的公共服务保障标准，就地方层面来讲将很难持续，而在地方财力难以承受时，会倒逼中央政府，加大中央的财政负担和风险（在我国目前政府间财政责任划分没有得到明确界定的情况下，这种担心并非多余），另一方面，它会成为建立全国统一的公共服务最低保障标准的障碍，最终影响基本公共服务均等化的实施进程。

2. 关于基本公共服务的理论供给水平。各地基本公共服务理论供给水平是基于中央和地方财力（包括预算内和预算外）划分，考虑当地基本公共服务的供给成本，地方政府在基本公共服务供给上应达到的水平。各地基本公共服务理论供给水平应从数量和质量指标两个方面与全国最低保障标准进行比较，只有低于最低保障标准的地区才是中央转移支付的对象。需要说明的是，这里之所以选用基本公共服务理论供给水平，而不是实际供给水平，是为了防止地方过度依赖中央的转移支付，而推卸或忽视自身对基本公共服务的供给责任。对基本公共服务理论供给水平的量度，无疑是分类转移支付必须克服的一道难题。对此，笔者设想可以用一种间接估算的办法来解决，即把基本条件（包括经济发展水平、自然条件、地方财力条件、基本公共服务供给成本等）相似的不同省区作为大区（如西部12省区、中部6省区、东北3省区等），以大区内部省（区）级基本公共服务供给的先进水平作为该区域内基本公共服务的理论水平。采用“间接估算法”，除非地区之间出现合谋（这种情况一般不会发生），区域“先进水平”与理论水平应该是比较接近的。

3. 关于基本公共服务的供给成本和分类转移支付系数。各地分类转移支付数额的确定不仅要考虑其与最低标准的差距，还要考虑不同地区公共服务供给成本的差异和中央转移支付能力。一般来讲，越是公共服务供给不足的地区，由于自然环境相对较差和相关的配套设施不完备，政府公共服务的供给成本与富裕地区相比会更高。中央转移支付系数表明各地转移支付需求与中央转移支付供给能力的差距。因为全国各类基本公共服务最低保障标准并非静态意义上的时点标准，而是一个立足未来一个阶段的前瞻性标准。所以按照中央的要求和部署，需要“逐步实现”，在此之前，各地转移支付需求与中央转移支付供给能力之间存在差距是正常的。当然，如何增强中央均等化转移支付的能力，最大程度满足各地的转移支付需求，也是分类转移支付制度建设的题中应有之义。

4. 关于各地分类转移支付数额。根据以上因素，可以确定各地分类转移支付数额。基本公式：某地某类公共服务转移支付数额 =（该类公共服务全国统一最低保障标准 - 该地该类公共服务理论供给水平）×该地该类公共服务供给成本×转移支付系数。其中，转移支付系数 = 该地该类公共服务转移支付资金需求/中央对该地该类公共服务转移支付供给能力。

（四）建立健全与分类转移支付相适应的监督体系

首先，分类转移支付的有条件性，体现中央从宏观角度对基本公共服务均等化的调控要求，这使得中央对地方的监督效能提出了更高的要求。为此，必须进一步健全“自上而下”的以审计监督与财政监督为基本手段、以合规监督与绩效监督为基本内容的监督体系，确保中央的均等化政策意图落实到位。其次，分类转移支付资金在大类以下地方拥有自主支配权。但在大类以下转移支付资金如何配置，并不能由地方财政或政府部门独自决定，应充分尊重辖区民众的意愿。为此，必须改变目前有些地方转移支付资金游离于预算体外的现象，提高地方预算的完整性和透明度，建设地方“完整预算”和“阳光预算”。以此为平台，把地方财政民主决策和地方人大监督制度真正落到实处，使转移支付资金的使用充分反映辖区民众的基本利益诉求，置于辖区民众的监督约束之下。

本节参考文献

1. 课题组：“国外政府间财政均衡制度的考察与借鉴”，《财政研究》，2006 年第 12 期。

2. 王雍君：“中国的财政均等化与转移支付体制改革”，《中央财经大学学报》，2006年第9期。

3. 安体富："中国转移支付制度：现状、问题、改革建议"，《财政研究》，2007年第1期。

4. 刘尚希："基本公共服务均等化：目标及政策路径"，《中国经济时报》，2007年6月15日。

5. 平新乔："中国地方政府支出规模的膨胀趋势"，《经济社会体制比较》，2007年第1期。

6. 白景明："客观认识我国的中央政府财权集中度"，《财贸经济》，2007年第8期。

2.3
财政转移支付与公共服务均等化效应

任何国家都不同程度地存在着地区间财政不平衡所导致的基本公共服务不均等问题。在人口完全自由流动的情况下，基本公共服务的均等化可以通过居民在地区间的自由流动来实现，但这种均等化的"自动调节机制"在现实生活中很难实现。为了使各地方政府都能提供最低标准的基本公共服务，就要求中央或上级政府通过提供以均等化为目标的转移支付，协调地区间由于客观因素差异造成的居民基本公共服务不平等。研究各种转移支付形式的均等化效果及其实现条件，对于科学决策、提高资金使用效果，意义非常显著。

一、均等化转移支付的内涵

所谓均等化转移支付，是指以客观、科学地评估收入能力和支出需求为基础，以各地政府能够提供基本均等的公共服务为目标而实行的政府转移支付。改革开放至今，我国实行的是效率优先、兼顾公平的发展原则，这已促使我国的经济取得了长足的发展，人民生活水平大幅提高。但与此同时，也出现了东西部地区间经济差距过大以及民众间贫富差距扩大的问题。完善均等化转移支付制度，对调节地区间收入分配、保持社会稳定，有着重要的现实意义。

均等化的转移支付包括两个层次：一是均等化的纵向转移支付；二是均等化的横向转移支付。纵向财政平衡指的是在一个多层级政府体制里，每一个层级的政府的支出都有其足够独立的自主的收入来源，如果每一层级政府的独立自主收入刚好可以满足其支出，一般就认为这个国家是处于纵向财政平衡状态。反之，则认为是纵向财政不平衡（也称纵向财政失衡）。在财力与事权分配不平衡的情况下，一般是上级政府拥有较多的财权、财力和较少的事权，而下级政府拥有较少的财权、财力和较多的事权（这也是实行分级财政体制国家的通常做法）。为了保证地方政府顺利、有效地履行自己的职责，上级政府必须通过转移支付的方法转移一部分财力给下级政府。这种转移支付就是均等化的纵向转移支付。横向财政平衡指在一个国家或者地区内部，由于自然地理和社会历史等原因造成了各个地区的社会经济发展不平衡，这是很正常的。但是我们不能无视其存在，甚至任其扩大。上级政府应通过转移支付的方式帮助落后地区逐步摆脱贫穷落后的状态，使落后地区的人们能享受到基本的公共基础设施和服务，这种转移支付就是横向均等化转移支付。显然，这种转移支付的目的是为了各个地区的横向社会公平，其依据应当是各个地区的社会经济发展水平。

二、我国现行转移支付的均等化效应分析

（一）转移支付总体的均等化效应分析

1. 转移支付的横向均等化效应。为了方便进行研究，本节以各个地区在获得转移支付前后的人均财力对比用于反映横向均等化效应，因而，本节将各地区的人均财政收入视为各地区接受转移支付前的财力水平，将各地区人均财政支出视为各地区接受转移支付后的财力水平。通过计算转移支付前后人均财力的离差程度来分析财政转移支付的横向均等化效应。

具体而言，以各地区人均财政收支相对于全国平均水平的偏差程度（以数理统计中的离散系数反映）来反映各地区财力在接受转移支付前后的均衡程度。这里，以 CVr 表示各地区人均财政收入的偏离程度，以 CVe 表示各地区人均财政支出的偏离程度，CVr 和 CVe 越小则表明偏离程度越小，也就是财政均等化程度越高。比较 CVr 和 Cve，（CVr - CVe）越大，则表明转移支付在缩小各地区财政能力方面所起作用越大，也即财政均等化效应越好。

本节选取 1997 年到 2006 年共 10 年的统计数据，通过计算每年的 CVr 和 CVe（见表 2 - 4），可得到这一时期各地区财力差异及财政转移支付对各地区财力差异的调节程度。

第一，转移支付在解决各地区横向财政失衡方面起了积极作用，且从总体上看，这一作用有增强趋势。表 2 - 4 显示，人均财政收入的方差系数和人均财政支出的方差系数都处于较高的水平，但后者明显小于前者。在同一时期，人均财政收入的离散系数呈现稳定上扬的态势，由 1997 年 0.912 一路上升到 2006 年的 1.042，说明各地区财政收入差异在继续扩大。但是，中央政府的转移支付缩小了各地区财政支出的差异。从转移支付平衡的效果上看，（CVr - CVe）呈现扩大态势，由 1997 年的 0.272 上升到 2006 年的 0.441，表明转移支付一定程度上弥补了地区间人均财政收入的差距，且调节作用在增加。

第二，虽然转移支付缩小了各地区间的财力差异，改进了地区间财政支出均衡状况，但这种均等化的作用仍然有限。如表2-4所示，各地区人均财政支出离散系数在这一时期内基本都高于0.63（除了2002年和2006年），表明各地区间的财力差距在接受转移支付后仍然较大，转移支付的均等化效应还不尽如人意。

表2-4　1997~2006年各地区人均财政收支离散系数

	1997	1998	1999	2000	2001	2002	2003	2004	2005	2006
CVr	0.912	0.936	0.984	1.015	1.036	1.018	1.018	1.026	1.045	1.042
Cve	0.640	0.649	0.710	0.746	0.685	0.565	0.639	0.671	0.642	0.601
CVr-Cve	0.272	0.288	0.274	0.269	0.351	0.453	0.379	0.355	0.403	0.441

资料来源：历年《中国统计年鉴》。

2. 转移支付的纵向均等化效应。财政纵向失衡源于不同层级政府间其财政收入能力与支出责任的不匹配。由于数据的可得性，本节只分析转移支付在调节中央政府与地方政府纵向财政失衡中起到的作用。

本节以中央本级财政收入占全国财政总收入的比重（用Rc表示）代表中央政府的财政收入能力，以中央本级财政支出占全国财政总支出的比重（Ec）代表中央政府的财政支出责任；同理，以地方政府本级财政收入占全国财政总收入的比重（Rl）代表地方政府的财政收入能力，以地方政府本级财政支出占全国财政总支出（El）代表地方政府的财政支出责任。通过比较中央政府和地方政府各自的财政能力和支出责任即（Rc-Ec）和（Rl-El），能够大致说明中央政府与地方政府的纵向财政失衡问题。从表2-5可以看出，地方政府承担了大部分的支出责任（平均为70.78%左右），而其收入能力还小于中央政府（平均为47.63%）；中央政府的情况正好相反，因而中央政府与地方政府间在收入能力与支出责任上存在着严重的纵向不平衡。

进一步地，通过计算中央政府向地方政府的转移支付占全国财政总支出的比重（Pt），可以反映转移支付在弥补这种纵向失衡中所起的作用。如表 2 - 5 所示，Pt 在数值上均大于（Rl - El），说明转移支付有效地平衡了地方政府在财政收入能力和支出责任方面的缺口，财政转移支付的纵向均等化效果明显。

表 2 - 5　中央、地方财政本级收支以及转移支付占财政总支出的比重（%）

年份	中央财政比重			地方财政比重			转移支付占全国财政总支出的比重（Pt）
	本级收入（Rc）	本级支出（Ec）	收支差额（Rc - Ec）	本级收入（R1）	本级支出（E1）	收支差额（R1 - E1）	
1997	48.90	27.43	21.47	51.10	72.57	-21.47	30.33
1998	49.50	28.95	20.55	50.50	71.05	-20.55	30.43
1999	51.10	31.49	19.61	48.90	68.51	-19.61	30.27
2000	52.20	34.70	17.50	47.80	65.30	-17.50	29.88
2001	52.40	30.50	21.90	47.60	69.50	-21.90	32.36
2002	54.96	30.71	24.25	45.04	69.29	-24.25	33.34
2003	54.64	30.10	24.54	45.36	69.90	-24.54	32.69
2004	54.94	27.71	27.23	45.06	72.29	-27.23	35.73
2005	52.29	25.86	26.42	47.71	74.14	-26.42	33.85
2006	52.78	24.72	28.06	47.22	75.28	-28.06	33.40
2007	52.37	29.22	23.15	47.63	70.78	-23.15	32.23

资料来源：中央与地方本级财政收支来自《中国统计年鉴（2007）》，转移支付来自历年《中国财政年鉴》。

（二）转移支付的均等化效应分项分析

按照现行财政转移支付制度的结构，本节将 1997 年至 2004 年分地区的数据，分不同年度和不同转移支付项目对各项转移支付项目的均等化效应进行估计。具体测算方法是：以各地区的财政收入为基础，分别加上某项转移支付的数额后，再除以该地区的总人口，得到各地区接受该项转移支付后的人均财力，计算接受该项转移支付后各地区人均财力的离散系数，再与各地区人均财政收入的离散系数（CVr）相比较，得出该项转移支付的均等化效应。计算结果如表 2－6 所示。

1. 税收返还的均等化效应。1997～2004 年各地区在接受税收返还后人均财力的标准离差率见表 2－6。表中数据表明，各地接受税收返还后的标准离差率低于接受税收返还之前，税收返还起到了一定的均等化作用。但是，（CVr－CVt）的数值非常小且在 1997 年、1998 年为负值，这表明税收返还带来的均等化效应非常非常小，并且甚至在有些年份，反倒扩大了地区间的财力差异。

2. 财力性转移支付的均等化效应。1997～2004 年各地区在接受财力性转移支付后，人均财力的标准离差系数见表 2－6。各地接受财力性转移支付后人均财力标准离差率明显降低，二者之差在 2004 年达到 0. 224。

财力性转移支付从一开始就旨在增强地方政府财力，实现财政均等化，东部地区获得的财力性转移支付逐年减少，中部地区逐年增加，西部地区因开始时所占比重过高，后逐年有所下降，但总的比重还是最高的。因此，财力性转移支付方式的均等化效果明显。

3. 专项转移支付的均等化效应。专项转移支付是中央补助地方收入中的重要组成部分，这种转移支付的指向性强，可用于解决辖区间的财力均等化、辖区间外溢性项目，以及体现中央政府控制力。但专项转移支付一般不遵循固定的拨款公式，具有不稳定性。因此，专项转移支付均等化的效果在很大程度上取决于中央政府的政策目标。如果指定用于均等化项目，则其均等化效果甚至可以超过一般性转移支付，只是其不具备时间上的连续性和稳定性。表 2－6 的数据说明了这一点。

表 2－6　　各项财政转移支付均等化的效应分析

（1997～2004 年）

年份		1997	1998	1999	2000	2001	2002	2003	2004
转移支付前各地区人均财力差异	CVr	0.912	0.936	0.984	1.015	1.036	1.018	1.018	1.026
接受某项转移支付后各地区人均财力差异	CVt	0.920	0.940	0.978	1.003	1.022	1.004	1.010	1.019
	CVf	0.856	0.872	0.903	0.881	0.842	0.829	0.806	0.802
	Cva	0.816	0.832	0.880	0.873	0.851	0.800	0.823	0.838
各项财政转移支付的均等化效应	CVr－CVt	－0.008	－0.004	0.005	0.012	0.014	0.014	0.008	0.007
	CVr－CVf	0.056	0.064	0.081	0.134	0.194	0.189	0.212	0.224
	CVr－Cva	0.096	0.105	0.103	0.141	0.185	0.218	0.195	0.188

资料来源：各地区财政收入来自历年《中国统计年鉴》，各项财政转移支付来自财政部有关资料。

注：CVt、CVf、CVa 分别表示单项接受税收返还、财力性补助和专项转移支付后各地区人均财力的离散系数。

三、结论与政策建议

（一）结论

1. 转移支付的均等化效果与上级政府的政策目标高度相关。税收返还的初始目的就是为了保证地方既得利益，承认财力差距，因而均等化效果较差；财力性转移支付主要是为了增强财政困难地区的可用财力，均等化绩效就比较明显；专项转移支付的均等化效果主要取决于资金使用的目的与结构，若用于医疗、教育、社保、政策性补贴、支援不发达地区、抚恤和救济等，并且支出比重大，则均等化效果就好。

2. 专项转移支付如果指向性明确，如指定用于贫困地区或实现最低基本公共服务标准，其均等化效果往往会超过一般性转移支付。不过，达到这一效果需要有先进的管理技术和管理水平与之配套。对于经济不发达地区而言，采用一般性转移支付可以有效增强这些地区的财力，理论上的均衡效果应当是比较好的。但在实际中，有的财政困难地区往往不是将补助用于基本公共服务，而是用于行政事业单位的“人吃马喂”，没有起到基本公共服务均等化的作用。

3. 理论上，配套专项转移支付有利于刺激地方提供基本公共服务，但在许多发展中国家，过多、过高的配套支出要求可能造成资金大量流向发达地区；或者是财政困难地方虽然争到了专项资金，但实际上没有能力提供相应的资金配套，影响了公共服务的效果。无论出现哪一种情况，专项转移支付的均等化效果都会打折扣。

4. 一般性转移支付资金的分配通常要考虑诸如人口、GDP、地理位置等多种因素，按公式计算，其形式规范，预算约束性强，均等化效果稳定；专项转移支付在规模和项目的确定上，实践中通常缺乏科学的标准和连贯性，随意性较大，因而均等化效果不很稳定。

（二）政策建议

1. 适当调整税收返还的比重，把中央对地方的税收返还按地方的财政缺口分配，以平衡地区间的财政能力差距。但此做法易引起富裕地区的不满，实施阻力较大。因而，如果税收返还作为中央与地方的妥协在目前状况下还无法根本改变的话，应强化分类转移支付原则，加大财力性特别是一般性转移支付的力度，并以均等化地区财政能力为直接目标，调整这种转移支付的地区分配，以保证地区间公共服务提供的均等。

2. 设定公共服务提供的国家最小化标准。由于地区间的要素流动和税负竞争会使地方政府不愿过多提供那些利益外溢性强的公共产品，而导致其供给不足。因此，为某些重要公共产品制定国家最小化提供标准不仅有利于明确财政均等化标准，保证地区间基础公共产品的均等化水平，而且能促进国内资本、劳力和商品的流通，增加国内市场贸易所得。

3. 增加转移支付使用的透明度，并以客观需要为基础，保证转移支付资金用于提供公共产品的优先性，从而真正实现财政支出能力均等等同于公共服务均等。

本节参考文献

1. “河北省财政转移支付均等化效应的实证分析”，《经济研究参考》，2006年第90期，第13页。

2. 郭平、杨明：“提升转移支付均等化效应的经验借鉴与对策”，《财政与金融》，2005年第5期，第6~9页。

3. 刘勇政：“我国财政转移支付均等化效应实证分析”，《地方财政研究》，2008年第2期，第12~16页。

4. 蔡红英：“转移支付的均等化效应分析”，《当代财经》，2000年第4期，第31~33页。

2.4 公共服务均等化指向与转移支付效果

党的十六届六中全会通过的《中共中央关于构建社会主义和谐社会若干重大问题的决定》，明确了财政促进基本公共服务均等化、支持构建社会主义和谐社会的方向和任务。这充分反映了我国的财政分配正在从过去的兼顾公平和效率、效率优先的思路转向兼顾公平和效率、公平和效率并重的思路。为实现这一重要任务，财政必须切实有效地承担职责，积极发挥作用。

一、公共服务均等化的概念及其现状

（一）公共服务均等化的概念

一般来说，均等化可以分为财力均等化和提供公共产品与公共服务的公共服务均等化。从内容来看，体现更多的是以财力均等化为目标。就公共财政角度而言，财力均等化和公共服务均等化基本一致。财力均等化实际上也就是财政收入的均等化，即不同的地方要达到相同的财政收入，一般以人均财政收入作为其判断的标准。所谓公共服务均等化是指在一个国家内，不同地区的居民能享受到大体相同的公共服务，即在基本的公共服务领域应该尽可能地使每个社会成员享受到价值形态上大体相同水平的公共服务。公共服务水平均等化是一个动态的概念，是随着时间、经济的发展变化而不断进行调整的过程，它的实现会对社会、经济和政治产生重要影响。同时公共服务均等化也是财政公共性的重要体现，逐步实现基本公共服务均等化，是公共财政为配合社会主义和谐社会的构建而确立的目标。这一目标的确立，可以构建更为合理的利益均衡机制，进而引导社会中各利益群体的行为方式，协调社会成员之间的物质利益关系，改进社会总体福利水平。但在现阶段我们还不可能完全实现公共服务均等化的目标，短期内我们应首先实现各地区的财力均等化，实现财力均等化是实现公共服务均等化的前提条件，而实现公共服务均等化则是财力均等化的最终目标。

（二）我国公共服务均等化的现状

1994 年的分税制改革，提高了财政集中度，也增加了中央财政收入，但却没能实现地方之间的财政能力均等化。从财力（财政收入）均等化方面来看，通过图 2－1 的 2006 年我国各地区人均财政收入数据可以看出我国各地区之间的人均财政收入存在着很大的差异，我国的财力非均等化程度非常严重。2006 年我国人均财政收入平均值是 1654. 03 元，人均财政收入最高的是上海，人均财政收入达到了 8683. 60 元，而最低的西藏的人均财政收入只有 518. 17 元，是全国人均财政收入平均值的 31. 33%，是上海人均财政收入的 5. 97%。另外，从东、西、中部地区来看，2006 年我国东部地区的人均财政收入平均值是 3049. 41 元，中部地区是 919. 82 元，西部地区是 864. 40 元，东部地区的人均财政收入平均值绝对数比中部地区高出 2129. 59 元，比西部地区高出 2185. 01 元，中、西部地区的人均财政收入平均值分别是东部地区的 30. 16%、28. 35%。

公共服务非均等化具体可以通过各地区的人均卫生费、人均教育事业费及人均行政管理费等来体现。从图 2 – 2 可以看出 2006 年，我国东、西部的人均卫生费支出总体上高于中部地区，东部地区的人均卫生费平均数是 117. 18 元，西部地区的人均卫生费平均数是 112. 66 元，而中部地区的人均卫生费平均数只有 77. 67 元，是东部地区的 66. 28%，西部地区的 68. 94%。

单位：元

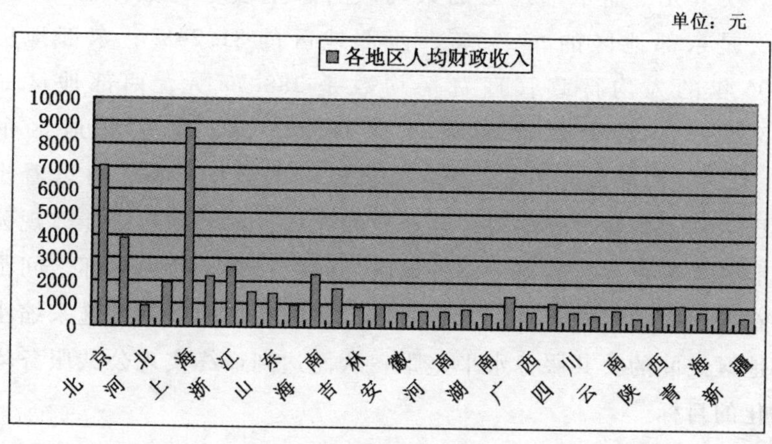

图 2 – 1　2006 年我国各地区的人均财政收入

资料来源：根据《中国统计年鉴》数据计算得到。

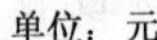
单位：元

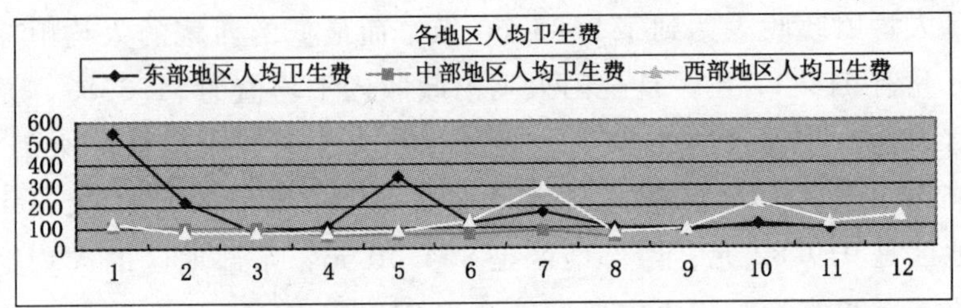

图 2－2　2006 年东、中、西部地区之间的人均卫生费支出比较

注：(1) 资料来源：《中国统计年鉴（2007）》。(2) 本节所指的东部地区包括北京、天津、河北、辽宁、上海、江苏、浙江、福建、山东、广东、海南；中部地区包括山西、吉林、黑龙江、安徽、江西、河南、湖北、湖南；西部地区包括内蒙古、广西、重庆、四川、贵州、云南、西藏、陕西、甘肃、青海、宁夏、新疆。

同样，2006 年我国东、西部的人均教育事业费支出和人均行政管理费支出总体上也明显高于中部地区。东部地区的人均教育事业费平均数是 550.16 元，西部地区的人均教育事业费平均数是 347.6 元，而中部地区的人均教育事业费平均数只有 282.4 元，是东部地区的 51.33%、西部地区的 81.24%；东部地区 2006 年的人均行政管理费平均数是 288.77 元，西部地区是 293.47 元，而中部地区则只有 185.75 元，是东部地区的 64.32%、西部地区的 63.29%。由以上的数据分析，可以看出我国人均卫生费、人均教育事业费和人均行政管理费等能体现公共服务均等化程度的支出在各地区之间以及东、西、中部之间都存在着很大的差异，政府有必要通过实施相应的政策措施来缩小各地区之间的公共服务水平差距，从而达到最终实现公共服务均等化的目标。

二、转移支付在推进公共服务均等化中的效果分析

财政转移支付是各级政府间财政资金的无偿转移，这种资金

转移的程序、规则和方法，构成了政府间的财政转移支付制度。财政转移支付主要是用来解决地方公共服务的外部效应、纵向财政不平衡及横向财政不平衡的问题。政府间财政转移支付的形式多种多样，一般根据转移支付的条件和用途不同，转移支付分为一般转移支付和专项转移支付。一般转移支付，又称无条件转移支付，是上级政府一般不规定转移支付资金的使用范围，由下级政府自行安排使用；专项转移支付是指有条件的、指定用途的财政补贴。我国现行的转移支付方式主要包括税收返回、财力性转移支付和专项转移支付等。1994 年分税制以后我国的转移支付规模迅速增长，1994 年中央对省级政府的转移支付为 2389.02 亿元，2005 年增加到 11120.07 亿元，转移支付占地方政府支出的比重达到44.2%。即使我国的转移支付规模以这样的速度增加也未能解决各地区之间的财力或者说公共服务的非均等化问题，这充分说明我国的转移支付结构不合理，还存在很多需要完善的地方。图 2－3 关于 1994～2005 年转移支付的结构分析表明，1994 年一直到 2005 年我国的税收返还占转移支付总额的比重在逐年下降，从 1994 年的 75.3% 下降到了 2005 年的 33.79%；而一般转移支付和专项转移支付所占比重在不断提高，分别从 1994 年的 9.75%、15.13% 上升到了 2005 年的 33.41%、32.8%。

从转移支付在各地区均等化中的调节作用及效果看，由于公共服务均等化具体体现在多个方面，且数据不易统计，所以本节主要是分析转移支付在各地区财力均等化中的调节作用。表 2－7 是对转移支付前后的人均财政收入的分析，可以看出从 1996 年到 2005 年我国的人均 GDP 的离差率在逐年上升，人均财政收入的离差率先上升后下降，而通过中央对地方政府的转移支付后人均财政收入离差率有所下降，且基本稳定在 0.7 左右。这说明我国的转移支付总体上起到了一定的均等化作用。

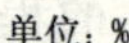

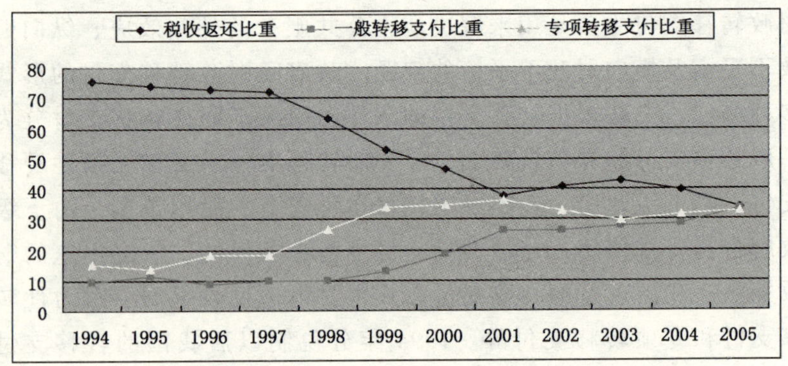

图 2－3　1994～2005 年转移支付的结构分析

资料来源：根据《中国统计年鉴》数据整理得到。

表 2－7　　1996～2005 年中央对地方政府转移支付的均等化效果分析

	1996	1997	1998	1999	2000	2001	2002	2003	2004	2005
(A)	0.90	0.91	0.92	0.93	0.95	0.95	0.96	0.98	1.00	1.06
(B)	0.99	0.94	0.96	1.02	1.08	1.13	1.11	1.07	1.03	1.03
(T)	0.74	0.75	0.73	0.72	0.72	0.69	0.72	0.71	0.71	0.65
(B)－(T)	0.25	0.19	0.23	0.30	0.36	0.44	0.39	0.36	0.32	0.38

注：(A)：人均 GDP 的离差率；(B)：人均财政收入的离差率；(T)：转移支付后的人均财政收入离差率。

虽然转移支付在总体上起到了一定的均等化作用，但是这并不等于转移支付中的每一项都起到了均等化的作用，由于我国转移支付结构存在不合理性，所以有必要对转移支付中的每一项即：税收返还、财力性转移支付和专项转移支付在均等化中调节作用分别进行分析。下面通过 SPSS 软件对税收返还、财力性转移支付、专项转移支付所占比重和转移支付后人均财政收入离差率的减小值进行回归分析。由于三个自变量之间存在较大的相关性，为了避免出现多重共线对三个自变量分别做回归分析，得到结果如下：

$$(B-T)=0.572-0.497T1 \quad (1)$$

(13.058)　(5.907)

R = 0.902　F = 34.895　SIG 的值 < 0.05

$$(B-T)=0.181+0.694T2 \quad (2)$$

(4.763)　(4.026)

R = 0.818　F = 12.026　SIG 的值 < 0.05

$$(B-T)=0.021+1.020T3 \quad (3)$$

(0.290)　(4.203)

R = 0.830　F = 17.667　SIG 的值 < 0.05

其中，TI、T2、T3 分别表示税收返还、财力性转移支付和专项转移支付占转移支付总额的比重。以上三个方程均通过了回归方程的各项显著性检验。从方程（1）可以看出税收返还的系数为负数，说明税收返还在均等化中并未起到调节作用，反而扩大了非均等化的程度，其规模越大转移支付的均等化效果就越差；方程（2）中财力性转移支付的系数为正数，说明其在均等化中起到了调节作用；方程（3）中专项转移支付的系数也为正数，而且系数值最大，说明专项转移支付在实现各地区财力均等化过程中起到了举足轻重的作用。可见，如果专项转移支付指向性明确，主要指定用于实现公共服务均等化，其在公共服务均等化中调节作用甚至可以超过财力性转移支付的均等化调节作用。

三、不断完善转移支付的建议

（一）逐步取消税收返还的条件已基本具备

在 1994 年分税制财政体制改革以后的相当长的一段时间内，我们是把税收返还作为财政转移支付的主要形式，它一直占到中央对地方财政转移支付总额的 50% 以上。而且目前税收返回仍然是中国转移支付的一种主要形式，其规模占整个转移支付的1/3左右。税收返还是为了维护既得利益，是旧体制的延续。按照分税制的规定，这部分收入理应归中央所有和支配，但为了保护地方改革前的利益，才将这部分收入以税收返还的形式转让给地方，很明显，其性质属于转移支付。当时采取税收返还形式，维护地方既得利益，是为了分税制财政体制改革方案的顺利推行，是必要的。但我们应该看到虽然税收返还的数量大，对实现公共服务均等化的调节作用却较小。其数额数倍于一般性转移支付数额，东部地区在全部税收返还数量中所占比重也在50%以上，并且逐年增长，因此，尽管中央财政的一般性转移支付和专项转移支付中向中、西部地区倾斜，但是在中央财政向地方财政转移的全部财力中，经济发达的东部地区所占数量仍然具有明显优势，所以税收返还不仅不利于均等化，甚至还拉大了地区间差距，这同实现公共服务均等化目标是相悖的。因此，不能将其永久化和固定化，甚至扩大化，只能在条件成熟时将其逐步取消或纳入一般转移支付的形式中，这会使我国的财政均等化功能大大加强。就目前来看，东部沿海地区的经济在这十几年中已有了较大的发展，税收返还在其经济发展中的重要程度逐渐减小，我国已基本具备了取消税收返还的条件，当然为了减少阻力，我们必须分步实施，逐步到位，对其进行温和的渐进式改革。比如，我们可以规定一个时期（3~5年），在这个时期内每年减少一定的比例，或者从某一年度起，从税收返还额中按一定比例逐步纳入一般性转移支付中，直至最后取消税收返还，当然同时还要考虑到这对东部沿海地区的影响，在这一时期内可适量地加大对其的一般性或专项转移支付。逐步缩小税收返还规模，最终取消税收返还，是进一步完善转移支付制度的必然方向。

（二）规范一般性转移支付的使用并科学确定其厘定标准

以上分析表明，一般性转移支付在公共服务均等化中起到了较大作用，其均等化调节作用很大，而且多数西方发达国家的转移支付制度都主要以一般性转移支付为主，一般性转移支付占整个转移支付的比重远远超过我国。所以我国应该提高一般性转移支付的规模及其在整个转移支付中所占的比重，使其均等化的效果更加突出。目前我国一般性转移支付形式程序繁琐，随意性大，透明度低，不利于节省支出和提高财政资金使用效率，如果在这种情况下，贸然加大一般性转移支付的规模，结果只能是资金的浪费和滥用，不会起到任何的均等化作用。针对这一问题，我们应该首先将一般性转移支付程序规范化，监督一般性转移支付资金的使用，并提高其透明度。另外，一般性转移支付制度能否顺利实施，实现均等化的目的，关键还要考虑各种影响因素，利用科学的方法，设计出合理确定一般性转移支付规模的公式。我们应尽快找到科学测量一般性转移支付规模和效果的方法，过去我国在转移支付上所采用的基数法是不合理的，限制了一般性转移支付的作用，使其仅有政府间纵向财力均衡的功能，未能发挥地区间财力调节作用，更没有形成横向财力均衡机制，所以对于一般性转移支付的设计和实施应该采用国际上通用的“因素法”，利用因素来衡量各地的财政地位，统一和规范转移支付制度的标准，实现转移支付资金的公式化分配。使我国的转移支付模式逐渐由税收返还、一般性转移支付和专项转移支付三种形式并存的模式向以一般性转移支付和专项转移支付并存的模式转变，强化分类转移支付力度。

（三）增加有助于公共服务均等化的专项转移支付支出

专项转移支付具有很大的灵活性，政府部门可以根据其不同时期的不同目标制订不同的专项转移支付。以上数据的分析表明，专项转移支付在公共服务均等化（至少在财力均等化中）起到了主要的调节作用，所以可以通过加大以实现均等化为目标的专项转移支付支出来最终实现公共服务均等化的目标。但在加大以实现均等化为目标专项转移支付的同时我们必须做好以下几点：第一，要科学界定专项转移的标准，即要明确具备什么条件才能列入专项转移支付。通常来看，列入专项转移支付的项目，应是具有外溢性、突发性、特殊性、非固定性等特征的项目。例如，跨地区的大江大河的治理，防护林带的建设，突发性的自然灾害和疫情的救治，特困县的脱贫救济，中央委托地方的项目等。根据专项转移支付应具备的上述特征，像义务教育、公共卫生、社会保障和一般性的扶贫等支出都不应列入专项转移支付的范畴。但目前我国的专项转移支付所涉及的范围过于广泛，专项性不够明确，这也许会使本来应由一般性转移支付来体现的均等化调节作用，最后却是由专项转移支付来体现，这也许就无意中提高了我国专项转移支付的均等化调节作用。第二，要改变专项转移支付资金的使用条件。一般来说，专项转移支付由中央政府和地方政府共同来完成，中央政府只拿出一定比例的资金，而剩余的资金由地方政府出资完成，这对经济发展较好、资金充足的地区来说当然不成问题，但对那些资金不足的地区来说，很可能因为自身财力有限而不能配套，进而不能享受中央专项转移支付资金的支持，这就使专项转移支付失去了均等化调节作用。我们必须要完善专项转移支付资金的筹备制度，可以根据各地区的政府财力情况，对不同的地区实行不同的比例标准。对于财力雄厚的地区，中央可以降低其给予专项转移支付的资金比例，而对于财力有限的地区，中央可以加大其给予专项转移支付资金的比例。这就又增加了中央对地区间财力的调节力度。第三，列入以均等化为目标的专项转移的项目要经过科学论证和一定的严格的审批程序。第四，要加强对以均等化为目标专项转移支付项目的监督检查和绩效评估，防止被截留、挪用，以提高其使用效果。

（四）加强转移支付制度的监督管理

政府间转移支付制度要真正成为一种规范性的制度，必须实行法制化管理。目前我国现行有效的有关财政税收的法律只有八部，财政转移支付法还没有制定。按照依法治国的要求，应该加强财政立法工作，尽快建立和健全有关财政转移支付的法律，并辅之以相关的法规、规章和制度。另外，我国对转移支付的效果评价和监督机制也尚未建立，这使得我国转移支付的后期使用效果大打折扣。鉴于以上问题，我们应做到：一是加强转移支付的立法工作，转移支付的数额确定、转移支付的形式、转移支付的监管等，都应当以法律形式确定下来。应加快制定《转移支付法》，通过法律形式增加其透明度，保证其实施的严肃性，加强人大对政府财政运作全过程的监督和指导作用，坚持依法办事。二是要建立财政支出的评价、监督与考核指标体系，在机构设置和责任分配方面建立有效的制衡机制。例如：可由财政监督专员办加强对中央财政拨付地方专款的跟踪监督，对财政转移支付的项目特别是使用情况进行审查、管理和监督，防止财政转移支付的范围被随意扩大和缩小，防止有关的资金款项被挪作他用，尽可能堵塞资金流失的漏洞。还要积极创造条件加强对于财政转移支付的舆论监督和群众监督。努力使转移支付的各个环节都有法可依，保证财政转移支付的权威性和稳定性，实现转移支付管理工作的法制化、科学化、规范化、程序化和透明化。

本节参考文献

1. 李萍、许宏才：《中国政府间财政关系图解》，中国财政经济出版社，2006 年版。

2. 蔡红英：《中国地方政府间财政关系研究》，中国财政经济出版社，2007 年版。

3. 安体富："完善公共财政制度逐步实现公共服务均等化"，《东北师大学报》，2007 年第 3 期。

4. 解垩："转移支付与公共产品均等化分析"，《吉林财税高等专科学校学报》，2007 年第 1 期。

5. 陈颂东："中国的转移支付制度与地区公共服务均等化"，《财政与税务》，2008 年第 4 期。

6. 王雍君："中国的财政均等化与转移支付体制改革"，《中央财经大学学报》，2006 年第 9 期。

2.5 我国均等化转移支付改革的条件约束与路径选择

均等化转移支付的改革必须与我国基本公共服务均等化的目标定位相匹配、必须考虑地方政府预算软约束的基本现实以及必须有利于处理政府间集权分权关系。基于财政转移支付制度的现状及其均等化缺陷，今后一个时期，我国均等化财政转移支付改革的重点不应一味扩大转移支付的规模，而应基于我国基本公共服务的目标定位和各种社会经济条件约束，着力于优化转移支付结构。其基本要点应是取消税收返还、分流专项转移支付和改造与扩张一般性转移支付。

党的十七大报告明确提出，要积极推进和注重实现基本公共服务均等化。基本公共服务均等化是实现国民经济又好又快发展的必然要求，是加快城乡统筹步伐和缩小区域发展差距的直接动力，是构建社会主义和谐社会的重要前提（肖陆军，2008）。实现基本公共服务均等化，需要进一步改革和完善我国的财政转移支付制度。

一、现阶段我国均等化转移支付改革的条件约束

进一步完善我国的均等化转移支付制度，必须基于我国国情，

考虑我国财政均等化的目标定位、现实的社会经济条件，这些因素决定了我国均等化转移支付的目标定位及下一步改革的路径选择。

（一）均等化转移支付的改革必须与基本公共服务均等化的目标定位相匹配

广义上的财政均等化可区分为地区和城乡之间财力均等化、全部公共服务均等化和基本公共服务均等化等不同层次。而在结果意义上，财政均等化主要是指后两者，财力均等化只是财政结果均等化的手段而已。至于一个国家选择全部公共服务均等化，还是基本公共服务的均等化，则主要取决于其经济发展水平以及由之决定财政实力（当然，有时价值判断也是一个重要影响因素）。由于全部公共服务均等化需要较高的经济发展水平和财政实力为基础，很多经济发达国家的财政均等化一般选择整体公共服务均等化。我国作为一个发展中国家，受经济发展水平和财政实力的限制，显然还不具备整体公共服务均等化的条件。正因如此，党的十六届六中全会通过的《中共中央关于构建社会主义和谐社会若干重大问题的决定》，把我国现阶段财政均等化的目标明确定位为“逐步实现基本公共服务均等化”。而且，基于同样的原因，我国现阶段的基本公共服务均等化只能是低水平的均等化，即“底线均等化”，而不是“平均化”。

财政均等化不同的目标定位对转移支付制度的选择存在不同的要求。与全部公共服务均等化目标相对应的可以是不指定用途的无条件转移支付，只要地方政府是公共服务型政府，赋予地方政府对转移支付资金的自由裁量权不会偏离均等化的目标；与基本公共服务均等化目标相对应的应是有条件转移支付——中央应限定地方政府只能把转移支付资金安排到指定的基本公共服务项目上。只有这样，才能保证转移支付资金的“粘蝇纸效应”，而不是挪作他用，产生“漏出效应”。

（二）均等化转移支付的改革必须考虑我国地方政府预算软约

束的基本现实

这里所谓的“预算约束”主要是指公众对政府财政决策的约束，包括预算的完整性、透明度以及公众对预算较高的参与度和监督机制等。显然，地方政府预算约束也是财政转移支付制度选择应考虑的重要因素。在硬预算约束的条件下，地方政府可以按照地方公众的意愿把转移支付资金真正用到与民生相关的基本公共服务项目上，实现中央基本公共服务均等化的调控意图（除非出现地方性公共服务之优值品的情况）。从我国的情况分析，地方政府的监督和约束机制并不健全，主要表现为预算的不完整和不透明，存在大量预算外和制度外收入，而且地方人大对预算的监督只重程序不重实质，使得预算监督流于形式。在这种背景下，如果安排不指定用途的无条件转移支付来实现基本公共服务均等化，地方政府极有可能会在错误的政绩观和利益的推动下，把中央用于实现基本公共服务均等化的转移支付资金用于非基本公共服务，甚至用于非公共服务项目，出现“漏出效应”。

不同的地方政府预算约束对转移支付制度改革也提出了不同的要求。与地方预算硬约束状态相对应的可以是无条件转移支付，而相反的情况，则应安排有条件转移支付。在这里，有条件转移支付实际上是通过指定转移支付资金的用途，强化中央对地方的“自上而下”预算约束来弥补地方公众“自下而上”预算约束的不足。

（三）均等化转移支付的改革必须有利于处理我国政府间集权分权关系

不同的转移支付形式的性质是有很大区别的。从集权和分权的角度来看，专项转移支付由中央指定用途，是中央调控地方的主要财政载体，可以认为是一种集权型转移支付。而地方对无条件转移支付拥有完全的财力支配权，属于分权型转移支付。中央对地方的财政转移支付，无疑可增加地方财力规模，但在衡量财政分权或集权程度时，不能单纯考察地方财政财力总规模，还要进一步分析其中地方实际可支配资金的比重，亦即“无条件”和“有条件”转移支付的各自占比。鉴于此，财政转移支付制度的安排和选择，不仅要与财政均等化目标和地方预算约束状况相匹配，而且，还应从政府间集权分权关系的角度进行综合考量。就我国情况而言，分税制改革以来，虽然财政收入的中央集中度明显提高，达到了50%的水平，但剔除税收返还，中央的集中度还不足45%，这在国际上已经是一个低水平。如果考虑到地方事实上还拥有大量的预算外收入和土地财政收入，以中央和地方实际可支配的财力来衡量，我国已然表现出一定程度的分权过度。从这个角度分析，我国均等化转移支付制度的构建，就不能继续延续“扩张无条件均等化转移支付”的路径，而应以相机扩大有条件均等化转移支付的规模。

二、我国财政转移支付制度的现状及其均等化缺陷分析

1994年分税制改革以来，我国逐步建立了以财力性转移支付和专项转移支付为主的转移支付制度，两类转移支付的规模逐年递增（见表2－8）。

表2－8 单位：亿元

年度	1994	1995	1996	1997	1998	1999	2000	2001	2002	2003	2004	2005	2006	2007
专项转移支付	361	375	489	516	889	1360	1648	2237	2435	2425	3423	3517	4412	6898
财力性转移支付	136	191	159	193	209	382	670	1215	1580	1864	2605	3814	5159	7093
合计	497	566	648	709	1098	1742	2318	3452	4015	4289	6028	7330	9571	13991

注：2007年数据为预算执行数。资料来源：http：//www.mof.gov.cn，2008年11月27日。

从表2-8可以看出，发展到现在，中央对地方的转移支付的总量规模并不小。2007年，两类转移支付总规模为13991亿元。这个规模已经占当年地方本级财政支出（38120.36亿元）的36.7%和中央财政总支出（29557.49亿元）的47.3%。另外需要指明的是，上述财力性转移支付并未包括中央对地方的税收返还。若考虑税收返还因素，2007年，转移支付总规模高达18112.45亿元，已经占到地方本级支出的47.5%和中央财政总支出的61.28%。其相对规模之大已经超过了世界上绝大多数国家。为什么转移支付规模的日趋扩大却未能有效缩小我国基本公共服务地区间差距①？原因在于目前的转移制度在设计上未能充分考虑上述我国财政均等化的目标定位和现实约束条件，从而存在严重的均等化缺陷。

（一）税收返还的逆向均等化效应

目前的税收返还包括增值税、消费税基数和增量返还与所得税基数返还。两类税收返还的主要作用在于照顾既得利益，虽然对地方增收具有一定的激励作用，但其受益对象主要是那些发达地区。从均等化的角度看，不是缩小而是拉大地区间财政差距和基本公共服务差距，存在极为明显的逆向均等化后果。

（二）财力性转移支付基本公共服务均等化导向的不完全性

财力性转移支付不规定具体用途，由接受拨款的政府自主使用。目前，财力性转移支付主要包括：（1）一般性转移支付。作为分税制财政管理体制改革的配套措施，从1995年起中央对财力薄弱地区实施一般性转移支付。基本思路是，按照规范和公正的原则，根据客观因素计算确定各地区的标准财政收入和标准财政支出，以各地标准财政收支的差额作为分配依据。财政越困难的地

① 关于我国地区间基本公共服务差距日益扩大化的事实，已经有很多文献进行了实证研究。限于篇幅，本节不再重复论述。

区，补助程度越高。（2）民族地区转移支付。为配合西部大开发战略，支持民族地区发展，从 2000 年起实施民族地区转移支付。民族地区转移支付的对象为民族省区和非民族省区的民族自治州。2006 年起，又将非民族省区的民族自治县（区）也纳入转移支付范围。（3）调整工资转移支付。1999～2006 年，国家先后五次增加机关事业单位职工工资和离退休人员离退休费，出台发放一次性年终奖金和实施艰苦边远地区津贴政策。考虑到地区之间财政状况相差较大，各地对增加支出的承受能力不一，中央决定，对财政困难的老工业基地和中西部地区的工资性支出缺口由中央财政给予适当补助。（4）农村税费改革转移支付。根据国务院关于农村税费改革统一部署，2004 年开始取消除烟叶外的农业特产税，逐步取消农业税。由此减少的地方财政收入，沿海发达地区原则上自行消化，粮食主产区和中西部地区由中央财政适当给予转移支付。地方财政减收额原则上以 2002 年为基期，按农业特产税和农业税实收数（含附加）计算确定。中央财政补助比例分别为中西部粮食主产区 100%，非粮食主产区 80%；东部粮食主产区（含福建）50%，非粮食主产区不予补助。（5）缓解县乡财政困难转移支付。针对县乡财政困难状况，2005 年起，中央财政建立“三奖一补”激励约束机制，即对财政困难县政府增加税收收入和省市级政府增加对财政困难县财力性转移支付给予奖励，对县乡政府精简机构和人员给予奖励，对产粮大县给予奖励，对以前缓解县乡财政困难工作做得好的地区给予补助。（6）其他财力性转移支付。主要包括中央实施某些宏观调控政策后，中央对地方财政减收所进行的财力性补助，如固定资产投资方向调节税暂停征收财政减收补助、实施天然林保护工程地方减收补助、退耕还林还草减收补助等。其中有些项目具有专项性质，但大部分为财力补助性质。

从上述财力性转移支付的项目设置和补助对象来看，中西部地区是主要补助对象，对于缩小地区间财政差距，保证欠发达地区的财政正常运转有明显的效果。但在政策的具体实施也存在一些问题：第一，转移支付资金数额的测算并未实现与“基本公共服务均等化”的目标的直接对接，并未体现纯粹的基本公共服务导向。如一般性转移支付标准财政支出把行政单位人员经费和公用经费作为一个重要测算项目，这实际上意味着对落后地区政府运营成本的补助（至于调整工资转移支付，这种行政补助的性质就更为明显）。而从终极意义上讲，真正的基本公共服务均等化，只是针对当地民众（尤其是贫困人口）从中受惠的服务的均等化。第二，转移支付支付资金的用途并未要求必须用于基本公共服务项目上。因而转移支付资金能否用在基本公共服务项目上，完全取决于地方政府的觉悟和自制水平。由于目前我国地方政府还不是真正意义上的公共服务型政府，加之地方公众“自下而上”预算约束不到位，在转移支付资金使用过程中，缺乏约束的地方政府能否真正把转移支付资金用于基本公共服务项目上，是必须要打一个大大的问号的。而同样由于这些转移支付资金的无条件性，对地方政府转移支付资金的使用偏离基本公共服务目标，甚至用于地方形象工程的等行为，中央也缺乏可问责的基础。因此，财力性转移支付多数项目具有财政均等化的性质，但其基本公共服务均等化的效果并不像人们想象的那样好。

（三）专项转移支付的“条块”矛盾、“跑部钱进”及配套要求的逆向均等化问题

应该承认专项转移支付中有不少项目，如针对中西部地区安排的义务教育专项拨款、农村新型合作医疗专项拨款等，由于是专款专用，具有很强的针对性，因而具有明显的基本公共服务均等化效果。但客观地讲，第一，由于有不少项目的资金是通过中央各主管部门按“条条”下达的，资金安排分散，形不成合力，地方在“块块”层面不能统筹安排，影响了资金的使用效率。第二，多数专项转移支付的拨付缺乏一个统一而客观的标准，具有很大的主观

随意性。专项转移支付的地区间安排很大程度上取决于各地“跑部钱进”的能力。第三，也是最重要的一点，多数专项资金的安排以地方提供配套资金为前提条件。由于发达地区具有配套资金的财力优势，而欠发达地区落实配套资金困难重重，人们质疑这类“配套型专项转移支付”具有逆向均等化的后果也是不无道理的。

三、我国均等化财政转移支付制度改革的路径选择

今后一个时期，我国均等化财政转移支付改革的重点不是一味地扩大转移支付的规模，而是基于我国基本公共服务的目标定位和各种社会经济条件约束，针对现行转移支付制度的均等化缺陷，着力于优化转移支付结构。其基本要点应是取消税收返还、分流专项转移支付和改造与扩张一般性转移支付。

（一）取消税收返还

虽然税收返还具有明显的逆向均等化后果，但采用“一步取消法”也要权衡发达地区的既得利益损失。迄今为止，对税收返还的制度设计是采用“自然消减法”，即在税收增量部分中央占比逐步提高，对地方税收返还占税收总收入的比重逐步降低。这种“自然消减法”虽可降低税收返还占比，但随着增值税和消费税的收入增长，其绝对额却是逐年扩大的。从 2002 年到 2005 年中央对地方的税收返还比重下降了 9.3 个百分点，但其绝对额增加了 809 亿元。我们认为，对税收返还的取消采取更为积极的姿态，可以考虑规定一个“退出”时间表（如 3 年），而不是期待税收规模的扩大而自然消减税收返还比重。若能实现在 3 年内解决税收返还问题，每年地方减收 1000 多亿元，对地方财政的影响并不大，但却可以极大地增强中央的均等化转移支付能力。这应该是各方可以接受的方案。

（二）分流专项转移支付

针对专项转移支付存在的诸多问题，财政部已经提出了一系列

规范和改革措施，其中包括严格控制新增专项转移支付项目设置，将中央现有专项转移支付项目分为取消类、整合类、固定数额类、保留类等四种类别，并分别处理。笔者认为应以此为契机，把具有均等化属性的专项转移支付剥离出来，并入一般性转移支付。

（三）改造和扩大一般性转移支付

我们同意扩大一般性转移支付，但前提是要对现行的一般性转移支付按照基本公共服务均等化的目标要求进行必要的改造。基本思路是，对现行一般性转移支付的标准财政支出项目范围进行重新梳理，剔除与基本公共服务均等化不相匹配的项目。在此基础上，按基本公共服务的类别重新配置转移支付资金，中央按照基本公共服务的类别指定使用方向，在大类内部，具体项目的资金安排由地方统筹。改造后的一般性转移支付既区别于现行的无条件转移支付，也不同于专项转移支付，实际上具有分类转移支付的性质。这种分类转移支付的构建的前提条件：首先是要科学界定基本公共服务和均等化转移支付范围内的基本公共服务，明确转移支付的项目类别；其次是要建立基本公共服务的均等化标准，以此为标尺，根据各地区基本公共服务的理论供给水平以及中央分类转移支付能力确定对不同省区分类转移支付额度；最后是建立健全与分类转移支付相适应的监督体系。

本节参考文献

1. 文小才：“我国财政转移支付制度中存在的问题与完善的对策”，《北方经济》，2007 年第 13 期。

2. 白钢山：“当前财政转移支付存在的问题和建议”，《农村财政与财务》，2005 年第 11 期，第 29～30 页。

3. 胡龙照、汤丽加：“论公共服务均等化与财政转移支付制度”，《经济论坛》，2007 年第 12 期，第 97～99 页。

4. 刘尚希、杨元杰、张洵：“基本公共服务均等化与公共财政制度”，《经济研究参考》，2008 年第 40 期。

5. 肖陆军：“推进我国基本公共服务均等化的思考”，《光明日报》，2008 年 6 月 10 日。

2.6 缓解基本公共服务非均等问题的财政转移支付研究

党的十六届六中全会通过的《中共中央关于构建社会主义和谐社会若干重大问题的决定》中对财政促进基本公共服务均等化作了具体安排，党的十七大报告中也明确指出：“围绕推进基本公共服务均等化和主体功能区建设，完善公共财政体系。”可见，建立全民共享的基本公共服务体系，实现基本公共服务均等化，是当前我国改革和发展的长期目标，也是公共财政体制改革的长期导向。作为公共财政体系的核心制度，财政转移支付制度是实现基本公共服务均等化的重要手段。目前我国基本公共服务非均等性凸显，一个重要的原因就是现行的财政转移支付制度均等化导向不明确。因此，对财政转移支付制度进行改革以实现基本公共服务均等化的研究具有重要的实际意义。

一、基本公共服务及其均等化的基本理论

（一）基本公共服务

当前，我国政府正处于从经济建设型政府向服务型政府的转变时期，提供公共服务是服务型政府的主要职能。所谓公共服务，是指政府利用公共权力或公共资源，为促进居民基本消费的平等化，通过分担居民消费风险而进行的一系列公共行为。服务型政府提供

的公共服务有一般公共服务和基本公共服务之分。所谓基本公共服务是指建立在一定社会共识的基础上，根据一国经济社会发展阶段和总体水平，为维持本国经济社会的稳定、基本的社会正义和凝聚力，保护个人最基本的生存权和发展权，为实现人的全面发展所需要的基本社会条件。由此可知，只有那些对人类社会发展有着重要影响，全社会每个家庭和个人有着最现实、最直接和最迫切利益关系的并且与一定的经济发展水平和公共财政能力相适应的公共服务才是基本公共服务。依照上述判断，当前我国政府基本公共服务的内容包括：义务教育、基本医疗、公共卫生、就业和社会保障、基础设施、公共文化、公共安全和环境保护等。

（二）基本公共服务均等化

实现基本公共服务均等化，必须看到我国不同城乡、区域之间经济社会发展水平存在的差距，因此基本公共服务均等化并不是指基本公共服务的绝对平均化，而是在承认差异的同时，由国家制定统一的制度和机制，保障公民都能享受到最低标准的基本公共服务，并且将基本公共服务水平的差距控制在社会可承受范围之内，保证不同城乡、区域和社会群体之间的机会均等，结果大体相同，同时更加关注弱势群体的生存权和发展权，以维护社会的公平正义和谐，促进社会共同发展。政府职能决定财政提供公共服务的职能，财政转移支付作为公共财政体系核心制度，实现均等化的基本公共服务，即是其重要目标。

二、基本公共服务非均等性及财政转移支付原因

改革开放 30 年来，随着我国经济的持续快速增长，财政收入这块蛋糕总量也快速增大，用于基本公共服务的财政投入也逐渐增多。但是，由于我国长期一直注重经济建设投入，行政管理费用不断增长，且实行城乡分离的二元化结构以及“让一部分人先富起来”所产生的负作用，导致基本公共服务支出不足，不同城乡区

域之间享受到的公共服务资源不均。虽然我国已经步入了工业反哺农业，城市支援农村的新时期，但基本公共服务的非均等性现象依然比较突出，国家为城镇居民以及一部分发达地区居民提供的公共服务范围广，财政投入多，而且优质资源集中城市和部分发达地区，但广大农村尤其是中西部地区农村所享受到的公共资源却是严重匮乏。

义务教育方面，虽然我国已经基本实现义务教育，但城乡、区域之间在教育投入、办学条件和师资力量上存在较大差距。从生均教育经费指标来看，2005 年全国小学、初中生均教育经费平均分别为 1822.76 元和 2277.32 元，两项指标最高的都是上海市（9767.45 元和 12255.1 元），是指标最低的河南省（972.74 元和 1255.59 元）的 10 倍和 9.8 倍。

而且现行的户籍制度导致了农民工子女必须支付较高的借读费用才能在工作地上学，享受不到平等的教育权利。

公共卫生和基本医疗方面，农村地区与城市地区，中西部地区和东部发达地区之间所获得的卫生投入经费、医疗卫生资源以及卫生服务存在着不均等。例如在 2005 年，我国人均卫生总费用为 662.3 元，其中城市为 1122.8 元，而农村仅为 318.5 元，城市为农村的 3.53 倍。

基本社会保障方面，不同城乡、区域之间差距较大，不同社会群体享受到的待遇也不同。现行的社会保障重心仍然在城市，农村的基本社会保障体制才刚刚起步，而城市社会保障体制已经相对完善，包括养老、医疗、失业、工伤等。截至 2006 年底，享受最低生活保障的人数，城市为 2240.1 万，农村为 1593.1 万，城市比农村多 647 万；城市最低生活标准和最低生活保障平均支出水平分别为 169.6 元和 83.6 元，分别是农村的 2.39 倍和 2.42 倍。

我国基本公共服务非均等性现象的形成，有着经济发展水平和历史服务差距的积累原因，同时也与财政转移支付制度没有充分发挥其均等化效用相关。

（一）中央与地方政府间财权和事权不对称

1994 年分税制财政体制改革中，主要在财权方面，即政府所享有的组织财政收入、安排财政支出的权力对中央和地方政府进行了规范。但在关系到政府自身地位、职责相对应的提供公共服务、管理公共事务的事权上，只对各级政府确立了一个大的框架，没有明确的规范和最基本的底线，导致中央与地方政府之间职能交叉重叠现象严重。这一体制运行到现在已经出现了一系列问题，主要是地方财权与事权不对称，地方政府事权没有减少，但财政支出越来越依靠中央政府的转移支付，导致地方政府没有充足的财力为本辖区提供均等化的基本公共服务。而且，地方政府层次和预算级次过多，中央政府的转移支付资金（见表2－9）运行效率低下，基本公共服务均等化导向不明确。

表 2－9　　中央对地方转移支付总规模情况表

年份	转移支付（亿元）	中央财政支出（亿元）	转移支付占中央财政支出比重（%）	地方财政收入（亿元）	转移支付占地方财政支出比重（%）
1995	2534.06	4529.45	55.95	5519.64	45.91
2000	4665.31	10185.16	45.80	11071.37	42.14
2001	6001.95	11769.97	50.99	13805.25	43.48
2002	7351.77	14123.47	52.05	15866.77	46.49
2003	8261.41	15681.51	52.68	18111.39	45.61
2004	10378.77	18274.39	56.79	21070.59	49.26
2005	11473.68	20249.41	56.66	24932.39	46.02

数据来源：历年《地方财政统计资料》。

（二）财政转移支付形式过多，一般性转移支付规模较小

现行中央对地方政府财政转移支付形式主要有税收返还、一般

性转移支付、体制补助、结算补助、专项补助以及民族地区转移支付、调整工资转移支付、农村税费改革转移支付、缓解县乡财政困难“三奖一补”转移支付，归结起来有税收返还、一般性转移支付和专项转移支付三大项。现行财政转移支付绝大多数资金用在了税收返还、体制补助和结算补助等形式上，这些形式很大程度上是原有体制下分配格局的延续，是对既得利益的维护，尤其是税收返还制度，使得经济发展越好，自主财政能力越高的地方，获得的财政转移支付资金越充足，而最需要资金的贫困地区却没有或者得到很少的转移支付，导致这些区域间基本公共服务水平越来越大，非均等性日益突出。

根据国际经验，基本公共服务均等化的基础和基本实现手段是财政能力均等化。转移支付制度是实现基本公共服务均等化、调节收入分配和实现政府目标的重要手段。在财政转移支付中，一般性转移支付最具有基本公共服务均等化效用，在西方发达国家中，一般性转移支付占了全部转移支付的 50% 左右，是转移支付制度中的主要部分。而我国目前所占比重偏小，只有 10% 左右，对提供均等化的基本公共服务具有的作用十分有限。

（三）专项转移支付比重偏大并且分配不规范

有学者研究指出，现行的中央对地方的专项转移支付比重偏大，占到了全部转移支付的 30% 以上，比且种类繁杂，覆盖面过宽，几乎涉及了所有的支出项目。加上中央与地方事权划分不清，专项转移支付项目的设立、范围的确定不明确，项目资金依据和标准不规范，随意性较强。专项转移支付对应的就是政府专门的职能，所以转移支付资金的拨出大部分是通过中央各职能部委，而财政部拨款份额偏小，随意性强导致出现“跑部钱进”的现象突出，哪个地方来得快来得勤，哪个地方获得的转移支付就多，为地方提供了寻租的空间。由于其比重偏大且有专门用途，一般性转移支付规模便偏小，更加影响了转移支付提供基本公共服务均等化功能。

（四）转移支付的法律和制度监管缺失

财政转移支付涉及的范围广、数量大，但对项目的设立、款项的确定、拨款的程序以及资金的分配却不规范，随意性很大，导致转移支付均等化功能削弱，关键的原因就是我国转移支付的专门法律缺失。

另外，转移支付资金大部分由职能部门提供，然后层层下拨，由于在资金使用过程中缺乏应有的监管审计制度，尤其是对专项转移支付资金的最终流向缺乏及时准确全面的信息，使得资金被层层截留，基层政府没有足够的资金来提供相应的公共服务，影响了财政转移支付均等化的效果。

三、以基本公共服务均等化为导向推进财政转移支付制度改革

总体来说，现行财政转移支付制度没有能够解决政府财政的纵向和横向不平衡问题，表现在中央、省及省以下政府财力状况不平衡，县乡财政困难，东西部地区基本公共服务财力供给差距继续拉大。构建社会主义和谐社会，建设服务型政府，就要求彻底转变政府职能，加大公共服务投入。因此，转移支付制度改革应以基本公共服务均等化为导向，力求政府间财力在纵向横向的平衡。当然，均等化只是转移支付制度改革一个抽象性、概念性的目标，还必须在实践中明确均等化的相关配套指标。

（一）加强中央与地方财权与事权统一，完善省及以下均等化转移支付制度

各级政府财权与事权划分清晰且相互对称是实现基本公共服务均等化的前提，财政转移支付只是其实现手段。目前我国中央与地方财权划分比较明确，但事权上职能交叉重叠现象突出，需进一步划分。根据公共财政的理论、公共产品受益范围及层次，合理界定各级政府事权，划分各级政府的支出责任，应当遵循以

下原则：凡是全国性公共产品和服务以及具有调节收入分配性质的责任，由中财政承担；凡是地方性公共产品和服务的支出责任，由地方财政承担；凡是具有跨地区性质的公共产品和服务的支出责任，要分清主次责任，由中央财政与地方各级财政共同承担。财政转移支付只有在财权事权相匹配基础上，才能实现基本公共服务均等化。

作为我国财政转移支付制度的重要组成部分，省及省以下的转移支付对省内各地区之间基本公共服务的均等化具有重要的作用。必须在中央与省级政府财权与事权相统一基础上，强化省级政府对县市政府转移支付的协调功能，并根据本省及地区的具体情况，加大一般性转移支付力度。实行省直管县财政的转移支付体系，以减少支付款项下拨层级，同时实行城区向县乡财政提供援助政策，以加强基层政府提供均等化基本公共服务财力。积极推进乡镇财政管理体制改革试点，对经济欠发达、财政收入规模小的乡镇，试行由县财政统一管理乡镇财政收支的办法；对一般乡镇实行“乡财县管乡用”方式，在保持乡镇资金所有权、使用权和财务审批权不变的前提下，采取“预算共编、账户统设、集中收付、采购统办、票据统管”的管理模式。

（二）优化转移支付结构，加大一般性转移支付力度

改革转移支付制度的目标就是为了实现不同城乡、区域以及社会群体之间能享受到均等化的基本公共服务。但目前我国财政转移支付结构不利于基本公共服务的均等化。应当逐步取消税收返还、体制补助和结算补助等承袭了旧体制，维护既得利益不利于均等化的形式。同时，在政府的新增财力中要加大对均等化有利的一般性转移支付力度，重点是中西部地区基本公共服务建设。但是，均等化不等于平均化，一般性转移支付的分配不能是简单的平均分配搞一刀切，而应当根据本地区人口总数、人均GDP、人均财政收入与支出、人口密度、城市化发展程度以及自

然因素等等来规范转移支付的标准，最大限度地促进地区间提供均等化基本公共服务的财力。

（三）加强对专项转移支付的规范

专项转移支付的比重偏大，涉及范围过宽以及在项目的设立、拨款的分配，款项的最终用处等方面缺乏规范，不利于基本公共服务均等化的实现。因此，首先应该科学合理地设定项目，控制专项转移支付规模。一般来说，专项转移支付功能主要是内部化财政溢出效应和为突发性自然灾害和社会危机提供财力保证，因此，专项转移支付项目应具有外部性和突发性特征。减少专项转移支付，用于一般性转移支付的资金就会增加，同时，规范设立的专项项目使其更加倾向于均等化基本公共服务建设。

其次，加强对专项转移支付的制度监督。在规范立项的同时，对专项资金的申报和拨款程序也应该进行制度性规范，严格限定中央各部委在项目立项、论证、申报、审批、技术指导、验收方面的职责，确保资金由财政部统一拨付。同时，对专项资金的最终用处进行严格规定和监督，采用成本效益分析法对专项资金使用的效益进行科学的评估，鼓励公众和舆论监督。

（四）推进财政转移支付专门法律监督体系建设

目前，我国涉及政府间转移支付的只有一部由财政部于1996年制定的《过渡期财政转移支付办法》的制度性规范，还没有对转移支付制定一部专门的法律，这也是转移支付均等化功能不突出，效率低下的原因之一。因此，我们应该制定以基本公共服务均等化为立法宗旨的规范财政转移支付的专门法律，对中央与地方各级政府的财权与事权明确划分，对转移支付项目设立、支付申报、审批程序、使用过程监管进行法律规定，明确各行政主体的法律责任，防止地方与中央讨价还价和“跑部钱进”的现象出现。同时，加强司法机关和审计部门对转移支付的监管力度，效用评估，保证转移支付各个阶段有法可依、有章可循，促进转移支付最大化地保证提供均等化的基本公共服务。

本节参考文献

1. 刘海音："怎样实现我国基本公共服务均等化——访财政部财政科学研究所副所长刘尚希"，《上海党史与党建》，2007 年第 7 期。

2. "如何界定中国现阶段的基本公共服务"，人民网：http：//theory. people. com. cn/GB/68294。

3. "基本社会保障的城乡差距主要表现在哪些方面"，人民网：http：//theory. people. com. cn。

4. 项继权："基本公共服务均等化：政策目标与制度保障"，《华中师范大学学报：人文社科版》，2008 年第 1 期，第 2 ~ 9 页。

5. 王建中："试析我国财政转移支付制度的改革方向"，《决策》，2006 年第 12 期。

6. 金人庆："完善公共财政制度逐步实现基本公共服务均等化"，《农村财政与财务》，2006 年第 12 期。

7. 董再平、凌荣安："我国财政转移支付支付均等化效应及其完善"，《当代经济研究》，2008 年第 5 期。

第3章 城乡基本公共服务均等化

3.1 城乡基本公共服务均等化与公共财政政策

实现基本公共服务均等化，是我国“十一五”规划中的一个重要内容，被列为2020年社会主义和谐社会的9大目标之一。实现基本公共服务均等化，首先要完成城乡基本公共服务均等化。目前我国面临着城市公共需求全面快速增长与农村公共服务供给严重匮乏的突出矛盾，并由此导致农民最基本的生存权和发展权得不到保障，解决这一矛盾是实现基本公共服务均等化的核心。所以，实现城乡基本公共服务均等化，是贯彻落实科学发展观的重要措施，是构建社会主义和谐社会的关键所在，是切实解决“三农”问题的重要途径，是我国工业化进入中期阶段的必然趋势，也是我国目前和未来财政改革的一个重要取向。

一、城乡基本公共服务均等化的概念界定

（一）城乡基本公共服务均等化的内涵

城乡基本公共服务均等化，是指基本公共服务在城乡之间达

到均衡，也就是城乡全体公民享有基本公共服务的机会和结果大致相等。其内涵主要包括四个方面：

一是城乡全体公民享受基本公共服务的机会均等。我国的公共财政体系是覆盖城乡的，政府提供的基本公共产品和公共服务应该面向所有国民，不应该有城乡和地域之分。我国有13亿人口，尽管城乡居民各自所处的环境不同，所占有的资源不同，每个人的天赋能力也不相同，但他们的国民待遇却应是一样的，享受基本公共服务的机会应该是均等的。政府对城乡提供基本公共产品和公共服务要同等对待，提供相等的机会，不能两套体制区别对待，也不能一套制度不同待遇，或者同样的政策在执行中有轻重、先后之分，否则城乡居民就失去了均等的机会。

二是城乡全体公民享受基本公共服务的标准均等。我国在计划经济体制下，长期维持城乡“二元经济”结构，对城乡实行不同的财政政策和投入标准，由此形成了城乡差距。改革开放以后，随着经济的快速发展，“二元经济”结构不但没有打破，而且城乡差距日益扩大。政府在提供基本公共服务中，如果不彻底打破“二元经济”结构，城乡基本公共服务均等化是无法实现的。要达到城乡均等的目的，必须建立标准统一的城乡基本公共服务供给体制。

三是城乡全体公民享受基本公共服务的结果均等。所谓“结果”就是基本公共服务的“量”，也就是说城乡全体公民享受基本公共服务在机会均等的前提下，享受的数量也要大致相等。目前从总量来看，农村居民所享受的基本公共服务明显低于城市居民，城市不少基本公共服务项目在农村是没有的。由于我国农村占多数，农民占国家总人口的70%左右，如果按人均占有量比较，差距更大。这一点尤其要注意，结果均等化应该以人均标准来计算，不应该以总量平衡，这样有利于缩小城乡基本公共服务在结果上的差距。

四是城乡基本公共服务均等化不是平均主义。城乡基本公共服务均等化，从政府供给方面来说，对城乡每个居民原则上是均等的，包括供给水平相等，供给范围相等，供给数量相等。但是，由于我国国土面积大，地理条件差别大，各地经济发展程度不一，物价和收入水平存在差异，城乡居民的需求不相同，政府所提供的基本公共服务中，不论在政策上还是技术上都难以做到完全的均等。所以，城乡基本公共服务均等化不是平均主义，只是大致相同，总体一致，允许城乡之间略有差别。

（二）城乡基本公共服务均等化的外延

城乡基本公共服务均等化的外延，主要指城乡基本公共服务均等化的范围和内容。党的十六届六中全会通过的《中共中央关于构建社会主义和谐社会若干重大问题的决定》中，列出的基本公共服务包括教育、卫生、文化、社会保障、公共基础设施等方面。依此为基础，理论界也进行了研究和探索，提出的基本公共服务的范围比十六届六中全会列出的范围有所扩大，新增加了就业、医疗、住房、治安、环境保护5个内容。这主要是由于对基本公共服务理解上存在差异，判断的标准不尽一致。不过，总体思路是一致的，基本公共服务的范围是在中央列举的基础上的有益的延伸，都主要集中在民生方面。

我们认为城乡基本公共服务的范围界定，应把“以人为本”作为指导思想，以人的基本生存权为界限划分基本公共服务的范围，在界定的范围内实现均等和公平，其本质是城乡居民在生存权上的均等化。由此出发，城乡基本公共服务均等化的范围应该包括以下方面：

第一，城乡基本民生性服务——就业和社会保障。

生存是最基本的人权，不论是城市居民还是农村居民都应该获得同等的待遇。生存条件一方面需要居民自己去创造和改善，另一方面需要政府提供，这主要是生活条件艰苦的地方和社会上的弱势群体。政府有责任保障他们的生存，使所有的公民在生存待遇上实现均等。

1. 城乡就业均等化。关系到人们生存的首先是就业问题。就业是民生之本，不就业生存就得不到保障，能不能就业是衡量城乡居民享受基本公共服务均等化的第一个尺度。我国目前实行的是劳动者自主选择、市场调节和政府促进的就业机制，但由于各自的文化程度不同、能力不同和所处的地理环境不同，每个人就业的难易度和保障度相差很远，农民就业难就是一个突出的问题。政府在就业中不仅要起促进作用，而且还要起主导作用，因为个人的作用和市场的调节是有限的。政府要把促进就业摆在城乡公共服务均等化的首要位置，特别是积极为农民工就业创造机会，使城乡居民的就业服务实现均等。

2. 城乡社会保障均等化。城乡居民基本生存权的第二个重要内容是社会保障。社会保障包括养老保险、基本医疗保险、失业保险、工伤保险和妇幼保险，这些都与人们的生存息息相关，如果得不到这些条件，就失去了最起码的人权，特别是在农村，人们往往因为老无所养、无钱就医和工伤没有保险而死亡。社会保障依靠市场解决不好，主要应由政府来提供。目前我国社会保障服务不均等主要表现在城市与农村之间，城镇的社会保障已经基本普及，而农村社会保障除经济发达地区外基本上还没有推行开；城市低保已经完成，但农村低保才刚刚开始。要加快农村社会保障事业的进度，实现城乡社会保障服务均等化。

第二，城乡公共事业性服务——义务教育、公共卫生和基本医疗。

公共事业是指具有公共利益，对社会每个成员都有好处的事业，属于社会福利的范畴。按公共财政理论来看，就是具有非排他性的、不可分割的、有社会效益的公共产品。公共事业服务和生存服务相比略高一个层次，人们在获得生存的基础上进一步要求改变生存条件，需要得到教育、防止疾病侵袭等，使生活的质量有所改善，自身的素质有所提高。

1. 城乡义务教育均等化。国家公民人人都有受教育的权利，这是人权的一部分。作为国家来说，其有责任向每个公民提供均等的受教育机会，保障每个人得到良好的教育。但实际中却存在着差异，这突出反映在城乡之间。城镇居民不仅人人都能受教育，而且学校条件好，教学质量高；农村居民因家庭贫困、劳动力缺乏等原因使许多人得不到受教育的机会。国家在公共事业服务方面首先要做到城乡义务教育均等化。

2. 城乡公共卫生均等化。公共卫生包括预防疾病、妇幼保健等。公共卫生关系着人们的身心健康，特别是一些重大的流行性疾病，会对人们的生存和生活造成极大的威胁。政府有义务向公民提供公共卫生服务，使人们免除这方面的损失，这对每个公民都是非常需要的。政府在公共卫生方面要对城乡提供均等的服务。

3. 城乡基本医疗均等化。医疗在人们的生存和生活中是不可缺少的，人活着总要生病，生病就要就医，这也是人权的一部分，政府要保障人人都有地方看病和能看得起病。医疗可以通过市场来解决，但由于私人医院和经营性的医院价格昂贵，人们不具备就医的可能，政府必须向公民提供基本的医疗设施和条件。与义务教育相比，城乡基础医疗差距更大，农民看病难的现象非常普遍，因病返贫、死亡的事屡屡发生。目前农村的基础医疗条件非常简陋，有的连起码的设备都没有，实现城乡基本医疗均等化非常重要。

第三，城乡公益性基础设施服务——水电、道路设施。

公益性基础设施是指不以营利为目的而以提供公共服务为目标的基础设施。这些基础设施不仅关系到城乡全体居民的生存和生活，而且与他们所处环境的改善和进一步发展也有密切的关系，农村常常因为无水、缺电、道路不通等基础设施差制约着经济发展。由于公益性基础设施社会效益大于经济效益，只能由政府来提供这种服务。在公益性基础设施方面，城乡的差别非常突出，城镇居民享受着优越的待遇，而农村居民几乎享受不到。政府在提供这方面的服务时一定要加大对农村的投入，使公益性基础设施服务达到城乡均等。

1. 城乡饮水设施均等化。饮水是保障人生存的不可或缺的条件，目前城市饮水问题已全部解决，而农村的问题仍然十分严峻。有的地方没有水，有的地方水严重缺乏，还有的地方饮水达不到标准，影响了农民的生存和健康。这是政府在实现城乡基本公共服务均等化中最急需解决的问题。

2. 城乡供电设施均等化。在许多边远地方和穷苦地区的农村至今还没有通电，这既反映了我国城乡之间差距之大，也说明了“二元经济”造成的严重后果。在经济落后地方农村还有一种现象是，虽然通了电，但由于电价高昂农民用不起，电灯只是家里的摆设。由此可知城乡供电设施均等化的必要性。

3. 城乡道路设施均等化。道路不仅仅能改善人们的生活条件，更重要的是关系到人们的发展，“要想富先修路”一语含义极其深刻。目前我国农村道路比以前大有改善，但与城市相比还相差甚远。城市道路四通八达，质量高，居民不出钱，而农村道路标准低，质量差，农民还要出钱，不是同等待遇。农村道路设施仍需加强。

第四，城乡公共安全性服务——生产、消费和社会安全。

安全是事关人民生命财产的大事，也是关系到国家利益和社会安定的大事。政府作为国家政权的代表，不仅有义务保障全体公民的基本生存权、基本受教育权、基本就业权、基本健康权，还有责任向公民提供基本安全服务。对于这样的公共产品和公共服务，城乡居民都应该平等地享受。

1. 城乡生产安全服务均等化。生产安全主要指劳动者在生产过程中的人身安全。政府要做好对生产事故的预防工作，如果发生事故，政府要出面或督促有关单位做好善后事宜。近年来我国政府对城市生产安全越来越重视，但农村的生产安全还没有提到同等的地位，安全生产需要达到城乡均等。

2. 城乡消费安全服务均等化。消费安全主要指人们在食品和其他物品消费中发生的危及生命安全和身心健康的事故。在市场经济赢利最大化的影响下，不合格的、假冒伪劣的食品、药品、商品越来越多，人们深受其害，政府对城市消费品的检查监督力度日益加大，但对农村却重视不够。应同等对待，保障农民的消费安全。

3. 城乡社会安全服务均等化。社会安全主要指人们生活的环境安定，风气文明，氛围和谐，这也是人们生存和生活中必须具备的。由于各方面的原因，我国城乡不安定的因素时有发生，影响了人们的正常生产和生活。国家对城乡的安全服务方面也存在着差距，城市安全服务远远好于农村，致使农民财产和生命受到侵犯和迫害时很少有人过问，或长期得不到解决。政府对城乡公共安全服务也需要均等化。

在城乡基本公共服务均等化的范围和标准上，要很好地把握住两点：一是范围要适中，不能过宽和过窄。过宽与国家财力不匹配，过窄与广大农民的殷切愿望相脱离。二是标准要适度，不能太高和太低。标准太高不符合实际，标准太低发挥不了作用。我们认为以上四个方面是比较适中和适度的。

（三）城乡基本公共服务均等化的特点

从城乡“基本公共服务”均等化的内涵和外延出发，均等化的城乡公共服务具有以下特点：

第一，均等化的城乡公共服务是最基本的服务。政府对城乡提供均等化的公共服务，只限于人们日常生活中离不开的教育、卫生、安全、水、电、气等方面的服务，而不包括所有的和高档次的公共产品和公共服务；只满足人们起码的生存、生活和发展必不可少的物质和精神条件，而不包括在此之外的高标准的物质和精神条件。因此，政府提供的公共服务属于纯公共产品，是具备非排他性和非竞争性的公共服务，它必须是能代表全社会共同利益和长远利益的事务，必须由政府出面组织和实施才能实现的事务，企业和个人不愿意举办但又是社会存在和发展所必需的事务。

第二，均等化的城乡基本公共服务具有阶段性和变动性。城乡基本公共服务的内容和标准要由社会经济发展的阶段所决定，不能超越它所处的时代条件的限制。这就是基本公共服务的阶段性特点。但它又随着社会经济的发展和人民生活水平的变化而变化：在经济欠发达阶段，为了解决人们的生存问题，水、电、路等服务就是基本的公共服务；随着温饱问题的解决，公共卫生、基本医疗、义务教育就成为基本公共服务。从这方面看，基本公共服务具有变化性。这种变化不是简单的物品变化，而是公共服务水平不断提高的过程，等经济发展和国力充足的时候，基本公共服务就由原来比较低的水平变为新阶段较高的水平，进一步满足城乡人民更高的要求。但它在每个发展阶段来看都属于基本公共服务，这一属性是改变不了的。

第三，均等化的城乡基本公共服务具有公平性。在基本的公共服务领域应该尽可能地使城乡人民享有同样的权利，或者说政府应该同等满足城乡人民在基本公共服务领域的需求。为公民提供公平的基本服务，这是社会主义的本质要求，也是公共财政的内在要求。公平包括了两个层次：一是按照最低标准——人人都应该至少获得的最低数量的基本服务；二是按照平等——人人都应该享受同样多的服务。完全的公平是很不容易实现的，但首先应是一种可及性的均等化。

二、城乡基本公共服务均等化的可行性分析

(一)城乡基本公共服务均等化的可行性

实现城乡基本公共服务均等化的必要性是显而易见的,但在现阶段是否有实现的可能性?根据我国经济的高速发展和财力的快速增长,加之以合理的政策和有力的措施,实现城乡基本公共服务均等化的可能性已经具备。

1. 雄厚的财力是城乡公共服务均等化的可靠保障。我国自改革开放以来,国民经济保持着20多年的快速增长。国内生产总值,从1994年的48197.9亿元增长到2000年的99214.6亿元[①]。进入21世纪以后,国内生产总值从2001年的109655.2亿元增长到2006年的209407亿元,比2001年增加了1倍[②]。而且,国内生产总值增长保持着持续上升的态势。1994年增长速度为11.8%,1995年为10.8%,2005年为10.3%,2006年为10.7%。1978年,人均GDP只有379元,至2004年GDP总量增长了9.3倍,人均GDP增长了6.6倍。随着技术进步对经济增长贡献的不断扩大,经济体制改革的不断深化,巨大市场潜力的不断释放,中国经济仍将继续保持高速增长。

在经济高速增长的同时,我国财政收入也保持着高速增长的势头。从全国财政收入增长速度来看,1994年以来全国财政收入增长越上了三个新台阶:1994年至1997年为第一台阶,财政收入保持在3000亿至9000亿元之间;1998年至2001年为第二台阶,财政收入保持在10000亿元;2002年至2006年为第三台阶,财政收入保持在20000亿至30000亿元之间。特别是2006年,国家财政收入达到了38760亿元,2007年突破了50000

---

① 《中国统计年鉴(2006)》,中国统计出版社,2006年,第57、60页。

② 《中国经济时报》2007年1月26日。

亿元。

国家财政收入占国内生产总值的比重不断上升。1998年达到11.7%，比上年提高了0.7个百分点，财政收入增幅高于国内生产总值增幅。1999年达到了12.8%，比1998年提高1.1个百分点。2000年为13.5%，2001年为14.9%，2002年为15.7%，2003年为16.0%，到2006年高达18.4%，这种持续增长的势头是十分罕见的。中央财政收入占全国财政收入的比重也发生了显著的变化。1994年，中央财政收入占全国财政收入比重为55.7%，比1993年的22.0%提高了33.7个百分点，这是建国以来少见的。2000~2004年，仍然保持在52%~55%之间。之后略有下降，2005年为52.3%，2006年为52.8%①。随着国家财力的增长，公共服务的供给能力也会不断增强，实现城乡基本公共服务均等化具有了可靠的保障。

2. 合理调整支出结构不会新增过多的资金投入。实现城乡基本公共服务均等化，除了国家雄厚的财力作保障外，还应进一步调整财政支出结构，以减少新增资金。在“二元经济”结构的影响下，我国财政支出长期保持重城市、轻农村的结构，造成了城乡基本公共服务的巨大差距，实现城乡基本公共服务均等化也需要在财政支出结构中找问题。通过调整财政支出结构，把公共支出的重点从城市转移到农村。这样的调整，一是可以加快对农村提供基本公共服务的步伐，适当减缓城市的发展速度，有利于城乡的均等化，符合城市反哺农村的时代精神。二是不需要另外过多地增加资金。因为调整改变的是投入的重点，并不改变投入的总量，只是把原来投资重点由城市转移到农村基本公共服务上去，就不会过多地增加财政的负担。

3. 整合财政支农资金不会增加太大的支出压力。自“三农”

---

① 《中国统计年鉴（2006）》，中国统计出版社，2006年，第377、399页。

问题和建设社会主义新农村提出以来，现在国家对“三农”的支出总量在不断增加，但却分散在许多系统和部门，投入效益大大下降。如果把目前所有的涉农资金统一整合起来，既可以集中财力，又可避免流失和浪费；既不会给公共支出增加太大的压力，又会提高财政投入的效率。看来，只要政策合理，措施得力，加之国家财政收入大幅度增长，城乡基本公共服务均等化的实现是有可能性的。

（二）城乡基本公共服务均等化的主体

我国是发展中国家，目前实现城乡基本公共服务均等化的主体是各级政府。这是因为我国的市场经济体制还不完善，而且市场满足人民的各种需求是有条件的，它必须首先满足资本的“利益最大化”。在公共服务领域，资本往往无法实现这一投资目标，或因价格太低使投资者难以获利，或因价格太高使消费者难以企及。这就决定了在提供公共产品和公共服务方面市场机制存在着失灵和局限性，留下的“服务空白点”需要政府弥补。我国目前经营型的企业和机构正处在追求利润最大化的阶段，还没有把社会公益性事业纳入其经营的范围。我国的慈善机构虽然有所发展，在社会公益性事业中的作用开始显现，但无法承担过多的公共产品和公共服务的重担。所以，实现城乡基本公共服务均等化的主体应该是各级政府。

其次，实现城乡基本公共服务均等化是政府应有的职责和义务。一国政府，有义务保障全体公民的生存权、受教育权、就业权、健康权等基本的人权。我们是社会主义国家，在这方面更应该比资本主义国家做得好，以充分显示社会主义的优越性。自1998 年我国公共财政体系建立后，国家财政从原来计划经济体制下的建设型财政转变为供给型财政，财政投入逐渐从经营性和营利性领域退出来，转向公共产品和公共服务领域。这一转型表明，政府的主要责任应该投入到公共产品和公共服务上，把民生作为第一要务。政府理所当然地成为实现城乡基本公共服务均等化的主体，不能把本属于自己的职责和义务转嫁给市场。

再次，政府的税收权利与义务是对等的。国家的存在和运转主要靠税收，税收来自于纳税人，国家既然收取了公民的税，就必须为公民做事，这样才能做到“取之于民而用之于民”。在国家税收面前，一切纳税人都是平等的，都按照国家的政策依法平等纳税。政府在税收的使用上也应该是平等的，不应有轻重高低之分，原来在财力投入上那种先城市后农村、重城市轻农村的做法应彻底改变。从这方面来看，实现城乡基本公共服务均等化的主体也应该是政府。

政府在城乡基本公共服务均等化中的主导作用，主要体现在三个方面：一是制定政策。政策的作用是无限的，可以达到四两拨千金的目的，政府通过制定相关的制度、政策和措施，促进城乡基本公共服务均等化。二是支付费用。政府通过补助、转移支付等形式，增加农民收入，弥补公共产品和公共服务提供的不足。三是政府直接提供公共产品和公共服务。如建立公立学校、医院等。由于政府是通过财政能力来实现城乡基本公共服务均等化的，财政在促进城乡基本公共服务均等化的基本手段应该是财力的均等化。不过，国际上各国实现城乡基本公共服务均等化采取的手段并不一样，有的侧重于财力均等化，有的侧重于税收均等化，还有的采取财政需求均等化，我国在选择中应充分考虑本国的实际情况。

总之，在现阶段，根据我国市场经济还不发达、市场体制还不完善的实际情况，在实现城乡基本公共服务均等化中政府应该是主体，应该充分发挥政府的主导作用。但随着市场经济体制的完善和从国际上的经验来看，政府并不是城乡基本公共服务的唯一提供者，市场和其他非营利组织（如慈善机构）在提供公共服务中也发挥着一定的作用。特别是国外市场经济发达的国家，越来越多的公共产品和公共服务由市场来提供，多元化的公共服务机制成为今后的发展趋势。我国政府在发挥主导作用的同时，也要积极引导和鼓励市场参与，逐渐形成多元化的供给模式。

三、城乡基本公共服务的差异及原因分析

近年来，党中央、国务院对城乡统筹发展工作非常重视，加大了对农村公共服务的投入。在农村医疗方面，截至2006年9月底，全国已有1433个县（市、区）开展了新型农村合作医疗，占全国县（市、区）总数的50.1%；有4.06亿农民参加了新型农村合作医疗，占全国农业人口的45.8%，参合率达80.5%，对解决农民看病难、看病贵问题起到了一定的作用。在农村九年制义务教育方面，实行“两免一补”、危房改造等工程。在农村交通道路方面实现了村村通公路，在生活保障方面支持农民最低生活保障制度的建立。这些措施使农村基本公共服务不同程度地得到了改善。但由于多种因素，农村公共服务供给不足的状况仍然没有大的改观，城乡基本公共服务的差距还很大。

（一）城乡基本公共服务的差异

我国改革开放以来，由于城镇经济的迅速发展，城乡公共服务的差距呈现不断扩大的趋势。据有关估计，2004年名义城乡收入差距为3.2：1，如果把义务教育、基本医疗等公共服务因素考虑在内，实际收入差距已达5～6倍，公共服务因素在城乡实际收入差距中的比例大概在30%～40%左右[①]。城乡公共服务供给的严重失衡，使农村居民尤其是贫困群体难以获得基本的公共服务，并导致最基本的生存权和发展权得不到保障，直接限制了农村人口素质的全面提高。城乡公共服务的差异主要体现在以下方面：

---

① 迟福林：“强化农村公共服务与统筹城乡发展”，《光明日报》，2006年8月14日。

1. 城乡劳动力就业机会不均等。目前，我国城市劳动人口的登记失业率为5%左右。农村劳动人口的失业率虽然没有统计，但剩余劳动力约为1.6亿人左右。如果参照发达国家农业就业量在社会总就业量中的比重低于10%计算，我国目前农村潜在的剩余劳动力将达到4亿~5亿人，农民就业难问题日益严重。近年来，政府虽然加大了城乡就业培训的投入力度，但城乡的投入比例却相差悬殊。2006年，全国投入就业培训的资金达270多亿元，而投入到农民培训的只有5亿元。城乡就业机会的不均等，使农村失业人口成为我国当前和今后一段时期所面临的一个比较迫切的问题。

如陕西省，目前全省农村人均耕地减少到1.5亩，农村剩余劳动力的数量进一步增长。合阳县农业人口占88%，农村剩余劳动力有10万人；华县农业人口占77.5%，农村剩余劳动力7.6万人。2003~2006年，为了积极改善培训单位的基础设施，加大培训人次，促进农民就业，合阳县分别投入就业资金40万元、120万元、179万元、224万元；华县分别投入资金72万元、119万元、98万元、138万元。但由于地方经费困难，主要靠中央和省级财政拨款，资金不足，就业服务机构作用难以发挥。

2. 农村基础设施落后于城市。农村基础设施落后的最突出表现是饮水问题。受自然、社会、经济等条件的限制，我国农村长期存在居民饮水困难的问题。近几年，中央和地方加大了解决农村饮水困难的力度。但目前我国农村的供水设施仍然简陋，以传统、落后的分散供水为主。根据2005年6月水利部、国家发展改革委、卫生部进行的农村饮水安全现状调查，截至2004年底，我国农村分散式供水人口为58106万人，占农村总人口的62%，集中式供水人口为36243万人，占农村总人口的38%。分散式供水多为户建、户用，其中浅井供水占67%，集雨工程占3%，引泉占9%，直接取用河水、坑塘水占21%。农村集中式供水多数为单村供水，占工程数的91%，这类工程只有水源和管网，无水处理和水质检测设施；联村供水有水处理设施的集中式供水仅占8%。因此，全国农村饮水不安全人口达32280万人，占农村总人口的34%。其中饮水水质不安全人口为22722万人，占饮水不安全人口的70%；水量不足、保证率低、取水不便人口为9558万人，占饮水不安全人口的30%。饮水水质不安全人口中，饮用高氟水人口为5085万人，饮用高砷水人口为289万人，饮用苦咸水人口为3855万人，饮用污染严重的地表水人口为4403万人，饮用污染严重的地下水人口为4681万人，其他饮水水质超标人口为4410万人。到2005年底，全国还有3亿多农村人口饮水未达到安全标准，其中80%分布在中西部地区；同时还有9000多万人经常受季节性干旱影响，饮水困难（见表3－1）。

表3－1　　全国农村饮水不安全人口情况

分类		2004年底调查结果（万人）		2005年底人数(万人)
		人数	比例	
农村饮水不安全总人数		32280	占农村总人口的34%	31176
1. 饮水水质不达标人数		22722	占饮水不安全总人口的70%	21959
其中	氟超标	5085	占水质不安全总人口的22%	4595
	砷超标	289	占水质不安全总人口的1%	228
	苦咸水	3855	占水质不安全总人口的17%	3744
	饮用污染严重的地表水	4403	占水质不安全总人口的19%	4301
	其中，血吸虫疫区	934		832
	饮用污染严重的地下水	4681	占水质不安全总人口的21%	4681
	其他饮水水质超标问题	4410	占水质不安全总人口的19%	4410
2. 水量、方便程度和保证率不达标人数		9558	占饮水不安全总人口的30%	9218

资料来源：韩俊："基本公共服务均等化与新农村建设"，《调查研究报告》，2007年第104期。

公路、电力供给不足也是农村基础设施落后的主要表现。农村公路通达深度不足。目前，全国仍有 3.8 万多个行政村不通公路，30 多万个行政村不通沥青水泥路。农村公路质量较差，县乡公路中四级和等外公路占 79%，村道中四级和等外公路占 98%。已建成的公路因养护资金不足，使养护责任不能落实，大部分村道没有养护。农村电网大部分布局不合理，设备陈旧老化，低压线路年久失修、供电半径过大造成的电能损耗达 30% ~40%。农村电价也远远高于城市，相当多的农村地区电价在 1.5 元/千瓦时左右，个别地方的电价甚至高达 5 元/千瓦时以上。而城市电价相对较低，一般城市居民家庭用电在 0.4 元/千瓦时左右。

城乡基础设施悬殊，即使在经济发达的浙江省也不例外。2005 年浙江省用于农业基础设施建设等方面的支农支出为 86.2 亿元，仅占全年财政支出的 6.8%。图书馆、体育馆、影剧院等公共文化设施主要集中于城市，农村文化建设相对薄弱，普遍存在基础差、设施落后等问题。道路、交通、供水、有线电视等生活性基础设施城乡之间也存在较大差距，2005 年，城市地区自来水饮用率达到 98.8%，而农村只有 72.8%。衢州市全市 203.38 万人的农村人口中，有 148.18 万人饮水达不到安全标准或基本安全，占全市农村人口的 73%。大中城市已开始实施有线电视向数字电视的升级，而农村有线电视入户率仅 59.0%，不少欠发达农村尚未开通有线电视，一些偏远的山区以及民族村甚至尚未实现通邮、通车、通电话，基础设施相当落后。

3. 农村义务教育办学条件差。首先，城乡“普九”实现率差距大。城市基本实现了“普九”任务，农村则依然未能完成。截至 2005 年底，全国还有 168 个县（市、区、旗）未实现“普九”，涉及近亿人口，其中一部分地区甚至未实现普及小学教育的目标。在大部分中西部地区已实现“普九”的农村，依然存在学校运转经费紧张、“普九”债务沉重等问题。农村义务教育在师资、教学设施等方面，与城市相比也存在着非常明显的差距。如浙江省农村小学和中学教师高学历比例分别为57.8%和49.3%，城市为80.4%和74.4%，县和镇一级学校则为72.8%和58.4%，高于农村近10个百分点以上。农村小学和中学教师中级以上职称比例分别为39.2%和37.1%，城市为45.9%和60.3%，县镇为42.9%和46.4%，高于农村3个百分点以上。不仅农村中学教师职称与市县镇的差距较大，而且在相关教学器材配备上城乡差距也比较大，特别是校园网建设方面，农村小学和中学普及率分别为21.1%和44.3%，远远低于城市的63.4%和79.8%和县镇的53.0%和64.6%。教育经费缺乏，教育条件落后，师资不足，导致农民受教育程度低。2005年全省农村6岁及以上人口平均受教育年限为7.2年，仅相当于初中二年级水平（见表3-2）。

表3-2　2005年义务教育办学条件城乡比较（%）

		生均校舍建筑面积(m^2)	生师比	大专(本科)及以上学历教师	数学自然(理科实验)仪器达标学校比例	建网学校比例
小学						
农村		5.37	19.46	52.21	51.08	5.89
城乡差距（年份）	2004	0.04	-0.53	27.09	20.56	28.19
	2005	-0.15	-0.2	25.8	21.73	36.66
普通初中						
农村			18.25	28.96	71.27	23.04
城乡差距（年份）	2004		-2.95	32.3	4.64	26.14
	2005		-2.51	33.48	4.31	28.96

注：农村统计口径为农村加县镇。

资料来源：教育部发展规划司统计信息处，2005年全国教育事业发展统计快报。

其次，城乡办学条件差异大。近年来，政府通过中小学危房改造工程等专项转移支付，改善了农村的办学条件，但目前农村学校的校舍、仪器设备等状况仍不尽如人意。表3-2是2005年城乡办学条件的比较，可以看出，虽然生均校舍面积、生师比指标的城乡差距并不明显，但与教学质量明显相关的指标城乡差距巨大，并且有不断扩大的趋势。如教学仪器达标小学的比例城市比农村高21.73个百分点，比上年扩大了1.17个百分点；城乡数字化教学的差距更是不断扩大，2005年农村小学建网比例只有5.89%，城市小学这一数字比农村高出6.2倍。再从教师素质来看，2005年农村小学大专以上学历教师比例52.21%，城市为78.01%，农村普通初中本科以上学历教师比例为28.96%，而城市达到了62.44%。值得注意的是，表中的农村包括了县镇，如果只是乡镇村数据的话，差距将更为巨大。

再次，城乡教师队伍待遇差距大。农村教师在学校的居住、办公、生活等条件非常苦，而且工资很低，致使教师队伍极不稳定，中西部农村学校根本吸引不到合格的年轻教师，一些教学骨干纷纷向城镇或东部流失，不少地区只好聘用代课教师来解决日常教学中教师不足的问题。2005年全国农村小学代课教师占岗位教师的比例平均为6.03%，有7个省超过10%，其中6个为中西部省份。仅广西、贵州、云南、陕西、甘肃等5省小学代课教师人数就占全国总数的40%。重庆、四川、贵州、西藏、甘肃5省农村小学生师比超过23:1，安徽、海南、贵州3省农村初中生师比超过21:1。

4. 基本医疗条件城乡差距过大。据有关统计，2006年，我国城镇人均卫生支出费用为1122.8元，而农村仅为318.5元，人均卫生总费用城乡之比高达3.53:1。城镇居民每千人拥有医疗机构病床数为3.69，而农村居民的该项指标为1.5，二者相差1.46倍。

一是城乡医疗卫生服务条件差距大。以浙江省为例，从卫生机构、床位、卫生技术人员数方面看，2005年，浙江市级和县级卫生机构数占总数的比例分别为 71. 7% 和 28. 3%，卫生技术人员数比例分别为 76. 9% 和 23. 1%，医院、卫生院床位数比例分别为 77. 5% 和 22. 5%，后者均不到前者的 1/3。农村地区不仅卫生资源总量不及城市，而且普遍存在医务人员业务水平低、医疗设施差等问题。

二是农民医疗水平较低。目前，新型农村合作医疗制度对减轻农民医疗负担起到了一定的作用，但由于保障水平较低，新型农村合作医疗制度很难达到解决因病致贫和返贫的问题。据卫生部门提供的数据，除划入家庭账户外，实际用于住院补偿的资金仅为年人均 22 ~25 元，只能解决部分参合农民住院费用的 20% ~30%。如浙江省，新型农村合作医疗虽然覆盖了绝大部分农民，但保障水平低，其筹资水平仅为年人均 58 元，远远不及城镇职工医疗保险人均 74 元的月筹资水平。针对补偿水平过低、化解大病风险能力有限的现状，中央从 2006 年开始对中西部地区参合农民的补助标准提高到 20 元以上，地方政府对参合农民的补助也提高到 20 元以上，但即使人均 50 元/年的水平，新型农村合作医疗制度化解大病风险的能力并不会有太大的提高。特别是对低收入家庭和极端贫困家庭来说，不仅不具备参保能力，即使参保了，也很可能因为不具备自付能力而享受不到新型农村合作医疗制度的好处。

5. 农村社会保障制度落后于城市。我国社会保障制度目前仅覆盖了政府部门和部分城镇居民，并没有覆盖广大农民，城乡社会保障的差距非常悬殊。农村实行的是以家庭保障为主、政府和社区适当扶助的制度，农村社会养老保险、最低生活保障以及失地农民、农民工等社会保障体系还很不健全。如果按照享受社会保障的从业人员计算，农村的社会保障覆盖率只有 3%，城乡社会保障覆盖率的比例为 22 : 1，城乡人均社会保障费的比例为 24 : 1。2002 ~2006 年，城镇养老保险参保人数从 14736 万上升到 18766 万，增长 27. 35%；而农村养老保险参保人数从 5462 万下降到 5374 万，下降 1.61%。截至 2006 年底，享受最低生活保障的人数，城市为 2240.1 万，农村为 1593.1 万。如浙江省，2005 年农村居民交纳医疗保险、养老保险基金人均为 12.7 元和 63.2 元，仅为同一时期城镇居民的 9.9% 和 12.9%。农村最低生活保障制度虽基本建立，但存在着救济标准低、救济款项不能按时发放等许多问题，2005 年月平均保障标准为人均 128.5 元，低于城镇的 223.0 元。

除此之外，农村社会保障的落后还表现在许多方面：一是农村中还有 2000 多万贫困人口没有解决温饱。二是农村养老保险覆盖面较低，据民政部统计，2005 年参加农村养老保险的人数为 5442 万人，仅占农村总人口的 7.3%。三是农村低保制度建设滞后，保障水平过低。2005 年，农村低保对象月人均补助仅只有 29.2 元，特困户月人均补助仅 16 元。四是被征地农民得不到生活保障，这部分人已超过 4000 多万，面对诸多的社会风险，相当多的人成为弱势群体。五是进城务工农民约 1.2 亿多人，收入低、就业不稳定、流动性大，没有完全参与到社会保障体系中。

（二）影响城乡公共服务均等化的原因分析

我国城乡公共服务非均等化现实局面的形成，有着历史文化、地理环境、财政制度、政治制度等多重因素的影响。

1. “二元经济结构”是导致城乡公共服务非均等的根源。建国初期，我国在经济上选择了优先发展重工业的战略，从而形成了以计划经济为根本特征的城乡二元结构发展模式。在此基础上，公共服务的提供也采用了城乡有别的模式。

城市居民的公共服务由政府来提供。1951 年 2 月，政务院颁布了《中华人民共和国劳动保险条例》，规定城市国营企业职工享有病伤后的公费医疗、公费休养与疗养，职工退休后的养老金，女职工的产假及独子保健，职工伤残后的救济金以及职工死后的丧葬、抚恤等各种劳保待遇，而且职工供养的直系亲属还可享受半公费医疗及死亡时的丧葬补助等。政府对国家机关、事业单位工作人员在病假、生育、退休、死亡等各方面逐步建立起完善的劳保待遇，城市集体企业大都参照国营企业的办法实行了劳保。除以上福利之外，城市居民还享有名目繁多的各种补贴，就业人口也基本由所在单位近乎无偿提供。

与此不同，从建国初开始，农村的公共服务却是依托集体经济，逐渐建立农村社会保障框架，原先依靠家庭获得基本生存保障的模式转变为依靠集体和家庭共同获得基本的生存保障。1955 年逐步建立合作医疗制度，到 1976 年，全国 90% 的农民参加了合作医疗。1956 年推行对缺乏劳动力、生活没有依靠的鳏寡孤独社员实行保吃、保穿、保烧、保教、保葬的五保供养制度，主要由基层政府提供，国家实行一定的救济。但与城市相比，农村主要是集体保障与家庭保障相结合，这些有限的公共服务还有制度化程度低、水平层次低、不稳定性的特点。

我国“二元经济结构”一直延续到现在，城市地区的公共产品由政府供给，建设资金来自财政拨款，而农村的公共产品则主要靠农村和农民自行解决，各级财政对农村投入相对较少。长期以来，在农村公共服务的提供上不仅留下的历史欠账太多，而且至今仍在继续以工农产品价格剪刀差、财政税收收支差、金融资金存贷差和土地征用出让价格差等多种形式和渠道维系着这种城市偏好的利益格局。如陕西省就是城乡二元结构非常显著的地方。改革开放 30 年来，城乡二元结构并没有明显改善，且有加剧之势。2006 年 GDP 结构中，第二、三产业占 88.9%，而农业仅占 11.1%。城乡居民收入之比由 1980 年的 2.78：1.00 扩大到 2006 年的 3.60：1.00。可以说，二元结构是制约城乡公共服务均等化的一个主要障碍。

2. 地理环境在客观上制约着城乡公共服务均等化。城乡公共服务不均等，也有现实的地理环境因素。与城市相比，农村地区一般地域广大而居住分散，公共服务的提供成本相对要高出很多。尤其一些边远山区，自然条件十分恶劣，不适合人类居住。这些地区无论是道路还是水电的建设，投资成本都很大，而使用人口主要是特定的少数农民，当投资主体缺少投资资金的时候，这里就很容易成为公共服务的盲点。地处西部的陕西省，仅为农村居民提供饮用水一项，成本就相当高。目前陕西全省水土流失面积 10.75 万平方公里，占全省国土面积的 52.3%；年缺水达 21 亿立方米，缺水率 19%。关中地区人均水资源量只有 275 立方米，仅相当于全国平均水平的 1/8。水资源的缺乏和地理条件的限制都极大地抬高了陕西农村供水成本，在华县高塘镇有 24 个行政村，南北长 55 公里，其中有一个村子还要翻越秦岭，有个村深井打了 250 米还不见水。据统计，陕西省要全部解决全省农村饮用水问题，还需要资金达 400 亿元。

3. 政府用于公共服务方面的总投入相对不足。改革开放以来，随着市场化改革的不断推进和政府职能范围的调整，政府介入私人产品领域的程度不断降低，但对公共产品和公共服务的供给力度仍然不足。除了“八五”计划时期和“九五”计划前期以外，我国政府在提供公共产品方面的财政支出比例并没有大的变化，基本都在 50% 以下。近年来甚至出现了下降的趋势，2006 年竟比 1996 年下降了 10 多个百分点（见表 3－3）。

表 3－3　　财政支出用于公共服务供给的比例

时期	财政支出总额（亿元）	公共服务支出（亿元）	公共服务支出所占比例（%）
“一五”时期	1320.52	595.93	45.13
“二五”时期	2238.18	777.62	34.74
1963～1965 年	1645.78	644.29	39.15
“三五”时期	2510.60	1050.96	41.86
“四五”时期	3917.94	1537.96	39.25

续表

时期	财政支出总额（亿元）	公共服务支出（亿元）	公共服务支出所占比例（%）
“五五”时期	5282.44	2249.44	42.58
“六五”时期	7483.18	3260.95	43.58
“七五”时期	12865.67	5960.98	46.33
“八五”时期	24387.46	12778.92	52.40
1996	7937.55	4171.77	52.55
1997	9233.56	4629.60	50.14
1998	10798.18	5296.26	49.05
2000	15886.5	6800.04	42.80
2004	28486.9	11967.02	42.00
2005	33930.28	13828.67	40.75
2006	40422.73	17071.32	42.23

资料来源：根据《中国统计年鉴（2007）》相关数据整理计算而得。

注：公共服务支出包括：文教、科学、卫生支出、社会保障支出、工、交、流通部门事业费等项。

义务教育、公共卫生、基础科研和公益性文化事业，是公共服务最典型的项目，政府最应该担负起提供这部分公共服务的责任。但实际情况并非如此，从表 3 - 4 可以看出，我国用于基本建设的支出大体保持稳定，其占国家财政支出总额的比例在近年虽略有下降，但幅度很小。行政管理费支出占国家财政支出总额的比例总体呈现上升趋势，1978 年为 4.71%，1993 年为 11.54%，2004 年、2005 年上升到 14.25%。而文教科卫作为关乎民生的主要公共服务，占国家财政支出总额的比例不仅没有提高，反而从 1993 年的 20.63% 下降至 2006 年的 18.37%。由此可以看出政府对基本公共服务的投入比重是偏低的。

表3-4　国家财政支出总额及部分支出项目占比情况　单位：亿元

年份	财政支出总额	基本建设支出		行政管理费		文教、科学、卫生支出	
		支出总额	所占比例(%)	支出总额	所占比例(%)	支出总额	所占比例(%)
1993	4642	591.93	12.75	535.77	11.54	957.77	20.63
1994	5793	639.72	11.04	729.43	12.59	1278.18	22.07
1995	6824	789.22	11.57	872.68	12.79	1467.06	21.50
1996	7938	907.44	11.43	1040.80	13.11	1704.25	21.47
1997	9234	1019.50	11.04	1137.16	12.32	1903.59	20.62
1998	10798	1387.74	12.85	1326.77	12.29	2154.38	19.95
1999	13188	2116.57	16.05	1525.68	11.57	2408.06	18.26
2000	15887	2094.89	13.19	1787.58	11.25	2736.88	17.23
2001	18903	2510.64	13.28	2197.52	11.63	3361.02	17.78
2002	22053	3142.98	14.25	2979.42	13.51	3979.08	18.04
2003	24650	3429.30	13.91	3437.68	13.95	4505.51	18.28
2004	28487	3437.50	12.07	4059.91	14.25	5143.65	18.06
2005	33930	4041.34	11.91	4835.43	14.25	6104.18	17.99
2006	40423	4390.38	10.86	5639.05	13.95	7425.98	18.37

资料来源：《中国统计年鉴（2007）》。

由于国家用于公共服务的财政投入不足，在二元经济结构下，必然形成先城市后农村的结果，国家财政支出用于城市和农村的绝对数及其所占总支出的比重存在很大差距，从而使农村公共服务长期不能到位，与城市的距离越来越大。

4. 城市偏向型的非均衡供给制度直接导致城乡公共产品的非均等化。改革开放以前，我国长期推行以工业为主导的非均衡发展模式，与此相适应，公共产品与服务的供给也一直是城市偏向型的非均衡供给制度。目前，这种供给制度主要存在两个问题：一是公共产品供给的成本分担与收益分享不对称。在现代社会，税费是政府用来分摊公共产品成本的社会分配机制，按照现代税收的公平原则，税费分摊一般要遵循受益原则和能力原则。但我国在公共产品的成本分担上并没有完全遵循这两个原则，从我国城乡居民的纳税能力对比和税收分摊制度安排看，农村居民的纳税能力明显弱于城市居民，但其相对税费负担却高于城市居民。从公共产品的收益分享来看，我国除国防、外交等公共产品能够大致在城乡居民间均衡分享外，其余的众多公共产品均采用分割分享制度。城市居民可以享受的众多的公共产品和服务，广大农民却享受不到。二是城市偏向型供给制度造成财政资金在城乡间投向的不平等。各级财政部门对城市公共产品的投入有余，对农村的投入明显不足。广大农村的社会保障、生活设施、医疗卫生等供给基本处于缺位状态，农民公共产品消费权益受损，大部分公共产品由农户自筹资金建设，政府仅给予一定限度的补贴。

5. 城乡基本公共服务不均等与财政体制相关。城乡基本公共服务不均等，很大程度上与财政体制不完善有关。

（1）政府间的事权与财力不匹配，基层政府无力提供公共服务。目前，我国各级政府之间的职责划分不够规范，出现了“事权层层下放、财权和财力层层上收”的现象，义务教育、公共卫生、社会保障和福利救济等公共支出大都由县乡基层财政负担。例如，过去义务教育经费78%由乡镇负担，9%左右由县财政负担，省财政负担11%，中央财政负担不足2%；又如，预算内公共卫生支出，中央政府仅占卫生预算支出的2%，其他均为地方政府支出，而在地方政府，县、乡共支出了预算的55%~60%。但从财权和财力来看，基层政府没有税收立法权，没有举债权，也没有独立的主体税种，收入主要依靠共享税，其掌控的收入极其有限。据统计，目前拥有占全国人口70%以上的县乡财政组织的收入仅占全国财政收入的20%左右。由于体制不顺，各级政府之间的职能划分不明晰，财政资源在各级政府之间的分配明显不合理，财力与事权不匹配，基层财政出现了很大的困难，无力承担为农村提供公共服务的重任。

（2）现行转移支付制度不科学，影响地方政府公共服务供给。按照转移支付形式的性质划分，目前我国中央财政列入对地方财政转移支付有以下几大类：一是税收返还、体制补助和结算补助，其性质是维护既得利益，实际上不属于转移支付，阻碍了城乡基本公共服务均等化。二是一般性转移支付，是在支付过程中按规范和均等化的原则进行，这是国际上通称的均衡性转移支付。三是专项转移支付，服务于中央宏观政策目标，用于增加农业、教育、卫生、文化、社会保障、扶贫等方面的专项拨款，目前这些重点项目主要用于中西部地区，但其核定并不规范，往往被层层截留和挤占、挪用，其性质属于非均等化转移支付。四是其他转移支付，包括民族地区转移支付、调整工资转移支付、农村税费改革转移支付、"三奖一补"转移支付等，其性质也属于专项转移支付，但在一定程度上具有均等化的性质。以 2005 年为例，上述四种性质的转移支付额度依次为 4871 亿元、1121 亿元、3517 亿元、1965 亿元，其占转移支付总额的比例如图 3－1 所示。

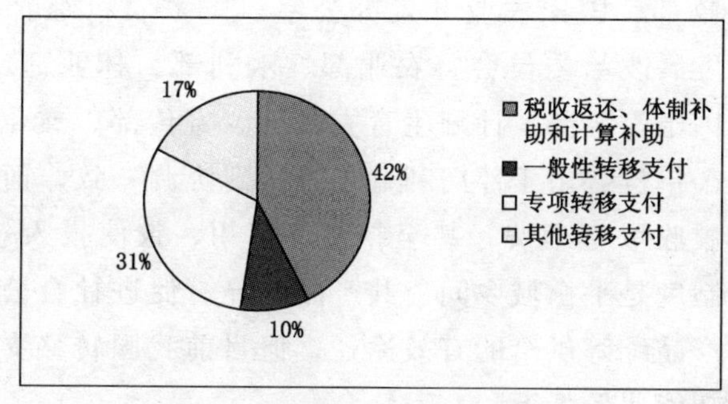

图 3－1　按性质分类后的转移支付结构图

资料来源：2006 年中央和地方预算执行情况与中央和地方预算草案的报告；张志华：《中国政府间财政关系改革的历程》，"中国政府间财政关系" 国际研讨会，2006 年 7 月。

由图 3－1 可见，中央财政真正属于均等化转移支付形式的一般性转移支付目前只占转移支付总额的 10%，因此均等化作用有限。而用于非均等化的转移支付则偏多，这种结构显然不利于城乡公共服务均等化的实现。

6. 公共财政体系不完善影响了城乡公共服务的均等化。公共服务的城乡均等化供给离不开科学、规范的公共财政体系，而我国目前的公共财政体系脱胎于计划经济体制时期，还没有完全摆脱城乡分立、差别化、非规范化及不完善的状态，严重制约公共服务城乡供给的均等化。在公共服务资金筹措制度上，农村仍然实行制度内、制度外并举的筹资制度。也就是城市供给完全由政府提供，但农村供给通过“一事一议”方式等，制度外的筹资仍占有相当大的比重。在公共产品的提供机制上，仍然实行城乡有别的制度，城乡义务教育经费标准不同、医疗保险标准不同、城乡户口制度不同等，使城乡公共服务均等化受到制度的约束。在中央财政支农资金使用上，环节重复，资金分散，没有形成合理科学的支出机制，而是分散在中央十多个部委。如涉及到三农资金的有财政部、国家农业开发办公室、国家农村综合改革办公室、国家发展改革委员会、农业部、水利部、林业部、教育部、卫生部、国土资源部、计划生育委员会、宣传部、文化部等，全国有几百个单位。由于部门利益很难做到协调一致，而且在资金管理上层层收取管理费，甚至扣留、挪用，致使投入效率低下。转移支付制度是平衡城乡间公共产品差异、促进社会公平、实现城乡公共产品统筹供给的有效途径，但目前我国转移支付制度财政均衡的功能比较低下。

四、促进城乡基本公共服务均等化的财政政策

（一）财政促进城乡基本公共服务均等化的基本原则

1. 明确责任，分级负责。首先，应该明确财政在实现城乡公

共服务均等化中的职责，是向全体公民（无论城市居民，还是农村居民）提供基本的、与经济发展阶段相适应的、体现公平公正原则的大致均等的公共服务。不仅要纠正以前在提供公共服务上对农村的歧视，还要弥补以前的偏差。在目前阶段，应该建立农村公共服务发展的优先权，加大财政资金安排上向农村倾斜的力度。其次，要明确财政在促进城乡公共服务均等化中的位置。由于财政是国民税费的征收者，按照“取之于民用之于民”的原则，财政应是促进城乡公共服务均等化的主体，这是义不容辞的，也是不可推卸的。第三，要明确各级财政在提供不同类型公共服务的责任和作用。在这里关键是要明确中央和地方财政在基本公共服务供给中的责任，以避免中央财政与地方财政在推动城乡公共服务均等化上的“越位”、“缺位”的问题，并将中央与地方财政公共服务职责逐步纳入法制化轨道。

2. 分类管理，保障重点。在基本公共服务规划上实行分类管理，政府要针对不同的类别，进行不同的投入规划。公共服务均等化是一个分层次、分阶段的动态过程，在不同的地区应该有不同的重点。在西部欠发达地区，生存应该是第一位的，如陕西省农村饮用水困难，是涉及生存的大问题。在推进公共服务均等化中，将解决农村饮水困难、保障饮水安全摆在优先位置，以优先解决最困难和最艰苦地区的农村居民饮水问题为重点。在整体规划上，也要采用因地制宜、分类指导的原则，在不同地区选择不同的支持重点。如在陕北优先解决人畜饮水困难和居住环境差的问题；在关中集中解决村中道路硬化、下行水路和垃圾处理问题；在陕南优先解决村庄规划、建沼气和人畜分舍问题。

3. 量入为出，分段实施。公共服务是有阶段性的，不同发展阶段有不同的标准。我国经济实力不断增长，但是综合国力依然薄弱，政府的财力在很大程度上制约着我国政府提供“公共服务均等化”的能力和广度。无论是在农村，还是在城市，政府对公共服务的提供都是一个长期化的任务，艰巨而复杂。我们只能根据政府财力，与经济发展水平相适应，分阶段确定基本公共服务的内容和目标。正确处理公共服务长期目标和现实目标的关系，逐步增加基本公共服务的供给总量，根据重要性和迫切性程度，集中财力优先安排最急需、受益面广、公共性强的公共产品和服务。并根据政府财力的增长，逐步增加服务项目、提高服务标准，最终建立和完善我国城乡统一的高质量的公共服务体系，满足广大人民群众对公共服务不断增长的需求。如浙江省在实现普及九年义务教育的基础上，进一步在全省普及了从学前3年到高中阶段15年的教育；在完成新型农村合作医疗体系的基础上，又开始为全省农民进行每两年一次的体检工作；在完成基本公共服务的基础上，向更多的提供农业安全保障体系和农业信息服务体系的建设发展。

4. 财政主导，多方参与。在促进城乡公共服务均等化的过程中，政府虽然居于主导地位，但不等于政府垄断。随着市场经济体制的完善，市场机制会逐渐延伸到公共产品提供方面来，在理清政府公共服务职能的基础上，打破政府垄断，实现公共服务市场化、社会化、社区化，建立以政府供给为主体，多方参与的多元化的供给模式。在一些领域采用政府购买、引入民间资本、动员社会力量等方式，满足人民对公共服务的需求。如浙江省较具活力的民营企业已成为公共服务供给的一个重要来源，打破了原来的政府垄断局面，实现了公共服务领域的竞争与市场化。陕西省在农村公共卫生服务方面也开始进行了购买公共服务的尝试。这些办法为促进城乡公共服务均等化拓宽了途经。

（二）实现城乡基本公共服务均等化的步骤

1. 逐步实现。实现城乡公共服务均等化是一个长期的任务，在实施过程中要防止“赶超式”、“运动式”的做法。无论是在农村，还是在城市，政府对公共服务的提供要制度化、规范化、正常化，坚持循序渐进，分步实施，不可一蹴而就。在经济发展、政府财力增长的基础上，逐步增加基本公共服务的供给总量，最终实现城乡公共服务均等化。

2. 同步进行。城乡公共服务均等化虽然需要逐步实现，但在制度的设计上和步骤安排上一定要做到同步进行，不能再受“二元经济结构”的影响，把城市和农村分别对待。要树立城乡一体化的新理念，制定城乡一体化的方针政策，建立城乡统一的公共服务体系。如覆盖城乡的社会保障制度、覆盖城乡的义务教育制度、覆盖城乡的就业制度、覆盖城乡的公益性基础设施制度等。从基本公共产品提供的制度设计开始就要做到同步进行，不再把农村和城市相分离。

3. 先后有序。城乡基本公共服务均等化的范围包括许多方面，在实施中不可能全面铺开，要根据重要性和迫切性程度，集中财力优先安排最急需的公共产品和服务，并根据政府财力的增长，逐步增加服务项目。而且，政府在提供城乡基本公共服务中，由于城市居民和农村居民对基本公共服务的需求不一样，东部、中部和西部农民的需求也有差异，必须尊重居民的选择，切勿按照政府的主观意志搞一刀切，也不能搞计划经济时期的“配给制”。总之，优先安排居民迫切需要的公共服务，后安排次需要的公共服务，以提高供给的针对性和满意度。

（三）财政促进城乡公共服务均等化的政策建议

1. 调整财政支出结构，扩大基本公共服务支出的份额。在推进公共服务均等化的进程中，我国的财政近几年来用于基本公共服务投入的绝对量和相对量都在上升，但相对于公共财政建设的要求，用于基本公共服务的财政投入比重还是比较低的。由于总体上用于基本公共服务的比重低，所以用于农村基本公共服务的比重就更低了。这就需要调整和优化财政支出结构。一方面要进一步减少直至退出对一般性竞争性领域的直接投入，严格控制并努力节约一般性开支；另一方面，财政支出要不断向基本公共服务倾斜、向社会事业发展的薄弱环节倾斜。

（1）降低财政资本性支出比重和行政管理支出。按照公共财政要求，财政支出要从“建设型财政”转为“服务型财政”，降低财政资本性支出比重。在经济建设领域更多引入市场力量，发挥市场资源配置基础性作用。逐步放开通信、烟草、金融等垄断行业，降低市场准入标准，积极引入民间资金进入，倡导公平竞争，提高资产运营效率。在一些属于政府职责范围的事项中，积极发挥政府的主导作用。同时，精简政府机构。一些政府部门设置带有明显的计划经济色彩，相同或者相近领域设置多个部门。这种模式，已经不能有效满足市场经济条件下政府及部门履行职能的客观需要，应大力精简，以便降低行政管理支出。

（2）大力支持基本民生服务，提高就业和社会保障水平。支持就业和社会保障，是维护社会稳定与和谐的重要基础。国家财政应该在进一步增加就业和社会保障投入的基础上，多渠道筹集并管好用好社会保障资金，加大对社会保障的支持力度。我国财政统计上明确记载的社会保障无论绝对量还是相对量，都是比较小的。从国外发达的市场经济国家看，社会福利制度自 20 世纪 60 年代以来，得到了普遍推行和强化，已日益成为政府从宏观上调节劳资关系、保持社会稳定的一项关键性措施，社会保障支出在整个财政支出中占居首位，成为政府支出的一项十分重要的内容，对于提高居民的整体社会福利水平起到了至关重要的作用。增加社会保障支出规模，提高社会保障支出在财政支出中的比重和在转移支出中的比重，不仅是优化我国财政支出补偿结构的需要，而且也是建立社会主义市场经济体制的客观要求。因此，我国政府必须掌握一定的资金，并应直接建立保证个人基本生活权利的社会保障体系，提高各级政府支出中的社会保障支出份额。具体来说，一方面应随着经济发展水平的提高，相应增加政府用于抚恤和社会福利方面的投入；另一方面，调整地方财政支出结构，把隐藏在科教文卫等事业支出中的福利因素剥离出来。这样，将使政府掌握的社会保障支出有所扩大，有利于统筹使用，发挥社会保障支出的稳定经济功能和收入再分配功能。

（3）进一步支持公共事业服务，促进义务教育和公共卫生医疗设施的发展。支持教育事业发展特别是义务教育发展应该是财政支出的重中之重，要保证财政性教育经费的增长幅度明显高于财政经常性收入的增长幅度，逐步提高财政性教育经费占财政支出的比重。在公共卫生医疗设施方面，一方面要增加财政对公共卫生体系的建设投入，继续支持公共卫生体系建设，逐步建立公共卫生经费保障机制，提高重大疾病预防控制能力。另一方面要重点支持建立和完善新型农村合作医疗制度。鉴于医疗卫生事业的内容复杂，性质差别较大，因此政府应兼顾公平与效率，采取分别对待的办法提供这类服务：对防疫防治事业费由政府作为社会共同事务提供；对大众基本健康保健，视同准社会共同事务，政府与个人共同分担，各级政府要支付大部分；对于一般医疗实行医疗保险，由政府、单位、个人三方合理负担，以提高卫生事业支出的效率。

我国教育支出改革应该是建立在界定政府财政在教育事业领域职能范围的基础上，调整和优化教育事业内部的资金配置结构。具体来看：一是缩减非社会共同性教育的供应范围，诸如岗前培训、职业教育、普通高等教育等均属此类，并且适度地在高等教育方面提供必要的资金。二是强化社会共同性教育的资金投入。预算内拨款必须集中于市场难以有效发挥作用的领域，加大财政对基础教育的供给力度。三是随着教育支出总量的增长，应该在稳定政府高等教育投入和增强高校经费自给性的同时，将政府教育投入的增量部分集中用于基础教育，这是最大限度地提高全民教育水平，调整和优化教育支出结构的关键所在。

（4）加大基本公共服务设施建设投入，提高人民群众的生产生活条件。一方面，要不断加大城乡公共设施建设，提升公共环境服务质量。特别是在农业生产设施、生活设施和文化设施等方面加强公共财政对农村地区社会公共服务设施建设的投入力度。以农村道路、供排水、通信、能源等基础设施和公共设施建设为重点，改善农村生产生活条件和整体面貌，为农村社会的进步和发展提供必要物质条件。另一方面，要加强生态环境保护，促进人与自然和谐。要以解决危害群众健康和影响可持续发展的环境问题为重点，建立经济发展和环境保护协调机制。实施重大生态建设和环境整治工程，有效遏制生态环境的恶化趋势。

2. 改善城乡财政投入失衡局面，把提高农村基本公共服务水平作为重中之重。要实现城乡基本公共服务均等化，首先要改变城乡财政投入失衡的局面，把提高农村基本公共服务水平作为重中之重，放到发展战略的高度。同时，财政支农是国家财政对农业、农村、农民的直接分配方式，它反映着工农之间、城乡之间的国民收入分配关系。在市场经济条件下，必须加大财政对“三农”的支持力度，将农村公共产品供给纳入国民经济社会发展规划和财政预算体系，加大对与农民生产、生活关系密切的公共产品的投入。近期要建立健全向农村适度倾斜的公共产品供给制度，通过对财政支农资金的优化整合，在维持基层机关基本运转的前提下，根据农村公共产品的性质和不同级次，把财政支农资金重点投向农村基本公共服务。

（1）提高农村义务教育水平，繁荣农村公共文化。按照建立公共财政体制的要求，加大对农村义务教育的投入力度，进一步强化中央和省级政府对发展农村义务教育的责任。中央、省级和县级财政各承担 1/3 的支出，这样既可以缓解农村教育落后的状况，还可以缓和县乡财政困难。与此同时，要加大农村义务教育“两免一补”实施力度，在普遍免除学杂费的基础上，全部免费提供教科书；努力提高农村中小学教师素质，实施中西部农村和边疆地区骨干教师远程培训计划，选派和组织城市教师到农村交流任教，鼓励和组织大学毕业生到农村学校任教。加强农村精神文明建设，建设文化信息资源共享工程农村基层服务点，大力创作和生产农民喜闻乐见的优秀文化产品，广泛开展农村体育健身活动，引导和鼓励社会力量投入农村文化建设。

（2）建立健全农村医疗和社会保障体系，不断提高扶贫开发水平。一是应该在现有基础上进一步改善农村医疗卫生服务，中央、省、县级财政支持建立和完善新型农村合作医疗制度，尽可能满足大多数人的基本卫生需要。在今后一段时期，除了要进一步扩大农村合作医疗的覆盖面，还要考虑提高中央和省级财政负担的比重，尽可能减少农民负担的比例，以增强农民参加新型合作医疗制度的积极性。二是加强医疗救助制度建设，为最贫困的农村居民提供一定的福利性医疗保障，这是实现“人人享有卫生保健”的需要，也是摆脱因病致贫、因病返贫的需要。三是完善农村最低生活保障制度，在健全政策法规和运行机制的基础上，将符合条件的农村贫困家庭全部纳入低保范围。落实农村五保户供养政策，保障五保户供养对象的权益，探索建立农村养老保险制度，鼓励各地开展农村社会养老保险试点。四是继续坚持开发式扶贫的方针，增加扶贫开发投入，逐步提高扶贫标准，加大对农村贫困人口和贫困地区的扶持力度；继续做好整村推进、培训转移和产业化扶贫工作；加大移民扶贫力度，集中力量解决革命老区、民族地区、边疆地区和特殊类型地区的贫困问题。

（3）增加对农村道路、水利、电力、通讯等基础设施的投资。特别是要大力发展农村公共交通，要加大中央和地方财政性资金、国债资金投入力度，继续加强农村公路建设；强化农村公路建设质量监管，推进农村公路管理养护体制改革；完善扶持农村公共交通发展的政策措施，改善农村公共交通服务，推进农村客运网络化和线路公交化改造，推动城乡客运协调发展。

3. 完善财税激励政策，推进农村基本公共服务 PPP 提供模式。各级政府是提供农村基本公共服务的主体，负有基本公共服务供给的完全或部分责任。但政府的责任并不等于政府的直接供给，政府可以通过完善财税激励政策，推进农村基本公共服务 PPP 提供模式。PPP 管理模式，包括吸引民间资金、借贷资金介入的多种形式，也包括国务院提出的引导农民自愿出资出劳，开展农村小型基础设施建设，有条件的地方可采取以奖代补、项目补助等办法。推行这种模式，一方面可以运用多渠道的融资方式来为农村提供基本公共服务，弥补财政投入的不足；另一方面有利于提高农村基础设施的经营管理效率。

对于农村基本公共服务，特别是农村基本公共设施建设，政府可以通过委托、购买、代理等方式，并采取灵活的政策和有效的激励措施，将一部分供给职能转移给企业、民间团体来运作，政府通过合适的方式提供资金并对运作部门进行监管。通过招投标机制的设计，政府可以把辖区内的城市和农村社区结合起来，借助市场之力弥合城乡基本公共服务供给的差距。尤其是对那些具有“准公共产品”属性的农村公共产品，可采取政府与市场混合的方式来提供。本着“谁投资、谁受益”和“量力而行”的原则，采用“公办民助”、“民办公助”的方式，充分调动各类经济主体投资农村基本公共服务的积极性，推进农村公共服务 PPP 提供模式的发展。

（四）城乡基本公共服务均等化的制度设计

推进农村基本公共服务均等化，是一项复杂而艰巨的系统工程，不仅需要财政政策的支持，还需要系统的制度设计。

1. “二元变一元”，建立城乡统一的基本公共服务均等化制度。在基本制度层面的二元结构是城乡基本公共服务差距产生的根本原因，要从根本上消除这种差距，在制度设计上要解决的首要问题就是建立城乡统一的基本公共服务均等化分配制度。在这方面，浙江的经验给我们提供了很好的案例。近几年，按照统筹协调发展的要求，浙江走在全国的前列，在教育、就业和社会保障等制度设计方面，对全省所有的居民一视同仁，而不再区分城市居民还是农村居民，在城乡统一的基本公共服务均等化制度下，城乡居民处于同一起点之上。

实际上，要实现城乡基本公共服务均等化，必须加快建立有利于改变城乡二元结构的体制机制，建立城乡统一的公共服务体制和公共产品供给体系，加快实施工农业和城乡协调发展战略。党的十七大明确提出要"建立以工促农、以城带乡长效机制，形成城乡经济社会发展一体化新格局"。按照这一要求，国家应实行城乡一体化的公共产品供给制度，合理调整国民收入分配结构和政策，把农村公共基础设施建设和农村公益事业发展逐步纳入公共财政的支出范围。在公共财政资源配置上，统筹考虑城乡发展，加大对农业、农民、农村发展的支持力度，使城乡居民均等享受公共财政所提供的公共产品。特别是要取消对农民带有歧视性的体制障碍、制度障碍和政策限制，给农民以公平的国民待遇。

(1) 推进户籍制度改革，建立城乡一体化的户籍管理制度。应尽快剥离附加在城镇户口上的二元社会福利制度，逐渐消释歧视性身份所演化成的一种社会伦理。应修改《宪法》，重新恢复和确立公民的居住和迁移自由权。废止《户口登记条例》，制定和颁布《户籍法》，实行全国城乡统一的"中华人民共和国居民户口"，取消各种户口类型，恢复户籍本来的人口统计管理功能。加强社会舆论的正确导向，形成新的公民身份观，人人具有同等的生存和发展权。通过户籍制度的改革，减少农民享受政府公共产品和公共服务的限制和障碍，加快城乡公共服务均等化的进程。

（2）改革城乡分割的就业制度，建立城乡统筹的就业体系。适应工业化中后期农民分工、分业、分化加速的新形势，全面深化城乡就业体制改革，形成农业富余劳动力稳定向二三产业转移、农村人口稳定向城镇集聚的农民转化机制。加快建立城乡统一、功能完善、服务优良的劳动力市场和公共就业服务网络，实行城乡劳动者平等享受公共就业服务的制度。尤其要进一步健全和完善农民工权益保护制度，清理和取消针对农民进城的各种歧视性规定，推进农村劳动力无障碍就业、城乡企业无差别用工。

（3）逐步建立城乡一体化的社会保障制度，实现同等的国民待遇。依据现实国情及城乡间的差异，建立城乡一体化的社会保障制度仍需因地制宜、逐步推进。要树立非歧视性、城乡统筹的观念，在有条件的地方，将农民纳入城镇社会保险、社会福利、社会救济“三位一体”的保障体系中，城乡社会保障要通盘考虑。在社会保险制度方面，农村实行家庭养老与社会养老不同的组合模式，建立农村“个人账户制度储蓄”，并向城镇“社会统筹与个人账户相结合的部分积累”转变；在抚恤救济制度上，建立覆盖农村的最低生活保障制度，加大国家对农村财政资金投入力度，同时完善社会扶贫和社会救灾制度，坚持政府拨款为导向、社会捐赠与社区出资相结合的方式，使城乡居民都能得到基本的生活保障。

2.“最低保障”，设立国家层面的基本公共服务最低保障范围和标准。均等化的城乡基本公共服务是最基本的公共服务，但是即便是最基本的公共服务，其均等化的实现也可能需要一个很长的时间。在推进基本公共服务均等化的过程中，应该在国家层面设立基本公共服务最低的保障范围和标准。

（1）在基本民生性服务方面，设立国家最低的就业和社会保障的范围和标准。在就业方面，国家应该提供基本的就业服务，包括就业信息服务、就业指导服务和就业培训服务等；在社会保障方面，国家应该针对全体居民制定养老保险和基本医疗保险方面的最低保障标准。

（2）在公共事业性服务方面，确定国家最低的义务教育、公共卫生和基本医疗的保障范围和标准。在义务教育方面，在确保每个公民都免费享受九年义务教育的同时，要对最低限度的义务教育条件和教育水平予以保障；在公共卫生方面，国家要免费向全体公民提供公共卫生服务，避免重大的流行性疾病对人们的生存和生活造成威胁；在基本医疗方面，虽然可以依托市场的力量提供医疗服务，但政府必须在城乡范围内提供最低标准的基本医疗设施和条件。

（3）在公益性基础设施服务方面，明确国家最低的水电和道路设施保障水平。确保公民饮水安全是国家的义务，这也是政府在实现城乡基本公共服务均等化中最急需解决的问题；在供电设施方面，加强国家电网建设，保障城乡居民都能用上电且用得起电是国家义不容辞的责任；在道路设施方面，方便城乡居民出行应该是国家的最低保障标准。

（4）在公共安全性服务方面，确保最低标准的生产、消费和社会安全水平。国家财政要投入一定的财力，建立农村公共安全防御机制，保障农村的生产安全、消费安全和社会安全，使农民的人身财产不受损害，达到安居乐业。

3.“适度分权”，理顺政府间财政关系，完善公共服务的供给体制。公共服务均等化是公共财政“公共性”的重要体现，必须按照十七大报告提出的“围绕推进基本公共服务均等化和主体功能区建设，完善公共财政体系”的要求，不断深化财政体制改革，把更多财政资金投向农村公共服务领域，“让公共财政的阳光照耀到农村”，满足农民对公共产品的需求。因此，我们建议，应该以“适度分权”为基本取向，理顺政府间财政关系，完善公共服务的供给体制，健全中央和地方财力与事权相匹配的体制，加快形成统一、规范、透明的财政转移支付制度，提高一般性转移支付规模和比例，加大公共服务领域的投入。

(1) 重新界定中央政府、省级政府与县、乡基层政府的事权范围，合理划分各级政府的财政职能。按照“一级政府、一级事权，一级财权”的原则，合理划分中央和地方支出的责任和范围，特别是县、乡、村三级财权与事权要统一。就农村基本公共服务的供给而言，首先要针对农村基本公共服务的性质及其影响范围，结合我国农村的实际情况，明确界定农村基本公共服务的层级和各级政府的供给责任。凡属于计划生育、大型农业基础设施建设、农业基础科学研究、义务教育等全国性的农村“纯公共产品”以及部分外部性极强的“准公共产品”，由中央和省级财政负担。在制度安排上，事权可以下放到县级政府，但财权必须由具有更高财政能力的上级政府统筹解决，以防止上级政府在农村基本公共服务提供过程中的“甩包袱”行为。而对于“准公共产品”，如农村道路建设、医疗卫生以及自来水供应等，中央、省级政府要对贫困地区的供给负起责任。政府必须利用公共资源，保证不同地区、城乡和不同社区之间的公平性，特别是对农民的公平性。

(2) 完善财政转移支付制度，建立稳定的投入保障机制。在界定各级政府事权的基础上，根据各级政府财力，建立以“因素法”为基础的规范的财政转移支付制度，确保各地在农村公共产品供给和消费上的均等化，使有限的公共资源得以高效配置和合理利用。一方面要增加一般性转移支付规模，优化转移支付结构。即进一步加大对地方的财力性转移支付力度，清理和整合专项转移支付，提高一般性转移支付的比重，增加基层财政的可支配财力。另一方面要建立监督评价体系，着力提高中央财政转移支付效果。即加强专项转移支付监管，提高专项转移支付使用效益；研究建立地方政府支出安排的绩效评价体系，确保转移支付资金用于基本公共服务领域。另外，还应积极推行省以下财政管理体制改革。省级财政在体制补助、一般性转移支付、专项转移支付、财政结算、资金调度等方面可以直接核算到县，减少财政管理层次，提高行政效率和资金使用效益，赋予县级政府更大更多的经济、行政管理权限。强化乡镇财政的预算约束，做到乡镇财政资金所有权、使用权、管理权、核算权相分离，由县财政直接监管乡镇财政资金。

4. “需求导向”，优化农村基本公共服务决策和管理机制。对于农村基本公共服务来说，农民是最直接的使用者，也是受益者，所以在决定这些公共服务的种类、数量时，农民应该是主要的决策者。

（1）建立“三位一体”的农村公共产品供给体系。根据农村公共产品的不同性质，建立和完善政府、村集体和农民“三位一体”的农村公共产品供给体系，并按照受益原则合理划分各自提供农村公共产品的职责范围。

（2）建立“上下结合”的投入决策机制。根据农村公共产品需求优先顺序，实行“自下而上”和“自上而下”相结合的投入决策机制。政府在决策公共资源配置和公共产品供给时，要广泛征求农民的意见，了解农民的需求，最好改由社区内居民民主决定，或是从法律上保证农民可以对政府的决策行为进行有效的监督和约束，使各级政府向农村提供的公共产品，在数量和质量上能符合农民的偏好和农村的实际，减少农村公共产品的不合意供给，避免官员为搞政绩工程而造成的“硬性”公共产品供给过剩，而“软性”公共产品供给严重短缺的结构性失衡现象，从而确保农村公共产品的有效供给。积极推进农村基层民主制度建设，真正发挥村民委员会在公共产品需求表达上的作用。

（3）充分发挥村民自治的作用。提高农民的组织化程度，使村民自治组织充分合理地行使其自治权力，由全体村民或村民代表对本地区的基础设施和公共事业建设进行投票表决，使每一个村多数人的需求意愿得以体现。

3.2 城乡基本公共服务均等化进程及其实现机制[①]

城乡基本公共服务均等化实现的前提与关键在于农村公共服务水平的提高，而我国疆域辽阔、城乡与地区差距悬殊的国情则决定了均等化的实现必然要经历一个由小及大（实现空间范围）、从低到高（实现水平）、先易后难（实现容易程度）的过程。但就当前阶段来说，农村公共服务供给水平如何？城乡基本公共服务均等化的程度和实现的内在机制如何？尚存在哪些不足？这些问题为笔者所特别关注。考虑到经济与财政实力对城乡基本公共服务均等化实现进程的重要作用，2008 年 8 月，课题组选取了山东省经济相对发达、财力相对丰裕的青岛、潍坊和淄博 3 市的 6 个区县进行了调查，形成本节。

一、区域内城乡基本公共服务均等化的进程及实现机制

（一）均等项目：农村基本公共服务外延扩大，从无到有与从有到优并存

要实现城乡基本公共服务均等化，首先要求城乡基本公共服务在外延上必须基本一致，唯有如此，均等化才有实现的共同基础。调查中笔者发现，当前农村基本公共服务的外延正在逐步扩大，农民可获得的基本公共服务种类不断增多，质量逐渐提高，呈现出

① 本节基于对山东省 3 市 6 区县的调查。

“从无到有”与“从有到优”并存的态势。

一方面，随着工业化和城市化的不断推进以及农村经济发展，农民对养老保障、社会治安、行政管理、环境保护以及乡村有序发展等方面新的需求日益迫切。顺应这些需求，课题组考察区域的政府推行新型农村社会养老保险和社会救助制度改革①，在农村建立社区、并将基本的公共服务与行政管理服务和警务服务相结合②，建立专门的卫生清洁队伍及时收集并处理居民生活垃圾③，以及制定相关乡村发展规划、城乡统筹社会发展规划，向农民提供前所未有的基本公共服务，让农民享受到了与城市相同种类的基本公共服务。

另一方面，随着公共财政投入力度的加大和制度创新的推进，已有农村基本公共服务的质量也逐步提高。农村义务教育管理体制改革的推进和“两免一补”等政策的推行，使免费基础教育成为现实，“农村教育农民办”已经变为“农村教育政府办”；新型农村合作医疗筹资水平和报销水平的逐步提高、乡村卫生基础设施的改进、乡村卫生从业人员素质的提高，在不断改进中解决着农民“看病难”和“看病贵”的问题④；以“村村通柏油路”、“村村通

---

① 在全部 6 个调查区县中，被征地（失地）农民的社会养老保险都已经率先启动，普通农民的社会养老保险开展进程不一，青岛市城阳区的新型农村社会养老保险已经覆盖全部农民，其他区县已开始或准备开始研究新型农村社会养老保险的制度设计问题。同时，所调查的 6 个区县均已基本建立了涵盖农村五保供养、农村最低生活保障、农村大病救助和救灾救助等四项内容在内的比较完善的农村社会救助体系。

② 参见“诸城模式”的分析。

③ 调查中笔者发现，农村的生活垃圾处理一般都是以镇村为单位，分别成立环卫队。村环卫队每天定时收集农户生活垃圾，镇环卫队负责运输到垃圾集中清运处理中心（一般每镇一个），集中后由镇环卫队负责处理，或送至县里设置的垃圾填埋场，或送至垃圾焚烧发电厂（以淄博市为典型）。

④ 以青岛市莱西市为例。2004 年莱西市进行新农村合作医疗试点时筹资水平人均 30 元，2006 年提高至 50 元，2008 年提高到 100 元；参合率逐年上升，2005 ~ 2008 年间农民参合率分别为 85.79%，95.49%，95.50% 和 98.00%。

自来水”为代表的一系列“村村通”工程，使农民的基本生产生活条件得到较大改善，农民的生活水平在不断提高。

结合笔者（2005；2007；2008）近几年的连续追踪调查，可以发现，当前农村基本公共服务的外延扩展在动态上基本呈现出先生存后发展，先物质后精神，先硬件后软件，先近期后远期的基本特征。这种农村基本公共服务外延扩展的历史顺序有其必然性和合理性。作为理性的经济人，在整体公共服务水平较低的阶段，农民首先需要解决基本的生存问题，而在基本生产生活条件得到满足、生活水平和质量明显改善之后，有关发展的需求（“从无到有”）和高质量的需求（“从有到优”）便成为农民关注的焦点。因此，这种基本公共服务的外延扩展顺序实际上是农民对基本公共服务需求层次变化的体现。另一方面，这种外延扩展顺序也是政府在财力一定的情况下，根据轻重缓急顺序安排支出的一种结果。

农村基本公共服务的外延扩展，在相当程度上缩减了农村与城市在基本公共服务种类上的差异，也缩小了与城市在基本公共服务质量上的差异，为区域内城乡基本公共服务均等化奠定了基础。

（二）均等推进：由小及大、从低到高、梯次推进

各地在实现城乡基本公共服务均等化的过程中，依据本地财力与经济社会发展实际，采取先小范围试点后大范围推广，先低水平覆盖后逐渐提高水平，梯次推进的策略。

受区域内社会经济发展不平衡的影响，各地的财力水平差距很大，整个区域不可能在同一时间按照统一标准完全实现城乡基本公共服务均等化。现实可行的策略是先在社会经济比较发达、财力水平较好的小范围空间（比如一个乡镇或一个县区）推行基本公共服务均等化试点，地区间的差距相对缩小、政府财力充裕时在范围更广的区域推行均等化。譬如，淄博市淄川区和桓台县各乡镇之间差距悬殊，尚无条件一步实现全区（县）范围内的均等化，便先选择目前经济条件较好的双杨镇和马桥镇进行试点。又比如青岛

市，尽管整体经济水平较好，但各区县（市）之间仍存在较大差距，因此，青岛市目前在各个区县内推行均等化，为在全市范围内推行均等化积累经验，创造条件。

在当前城乡基本公共服务均等化实践中，各地都按照中央或上级政府统一要求提供某些基本公共服务，各地区之间基本公共服务的种类差异已基本消失，但各地均等化的水平却存在较大差异。以新型农村合作医疗为例，青岛市辖区内各县的统筹标准大约在 100 元左右，而在潍坊市和淄博市，各区县的统筹标准只能达到 80 元左右的水平。

这种“由小及大、从低到高、梯次推进”的均等化实现进程特征根源在于当前“自上而下”、“以县为主”的农村公共服务的供给体制，尽管中央政府的本意是通过“自上而下”体制实现均等化，但“以县为主”又必然会将区县等地方政府的财力差异反映到公共服务的供给中。因此，各地区已表现出统筹实现城乡基本公共服务均等化的趋势，但总体来说，这种均等化仍属初级阶段，提供的农村公共服务尚属基本水平。

（三）实现路径：因地制宜，各有特色

调查发现，各区域都根据自身实际，因地制宜，形成了实现城乡基本公共服务均等化的不同模式。

1. 城乡一体模式。该模式以青岛市城阳区为典型，故称为“城阳模式”。作为大城市近郊区，通过积极吸收中心城市产业转移，在本地区形成若干大型骨干企业和产业集群，产生集聚和带动效应，迅速推进工业化；同时，城市化进程加快，近郊与城市融为一体。快速的工业化和城市化成功解决了大量农村劳动力的就业问题，传统意义的“农民”转成“市民”，在身份上首先实现了城乡一体化；二三产业的发展为地方政府提供了丰裕的财力来源，为城乡基本公共服务均等化提供了物质基础；另外，大量本地居民从事非农产业也为实现集中居住提供了可能，通过新村居建设，在有效改善居民生活条件的同时节省出大量土地，通过综合开发和土地经营又大大增强了集体经济的实力。地方财政与村集体相互配合，不仅在城乡一体化基础上实现了城乡基本公共服务的均等化，甚至在个别集体经济实力雄厚的地方，当地居民还能享受到比城市更多更好的公共服务①。

2. 农村社区模式。以潍坊市诸城市为典型，亦称“诸城模式”。针对长期以来有限的政府公共服务资源大多集中在城区和乡镇（街道）驻地，服务半径过大，基本公共服务分配不均衡的现实，诸城市实行农村社区化管理模式，在农村设立跨村庄的社区，农村社区服务中心将全部农民纳入“2 公里服务圈”②，综合提供医疗卫生、社区警务、劳动保障、就业服务、社会救助、民事调解、管理咨询等“一揽子”公共服务，降低了提供公共服务的重心，提高了农民对基本公共服务的可及性，基本满足了农民的公共服务需求。农村社区化和城镇化的结合，改变了长期以来政府公共服务在农村“边缘化”的问题，不仅优化了政府的公共资源，提高了公共服务的供给效率，而且有效解决了城乡基本公共服务供给不均衡的问题，共同助推了城乡基本公共服务均等化。

① 如青岛市城阳区城阳街道办事处后田社区，利用区域中心的位置优势，大力加强第二三产业的发展，壮大了集体经济的实力，目前社区可支配财力超过 5000 万元。集体经济实力的增强为基本公共服务的提供奠定了充实的物质基础，社区办的幼儿园、小学均达到市级一类标准；从 2000 年开始全村实行城区规划，建成文化广场和文化中心，供居民休闲，娱乐，丰富文化生活；2003 年一次性投资 210 万用于养老保险工程，为 60 岁以上的老年人办理养老保险，并逐年后续；2004 年起，60 岁以上的老人免费居住社区提供的住房且可享受社区发放的 500 元/月补助；2004 年起每户孩子从出生到 18 岁每人每月 100 元，18 到 59 岁每人可享受 180 元/月补助等。这些公共服务和社会福利甚至超过了城市里的社会保障水平。

② 诸城市规划农村社区的标准是服务半径一般控制在 2 公里左右，涵盖约 5 个村、1000 ~ 2000 户，2008 年共规划建设了 208 个社区。转引自李成贵：《造福农民的新机制——山东省诸城市推进农村社区化服务的实践与成效》，人民出版社，2008 年，第 7 页。

3. 龙头带动模式。以淄博市桓台县马桥镇、淄川区双杨镇为典型，故又称为“马桥模式”。该模式并不是整个县（区）范围内的均等化，而是在经济发达乡镇，通过发展少数几家大型龙头企业或产业集群，带动当地经济发展和财政收入提高。在解决当地富余劳动力就业、实现农民到工人转变的同时，通过合理规划、发展小城镇建设，实现农民集中居住，不仅节省了土地[①]，为当地工业发展提供了空间，而且也为公共服务的规模提供创造了条件。

总体来看，三种模式（见表3－5）均是因地制宜、各具特色。

表3－5　城乡基本公共服务均等化实现模式比较

	“城阳模式”	“诸城模式”	“马桥模式”
决策主体	区政府	市政府	乡镇政府
实现范围	全区	全市	全镇
推动力	城市化、工业化	社区化、城镇化	城镇化、工业化
主要措施	农民变市民，城乡一体，城乡差别消失	降低公共服务提供重心，提高农民对公共服务的可及性	农民变工人，提高农村公共服务可及性与供给水平

（四）实现主体：政府推动为主，市场、自愿机制为辅

调查中笔者发现，当前政府在均等化的投入上表现出多层级、多种类、大力度的特点。

其一，各级政府都对均等化负有责任。任何一项基本公共服务的供给，往往都是由中央政府以文件形式下发，并附带资金安排指令，要求各级政府予以执行（或配套执行）。可以说，从中央政

① 譬如，马桥镇通过规划建设五个组团社区，共需4000亩土地，较之现有的分散居住所占的14000亩，可以节省1万亩的土地，通过对这1万亩土地进行复耕，种植经济林，不仅增加了农民收入，而且还为当地造纸工业的发展提供了原料来源，一举多得，实现多方共赢。

府，到省级、市级政府，再到区县政府，甚至乡镇政府都对公共服务的供给负有重要责任。以医疗卫生服务为例，首先是由国务院向各地方政府转发卫生部等部门关于建立新型农村合作医疗制度的意见[①]，然后各省（直辖市、自治区）政府分别转发给市级[②]，市级再转发给区县级[③]，最后由区县政府根据上级各级政府的指令安排，制定适合本地区的新型农村合作医疗制度[④]，其中又往往会涉及到乡镇政府，甚至村集体也要承担部分责任。

其二，各级政府对城乡基本公共服务均等化的投入项目多。城乡基本公共服务均等化是一个宏大的系统工程，涉及城乡社会经济发展的各个方面，而政府在安排财政支出时往往将其分解细化成具体项目，这就必然造成政府支出项目的复杂繁多。以淄博市为例，2008 年淄博市财政局安排的财政支农资金就有构建“三农”投入长效机制、支持农业重点工程、促进农村公益事业发展和深化农村改革等 4 大类 24 项，每项下还有若干具体项目[⑤]。

其三，政府投入力度逐年增大。如前所说，财政支农项目众多，为全面反映财政对农村的支持力度，笔者采用大口径财政支农数据，即全部财政涉农支出。表 3－6 所反映的是部分调查市（区

---

① 《国务院办公厅转发卫生部等部门关于建立新型农村合作医疗制度意见的通知》（国办发［2003］3 号）。

② 以山东为例，《山东省人民政府办公厅转发省卫生厅等部门关于建立新型农村合作医疗制度的意见的通知》（鲁政办发［2003］12 号）。

③ 以淄博市为例，《淄博市人民政府办公厅转发市卫生局等部门关于进一步做好新型农村合作医疗试点工作的意见的通知》（淄政办发［2004］34 号）。

④ 以淄博市淄川区为例，《关于认真做好新型农村合作医疗试点工作的通知》（川政办发［2004］30 号）。

⑤ 以“促进农村公益事业发展”为例，具体又包括了支持农村教育事业发展、支持农村医疗卫生事业发展、支持农村文化体育事业发展、支持农村计划生育事业发展、支持健全完善农村社会救助体系、支持农村扶贫开发工作、支持改善农村生产生活条件、支持城乡环境整治工作和支持农民培训和就业等 9 项。具体来说，仅“支持农村医疗卫生事业发展”又包括新型农村合作医疗补助、乡镇卫生院设备采购、村卫生室服务能力提升、农村药品供应网和监管网建设等项目。

县）大口径财政支农投入以及占财政支出比重情况，从中不难发现，政府财政支农的绝对额不断增长，占财政支出的比重也十分可观。

表3－6　　部分调查市（区、县）大口径财政支农投入及其占财政支出比重情况

	青岛市	淄博市	诸城市
2007年支出（亿元）	15.6	22.4	3.0
比上年增加（亿元）	1.9	1.2	0.9
占当年财政支出（%）	14.1	19.1	15.5
2008预算（亿元）	21.9	26.0	3.5
比上年增加（亿元）	6.3	3.6	0.5
占当年财政支出（%）	14.2	20.2	16.5

资料来源：各调查地区提供。

总体来看，当前政府对城乡基本公共服务均等化的支持仍是一种“自上而下”的体系（樊丽明、石绍宾，2005）。这种机制的优点是保证了政策、资金的畅通和政府体系内部各级政府行动目标的一致性，从而有助于实现城乡基本公共服务均等化的目标，但同时也隐含着上级政府对地方政府的不信任，而且整个程序链条过长也容易增加行政运转成本，影响行政效率提高。

除政府主体外，调查中笔者还发现，在个别地区，在某些公共服务的供给上存在市场与自愿供给的现象①。但受市场主体发

① 譬如，社区服务中心设置慈善超市，将收集来的社会各界的捐赠物资，免费发放给符合条件的农村弱势群体。又如，在淄川区双杨镇，当地企业老板自发捐款，并在民政部门登记成立慈善基金会，基金理事会负责基金运作，运作收益全部用于社会公益事业。再比如，昌乐县乔官镇梁家村为木板专业村，全村已有木板加工厂130多家，根据本村板材安全生产的迫切需要和距县城较远的实际，村民自愿捐赠购买消防车，向本村甚至邻村提供免费消防服务。

育、社会风尚以及“基本公共服务”属性的影响，市场机制与自愿机制只能发挥重要的辅助和补充作用，政府依然是实现城乡基本公共服务均等化的主导力量。

（五）实现动力：工业化和城市化（城镇化）

各调查区的实际都表明，工业化是实现城乡基本公共服务均等化的重要推动力。一方面，工业化吸收大量农村剩余劳动力就业，大大减少农民数量，农业劳动生产率提高，人均农业收入增加，农业转出的工人收入水平也比以前有提高，有助于城乡差距的缩小；同时，工业化发展必然会增加对土地资源的需求，而村集体则可以通过科学规划、调整现有居住格局等手段整合农村中的土地资源，并在法律法规允许的前提下提供给工业项目或其配套项目使用，从而获取相当可观的收入[①]；更为重要的是，在当前的税制结构下，工业化还是地方财政增收的重要源泉。因此，工业化提高了个人、集体和政府的收入，为城乡基本公共服务均等化提供了物质基础。

城市化（城镇化）通过缩小农村，促进人口和其他生产要素的集中，为实现城乡基本公共服务均等化提供了基础条件。一方面，城市化缩小了农村的范围。随着城市化进程的不断推行，城市向郊区甚至农村地区的延伸不可避免，城市化进程同时必然伴随着农村地区的缩小，必然有助于城乡基本公共服务均等化的实现。另一方面，城市化（城镇化）具有较强的集聚效应，从而促进人口和其他生产要素向城市（或城镇）集中，这就为诸多基本公共服务的规模供给提供了便利，因此，城市化必然会带来基础设施的改善，社会公共服务的相对集中等现象，从而有助于城乡

① 笔者调查中发现，在工业化进程推进迅速的地区，比如青岛市城阳区、淄博市桓台县马桥镇和淄川区双杨镇，第一产业的比重已经迅速萎缩，村集体往往通过规划建设新村居，并将闲置的土地收回后统一开发，不仅保证了村容的整洁，而且还可以获取较高的租金收入，从而为村内公共服务的提供奠定物质基础。

基本公共服务均等化的实现。如果说，“城阳模式”是城市化促进均等化的典型，那么，“马桥模式”则是城镇化促进均等化的典型。

总之，在工业化吸纳农村农业的“要素涌入”而发展到一定程度，具备了反哺农村农业可能性的阶段，当非农产业发展而推动的城市化（城镇化）达到一定程度时，政府适时加大农村公共服务投入力度，不仅实现政府主导的城乡收入再分配（“收入回流”），实现城乡工农公共消费均等化（“公共服务扩展”），而且通过提升教育卫生、基础设施、社会管理、农村环境等基础性投入水平，既能提高农村农业生产要素的质量水平，又有助于引导城市和非农产业对农村农业的“要素回流”，以利于实现缩小乃至最终消除城乡差别的目的。

二、实现区域内城乡基本公共服务均等化的经济学思考

（一）体制障碍：实现基本公共服务均等化的体制性矛盾仍十分突出

笔者（2008）曾讨论分析了农村公共服务政府供给中存在的三对体制性矛盾。当前，这三对矛盾仍然存在。

集中决策与基层多元需求的矛盾。众所周知，不同地区对公共服务的需求各不相同，即使是一些全国性的公共服务，也往往具有地方特殊性，因此基层的公共服务需求往往是多元的。从公平与效率的角度考虑，对这些带有特殊性公共服务的供给，需要给予特别重视。但调查中笔者发现，目前农村公共服务的供给事权被层层下放，与之相关的决策权却主要由上级政府甚至是中央政府掌握，这种“自上而下”的公共服务供给模式就必然会与基层多元需求之间产生矛盾。尽管这种“自上而下”的供给模式有其特殊的制度背景，当前客观上发挥着积极的作用，但不可忽视

的是，集中决策与基层多元需求的矛盾也在日渐突显①。随着主要基本公共服务供给水平的提高，随农民收入水平提高而产生的新的差异性需求的不断涌现，长期实施这种“自上而下”的体制，两者之间的矛盾会更加尖锐。

上级决策与基层资金配套的矛盾。“自上而下”的公共服务供给模式将主要的公共服务供给职责下放给地方基层政府，其中主要是区县政府，尽管上级政府也给与较大的财力支持，但大多是要求地方政府进行资金配套的有条件转移支付。调查中笔者发现，这种上级决策与基层资金配套的矛盾也十分突出。这种配套资金的制度安排固然体现了上级政府引导基层财力配置与之一致的意图，避免下拨支农资金移作他用，甚至在某种程度上也隐含着上级政府对下级政府的不信任，但从现实来看，各地情况各异，有限的几套配套标准与千差万别的基层财力之间不可能完全匹配，而且，各种名目繁多的专项转移支付不仅加剧了地方政府的财政负担，而且也容易因各地财政收入能力的差异而引发新的不公，从而失去了转移支付公平性的特征。

决策意图与执行效果的矛盾。“自上而下”体制容易造成决策与执行之间的割裂。应该说，中央政府在作出各种有关农村的发展决策时，往往以使农民受益作为政策的出发点和目标，但具体执行时却设计了过多的环节或渠道，造成政策执行成本偏高，有的甚至与现行政策相矛盾而难以真正落实，从而使惠农政策的

---

① 比如，调研中发现，国家对于库区移民采取全国一刀切补贴的办法，这对于那些就地安置，目前仍生活十分困苦的移民来说效应十分突出，但对于那些外迁安置、并占用当地优质土地的移民来说，并不合适。经过多年发展，移民与当地农民之间已经没有任何差异，此时对这批移民仍采用补贴的做法，则势必会引起移民与当地居民之间的不公平。

效应大打折扣①。这对矛盾一方面是集中决策与基层多元需求的进一步反映，另一方面也是中国农村公共服务供给程序链条过长的直接后果之一，"自上而下"供给机制的有效运转要求中间链条所传递的信息必须真实可靠，但实际上在任何一项公共服务供给中，从中央政府到农民，中间要经多诸多的环节，其中任一环节信息传递失真都会造成前后环节信息的不匹配，从而造成决策与执行的割裂。

从本质上说，上述集中决策与基层多元需求、上级决策与基层资金配套、决策意图与实际执行相割裂的矛盾都源于目前"自上而下"的农村公共服务供给体制（樊丽明、石绍宾，2007）。有鉴于此，为保证农村公共服务有效供给，一方面应改革农村公共服务的需求发展机制，特别重视农民对农村公共服务需求的表达，将农民的意见纳入到政府的决策之中；另一方面要改革目前的政府层级制度，弱化市和乡镇政府，实行省管县，减少委托代理环节，降低行政运行成本；同时，还要规范转移支付制度，减少专项转移支付比重，加大财力性转移支付的力度，体现转移支付的公平性本质。

（二）保障机制：改善农村公共服务供给的长效机制有待建立健全

建立健全农村公共服务供给的长效机制是逐步提升农村公共服务供给水平、实现城乡公共服务均等化的根本之策，探索建立

① 譬如，自2007年起，中央政府为了鼓励生猪养殖，保证农户收入稳定增长，稳定猪肉价格，保障猪肉供应，进行能繁母猪补贴，这对保护农户的养殖利益，维护社会稳定起到了十分重要的作用。但是调查中发现，能繁母猪补贴政策的执行成本偏高，且由于自身的动态变动性特征使得补贴政策往往不能反映最新的现实，不能真正实现惠农的目标。再比如，也是自2007年开始，中央财政预算专门拿出20亿元用于对农民购买大型农机具补贴，但现行的家庭联产承包政策使得每户农民所种植的土地面积过小，不适宜大型农机具的推广和使用，因此，这项政策在地方实际执行中面临难以落实的问题。

健全这一长效机制则是实现均等化进程中需要着力研究解决的核心问题，否则事倍功半。笔者认为，它应是一套综合运转以保证农村公共服务有效可持续供给的制度安排，主要由三部分组成。其一是机构和人员保障机制。从宏观上说政府是农村公共服务提供的主体，但具体到某一项公共服务，其提供（或生产）应落实到政府部门和经办人员。健全机构和人员保障机制主要解决两方面的问题，即明确部门和人员的责任分工，并努力提高其职业素质水平。其二是经费保障机制。政府作为公共服务提供的主体决定了公共财政必然是经费保障的主要来源。对一个多级政府的国家来说，经费保障机制需要解决保障经费在多级政府之间的分摊问题，即主要由哪级或哪几级政府来承担公共服务的资金来源问题。一般来说，保障经费的分摊主要取决于公共服务的属性，即全国性的公共服务主要由中央政府来承担，地方性的公共服务主要由地方政府来承担，但除此之外，一个国家的政治体制、文化背景、民族传统等因素也往往对经费的分摊产生十分重要的影响。其三是绩效考核机制。绩效考核机制是保证农村公共服务供给长效机制的关键，作为理性的经济人，无论是政府本身还是具体的工作人员，其行动的主要依据往往就是绩效考核机制，即绩效考核的领域就是政府行动的主要领域，绩效考核的主要指标就是政府行动的关键，绩效考核不到的领域，政府往往不作为。政府的这种活动规则和倾向本身并没有错误，因此绩效考核机制的关键是考核领域和考核指标的选取，以保证实现绩效考核与政府行动的激励相容。

近年来，我国在基础教育领域连续进行改革，“以县为主”的农村义务教育经费保障机制、“两免一补”等改革政策的相继出台，虽基本建立了农村基础教育供给的长效机制，但对于农村学校硬件提升、农村教师培训、城市教师支农等仍需进一步作出制度化的规定。此外，大部分农村公共服务供给的长效机制并没有真正建立健全。以新型农村合作医疗为代表的农村医疗卫生服务通过近年的改革，已基本确立了多级政府分担为主的经费保障机制，但人员如何保障、如何与城镇居民基本医疗保险和城镇职工医疗保险衔接，以及如何进行绩效考核等问题尚未完全解决；当前农村社会经济情况的转变对农村社会养老提出了新的要求，如何顺应农民需求，建立一个覆盖面广、保障水平高、与城市统筹安排的农村社会养老保险制度已经迫在眉睫。另外，尽管通过连年的“村村通”工程基本解决了农村的生产生活瓶颈，但已经建好的基础设施由谁负责维护、资金如何筹集、如何考核等问题目前依然没有明确。再者，目前我国农村环境形势十分严峻，点源污染与面源污染共存，生活污染和工业污染叠加，工业及城市污染向农村转移，如何建立一个有效的农村生态环境保护与生态补偿机制已成为当前刻不容缓的重要课题之一。

农村公共服务长效机制的缺失与“自上而下”体制的不完善有关，同时也与政府与市场关系不清、政府间财权事权的划分不清有关。因此，要建立和完善农村公共服务供给的长效机制，首先要明确政府与市场的关系，纠正“缺位”和“越位”的问题，政府必须承担起应有的职责，并将可以市场化的服务交由市场提供。其次，要明确政府间的事权财权划分，改革目前相对集中的财政体制，逐步实现公共服务供给事权与财力的配比。最后要改变当前“自上而下”的农村公共服务供给机制，逐步引入“自下而上”的机制，并实现“自上而下”与“自下而上”的并存互补。当然，建立健全农村公共服务长效机制是一个深层次、高要求的问题，需要在实践中不断总结深化认识，把握规律，逐步完善和调整制度设计。

（三）长期态势：“城乡”与“地区”基本公共服务均等化并行的态势将长期存在

笔者认为，城乡基本公共服务均等化与地区基本公共服务均等化属于既密切联系又有所区别的两个范畴。二者的主要区别在于前者是从一个区域内部城乡之间统筹的角度推行均等化，专指一个地区内部的关系，而后者则主要是从两个不同区域对比的视角来考虑均等化，主要涉及两个不同地区之间的关系。但二者又互为基础和条件。区域内城乡基本公共服务均等化的实现可以为地区间的均等化提供基础，地区均等化的实现又为在更大区域内实现城乡均等化提供条件。随着前者区域范围和后者地区比较范围的扩大，二者最终都促进了整个国家范围内基本公共服务均等化的实现，从这个意义上说，二者的最终目标是完全一致的。

如前所述，由于各地区工业化与城市化（城镇化）进程的差异，当前各地城乡基本公共服务均等化的实现进程在空间范围上呈现出由小及大的特征，即部分地区的某些基本公共服务项目仅在乡镇层次上实现均等化，大部分地区的主要基本公共服务在区县范围内实现均等化，少数地区的个别公共服务项目在市级层面上表现出均等化的势头。从需求层面看，公共服务需求的空间范围越大，其越要求实现均等化，但从供给角度考虑，则恰恰相反。因此，这种由小到中再到大范围推进的空间变迁进程特征其实质就是当前基本公共服务供给与需求矛盾不断形成并被化解、供给条件不断具备、需求不断升级中的动态反映。

受各地财力水平所限，与城乡均等化进程相比，当前地区基本公共服务均等化的进程要更为缓慢，目前基本公共服务只是在一个区县内实现了均等化。不同区县之间的差异仍存，不同地市、不同省份之间的均等化更待时日。因此，在当前阶段，无论是城乡基本公共服务均等化，还是地区基本公共服务均等化，都尚属初级阶段，其空间范围与均等化标准都属较低水平。二者在未来很长一段时间内都将并行存在，其中城乡基本公共服务均等化将是率先推进的重点和基础。

本节参考文献

1. 樊丽明、石绍宾、解垩："新农村建设中农村公共品供给的动态特征及问题探讨——基于山东省3市16镇实地考察的研究"，《财贸经济》，2008年第8期。

2. 樊丽明、解垩、石绍宾："基于农户视角的农村公共品供需均衡研究"，《当代经济科学》，2008年第4期。

3. 樊丽明、石绍宾："税费改革后农村公共品供给格局分析"，《财政研究》，2007年第5期。

4. 樊丽明、石绍宾："税费改革后的县乡财政运行分析"，《山东社会科学》，2005年第4期。

5. 洪银兴："工业和城市反哺农业、农村的路径研究——长三角地区实践的理论思考"，《经济研究》，2007年第8期。

6. 贾康、白景明："县乡财政解困与财政体制创新"，《经济研究》，2002年第2期。

7. 叶兴庆："论农村公共产品供给体制改革"，《经济研究》，1997年第6期。

8. 李成贵：《造福农民的新机制——山东省诸城市推进农村社区化服务的实践与成效》，人民出版社，2008年。

3.3 城乡基本公共服务均等化的理论基础与实现对策

效率与公平是一个永恒的话题，我国自改革开放以来，随着市场化进程的逐步推进，经济运行的效率得到极大的提高，GDP

年均增长率达到8%以上，全社会福利水平得到极大提高。但与此同时，公平问题却日益凸显出来，城乡之间、地区之间发展差距日益拉大。我国长期以来在城市与农村之间实行“二元化”的管理模式和财政分配体制不但不能缩小城乡之间的差距，反而起到推波助澜的作用。

一、基本公共服务均等化的理论基础

政府在任何一个社会形态中都是社会资源的主要占有者，其区别在于政府如何获取社会资源以及如何配置资源。市场经济条件下，市场自身受其规模、制度、技术等条件的束缚，在配置资源过程中不同程度地存在效率瓶颈和分配不均衡、不公平等问题。尽管效率优先是市场运转的第一准则，然而微观经济主体的“逐利性”与公共产品自身的“外部性”相矛盾，使得市场无法有效地供给公共产品，从而影响了社会经济运转的效率。西方公共财政理论认为，政府的存在是为了弥补市场的缺陷，向社会供给公共产品和服务从而提高全社会的运转效率。其次，收入分配不公平也是市场无法解决的问题之一，各国政府往往通过累进性税收、财政补贴以及均等化的公共服务供给等政策来调节居民收入分配。以庇古为代表的福利经济学派认为国民收入的增长与财富分配的均等化都能够促进社会经济福利水平的提高。由于居民私人消费与公共消费在某些领域的区分并不十分明显，如教育、医疗和社会保障，一般认为政府承担着上述三者基础性产品的供给责任，居民可根据自身的情况寻求更高层次的消费水平。然而，当政府在基础领域处于职能“缺失”状态时，居民个人往往需要花费更多的资源来解决，从而使得他们整体相对收入水平降低，同时降低了居民的福利水平。均等化的公共服务供给政策具有“均富”效应，公共服务的消费并不区分纳税人贡献的多少，使得不同收入水平的居民能够享受同等的公共服务。因此，为居民提供“一视同仁”的服务不但可以提高社会整体福利水平，而且能够有效调节居民收入差距。

公共服务均等化实际上是财政分权理论框架下的政府间财政均衡问题。一般来说，导致地区间财政差异的原因有两个，即财政努力的差异和财政能力的差异，前者与地方政府的财政效率及其实施的地方发展政策有紧密的联系，如建立纳税人收入监控体系的地方政府往往能降低纳税人偷税、漏税的机会，从而提高征税效率；后者与地方经济发展水平及资源禀赋差异相关，在同等的税收努力程度下，贫困地区政府的财政能力大大弱于富裕地区，无法提供水平相同的公共服务。在一个统一的市场环境下，不能因纳税人身处的地区不同而受到政府不同等的“待遇”，否则将会使得生产要素向“待遇”更高的地区流动，从而扭曲资源配置的效果。布坎南（1950）提出的基于公平与效率的兼顾，财政政策应致力于财政均衡，使每一个处于平等地位的人都得到“平等的财政对待”，即所有具有同等收入的个人得到相同的净财政剩余[①]。然而，“平等的财政对待”是否意味着当两地政府拥有同等财力时，两地居民可以从消费公共服务中获得同等效用？格拉汉姆与斯科特提出相似的看法，即个人财政剩余的均等化并不等同于效用的均等化，收入水平、财富积累情况、职业、年龄、性别等因素均会对个人的公共服务需求产生影响，以城市公共交通为例，在个人财政剩余相等的情况下，收入水平更高的居民往往对城市道路的需求更大，对城市公交、地铁等公共交通工具的需求则相对较小，收入水平相对较低的居民则对公共交通工具的依赖更大。因此，地方政府需要根据本地区居民的公共消费偏好提供相应的公共服务以提高整体社会福利水平。与此同时，我们还需要注意，对于同一个国家而言，当地区间收入差距较大

① 布坎南将净财政剩余的定义是财政支出收益与税收之间的差额。

时，拥有相同收入的不同地区居民的购买力是不同的，因此，应以剔除价格因素后的实际收入作为衡量标准。

二、我国城乡基本公共服务分配的现状与问题

20世纪90年代以来，随着我国市场化进程的推进，公共财政模式得到逐步确立，在政府职能调整过程中，公共服务供给制度也逐渐进行了一定的改革，公共领域与私人领域得到重新界定，政府不再大包大揽一些明显带有私人消费品性质的社会产品，如公有住房。与此同时，政府间的分权化改革也逐步推进，现已初步形成较稳定的级政府间财权、事权及转移支付制度。

长期以来，我国在城乡之间分别实行两套公共服务供给制度，城市居民可以享受包括基础教育、社会保障、公共卫生医疗等为数众多的公共服务，而广大农民却没有享受应有的“国民待遇”。我国城市中的公共服务主要由政府公共财政提供，城市居民免费消费纯公共产品、支付较低的费用消费准公共产品。农村公共服务则主要由农村基层政府（乡镇）和村集体来提供。由于大多数农村基层政府和经济组织的财力非常有限，导致农村公共服务供给总量严重不足。城市偏向型的公共服务供给制度造成财政资金在城乡间投向的非均衡性，各级财政对城市公共服务的投入有余，对农村的投入明显不足。而广大农村的大部分公共服务则由农户自筹资金建设，政府仅给予一定限度的补贴。许多农村公共服务如农业灌溉、水土保持、道路修建、基础教育等供给因得不到政府财政的支持，一直都是依靠以农民劳动力替代资本或是集资摊派等办法自筹供给，无法满足实际需求。

（一）城乡义务教育

在农村义务教育投入方面，从2000年到2004年，农村中小学经费投入总额、政府拨款、生均经费均有较大提高，增幅高于全国中小学平均水平。2004年，农村小学、初中教育总经费分

别为1070亿元、574亿元，分别比2000年增长74.35%、87.69%，比全国平均增幅高7个和10个百分点；农村小学、初中政府预算内拨款分别为886亿元、440亿元，分别比2000年增长114.87%、129.51%，比全国平均增幅高14个和25个百分点。我国农村小学和初中教育总经费中，政府拨款所占比例也呈逐年增长态势。2004年，全国农村小学和初中教育经费中政府拨款所占比例分别为82.75%和76.65%，比2000年分别高出16个和14个百分点，比全国平均增幅高出7.8个和13.8个百分点[①]。然而，从总量上来说，农村义务教育的投入仍远远落后于城市，1996～2004年，农村初中、小学国家财政性教育经费从532.5亿元增加到1393.6亿元增长了1.62倍，但是，农村初中、小学国家财政性教育经费占国家财政教育经费的比例不但没有增加，反而由31.9%下降到31.2%，下降了0.7个百分点[②]。目前我国农村中学生的数量是城市的4倍，而教育经费占比只有38%，农村初中文化程度以上的农民不到四成，远低于城市65.4%的水平。农村劳动力受教育程度的高低直接影响到他们收入的能力、工作的稳定性，据国家统计局农调总队的调查研究，农村劳动力的劳均汇寄款与劳动力的受教育程度之间的相关系数为0.9838，为高度相关。每个农村转移劳动力每增加1年的受教育时间，每年可增加的汇寄款为149元。同时，转移劳动力受教育程度的高低也是影响其职业稳定的决定因素之一。在1997年已转移的农村劳动力回流数中，文盲高达21%，初中以下为17.6%，而初中以上只占9.35%。目前，我国农村劳动力受教育程度偏低是制约其收入增长的主要因素。如表3－7所示，2005年，全国农村劳动力受教育程度偏低，初中及初中以下教

① 资料来源：《中国教育统计年鉴（2006）》。
② 资料来源：《中国统计年鉴（1980～2006）》。

育程度的比例接近90%。此外，东、中、西部地区农村劳动力受教育情况又有所差异，东部地区情况相对较好，西部地区相对落后。

表3-7 2005年全国农村劳动力受教育情况 单位:%

受教育程度	全国	东部地区	中部地区	西部12省、自治区
不识字或识字少	6.87	4.34	5.67	10.42
小学程度	27.23	22.89	26.16	33.42
初中程度	52.22	54.99	55.53	45.92
高中程度	10.25	12.97	9.80	7.78
中专程度	2.37	3.15	2.07	1.82
大专以上	1.06	1.66	0.78	0.64

资料来源：中国农业统计年鉴（2006）。

（二）城乡医疗卫生

目前，农民于医疗卫生的需求勉强可以得到保证，但是服务水平的落后与服务设施的不健全也是普遍的。据调查统计，西部地区农村平均每个乡镇拥有的卫生院不足一个，且一个乡镇一般包含15个行政村，这些数据都低于全国平均水平。目前，全国的医疗资源80%在城市，20%在农村，医疗卫生领域的高新技术、先进设备和优秀人才基本集中在大城市大医院。大部分乡村卫生院医疗设备陈旧，医疗人员水平有限，诊治手段落后，基本属于“询问”治疗，如黑龙江“青冈事件”就是一个典型的案例。农村卫生人员素质、就医环境难以适应农民日益增长的医疗卫生需求，全省农村卫生人员大专以上学历仅占12%，非学历人员占20%以上；医疗设备严重不足，全省900余个乡镇卫生院的医疗设备都是20世纪90年代初“三项建设”时期装备的，大部分已经到了报废年限。截至2006年底，全国村卫生室覆盖率为88.1%；平均每村乡村医生和卫生员1.53人，平均每千农业人口乡村医生和卫生员1.10人，远低于全国每千人口卫生技术人员数3.58人，以及市、县两级的5.14人和2.17人；每千农业人口乡镇卫生院床位数为0.80张，城镇每千人口床位数为2.70张。

同时，农村医疗保障体系覆盖面窄、保障能力有限，未能发挥应有的作用。2005年，参加新型合作医疗的人口达到1.7亿，不到8亿农民的1/4，而且保障能力非常有限，每个人只有30元钱。由于缺乏有效的医疗保障，在农村出现的因病致贫或因病返贫现象屡见不鲜。据卫生部于2003年进行的第三次全国卫生医疗调查显示，农民应住院而没有住院的比例从1998年的63.7%上升到75.4%；因病致贫、因病返贫的农民占全部贫困农民的比例上升到33.4%；在西部地区农村，62%的患者因为经济困难应治疗而没有治疗，75.1%的患者还没有治愈就要求提前出院。

（三）城乡社会保障

改革开放以来，随着经济体制的转型，原先在计划经济体制下城乡社会保障制度存在的基础不复存在。随着经济体制改革的逐步深入，国家逐步在城镇建立了较为完善的以养老保险、医疗保险和失业保险为主要内容的社会保障体系。而农村则不然，改革开放以来在传统计划经济体制下形成的合作医疗保险几乎完全消失，养老保险仍然以家庭保障为核心。这样，城乡社会保障较原来计划经济体制下城乡社会保障的差距更大。例如，2005年末全国参加基本养老保险人数为17487.0万，失业保险人数为10647.7万，基本医疗保险人数为10021.7万，全国共有2500万左右的城镇居民得到政府最低生活保障救济，这些都覆盖在城镇，而绝大部分农民则无法享受到这些作为公民应当享受到的基本权利。再如最低生活保障，截至2007年底，全国共有2270.9万（1065.6万户）城市居民享受了城市最低生活保障，平均保障标准为182.4元/月，全年共发放城市最低生活保障资金274.8

亿元。而农村有3451.9万人（1572.5万户）享受了农村最低生活保障，平均保障标准为70元/月，全年共发放城市最低生活保障资金104.1亿元[①]。

三、我国城乡基本公共服务分配不均衡的分析

从一般意义上讲，政府在城乡间提供均等的、“一视同仁”的公共服务是基于以下假设的：(1) 政府将可支配的公共资源用于城市和农村两个地区的公共服务供给，政府用来提供公共服务的公共资源是通过向城乡居民征收税费的方式获得的，且城乡间的税费制度是统一的，并遵循受益原则和能力原则；(2) 对公共服务供给存在一个统一的公共部门（即单一的政府），而不具体考虑现实中多级次的政府，以及各级政府间复杂关系对公共服务供给数量的影响；(3) 一般情况下，政府总是以追求社会整体福利或公共利益最大化为目标；(4) 政府能够掌握关于个人偏好的充分信息，因此可以根据居民的不同偏好来提供公共服务，以实现资源的最优配置；(5) 居民能够自由地，且以较小代价进行流动；(6) 城市经济的发展水平一般高于农村经济发展水平，因此，城市居民与农村居民相比，对公共服务具有较高的需求，同时也具有较高的纳税能力为政府提供公共服务融资；(7) 公共服务供给制度是无差异的，一国居民可以平等消费政府提供的公共服务，不因偏向性制度上的因素而导致享用公共服务的差异；(8) 城乡居民消费公共服务与私人产品所获得的效用函数是既定的，即他们各自的无差异曲线的形状是不变的，只能进行内外平移。

根据城乡共服务供给的一般情况分析，城乡公共服务供给水平存在差异，这是由城市经济发展水平一般高于农村经济发展水

① 资料来源：整理自《2007年民政事业发展统计公报》。

平的假设所决定的。但这并不等于城乡公共服务就必然存在供给不均等问题。由于公共服务均等化只是一个相对的概念，只有城乡公共服务供给差距扩大到一定限度，才认为城乡公共服务供给出现非均等化情况，才会出现公共服务均等化问题。从我国目前城乡公共服务供给现状看，城乡公共服务非均等供给问题已经较为突出，且与城乡公共服务供给的一般情况假设相冲突：首先，公共服务供给制度无差异，一国居民可以平等消费政府提供的公共服务这个假设并不成立。长期以来我们实行的是城市偏向型公共服务制度，使得城市公共服务供给有余，农村公共服务供给不足。在农村，甚至一些基本性公共服务都存在供给缺失问题，如基本医疗、社会保障等。其次，城乡公共服务供给收益与成本分摊不对称，不仅农村公共服务供给偏少，政府还将农民的一部分收入通过各种税费方式、工农产品“剪刀差”等转移给城市，用于城市公共服务的供给，这就进一步加剧了城乡公共服务的非均等供给。第三，城乡有别的户籍政策、就业政策等，固化、甚至加剧了城乡公共服务的非均等供给。按照蒂伯特的“用脚投票”理论，居民可以像选购商品一样挑选所愿意居住的辖区，并选择那种公共服务最能满足自己意愿而税收又最合理的辖区去居住。而我国农村居民在税负沉重、公共服务缺失的情况下，因城乡有别的户籍政策、就业政策等却无法挑选适合自己居住的辖区，只能被禁锢在农村，这无形中进一步加剧了城乡公共服务供给的不均等。由此可见，我国城乡公共服务供给水平差异并非仅仅是由城乡经济发展水平决定的，而更大程度上是受到歧视性政策的影响，是不公平的，也是非正义的。此外，多级政府下的财政分权体制在我国还存在诸多缺陷，尚不能为实现城乡基本公共服务均等化提供完善的制度保障。

（一）基本公共服务供给分配纵向不均衡

我国在实行财政分权化改革后，中央和省级政府间的事权分配粗略被确定下来，但两级政府间交叉事权却未有明细的划分，且省级以下各级政府间的职责仍然划分不清，不规范。在此情况下，各级政府间事权层层下放，而财权和财力却层层上收。目前基本公共服务的事权，主要由县乡基层财政来承担，像义务教育、公共卫生、社会保障和福利救济等支出大都由基层财政负担。

同时，我国自上而下的官员任用机制也弱化了财政分权对地方政府提供基本公共服务的激励作用。目前，我国官员的政绩考核主要以当地经济增长情况为主要依据，地方政府为了追求经济增长而更倾向于将财政资金投资于见效更快的公共基础设施领域，从而可能会挤占该地区的基本公共服务支出。当然，从短期看，地方政府的这种投资行为对本地经济具有一定的带动作用，但如果出现地方经济的发展对公共基础设施的需求滞后于地方政府的投资冲动时，往往会出现重复投资、“政绩工程”、“形象工程”等现象。

(二) 转移支付尚不能起到均等化作用

目前，我国中央财政对地方财政的转移支付包括财力性转移支付、专项转移支付、税收返还及体制补助4种方式。其中，财力性转移支付又包括：一般性转移支付、民族地区转移支付、县乡财政奖补资金、调整工资转移支付、农村税费改革转移支付和年终结算财力补助等方式。在转移支付形式中，真正属于均等化转移支付形式的实际上只有一般性转移支付，然其所占比重很小，目前只占转移支付总额的10%，因此，均等化作用有限。我们可以通过建立一个简单的数学模型来大致测量一下我国财政转移支付对（中央对省级）均等化财力所起到的作用，即比较转移支付前后各省人均财力的离散程度是否缩小，其中，我们用标准差系数V来表示，V越小表明离散程度越小，人均财力愈均衡。为了比较转移支付前后财力水平均衡程度的变化，构造一个相对指标，将它称为均等化效果系数，即：$U = V_y/V_x$，其中 V_x 是接受转移支付前财力离散程度的指标，即财政收入的标准差系数；V_y 是接受转移支付后财力水平离散程度的指标，即财政支出的标准差系数。当 $0 < U < 1$ 时，表示转移支付起到了财政均等化效果，越接近于0，均等化效果越好；当 $U = 1$ 时，表示转移支付没有起到均等化效果；当 $U < 1$ 时，表示转移支付不但没有起到均等化效果，反而扩大了该地区财力的离散程度。如表 3 - 8 所示，在实施转移支付之前，省际之间的财力差距并未出现较大的波动。实施转移支付之后，省际间财力差距反而加大，U 值由 2002 年的 0.653 增加至 2005 年的 1.591，随后又下降至 2006 年的 1.299。可以说，目前的转移支付体系对均等省际间的财力并未起到应有的效果。

表 3 - 8　全国 30 个省间 2002 ~ 2006 年财政转移支付均等化效果

	2002 年	2003 年	2004 年	2005 年	2006 年
V_x	1.177	1.179	1.208	1.187	1.107
V_y	0.768	0.787	0.769	0.7462	1.439
U	0.653	1.498	1.571	1.591	1.299

资料来源：《中国统计年鉴》，2003 ~ 2007 年。

（三）城乡有别的户籍制度加剧公共服务供给不均等

我国现行的户籍管理制度是新中国成立以后，为适应计划经济体制的确立而逐步建立起来的，其核心内容是把全国人口人为地划分城镇户口和农村户口两大主要类型，并实行有差别的社会福利待遇政策。这在客观上把城乡人口分成两个经济利益上完全不平等的社会阶层，形成了事实上的人身等级制度，强化了人口对所在地区的人身依附关系。这种以城乡分割为特点的户籍制度，不仅在身份上强化了城乡的先天差别，而且进一步加大了城乡差别，同时它对我国城乡间公共服务的不均等供给不可避免地起到固化和加剧作用。根据美国经济学家蒂伯特所提出的理论，假定居民具有迁移的完全自由，那么在竞争性的地方社区之间，居民处于最大化自身效用的动机，会在全国范围内寻找地方政府所提供的公共服务与所征收的税收之间的最佳组合，选择他们最喜欢的社区，并接受和维护该辖区地方政府的管理。我国户籍制度恰恰就扼杀了农村居民“以足投票”的权利，户籍不只是单纯的城市户口和农村户口名称上的差别，其实质内容丰富，城市户口可以享受到平价的粮油供应以及住房、就业、教育等一系列的优惠待遇，而农村户口却没有这些待遇。农村居民迁移的成本十分高昂，甚至是遥不可攀的。即使是在逐步淡化户籍观念的今天，城市中的众多农民工也只能作“候鸟式”的迁徙。由于户籍差别，农村居民没有充分流动的自由，这就无法满足蒂伯特模型所需要的假设。农村居民只能被迫禁锢在农村，忍受沉重的税费负担，享受稀少的公共服务。由此可见，我国城乡差别的户籍政策对于城乡公共服务的非均等供给起到推波助澜的作用。

四、实现城乡基本公共服务均等化的对策

长期以来，我国实行的城乡有别的二元经济社会制度，我国城乡公共服务供给差距已经超过了社会所能容忍的程度，因此，政府首先必须基于分配正义的诉求，为一部分弱势群体提供那些保证人之为人的尊严不被剥夺的最低经济条件。这就要求国家建立完备的、普遍覆盖城乡居民的“安全网”，尤其是对公民的基本生存、基础健康和养老保险等，必须通过税收筹资，按照“收益基准制”进行分配，保证每个社会成员都能以其社会成员的身份而不是以其他名义或条件而平等地获得。当前，由政府出面实行城乡统筹的公共服务供给制度已迫在眉睫。然而，城乡统筹的公共服务供给制度是一系列制度、措施及政策的综合体，当务之

急是政府应该严格控制城市地区超过经济社会发展水平的、带有超前消费性质的楼堂馆舍、迎宾大道、城市广场、城市公共设施等的建设，将这部分公共资源转移给农村，以增加农村公共服务供给。在现代社会，将基础教育、基本医疗保健、最低标准的物质生活等类资源的分配纳入公民基本福利权利，是任何社会正义理论所关注的重点。因此，当前公共服务城乡统筹供给的重点应放在增加农村地区的基础教育、基本医疗保健、最低生活保障等方面，要尽快让广大农村居民享受到均等的义务教育、基本医疗保健、最低生活保障等基本公共服务。

首先，应统筹城乡公共服务成本分担机制。现代公共财政意义上的税收公平原则，意味着向公民普遍征税的一个前提就是公民必须无差别地接受国家提供的公共服务。无论是城镇居民还是农村居民，都要在统一的税制下公平纳税，平等接受政府提供的公共服务，充分体现无差别国民待遇原则。统一城乡税制意味着在农村实行现代税制，将涉农税制置于统一的国民收入分配格局中，从而建立起国家与农民间规范的分配关系。这可以改变过去那种将农业税负担集中于种田农民身上的做法，通过税收负担的均衡化，将那些该征而未征的税收收上来，同时清除那些不该由农民负担的税收，最终实现税收的公平分配职能。

其次，需要明确划分各级政府在农村公共服务供给中所承担的责任，采用因素法测算各地区的标准收入和支出，改变转移支付资金在政府间分配依靠协商谈判方式，以科学合理的标准和技术手段统筹调控各级政府实际所需的大体财力，充分考虑地方政府的支出需求、财政能力和税收努力，建立起规范的财政转移支付制度。

同时，逐步改进农村公共产品供给的决策机制。目前我国农村公共产品“自上而下”的供给机制忽视了广大农民对公共产品的实际需求，导致部分公共产品供给过剩和不足并存、供给质量低下，从而不利于发挥公共产品的效用。因此，应当建立农村公共产品需求偏好表达机制，给予农民充分参与公共产品决策的民主权利，使有限的财政资源能用于大多数农民最急需的公共产品和服务的供给上，从而促进公共服务基本均等化目标的实现。

本节参考文献

1. 安体富："完善公共财政制度，逐步实现公共服务均等化"，《财经问题研究》，2007 年第 7 期。

2. 江明融："公共服务均等化论略"，《中南财经政法大学学报》，2006 年第 3 期。

3. 马国贤："基本公共服务均等化的公共财政政策研究"，《财政研究》，2007 年第 10 期。

4. 谷成："财政均等化：理论分析与政策引申"，《经济理论与经济管理》，2007 年第 10 期。

5. 谷成："财政均等化的理论分歧与现实选择"，《社会科学辑刊》，2007 年第 6 期。

6. 于树一："公共服务均等化的理论基础探析"，《财政研究》，2007 年第 7 期。

3.4 公共服务均等化目标与统筹城乡的财税政策[①]

统筹城乡发展将是我国长期的战略选择和建设社会主义新农

① 本节以河北省为例。

村的必由之路。在政府采取措施统筹城乡发展中城乡间差距的扩大化趋势说明了政策亟需调整和优化。在新形势下应当以公共服务均等化为目标和导向，进一步推动统筹发展，最终消除城乡二元经济结构和城乡间差距，实现城乡、区域协调发展，城乡经济一体化。

一、城乡统筹发展亟需进一步推动

党的十六大从战略高度重新提出农村和农业经济问题，把加快农业和农村经济发展作为迫切任务。党的十六届三中全会又明确提出要树立和贯彻科学发展观，将统筹城乡发展作为科学发展观的重要内容。党的十七届三中全会决定更加明确我国总体上已进入以工促农、以城带乡的发展阶段，进入加快改造传统农业、走中国特色农业现代化道路的关键时刻，进入着力破除城乡二元结构、形成城乡经济社会发展一体化新格局的重要时期，“必须统筹城乡经济社会发展”，“把国家基础设施建设和社会事业发展重点放在农村，推进城乡基本公共服务均等化，实现城乡、区域协调发展，使广大农民平等参与现代化进程、共享改革发展成果”。

从现实情况看，尽管政府采取了种种措施与政策致力于统筹城乡发展与公共服务均等化，努力消除城乡二元经济结构和城乡间的差距，但由于长期以来财政政策、就业政策、住房政策、粮食政策、户籍政策、社会保障政策、产业政策、价格政策等各项政策的综合作用及政策惯性影响，我国城乡二元结构仍然存在，甚至城乡间的差距不但未减小，反而有扩大化趋势。

（一）从经济发展水平看城乡间差距

十一届三中全会之后，改革首先从农村开始，农业产值增长及其在总产值中的比重较高。但随后第一产业产值规模相对缩小、比重降低，城乡经济和社会发展的差距明显扩大。第一产业产值占城乡国内生产总值的比重1978年为28.13%，到1979年达到峰值31.27%，此后该比重逐年降低。2003年到2004年该比重略有提高，但从2005年以后该比重的降低趋势依旧，到2007年达到最低点，仅为11.72%（见图3－2）。

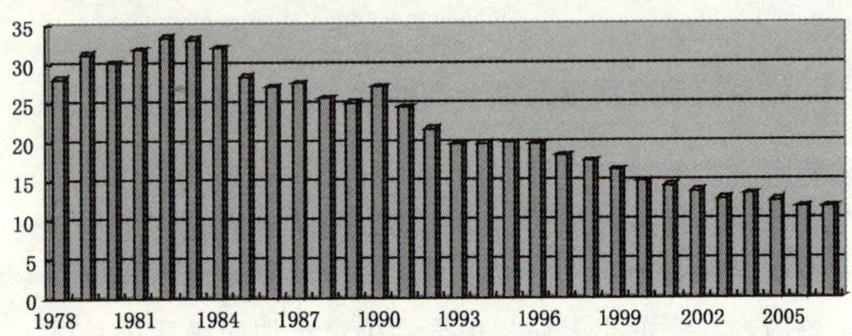

图3－2　第一产业产值占城乡国内生产总值的比重

数据来源：中华人民共和国国家统计局全国及地方年度统计公报。

以河北省为例，1952年河北省第一产业产值占城乡国内生产总值的比重为62.31%，1957、1962及1965年分别为49.92%、49.39%和51.16%。可见，河北是以农业为主的省份。但从20世纪70年代起该比重开始大幅度下降，2004年略有回升，2005年又呈现下降趋势，到2006年该比重仅为13.84%，这说明河北省城乡经济发展不协调的状况没有改善，且城乡差距有明显加剧趋势（见图3－3）。

（二）从居民收支及财富状况看城乡间差距

1. 居民消费性支出水平。

2007年，全国年社会消费品零售总额89210亿元，比上年增长16.8%。其中，城市消费品零售额60411亿元，增长17.2%，所占比重为67.72%；县及县以下消费品零售额28799亿元，增长15.8%，所占比重为32.28%，城乡差距明显。

2007年，河北、山东和辽宁三省均呈现消费市场持续快速增长、城乡市场共同繁荣的特点。山东省实现社会消费品零售总额

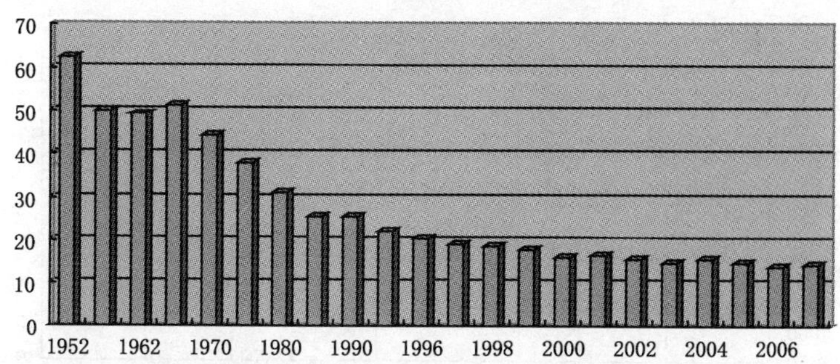

图3－3　第一产业产值占城乡国内生产总值的比重

数据来源：中华人民共和国国家统计局全国及地方年度统计公报。

8438.8亿元，比上年增长18.5%，总量与增幅均创近十年新高。其中，城市实现社会消费品零售额6363.5亿元，比上年增长19.6%，占75.4%；农村实现零售额2075.3亿元，增长15.3%，所占比重为24.6%。辽宁省全年社会消费品零售总额4030.1亿元，比上年增长17.3%。其中，城市消费品零售额3372.0亿元，增长17.3%，占83.67%；县及县以下消费品零售额658.1亿元，增长17.6%，仅占16.33%。河北省社会消费品零售总额实现3986.2亿元，增长17.3%。其中，城市零售额1909.3亿元，增长18.4%，占47.9%；农村零售额2076.9亿元，增长16.3%，所占比重为52.1%。从农村零售额所占比重看，河北省远远高于山东和辽宁两省。

2. 居民储蓄余额。

居民储蓄存款余额反映了城镇居民的财富状况。我国城乡居民人民币储蓄存款余额增幅从2003年的19.2%降至2007年的6.8%，基本呈逐年下降的态势，尤以2007年降幅最大。以2006年为例，农村居民存款仅为7414.0亿元，所占比重仅为4.6%，远低于城市居民储蓄存款余额，农村居民实际占有社会财富明显低于城市居民（见图3－4）。

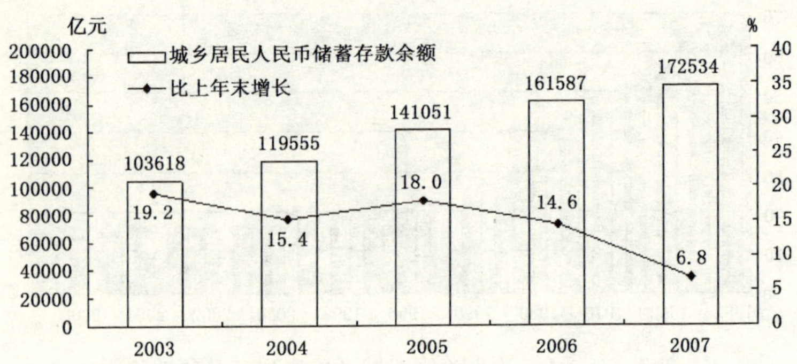

图 3－4　2003～2007 年城乡居民储蓄存款余额及增长速度

数据来源：中华人民共和国国家统计局全国年度统计公报（2007）。

3. 居民可支配收入。

我国城镇居民家庭人均可支配收入从 1978 年的 343.4 元增长到 2006 年的 10493 元，农村居民家庭人均纯收入从 1984 年的 133.6 元增长到 2006 年的 3587 元，城镇居民家庭人均可支配收入历年均远远高于农村居民家庭人均纯收入。但从指数看，由于城镇居民家庭人均可支配收入 1978 年的基数是农村居民家庭人均纯收入基数的 2.6 倍，因此，农村居民家庭人均纯收入指数历年均高于城镇居民家庭人均可支配收入指数，到 2006 年接近持平（见图 3－5）。

1978～2007 年的 20 年间，河北省城镇居民收入增长了 41.3 倍，而农民收入仅增长了 36.64 倍。改革开放初期，由于农村家庭联产承包责任制、城市改革的滞后等，同期农民人均纯收入的增长快于城镇居民可支配收入增长，城乡居民间收入差距逐年缩小，由 1978 年的 2.42：1 缩小到 1984 年的 1.51：1。20 世纪 80 年代以后，河北省城乡居民年均可支配收入的差距呈逐年拉大的趋势，从 1984 年的 1.51：1 快速上升到 1993 年的峰值 2.74：1。1994 年以后，由于亚洲金融危机的影响，城市居民收入增长缓慢，城乡居民收入差距呈现了缩小态势，直至 1998 年的 2.11：

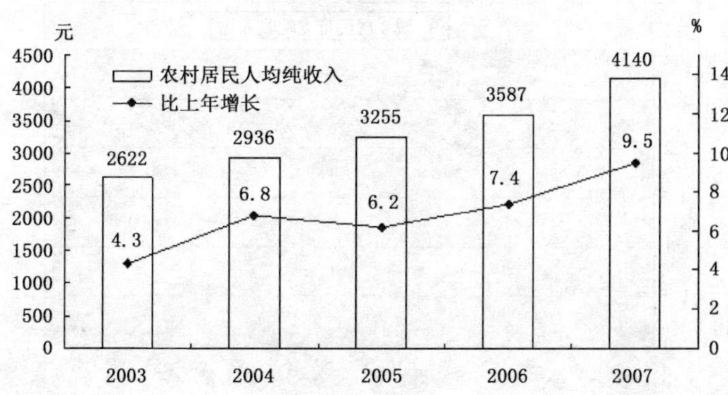

图3-5　2003~2007年农村居民人均纯收入及其增长速度

数据来源：中华人民共和国国家统计局全国年度统计公报（2007）。

1。之后随着我国积极财政政策和宏观经济政策的实施，城乡居民收入差距又开始相对缓慢扩大，从1998年的2.11∶1逐步增大到2003年的2.54∶1。2003~2005年，在宏观财政经济政策的调控下，城乡居民可支配收入的差距呈现缩小趋势，但最近两年城乡居民收入的差距又急剧扩大（见图3-6）。与山东、辽宁两省相比，2007年，河北省无论是城镇居民还是农村居民可支配收入均较低，尤其是农村居民可支配收入差距更大，山东与辽宁分别比河北农民纯收入高16.1%和11.2%。

从恩格尔系数看，我国城乡居民的恩格尔系数总体呈下降趋势，1978年分别为57.5和67.7，到2006年分别降到36.7和45.5，这说明我国城乡居民总体呈现生活好转趋势。但农村居民的恩格尔系数仍然较高，2006年的系数水平和城镇居民1997、1998年的水平相近。可以说，城乡居民生活水平大体相差10年左右。从省际之间比较看，河北省城镇居民家庭恩格尔系数高于山东（分别为33.9%和32.9%），但农村居民家庭恩格尔系数低于山东（分别为36.8%和37.8%），这可能是由居民的消费习惯引起的。从支出规模看，山东城镇居民人均消费性支出为9667

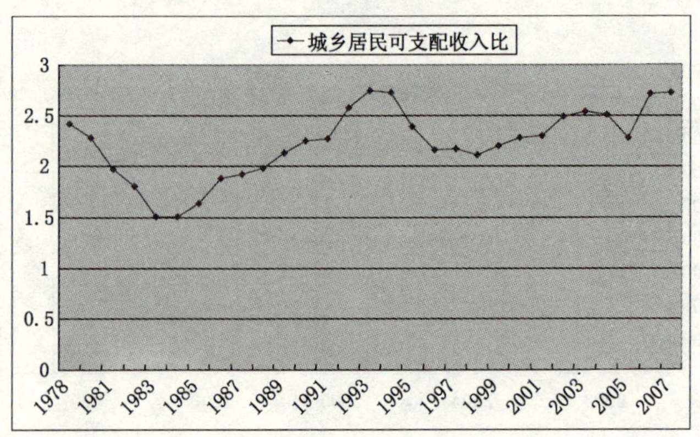

图 3－6 城乡居民可支配收入对比

数据来源：《河北农村统计年鉴（2005）》，《河北经济年鉴（2005）》，《中国财政年鉴（1996～2005）》，中华人民共和国国家统计局地方年度统计公报。

元，比河北省高 17.4%，山东省农民人均生活消费支出为 3622 元，高于河北省 30.1%，农民消费性支出差距较大。

（三）从财政支出规模及公共服务水平看城乡间差距

1. 财政支农支出。从全国的财政支出看，在地方财政收入比重逐年降低的情况下，财政支出的比重却呈逐年上升的态势。从 1994 年的 69.7% 上升到 2006 年的 75.3%。国家财政用于农业的支出 1978 年为 150.66 亿元，2006 年为 3172.97 亿元，2007 年更是达到了 4318.32 亿元。但从财政支农资金占财政支出的比重看，却呈明显的下降趋势。从 1978 年的 13.43% 降到了 2006 年的 7.85%，2007 年该比重略有回升，但仅为 8.7%。从部分省份分析，2007 年，山东、辽宁两省的支出规模分别为 2262.5 亿元和 1762.96 亿元，均大于河北省的 1478.5 亿元。从支出结构看，山东、辽宁两省的农林水事务支出分别为 163.09 亿元和 122.28 亿元，占财政支出的比例分别为 7.21% 和 6.94%，河北省全省农林水事务支出 107.7 亿元，占财政支出的比例为 7.28%，高于辽宁省但与山东省基本持平。从历史上看，河北省财政支农资金从 1984 年的 3.36 亿元增长到 2004 年 58.59 亿元，但财政支农资金占财政收入的比重 1984 年为 9.37%，2003 年仅为 4.73%，远低于全国的 7.12%，2004 年虽有回升，也仅为 7.46%，均低于全国水平。

2. 受教育水平。随着学历的提高，城乡之间的差距逐渐拉大。城市人口中高中、中专、大专、本科、研究生学历人口的比例分别是农村的 3.5 倍、16.5 倍、55.5 倍、281.55 倍、323 倍（见图 3－7）。同时，重点大学中农村学生减少：国家重点高校，占有较多文化、经济和社会资本的城市子女占了相当大的比重，农村学生和弱势阶层的子女逐渐减少。教育资源、教育质量相对较弱的地方性高等院校聚集了较多农村学生。这表明高等教育入学机会的城乡差距转移为隐性的、更深层次的城乡差距。清华大学、北京大学、北京师范大学等国家重点大学，20 世纪 90 年代以来招收的新学生中，农村学生的比例呈下降趋势。清华大学 2000 年农村学生的比例为 17.6%，比 1990 年减少 4.1 个百分点（见图 3－7）。

3. 公共卫生与基本医疗服务。其一，卫生投入差距。1990 年到 2005 年期间，城乡人均卫生费用有较大增长，但城乡人均卫生费用的差距却在扩大。2005 年，我国人均卫生总费用为 662.3 元，其中城市为 1122.8 元，农村为 318.5 元，城市为农村的 3.53 倍。城乡居民个人卫生费用负担也有差别，农村居民人均纯收入不足城镇居民人均可支配收入的 1/3，但农村居民个人承担的医疗保健支出占其全年消费性支出的比重（7.87%）却高于城镇居民（7.56%）。其二，医疗卫生资源分布差距。2006 年，按市县统计的每千人拥有的医疗卫生技术人员为 3.59 人、医疗机构床位数为 2.54 张；而每千农业人口乡镇卫生院人员数为 1.16 人，每千农业人口乡镇卫生院床位数为 0.81 张。同时，

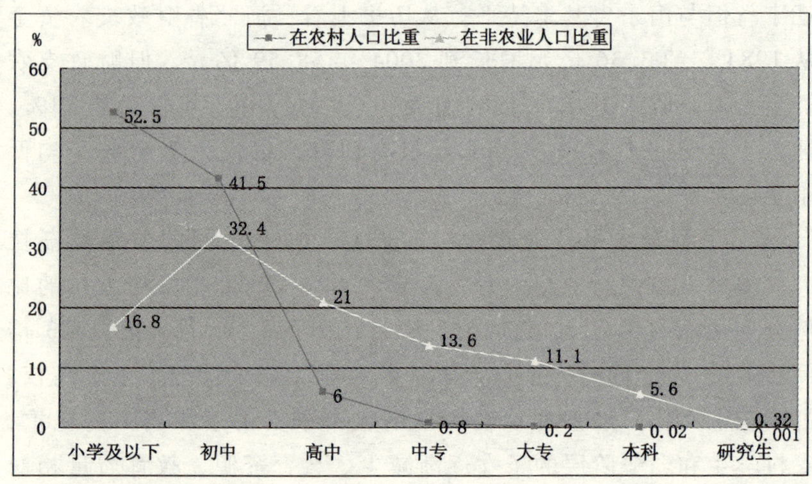

图3－7 不同学历人口在农业人口和非农业人口中的比例（%）

数据来源：新华网。

农村卫生资源利用率也低于城市。2006年县及县以上医院综合病床使用率为72.4%，而乡镇卫生院则仅有42.2%。其三，卫生服务差距。育龄妇女和儿童是卫生服务的特殊人群，通过比较城乡妇幼保健情况，可以衡量城乡之间卫生服务差距。第三次国家卫生服务调查结果显示，2003年，大城市的产前检查率、住院分娩率和孕早期检查率分别为97.5%、92.9%和80.6%，中等城市的产前检查率和住院分娩率最高，分别达到99%和98.6%，而四类农村的三项指标分别只有63.2%、43.4%和24%，城乡差距明显。另外，城乡居民患病应就诊而未就诊的比例为48.9%（其中，城市57%，农村为45.8%），因经济困难而未就诊的比例达38.2%；患者应住院而未住院的比例高达29.6%（其中，城市为27.8%，农村为30.3%）。在出院患者中，病情未愈就主动要求出院的占43.3%，其63.9%是由于经济困难。这与大多数农民医疗保险（即尚未参加新农合）有关，也与城乡居民收入差距密切相关。

4. 社会保障。我国城镇养老、医疗、失业、工伤等各项基本社会保障起步早于农村，已初步建立了相对完善的体制和制度。农村基本社会保障体制和制度仍在探索之中，距离实现农民“困有所救、病有所医、老有所养”目标，仍有很大差距。2002～2006年，城镇养老保险参保人数从14736万上升到18766万，增长27.35%；而农村养老保险参保人数从5462万下降到5374万，下降1.61%。2007年，全国建立了农村最低生活保障制度，但与城市最低生活保障制度相比，农村最低生活保障制度建设滞后，保障范围小，保障程度低。截至2006年年底，享受最低生活保障的人数，城市为2240.1万，农村为1593.1万，城市比农村多647万人；城市最低生活标准和最低生活保障平均支出水平分别为169.6元和83.6元，分别是农村的2.39倍和2.42倍。

综上所述，经济社会生活中的城乡间差距仍然较大，甚至某些方面的差距有扩大化趋势，尤其是教育、公共卫生与基本医疗服务、社会保障等基本公共服务在地区之间、城乡之间和不同群体之间的差距正在逐步拉大，而城乡间基本公共服务的不均等，必然成为我国建设社会主义和谐社会城乡、地区协调发展的障碍。因此，在建设社会主义新农村过程中，必须采取切实措施，以实现城乡间公共服务均等化为目标，进一步推动城乡统筹发展，最终实现二元经济结构的消除和城乡经济社会发展一体化。

二、进一步推动城乡统筹发展应以公共服务均等化为目标

2005年，党的十六届五中全会提出了“公共服务均等化”的概念。2006年3月，《“十一五”规划纲要》正式提出了基本公共服务均等化的原则。2006年10月，党的第十六届六中全会通过的《中共中央关于构建社会主义和谐社会若干重大问题的决定》对实现基本公共服务均等化作了较为详尽的阐述。党的十七

大进一步提出了“围绕推进基本公共服务均等化和主体功能区建设，完善公共财政体系”。党的十七届三中全会《中共中央关于推进农村改革发展若干重大问题的决定》更加明确提出“必须把握农村改革这个重点，在统筹城乡改革上取得重大突破，给农村发展注入新的动力，为整个经济社会发展增添新的活力”，要“把国家基础设施建设和社会事业发展重点放在农村，推进城乡基本公共服务均等化，实现城乡、区域协调发展，使广大农民平等参与现代化进程、共享改革发展成果”。可见，基本公共服务均等化已经成为中国政府贯彻以人为本、统筹发展的科学发展观的重要内容和科学内涵，是推动城乡、区域经济社会全面、协调、可持续发展的重要指导原则。因此，在进一步推动城乡统筹发展过程中，必须以实现公共服务均等化为导向和目标，把国家基础设施建设和社会事业发展重点放在农村，通过完善公共服务体系、加快服务型政府建设，实现城乡协调发展和城乡经济社会一体化，最终消除二元经济结构与城乡差距。

为实现公共服务均等化的目标，在制定统筹城乡发展的财税政策时必须坚持以下原则：

（一）国家基础设施建设和社会事业发展重点放在农村

无论是城市还是农村，公共产品都是生产和生活所必需的。与城市相比，我国农村公共产品供给严重短缺，甚至基本的公共产品也十分缺乏。这种状况的出现，既有自然原因，又与政府执行不同的城乡公共产品供给制度直接相关。为尽快实现工业化，长期以来，我国在公共产品供给上选择了重城市轻农村的两套供给政策：一套是城市所需要的水、电、道路、通讯、学校、医院、图书馆等公共基础设施由国家来提供；另一套是农村的公共基础设施主要靠农民自身解决，国家仅给予适当补助。50多年来，该制度一直走的是一条城乡分割的发展道路。城市公共产品供给制度与农村公共产品供给制度存在着巨大差异，并处于严重的失衡状态。当前我国农村公共产品供给总量严重不足、城乡差距仍在不断扩大，任由这种巨大差距延续下去，既不利于“三农”问题的解决和城乡统筹协调发展，也不利于全面建设小康社会目标的实现，农村核心公共产品供给不足已成为制约农村甚至整个国家经济社会发展的瓶颈。因此，在未来可预见的长时期内应始终不渝地将基础设施建设和社会事业发展重点放在农村，为“三农”问题的彻底解决提供基本公共服务支持，推动城乡之间劳动力等各种生产要素的自由流动和优化配置，完善社会保障体系，在农村公共产品的提供上给予更多的扶持，最终实现农民与市民的平等发展。

（二）努力推动农业产业尤其是乡镇企业的发展

城乡统筹发展的根本出路在于农业产业尤其是乡镇企业和乡村经济的长足与健康发展。农业经济自身的健康与长足发展是根本，无论是政府推动还是以城市反哺农村，都不能替代农业经济自身的发展。而农村经济发展的严重滞后和弱质性、市场竞争的不完全性、外部不经济以及公共产品的生产与供给的城市偏向，显然不可能依靠城市或农村单方面解决所有问题，不可能依靠市场经济机制解决，而必须依靠政府运用其掌握的宏观调控政策工具，通过支持、限制等措施加以引导。因此，在统筹城乡发展中，正确认识政府的职责与定位是一个关键。政府作为主导，应当利用自己掌握的政策工具努力推动农村经济的健康发展。当前农村剩余劳动力就业问题的加剧，其根本原因就在于劳动力需求的增长缺乏产业依托，而农业产业化进程缓慢，乡镇企业吸纳就业的能力减弱就很好地说明了农业经济自身发展的重要性与严峻性。

（三）以提高农民可支配收入为重点

笔者以为，城乡差距的根本消除就是城乡居民可支配收入差距的切实减小以致消除。而当前农村居民的可支配收入增加已经成为我国经济社会发展的头等大事。因此，必须以十七届三中全会确定的农村土地承包经营权的改革为核心，通过建立健全农村土地流转制度，降低农用土地使用权的交易成本，使善于和乐于农业经营的农民能够较容易地获取更多的土地使用权，扩大土地经营规模，提高农业经营的规模效益；同时通过完善农村剩余劳动力转移的制度保障和渠道，让农民能够容易地离开土地，有更多的就业机会，从而大幅增加农村居民尤其是低收入农村居民的可支配收入，实现各自利益的最大化。因此，一方面要继续完善政府财税制度进一步减轻农民负担，除了给予税收上的优惠措施，如继续免征增值税、所得税及财产税，还应降低农民的基本生活和其他费用支出，特别是教育卫生支出；另一方面要以维护农民合法权益为核心，通过制度保障来促使更多的农村劳动力转移，通过城镇化或者走出去来提高农村居民收入。

（四）切实修正政策导向和体制障碍

必须以科学发展观为指针，认真审视我们长期保留并且现在仍在发挥作用或产生影响的体制和做法，切实改变和修正那些符合均等化目标和统筹发展、侵害农民的合法权益、限制农民的自由、阻碍农民的收入增长、不利于整个经济社会健康发展的体制障碍，同时建立一整套公正有效的机制，促进农民收入的提高。如进一步深化户籍制度改革，取消对农村劳动力的歧视性规定，进一步破除分割城乡劳动力市场的政策藩篱，实行按居住地划分城乡人口、按职业确定身份的新的户籍登记制度，并建立城乡一体化的社会保障制度，消除城市社会中那些对外来从事非农工作的农民及其子女的种种限制和规定，改变以往对他们所采取的多种政策性歧视，赋予进入城镇的农民与城镇居民同等的就业、教育、医疗、社会保障等方面的待遇。要建立法律援助制度，积极为外出劳务人员提供必要的法律帮助。要及时依法处理农村劳动力进城务工人员在工资、保险、福利、工伤、劳动合同、劳动争议等方面的问题，敦促用工企业按照《劳动法》的要求，落实农民工的工作条件、劳动时间、劳动报酬、福利待遇、企业缴纳社会保险等待遇，保障农民工的合法权益。

三、以公共服务均等化为目标，进一步推动城乡统筹发展的财税政策分析

以公共服务均等化为目标，为进一步推动城乡统筹发展，相关政策建议如下：

（一）加大对农村、农业的供给力度，突出重点

党的十七届三中全会要求“必须把握农村改革这个重点，在统筹城乡改革上取得重大突破。目前，我国农业和农村发展还处在艰难的爬坡阶段，农村基础设施脆弱、公共服务不足、农民收入增长困难的问题还很突出，农业农村仍然是经济社会发展中最薄弱的环节。所以，必须充分发挥财政投资在统筹城乡发展、推进社会主义新农村建设中积极而重要的作用，实现基本公共服务均等化。

1. 增加财政对农业和农村的投入，建立健全财政支农资金的长效稳定增长机制。农业是弱质产业，对农业进行支持和保护是政府的重要责任，也符合国际惯例。近年来，政府财政支农资金支出虽逐年增加，但仍存在总量不足、比重下降的问题。随着经济的发展，一方面，要认真落实《农业法》的规定，不断增加对农业的投入，增加财政支农资金总量。另一方面，要提高支农资金在财政总支出中的比重，确保对农业投入的增长幅度高于财政经常性收入的增长幅度。同时，要进一步完善相关法规，合理划分中央和地方在支农资金投入上的事权，进一步明确各级政府的支农责任，逐步形成稳定可靠的财政支农投入保障机制。

2. 由预算安排足够资金保证农村公共产品和基础设施的供给，以满足农村基本的社会公共需要，促进农村的经济社会发

展。如乡村建设中的道路、公共交通、供水和排水系统、农田水利、通讯设施等，都须由政府通过财政资金来提供。

3. 增加对农村义务教育的投入，保证农村人口质量不断提高，为农村发展提供智力支持。要不断深化农村义务教育经费保障机制改革，按照“明确各级责任、中央地方共担、加大财政投入、提高保障水平、分步组织实施”的原则，逐步将农村义务教育全面纳入公共财政保障范围，建立中央和地方分项目、按比例分担的农村义务教育经费保障机制，全部免除农村义务教育阶段学生学杂费，对贫困家庭学生免费提供教科书并补助寄宿生生活费，提高农村义务教育阶段中小学公用经费保障水平，建立农村义务教育阶段中小学校舍维修改造长效机制，巩固和完善农村中小学教师工资保障机制，确保农村中小学教师工资按照国家标准按时足额发放。

（二）整合涉农资金，发挥资金整体效益

1. 改革政府投融资制度，充分发挥政府投资的导向作用。在调整和优化农业财政支出结构，增加农业基础性投入，为其他投资主体增加农业投入创造良好外部环境的同时，改变财政投入方式，减少政府直接办项目，加大对农民和社会办项目的补助；要在税收、补贴、贴息等方面对农业投资给予优惠和奖励，以吸引社会资金投向农业；还要通过税收优惠等政策措施鼓励农业利润用于农业再投资。

2. 整合财政支农资金，提高财政资金效益。近年来，各级财政不断加大对“三农”工作的支持力度，财政涉农资金不断增加。针对涉农资金来源渠道多、部门分割、使用分散，部分资金拨付不及时，整体效益较差的情况，应允许地方政府根据当地实际情况和涉农资金的有关规定，对现有涉农资金进行科学分类和清理。除救灾资金及应急资金因其他特殊情况不宜整合使用外，统筹安排来自各种渠道的涉农资金，突出重点，提高涉农资金的整体效益。

（三）注重长效，加大对农业的专项扶持

农业在国民经济中的基础性地位以及其弱质性特征，决定了财政应该利用财政补贴的形式对农业的发展进行专项扶持。我国自2004年起，在农村实施了“三补贴”政策，即粮食直补、良种补贴和农机具购置补贴。这些财政补贴政策刺激了农民的生产积极性，提高了农业生产效率，促进了农业增效、农民增收目标的实现。在此基础上，应借鉴美国、日本和韩国等国家的经验，进一步完善专项扶持制度。

1. 重视农村教育，尤其是职业教育。（1）普及高中教育，增加农村适龄青年进大学的机会，提高农村人口的整体文化水平，提高农村劳动者的素质，提高其转入非农产业的适应性。（2）注重职业教育，建立职业培训机构，进行各种形式的职业培训，为农村工业企业提供合格的劳动力，满足农村工业化的需要。（3）建立教育下乡制度，安排大专院校教师和科研院所的科技人员轮流到农村巡回讲授和推广科技文化知识，保证农业生产者可以随时得到各种教育、咨询服务；同时，教学和科研人员以生产中发现的问题为研究课题，使教育、科研与农业生产紧密结合。（4）注重培训新农村建设的基层领导者，以地区开发、意识革新、经营革新、市民教养等为培训内容。可以安排国家公务员、社会名流、知识界人士和企业老总等社会各界人士参加新农村基层领导者教育，增强学习的针对性和实用性。

2. 建立农业科技专项支持体系，带动农业科技发展。（1）政府应投入一定经费，大力支持农业高等院校和农业实验站，实现教学、科研和推广的三位一体，保证农业科技在世界上的领先地位。（2）由政府统一组织和指导农业技术推广体系，制定农业科技推广工作的相关制度，由农业主管机构专门负责农业科技的组织、协调、指导和推广工作，由地方政府负责监督和指导农业技术推广工作及发放推广经费。(3) 加大农业科研的投入，必须保证农业科技投入占中央政府和地方政府开支的一定比例，并保持一定的增长比例。可以考虑像巴西那样，明确规定农业科技投入占联邦政府开支的15%，在《科技进步法》中规定对科技的投入必须保持每年5%的增长率。保证农业科技投入的长期、稳定性，促进农业的持续高速增长。

(四) 加强对农村贫困人口的财政救助，建立城乡统筹的社会保障制度

我国区域经济发展不平衡，农村存在着大量的贫困人口和低收入人口。据国家统计局农村社会经济调查司对全国31个省(区、市) 6.8万个农村住户的抽样调查，2006年年末全国农村绝对贫困人口2148万人，占农村人口的2.3%，初步解决温饱但还不稳定的低收入人口3550万，占农村人口的3.7%，绝对贫困人口与低收入人口合计为5698万人，占农村人口的比重为6%。为了切实解决我国农村贫困人口的生活困难，逐步缩小城乡差距，政府应在全国范围内建立一系列的农村救助制度，由财政安排资金对农村的弱势或特困群体进行救助，以保证其基本生活需要得以满足，维护农村经济社会的稳定。如建立农村最低生活保障制度，对因病、因灾、因残致贫的农村特困户及其他低于当地最低生活水平的各类特困家庭及其成员进行救助；建立完善农村合作医疗制度，为农民提供基本医疗保障，解决看病难、看病贵问题；建立大病医疗救助制度，减轻农村大病患者的医疗负担，有效解决农民因病致贫、因病返贫问题；建立长效机制，对非义务教育阶段的农村特困生进行救助，以实现公平教育，提高农村劳动力的整体素质。

(五) 充分利用政府采购制度

政府采购是指国家各级政府为从事日常的政务活动或为了满足公共服务的目的，利用国家财政性资金和政府借款购买货物、

工程和服务的行为。政府采购不仅是指具体的采购过程，而且是采购政策、采购程序、采购过程及采购管理的总称，是一种对公共采购管理的制度。完善、合理的政府采购对社会资源的有效利用、财政资金的使用效果起着很大作用，是财政支出管理的一个重要环节，是实现财政支农目标的重要手段。

1. 结合预算管理制度改革，积极推行国库集中支付制度和政府采购制度，对财政支农项目和大宗涉农物资设备实行公开招标制度，借助专家的智慧和市场竞争机制，提高财政支农资金的使用效果，增强政府公信度，增大政府决策的透明度。

2. 在政府采购（包括对消费品和新产品、新技术的采购）的招投标过程中，应体现在节能减排等政策上政府的表率作用，体现对科技创新的支持，形成对财政支农政策的配合和支持。

3. 建立对特定服务或工作岗位的政府采购制度，如对农村尤其贫困地区中小学教师岗位、医疗卫生岗位、科技推广岗位等进行政府采购，实行"两高、两好、一灵活政策"（上学时的高补贴、工作时的高工资、好环境、好待遇、相对灵活的年限），引导大学毕业生到农村就业。这样既可以满足相关政策对人才的需求，又充分体现政府对农村、农业的支持，体现政府的就业导向。

（六）完善对农民农业收入的税收优惠政策，使税收导向性更强

1. 完善有关流转税。在尽快实现增值税转型的同时，对进入市场的农产品继续给予较低税率；对农业科技成果转化产品包括新型农用设备给予免税，提高农产品的科技含量。在营业税中增加对农业科技成果包括技术和品种专利转让取得的收入的免税，以提高农业科技成果转化率。

2. 完善企业所得税。随着我国产业结构、资源配置的优化，工业发展的同时农业产业化渐成规模。如在山东等部分农业发达

省份，农业产业化、市场化体系已经比较完善，农业内部分工增加，农业经济效益不断提高。因此，应该注重利用企业所得税法，推动农村经济健康发展。制定对从事农业基础项目经营的乡镇企业的所得税优惠政策，吸引更多资金、更多企业向乡镇流动，以弥补政府直接支出的不足；制定对以农产品为原料的加工企业的所得税优惠，引导企业对农产品进行深加工；制定对绿色农产品生产销售的所得税优惠，引导企业生产绿色无公害产品，既提高知名度和市场信誉，又增加农民就业和提高农民收入。

3. 完善个人所得税。制定对从事农业基础项目经营的农民的所得税优惠政策，吸引更多资金向农业流动；制定对到农村工作的个人的所得税优惠，如对在农村和城市工作的个人，取得同样的收入纳税不同，引导人才向农村流动。

4. 大力推进农业产业化，扶植龙头企业发展。我国农业生产仍属小农生产方式，市场化率低，没有能力为国家税收作太大贡献。扶植龙头企业发展，培育农业增长点，有利于加快城乡经济一体化，为统一城乡税制创造好的条件。农业产业化后，一是可以形成规模效应，便于税收集中征管，降低征税成本；二是可以分离出剩余的农村劳动力，从事第三产业，进一步扩大税源。

（七）开征新税种，体现国家有关政策

1. 开征环保税收。开征污染税、污染物排放税、燃料税、白色污染税等环保税种，通过对农产品品质和环境有重大危害的农药和化肥等征税，不断完善环境保护税体系。这样，减少农业生产、农村生活中的污染物排放和使用，保护与改善生态环境，杜绝污染物在城乡之间的转移，降低污染治理成本，实现城乡经济社会的可持续发展。

2. 开征教育税。将教育费附加并入教育税征收，保证地方教育经费的稳定，既有利于缓解农村义务教育资金紧张状况，也有利于规范政府收入制度和税制。

3. 开征遗产与赠与税。目前，在我国城乡已出现了一部分居民与另一部分居民收入和财富差距过于悬殊的问题，开征遗产与赠与税不仅具备了条件，也有其必要性。在统筹城乡发展过程中，开征遗产与赠与税既能激发人的潜能，使中华民族勤劳美德代代相传；又能充分利用社会资源，提高资源使用效率；还能缓解居民收入和财富差距，促进社会稳定。

本节参考文献

1. 丁元竹：《现阶段的基本公共服务均等化》，人民网，2007年5月28日。

2. 孔令磊、毛云霞："实现基本公共服务均等化的财政思考"，《当代经济管理科学》，2007年第11期。

3. 陈昌盛、蔡跃洲：《中国政府公共服务：体制变迁与地区综合评估》，中国社会科学出版社，2007年。

4. 王翠芳："试探新农村建设中城乡基本公共服务均等化问题"，《经济问题》，2007年第5期。

5. 肖鹏："和谐社会与公共服务的提供机制"，《经济管理》，2007年第1期。

6. 林万龙："经济发展水平制约下的城乡公共产品统筹供给：理论分析及其现实含义"，《中国农村观察》，2005年第2期。

7. 约瑟夫·E. 斯蒂格利茨：《公共部门经济学》，中国人民大学出版社，2003年。

8. 王谦："城乡公共服务均等化的理论思考"，《中央财经大学学报》，2008年第8期。

9. 刘献灿、赵书丽："浅谈农村劳动力的就业培训"，《经济论坛》，2007年第17期。

10. 胡毅东、刘献灿："加快农村劳动力转移的财政支持政策研究”,《公共支出与采购》,2007 年第 5 期。

3.5 城乡公共服务供给均衡化及其约束条件

进入 20 世纪 90 年代以来，城乡公共服务供给的非均衡问题越来越受到人们的重视。因此，在城乡公共服务供给中，从社会公正的层面，以人人共享、普遍受益的基本宗旨作为相应制度安排和机制创新的依据，应坚持的一个重要理念就是：城乡公共服务供给均衡化。现实中，任何事物都受一定条件约束，有些受制于环境因素，而有些取决于受约束者本身的性质。在政府财政有限供给能力下，城乡公共服务均衡供给成为众多因素决定的函数。城乡公共服务供给均衡化受生产力发展水平、政府既是改革者又是被改革者、政府治理变革中的制度伦理精神和政府治理理念等条件的制约。

一、关于城乡公共服务供给均衡化概念的思考

公共服务对于一个国家经济社会的发展起着十分重要的推动作用，完善的公共服务供给体系可以提高经济社会运行的效率，推进社会进步。公共服务也是城乡居民生产生活不可或缺的基本条件，均衡地享受公共服务是每一个公民的基本权利。改革开放 30 年来，我国经济社会取得了快速发展，城乡居民生活有了显著改善。但是，由于城乡二元经济社会等因素的影响，城市与农村之间还存在很大差距。除了城乡居民收入差距之外，最重要的是农村居民享受到的公共服务和城市居民相比差距非常大，甚至超过了收入方面的差距。伴随着我国改革开放程度的提高、社会

主义市场经济体制的建立和公共服务体制改革的深化，城乡公共服务的非均衡供给成为人们关注的焦点。

公共服务供给是指公共服务由谁以何种方式筹集资金并加以使用，向社会成员提供公共服务。根据奥斯特罗姆等人的论述，对于公共服务供给，需要主要解决的是供给的种类和数量、如何支付生产费用、如何生产以及如何确保提供的公共服务的质量。均衡化体现的是一种和谐，是在两种相反的力量之间寻找一个平衡点。所谓均衡，从法律经济学观点来看，“是指每一方都同时达到最大目标而趋于持久存在的相互作用形式”。在经济学视野中，“是指供给和需求力量达到平衡时的一种状态。此时买者愿意购买的物品数量正好等于卖者愿意出售的数量。可见，均衡是指一种相对稳定的状态，它是事物在内外力量作用下趋于平衡的状态”。城乡公共服务供给均衡化意味着社会发展的成果对于城乡居民来说具有共享的性质，即随着经济社会的发展，尊重每个公民平等享有公共服务的合法权益，每个居民的基本需求得到满足，其综合生活水平相应地不断提高。正如恩格斯所言：应当“结束牺牲一些人的利益来满足另一些人的需要的状况”，使“所有人共同享受大家创造出来的福利”，“使社会全体成员的才能得到全面发展”。随着经济社会的发展，如果其大部分发展成果只是为部分社会群体所享用，这样的发展只能是畸形化的发展。“如果导致两极分化，改革就算失败了”。因此，城乡公共服务供给均衡化的目标是，促进城乡分割的二元公共服务供给向城乡一体化供给转变，加快农村现代化建设，实现城乡协调发展，以推进整个国家的现代化，达到城乡居民共同富裕。

理解城乡公共服务供给均衡化的内涵必须结合中国特定的经济发展水平，城乡公共服务供给均衡化是实现社会公平的重要途径。在城乡公共服务供给均衡化的视野中，对于城乡公共服务供给差距问题，本节秉持的基本观点是：

1. 城乡公共服务均衡供给不是城乡的“低层次平衡发展”和“平均主义”，不是“平等主义”，更不是整齐划一、标准化供给，也不意味着城乡区域由非均质空间演变为均质空间，而是将农村的地位适当提高，使其在市场经济体制下处于与城市同等的竞争地位，以承认社会成员之间合理、适当的差距为前提条件。

2. 合理、适当的差距是相对的，虽然在不同国家和不同文化情境中，在同一个国家的不同发展阶段，对合理、适当的差距的理解会有所不同，但人们会在某些具体情境中，达成对于城乡公共服务供给均衡的共识，即确定合理和适当差距的衡量标准。合理、适当的差距不仅仅具有相对意义，还具有绝对意义，作为一种制度或是一种模式，不论是社会，还是城乡居民，都有一种诉求，即城乡公共服务供给均衡化的必然性和必要性。在市场经济条件下，由于城市和农村本身所固有的特点，城乡发展规律和城乡公共服务需求变化趋势不同，社会成员在公共服务需求等方面必然会存在着差距，只要这种差距在合理、适当的区间之内，就符合社会公正的规则。因此，城乡公共服务供给差距必须限定在合理的、社会可接受的差别范围内。

3. 城乡公共服务供给差距的产生应具有其合法性基础，城市和农村应保留两者之间在功能上的差异，各自承载的公共服务差异，要与城市和农村公共服务的需求主体特色相关，而不是依靠人为的政策倾斜。

4. 差距的存在是城乡之间合作、互通的基础，是城市化的基本动力，在科学合理的制度安排下可以转化为各自特色，有利于形成一个有机系统，获得高层次的协调发展。通过城乡公共服务供给均衡化，消除不合理、不适当的差距，为全体公民进行正常的竞争提供一个公平的平台，而不是相反。目前，城乡公共服务供给之间超过了合理、适当的差距，甚至差距很大，导致了城乡之间经济社会发展受阻。因此，只有把城乡公共服务均衡供给作为社会发展的内在要素，将公民的经济、政治、社会、文化等方面的差距控制在可以接受的范围之内，在公共服务供给中保障全体社会成员的基本权利相对平等地实现，才能使城乡经济社会协调、可持续发展。

所谓城乡公共服务供给均衡化是指一定社会为城乡经济社会发展和城乡居民生产生活提供基础条件，为城乡居民提供在不同阶段具有不同标准的公共服务，是城乡居民平等地选择和分享公共服务的一种状态，具体体现在资金来源、成本分担、收益分享等方面。

从内涵上看，城乡公共服务供给均衡化是相对于城乡分割状态下公共服务非均衡供给而言，按照统筹城乡发展的要求，中央政府应对城乡居民一视同仁地提供公共服务。它是从二元经济社会走向城乡同质经济社会过程中，国家通过制度安排和政策调整，把城乡视为一个系统进行整体发展，在物质文明建设、政治文明建设、精神文明建设和社会文明建设方面使城市和农村相互兼顾，并对农村有所倾斜的二者相互协调、共同发展的一种策略选择，是一种科学的发展理念。

从范畴上看，城乡公共服务供给均衡化是一个反映相对性的范畴，而不是反映绝对性或确定性的范畴；是反映公共服务供给的质的范畴，而不是反映量的范畴。从公共服务需求主体角度看，城乡公共服务供给均衡化是指在城乡公共服务供给活动中对待每个享有对象的公平，表现为相同的社会成员对公共资源实际享有的平等状态，通过某一个层面的机会平等来达到结果的均衡，每一个公民不会由于户籍、职业和地域不同而受到不同待遇。

二、城乡公共服务供给均衡化的约束条件

在现实生活中，任何事物都受一定条件约束，有些约束取决于环境因素，而有些取决于受约束者本身的性质。在政府财政有限的供给能力下，城乡公共服务均衡供给成为众多因素决定的函数。

（一）城乡公共服务供给均衡化有赖于生产力发展水平的提高

中国城乡二元公共服务供给制度的产生是社会生产力发展的必然结果，同时，它的长期存在由经济基础所决定，是社会生产力还比较落后的重要表现，有其存在的客观必然性。从生产力角度而言，城乡生产力分布的显著差别是中国城乡公共服务供给差距的客观原因，这是由城市与农村的产业特性决定的，城市以工业化的生产力为基础，而农村是以农业经济结构为主体，农业同工业相比具有许多特性，比较难以适应市场机制的运作，造成农业生产要素薄弱，从而导致农业生产力处于弱势地位。

随着工业化的发展，工业部门具备了反哺农业的实力，促使农业生产力有明显提高。同时，工业的发展促使农业富余劳动力向城市转移，传统的农民变成现代化的产业工人，城乡居民的收入差距日趋缩小，物质精神文化生活日趋相同。当生产力发展到一定水平，二元经济社会结构转向一元经济社会结构，农村富余劳动力全部转移到城市。由于农业部门劳动力的转移，先进的科学技术渗透于农业部门，促使农业部门劳动生产率不断提高，甚至接近或超过非农业部门的劳动生产率水平，农村居民的收入增长速度赶上或超过城镇居民，城乡居民具有同质的发展权和生存权、同质的物质文化生活，城乡公共服务供给差距就会不断缩小而趋于均衡。因此，城乡公共服务供给差距的消失是生产力发展的必然结果，生产力发展水平的提高能够进一步缩小城乡公共服

务供给差距。

马克思、恩格斯也总是把高度发达的物质条件作为城乡社会共享社会资源的重要前提条件。“物质生活的生产方式制约着整个社会生活、政治生活和精神生活的过程。”在马克思、恩格斯看来，城乡的不平衡发展，是与生产力还不够发展相适应的，要想根本改变城乡不平衡发展，必须依靠生产力的发展。城乡分离是生产力发展的必然结果，城乡对立将随着生产力进一步发展而消失。他们指出：“乡村农业人口的分散和大城市工业人口的集中，仅仅适应于工农业发展水平还不够高的阶段”，这种状态会在工农业发展水平提高后得到改变。“把每个人的生产力提高到能生产出够两个人、三个人、四个人、五个人或六个人消费的产品；那时，城市工业就能腾出足够的人员，给农业提供同此前完全不同的力量；科学终于也将大规模地、像在工业中一样彻底地应用于农业”。“通过社会生产，不仅可能保证一切社会成员有富足的和一天比一天充裕的物质生活，而且还可能保证他们的体力和智力获得充分的自由的发展和运用。”可见，城乡公共服务供给差距的缩小取决于社会生产力的高度发展。高度发达的生产力，不仅能够为公共服务均衡供给打下坚实的基础，还能缩小城乡公共服务之间的差距，促使城乡公共服务供给均衡化的实现。

（二）政府角色悖论：既是改革者又是被改革者

城乡公共服务供给均衡化实质上是我国对社会利益关系的重大调整和社会变革。因此，政府利益的导向作用会对城乡二元公共服务供给制度改革产生巨大影响。政府是改革的设计者、组织者、实施者和推动者，推动经济社会发展的职能决定了只有政府才有能力承担起主体的历史责任，并协调好各群体之间的利益关系。同时，改革的对象和客体又是政府本身，政府既是改革者又是被改革者。因此，为顺应现代社会变革，政府应更新治理理念，变“管理”为“治理”，变“经济建设型”为“公共服务型”，按照有效性、科学性的要求来构建政府运行机制。经济社会的发展和民主进程的加快表明，“如果没有有效的政府，经济的、社会的可持续发展都是不可能的。有效政府——既不是大政府也不是小政府——是经济和社会发展的关键。”实现城乡公共服务均衡供给首先应建立有效政府的基本理念，有效政府在于根据不同经济发展阶段的需求，政府行使组织和执行公共服务供给的职能，在一定程度上决定着城乡公共服务供给均衡化的实现。

1. 有效政府是有限政府。有限政府是在否定全能政府的基础上承认政府的有限性，政府只有与其他责任主体相互配合才能很好地履行职能。有限政府的重要职能是在公共领域中组织和执行公共服务供给的职能，这种职能执行的程度决定着城乡公共服务供给均衡化的实现。其有限性表现在，政府的职能由市场需求、社会公共需要以及政府本身的能力决定。首先，政府向社会提供的公共服务具有消费的非排他性、非竞争性和外部性等特征，由于存在外部性，会出现市场失灵，弥补市场失灵是政府存在的基础，市场需求要求在经济社会健康发展过程中政府弥补市场缺陷、纠正市场失灵，向社会提供公共服务。其次，社会公共需要源于满足社会成员追求利益最大化过程中的公共利益需求。社会公共需要是每一个社会成员可以无差别共同享用的需要，一社会成员享用并不排斥其他社会成员享用。需要政府从全社会的高度，使公共资源配置处于优化状态，提高整个社会的资源配置效率，为社会成员参与公共决策和监督公共经济运行提供保障条件，促进社会公平。再次，政府本身的能力体现为政府组织机构效率、政府公共服务体制、政府的精神等。美国当代著名管理学家德鲁克在《新现实：走向二十一世纪》一书中论证了只有有限政府才可能实现强力政府和高效政府。在法制、民主和市场机制逐步完善的社会中，政府与市场、政府与社会各有分工和定位，有限政府并非是政府管得越少越好，其实质是政府职责应当符合不同经济发展阶段的需求，根据经济社会的需求调整其公共服务的着力点并制定切实可行的政策措施。

2. 有效政府是适度分权政府。为克服市场失灵、遏制公共服务供给中的“搭便车”行为，可以由政府凭借其政治强制力通过征税融资直接提供公共服务。但是，在克服市场失灵的同时又会出现政府失灵。在政府垄断下的公共服务供给会存在质量低、效率低的问题。因此，要将公共权力在政府和社会之间以及中央和地方政府之间进行合理界定和分配。打破政府在公共服务供给中的垄断行为，充分发挥政府、市场和社会“三只手”的共同作用。将政府凭借其政治强制力依法向公民征税与向城乡居民提供均衡、有效公共服务的责任和义务相联系。将中央和地方政府间的财力和事权进行合理分工与协调，理顺各级政府在城乡公共服务均衡供给中的责权关系。

3. 有效政府是责任政府。“在现代政治实践中，所谓责任政府并不是一种意志表示，而是一种政治原则以及建立在这种政治原则基础上的政治责任制度”。负责任，是现代政府必需具备的主要品质和基本特征。一个政府是否负责任的首要标志是保证其履行责任的各种机制是否健全。作为现代政府，必须寻求一种能够缩小日益扩大的城乡公共服务供给差距的有效方式。如何改变农村公共服务供给状况，实现城乡均衡供给，是现代政府面临的重要任务。如亨廷顿所言：“城乡区别就是社会最现代部分和最传统部分的区别。处于现代化之中的社会里政治的一个基本问题就是找到填补这一差距的方式，通过政治手段重新创造被现代化摧毁了的那种社会统一性”。作为公共权力的受托者，从机制上保证为城乡提供均衡的公共服务是政府履行责任的首要衡量标准。以责任政府的理念来衡量城乡公共服务供给的均衡化程度，还体现为公共服务供给决策的责任制。同时，负责任的政府能够承担城乡公共服务均衡供给的必要成本，而不负责任的政府可能放弃所应承担的责任。

（三）政府治理变革中的制度伦理精神是保证城乡公共服务供给均衡化的基本条件

根据国际发展经验，在工业化中期，发展中国家通常有两种发展前景：一是在工业化进程中注重统筹城乡经济社会发展，缩小城乡公共服务供给差距，从而能够较为顺利地实现国家工业化；二是在工业化进程中片面重视城市进步和城市发展，忽视城乡之间的协调发展，从而陷入重城市、轻农村的“城市化陷阱”。制度创新源于既有的制度安排表现出的不公正、不合理性。我国政府能否在工业化进程中进行合理的公共服务供给制度创新，缩小城乡公共服务供给差距，关系到我国能否全面实现现代化。城乡公共服务供给失衡问题根源于缺乏公正的制度，是积累已久的经济社会矛盾的集中反映，其焦点在于政府在以往的制度设计中，对农民的制度性歧视而造成的非国民待遇。

制度是“一系列被制定出来的规则、守法程序和行为的道德伦理规范”，它不仅决定人们的发展机会，而且决定每个人所拥有的基本权利和应承担的义务以及对社会利益的分享。制度本身作为政府提供的一项重要公共服务，关系到公共资源的有效配置，关系到城乡居民的公共利益。从世界经济和社会发展看，不同的制度环境造成了不同的制度预期，一个国家的社会和谐、公平与进步，取决于制度的合理与公正。大多数国家随着经济发展水平的提高和制度的完善，都会经历城乡公共服务供给差距由小到大、再由大到小的变化过程，政府的干预和政府治理变革中的制度伦理精神——制度公正，对于加快缩小城乡公共服务供给差距是十分必要的。

任何制度都负载着一定的伦理价值，公正是人类社会具有永恒价值的基本概念和基本行为准则。制度创新直接源于伦理观念的变化和伦理精神的更新，任何一种制度安排都受社会伦理价值的影响。从发展中国家现代化的一般规律看，城乡公共服务均衡供给在很大程度上取决于政府治理变革中的制度伦理精神。所谓制度伦理“是指一定的制度赖以建立和存在的伦理基础，以及制度中所蕴涵的伦理追求、道德原则和价值判断，亦即制度中的伦理”。任何制度都要以一定的价值认识、价值判断和价值取舍为前提，都要以一定的伦理精神为底蕴，制度创新要受一定价值观念的内在驱动。制度伦理的核心在于公正的制度安排，平等精神是制度伦理精神的具体体现。公共服务供给从城乡有别到城乡均衡的转变，不仅仅需要制度转变，更重要的是政府思想的解放和精神的升华，内涵着政府对城乡居民尤其是农村居民的权利和义务作出公正的保护和分配。但是，当代中国在公共服务供给中对农村公共服务供给的制度性歧视却是一种客观事实，这种不符合制度伦理的制度设计不仅使城乡公共服务供给差距扩大，而且使农民应该享有的政治权利、社会权利、文化权利等得不到有效保障。

美国著名思想家罗尔斯在其名著《正义论》中曾写道：“虽然社会是一种互利的合作事业，但它带有利益一致和利益冲突的特有标志。由于社会合作使所有的人都能过上一种比任何孤军奋斗的人可能得到的更好的生活，于是就产生了利益一致。由于人们为了追求自己的目标，每个人都想得到较大的一份而不是较小的一份，由于他们对如何分配他们的合作所产生的较大利益不会漠不关心，于是就产生了利益冲突。这就需要有一些原则，以便对决定这种利益分配的各种社会安排进行选择，并认可某种关于恰当分配份额的协议。这些要求规定了正义的作用。产生这些要求的背景条件就是正义的环境”。循着罗尔斯的思路，“正义的环境”就是要求政府不仅制定有关公共服务供给制度，政府在治理变革中要充分体现制度伦理精神——制度公正，而且签署“关于恰当分配份额的协议”，政府的制度安排要使城乡居民在享有公共利益方面达到均衡。从制度设计上，让合理公正的制度归位，不合理不公正的制度退场，把在实践中已被证明公正而有效的制度进一步完善和定型化，把不适应城乡经济社会发展要求的制度予以消除。通过政府公正的制度安排使其中每一个社会成员在公共服务方面享有平等的权利和义务。

（四）政府职能重点的转变是城乡公共服务均衡供给的原动力

政府职能是指政府在一定时期内，根据国家赋予政府的权利，政府在实现国家意志、维护安全和稳定、促进经济社会发展过程中的职责和功能。它集中体现政府在一定时期国家社会生活中政府活动的基本方向、根本任务和主要作用，是国家本质的具体体现。政府的基本职能包括政治职能、经济调节职能、社会管理职能、市场监管职能、稳定职能、配置职能、分配职能。政府职能决定了其在缩小城乡公共服务供给差距中的主导作用，城乡公共服务供给均衡与否在很大程度上取决于政府职能重点的导向，政府供给农村公共服务的数量和质量是政府职能着力点的重要体现。目前，政府在职能定位方面，"越位"和"缺位"现象并存，在协调公共利益关系、平抑公共利益分化等方面，政府的公共服务职能也远未到位，城乡公共服务供给差距进一步拉大的客观现实表明了城乡之间非均衡发展已经突破了合理的范围，要实现城乡公共服务均衡供给是政府不容推卸的责任，是政府能力的重要表现。

政府职能的动态性表明政府职能不是一成不变的，随着经济、政治、文化以及其他社会事业的发展而发展，随着经济社会体制改革的进程不断进行调整。社会发展的总体特征和总态势是政府职能重点转变的决定因素。一般而言，政府职能重点是沿着政治职能—经济职能—社会职能的路径转变。在国家政权建立之初，政府职能的重点是政治职能，当统治阶级地位得以确立与巩固后，则立足于发展经济与保持社会稳定。在社会稳定的前提下，政府职能的重点由社会资源的有效配置职能转向注重社会公平职能，随着政府职能重点的转变，公共服务供给也在发生相应的变化。

现代政府职能演变的规律是：政府首先提供维持性公共服务，用于维持公共安全和公共秩序，以保证国家机器的存在和运作，如政府的一般行政管理、国防和法律等；随着经济社会的发展与成熟，政府职能重点逐渐扩展到用于经济发展方面的经济性公共服务，如政府对公共项目投资，国家物资储备支出，基础性、应用性研究资金投入，政府对固定资产的投资等；随着经济社会进一步发展和市场机制的完善，政府职能进一步扩展到社会性服务为主的代表社会共同利益和长远利益的社会性公共服务，如基础教育、公共医疗、公共基础设施、社会保障和环境保护等，以提高人们的综合生活质量和社会福利。

在现代市场经济条件下，市场和政府应有明确的分工，效率由市场去追求，政府的主要职能是提供公共服务、维护社会公平。城乡公共服务均衡供给作为由政府引领的一项包括经济、政治、社会、文化等方面的综合实践，其成功实现在很大程度上取决于政府职能的履行，这就要求政府调整自身的发展战略，履行自身公共职责。在我国工业化进入中期以后，政府职能重点转向弥补农村教育资源的短缺，就能够使农村居民享有平等的受教育权利；政府职能重点转向改变公共医疗卫生供给向城市集中的政策，就能够使城乡居民共享公共医疗卫生；政府职能重点转向实行城乡统筹的社会保障制度，就能使城乡居民享有均衡的社会福利待遇；政府职能重点转向制定均等化的财政政策，就能使城乡共享公共财政的阳光。政府职能重点的转变是城乡公共服务均衡供给的决定力量。

本节参考文献

1. 樊丽明:《中国公共品市场与自愿供给分析》,上海人民出版社,2005 年,第 5 页。

2. 埃莉诺·奥斯特罗姆、拉里·施罗德、苏珊·温:《制度激励与可持续发展》,三联书店,2000 年,第 87 页。

3. 罗伯特·考特、托马斯·尤伦:《法和经济学》,上海三联书店,1991 年,第 22 期。

4. 雷万鹏:"寻求义务教育均衡发展的新机制——基于湖北省的实证研究",《教育研究与实践》,2006 年第 2 期,第 11 ~ 16 页。

5.《马克思恩格斯选集第 1 卷》,人民出版社,1995 年,第 242 ~ 243 页。

6.《邓小平文选第 3 卷》,人民出版社,1993 年,第 139 页。

7. 景田魁等:《社会公正理论与政策》,社会科学文献出版社,2004 年,第 5 页。

8. 吴忠民:《社会公正论》,山东人民出版社,2004 年,第 16 页。

9.《马克思恩格斯选集第 2 卷》,人民出版社,1995 年,第 32 页。

10.《马克思恩格斯选集第 4 卷》,人民出版社,1995 年,第 572 页。

11.《马克思恩格斯选集第 3 卷》,人民出版社,1995 年,第 757 页。

12. 世界银行:《变革世界中的政府:1997 年世界发展报告》,中国财政经济出版社,1997 年,第 2 页。

13. 肖建华、刘学之:"有限政府与财政服务均等化",《中央财经大学学报》，2005年第6期，第9页。

14. 曼昆：《经济学原理（上册）》，北京大学出版社，1999年，第172页。

15. ［美］彼得·德鲁克：《新现实：走向二十一世纪》，刘靖华等译，中国经济出版社，1993年。

16. 曼昆：《经济学原理（上册）》，北京大学出版社，1999年，第190页。

17. 安秀梅：《政府公共支出管理》，对外经济贸易大学出版社，2005年，第25页。

18. 王邦佐、桑玉成："论责任政府"，《解放日报》，2003年5月13日。

19. ［美］塞缪尔·P. 亨廷顿：《变化社会中的政治秩序》，王冠华等译，新知三联书店，1989年，第67页。

20. ［美］道格拉斯·C. 诺思：《经济史中的结构与变迁》，陈郁、罗华平等译，上海人民出版社，1991年，第225～226页。

21. 杨灿明、胡洪曙、施惠玲："农民国民待遇与制度伦理分析——兼论'三农'问题的解决对策"，《中南财经政法大学学报》，2003年第5期，第30页。

22. ［美］约翰·罗尔斯：《正义论》，谢延光译，上海译文出版社，1991年，第139～140页。

3.6 县乡财政解困与完善财政管理体制

1994年分税制改革以来，中央与省的财政体制渐趋完善，中央逐步提高中央财政收入占国家财政收入的比重，为实施宏观调控提供了财力保障。然而，省以下财政体制各有特点，体制性缺陷比较明显，随着农村税费改革及废除农业税政策的实施，农民负担减轻了，然而，县乡财政体制存在的问题不断凸显。十七大报告再次强调指出，要“健全中央和地方财力与事权相匹配的体制，加快形成统一规范透明的财政转移支付制度，提高一般性转移支付规模和比例”，“完善省以下财政体制，增强基层政府提供公共服务能力”。

一、我国县乡财政的困境：以山东省南部B区为例

本节下面以山东省南部B区为例，分析一下县乡财政的困难状况。B区辖10处乡镇（街道），256个行政村，总面积1018平方公里，其中山地丘陵面积占88.6%。2007年，全区总人口49万人，其中，农业人口36.76万人，占总人口的75.25%。财政供养人员1.21万人。区划之初，全区极度贫困落后，农业基础薄弱，工业几乎空白，1984年全区财政收入仅430万元，农村人均收入只有143元，B区20世纪80年代曾被列为国家和山东省重点扶贫县，21世纪初又被山东省政府列入全省30个经济欠发达县重点扶持范围。2005年以来，中央和省级政府为缓解县乡财政困难制定了一系列优惠扶持政策，这为该区的发展提供了重要支持。2005年至2007年，B区共争取上级“五奖一补”资金等共10789万元，相当于2005年全区全年的地方财政收入。困难县扶持政策对支持地方发展、缓解县乡困难起到了非常重要的作用。目前该区处在发展的关键时期，亟需上级扶持资金弥补其财力的严重不足。

分税制以来，由于财力越来越多地集中到上级政府，B区非税收入又形不成可用财力，区乡两级政府却又承担着较多的事权，所要履行的事权大都刚性强、所需基数大，无法压缩，县乡

财政比较困难。根据相关体制规定，该区与上级政府的税收分享比例为：区属企业的增值税25%，营业税80%，企业所得税32%，个人所得税25%，城市维护建设税、房产税、城镇土地使用税、印花税（不含中央、省、市级企业缴纳的部分）、资源税60%，土地增值税，车船使用和牌照税，耕地占用税，契税，以及其他各项收入。2007年全区地方财政收入完成12110万元，位于全市排名的最末位，全区地方财政支出完成38580万元（B区的财政收支情况如表3－9和表3－10所示）。近年来，由于新型农村合作医疗、乡镇卫生院上划、农村中小学“两免一补”、新农村建设、五保户集中供养、企业下岗职工退休养老金支付等均需区和乡财政基于配套支持，本来捉襟见肘的县乡财政压力更大。其主要项目配套情况如下：①新型农村合作医疗全区按34.4万人，按要求省、市、区、乡分别负担48元、5元、4元、3元，区乡需配套资金241万元。②五保供养共计2719人，其中集中供养2000元，分散供养1200元。省市区乡配套比例按2:2:3:3，区级需负担配套资金309万元。③全区农村低保人口12756人，按（市:区:乡3:4:3）省16元、市4.2元、区5.6元、乡4.2元的比例负担，区乡需配套资金184万元。该区教育负担较重，乡镇教师工资已上划区级统发，2003年按乡镇教师月人均500元标准定额上解区财政，超基数部分的增资由区级负担，其他经费仍由乡镇负担。2007年，全区教育支出12203万元，占当年地方财政支出的31.63%。其中，区级教育支出11789万元，乡镇教育支出414万元。目前，全区乡镇在职教师达4111人，人均月工资标准1610元，全年工资额7468万元，区级负担4146万元，乡镇负担3322万元。

B区债务负担非常沉重，截至2007年年底，全区政府性债务余额为82248万元，区本级共有各项政府债务14409万元。其中，基金会、股金会借款4870万元，各项周转金借款1414万

表 3-9　山东省南部 B 区 2007 年一般预算收入情况

预算科目	数据	区本级	乡镇级
一般预算收入合计	12110	6028	6082
税收收入小计	10367	4508	5859
国内增值税	2050	1539	511
营业税	3178	1298	1880
企业所得税	763	600	163
个人所得税	288	119	169
资源税	188	61	127
城市维护建设税	1552	277	1275
房产税	692	149	543
印花税	93	25	68
城镇土地使用税	913	110	803
土地增值税	13	13	
车船使用和牌照税	47	3	44
耕地占用税	295	50	245
契税	295	264	31

资料来源：由 B 区预算部门提供。

表 3-10　山东省南部 B 区 2007 年一般预算支出情况

预算科目	数据	区本级	乡镇级
一般预算支出合计	38580	30300	8280
一般公共服务	9912	5432	4480
公共安全	1500	1414	86
教育	12203	11789	414
科学技术	529	392	137
文化体育与传媒	296	293	3
社会保障和就业	4066	3490	576
医疗卫生	3006	2872	134

续表

预算科目	数据	区本级	乡镇级
环境保护	376	376	0
城乡社区事务	1867	1291	576
农林水事务	4470	3086	1384
交通运输	84	84	0
工业商业金融等事务	2071	1151	920
其他支出	-1800	-1370	-430

资料来源：由B区预算部门提供。

元，国债转贷资金1547万元，农村信用社贷款1000万元，欠市财政调度款8024万元，欠住房公积金管理中心借款520万元。上述债务都是由于历史原因形成的，并且需区乡财政还本付息，在保工资、保运转十分苦难的情况下，偿还债务力不从心，很难从有限的财力中拿出资金偿还债务，财政支出压力比较大。

为响应中央号召，提高财政资金使用效率，缓解县乡财政困难，2006年该区“乡财县管”改革全面实施，在预算管理权、资金使用权和财务审批权不变的前提下，以乡镇独立核算为主体，试行“预算共编、账户统设、收入统缴、支出统拨、票据统管、采购统办”的预算管理方式。该区财政部门要求，将乡镇设立的账户余额资金通过转账单全部划转到区财政开设的“基本结算户”，乡镇财政申请支出，经乡镇长批准后，由乡镇结算员按月向区财政局提交用款计划，经审批后办理拨款。同时，对各乡镇所使用的各类票据登记收回或予以核销，乡镇所用票据采取“限量供给、定期核销、票款同行”的管理办法，做到以票管收。乡镇采购凡属于政府采购目录范围内的各项物资，均由区政府采购管理办公室统一办理。

从上面对该区基本财政概况的介绍，可以看出该区财政确实比较困难。在保证正常收入都比较困难的情况下，提供公共服务更是比较困难，更不要说通过自身力量化解历史上形成的县乡财政债务。尽管该区通过积极争取上级财政拨款及“乡财县管”等方式来缓解困境，但是，似乎都没有改变基本格局。然而，上述案例并非个案，在相对富裕的东部地区尚存在这种现象，从全国来看，这种现象比较普遍。

二、县乡财政困境的体制性原因

县乡财政困境事实上是由多种因素造成的，如分税制财政体制改革后，从中央到地方，财力迅速上收，事权层层下放；上级对下级政府的转移支付制度不健全；省以下财政体制不完善；基层政府公共服务提供效率不高。然而，县乡财政困难从根本上说还是体制问题造成的。B区所在市财政部门同志曾用四句话来通俗地描述各级不完善的财政体制造成的财力分配现状，即“中央财政金碧辉煌，省级财政稳稳当当，市级财政摇摇晃晃，县级财政一锅清汤”。本节着重从体制上解释县乡财政困难的成因，具体来说，包括以下几点：

（一）分税制财政管理体制改革客观上降低了地方财政收入规模

政府财政管理体制是处理中央政府与地方政府之间以及地方各级政府间财政分配关系的一项基本制度，其核心是明确各级政府间职责划分和财力分配。适应经济体制转轨的需要，财政管理体制于1980年、1985年和1994年进行了重大调整。以放权让利为特征的财政“分灶吃饭”体制推行到1993年时，中央财政收入占全国财政收入的比重已经下降至不足30%的水平，严重弱化了中央政府的宏观调控能力，加之原有体制中“基数比例法”并非处理政府间财力分配的规范做法，于是借鉴市场经济国家的通行做法，在1994年启动了分税制财政管理体制改革。分税制改革的主要内容可以用“三分一转一返还”来概括：以法规的形式明确中央与地方事权的划分、中央与地方收入划分，同时分设中央和地方两套税务机构，分别为中央政府和地方政府筹集收入；明确中央财政对地方财政税收返还数额和过渡时期的转移支付办法①。

表 3－11　分税制前后中央财政收入和地方财政收入占比变化情况

年份	中央财政收入比重（%）	地方财政收入比重（%）	年份	中央财政收入比重（%）	地方财政收入比重（%）
1990	33.8	66.2	1999	51.1	48.9
1991	29.8	70.2	2000	52.2	47.8
1992	28.1	71.9	2001	52.4	47.6
1993	22.0	78.0	2002	55.0	45.0
1994	55.7	44.3	2003	54.6	45.4
1995	52.2	47.8	2004	54.9	45.1
1996	49.4	50.6	2005	52.3	47.7
1997	48.9	51.1	2006	52.8	47.2
1998	49.5	50.5			

分税制财政管理体制的效果可以如表 3－11 和图 3－8 所示。在分税制财政体制改革前的 1993 年，中央财政收入占国家财政收入的比重为 22%，地方财政收入占国家财政收入的比重为 78%；然而实施分税制改革后，在 1994 年中央财政收入占国家财政收入的比重为 55.7%，地方财政收入占国家财政收入的比重为 44.3%；中央财政在短时间内迅速集中了国家财政收入的较大比重，分税制财政管理体制改革如愿以偿。在国家财政收入既定

① 数据根据 2008 年《中国统计年鉴》计算得出。

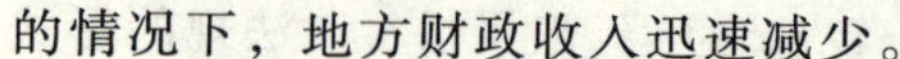

的情况下，地方财政收入迅速减少。

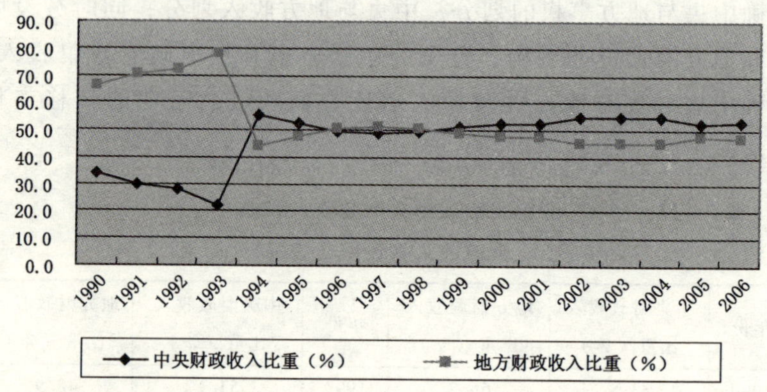

图 3-8　分税制前后中央财政收入和地方财政收入占比变化情况

（二）在财力上划的同时公共服务事权层层下移

由于目前我国法律对于政府间的职责划分不够规范和明确，致使各级政府间事权层层下移，公共服务责任也不断向下转移，而财力却层层上收。由此形成了基层政府公共服务职责和能力的严重不对称。就目前我国义务教育、公共卫生、社会保障和福利救济等基本公共服务的供给来看，其资金供给大都是由县乡基层财政负担的。据统计，在各级政府的义务教育支出中，中央财政支出仅占 1.5% ~2%，省级财政投入约为 11%，一般不超过 20%，而乡镇一级政府要负担 78% 左右；预算内公共卫生支出中，中央政府仅占卫生预算支出的 2%，其他均为地方政府支出，其中县、乡财政支出占预算内公共卫生支出的 55% ~60%。而在许多国家，上述基本公共服务大多是由中央和省级财政负担的。从财权和财力来看，我国基层政府没有税收立法权和独立的主体税种，没有举债权，收入主要依靠共享税，基层财政掌控的收入极其有限。据统计，目前占全国人口 70% 以上的县乡财政组织的收入仅占全国财政收入的 20% 左右。事权与财力的不对称是县乡财政困难的根本原因。近年来，随着农村税费改革的深入，基层政府财政收入锐减，基层政府在提供公共服务方面面临的压力进一步增大。

（三）转移支付制度不完善

目前我国中央财政对地方财政的转移支付包括财力性转移支付、专项转移支付、税收返还、体制补助和结算补助四种形式。其中，财力性转移支付又包括：一般性转移支付、民族地区转移支付、县乡财政奖补资金、调整工资转移支付、农村税费改革转移支付和年终结算财力补助等方式。从 2000 年以来，各转移支付项目之间的关系及历年来在转移支付结构中的关系如表 3 – 12 所示。

表 3 – 12　　2000 ~ 2006 年中国中央对地方转移支付的基本情况

年份	转移支付总额	税收返还	财力性转移支付总额							体制性补助	专项转移支付
			总额	一般性转移支付	民族地区转移支付	调整工资转移支付	农村税费改革转移支付	县乡财政奖补资金	年终结算财力补助		
2000	4665	2207	620	85	25	217	68	0	225	225	1613
2001	6002	2309	1176	138	33	634	80	33	258	317	2200
2002	7352	2410	1623	279	39	817	245	33	210	918	2401
2003	8261	2527	1914	380	55	901	306	33	239	1222	2598
2004	10408	2711	2605	745	77	994	523	0	266	1669	3423
2005	11474	3758	3813	1121	159	994	662	150	727	386	3517
2006	13501	3930	4732	1527	156	NA	NA	235	NA	427	4412

注：1. 白色表格中的数据来源于李萍、许宏才编写的《中国政府间财政关系图解》，中国财政经济出版社，2006 年 9 月，第 52 页。

2. 深黄色表格中的数据来源于历年来《中国财政年鉴》。

3. 浅黄色表格中数据根据相关数据之间的关系测算得出。

4. 深绿色表格中数据来源于张志华："中国政府间财政关系改革的历程"，"中国政府间财政关系”国际研讨会，2006 年 7 月。

5. 浅绿色表格中数据来源于“关于 2006 年中央和地方预算执行情况与 2007 年中央和地方预算草案的报告”。

6. 蓝色表格中数据根据《光明日报》记者的采访得到。在题为“中央对地方转移支付 2006 年达 9571 亿元”的新闻稿中，记者从财政部获得消息，2006 年中央对地方转移支付“达 9571 亿元（不包括税收返还）”。据此，用转移支付总额减去 9571 亿元后就得到了 3930 亿元的税后返还数据。

7. 粉红色表格中数据来源于《经济参考报》2007 年 6 月 25 日的题为“财政转移支付：从讨价还价到科学透明”报道。

8. NA 代表数据不可得。

9. 事实上，按照转移支付形式的性质划分，转移支付又可以重新分为以下几大类：即税收返还、体制补助和结算补助类，这几部分是 1994 年分税制财政体制改革后财政转移支付的主要组成部分，其性质是维护既得利益，是旧体制的延续，不具有均等化功能；一般性转移支付类，是在支付过程中按规范和均等化的原则进行，这在国际上通常被称为均衡性转移支付；专项转移支付类，服务于中央宏观政策目标，用于增加农业、教育、卫生、文化、社会保障、扶贫等方面的专项拨款，目前这些重点项目主要用于中西部地区。但其核定并不规范，加之往往被层层截留和被挤占、挪用，其性质属于非均等化转移支付；其他转移支付类，包括上述的民族地区转移支付、调整工资转移支付、农村税费改革转移支付、“三奖一补”转移支付等，其性质属于专项转移支付，但在一定程度上又具有均衡化的性质。

从上述表格中，可以看出以下三个方面问题：第一，转移支付形式过多。如果从较为细化的转移支付项目来看，中央对地方的转移支付明细门类高达 9 种。第二，不具均等化效应的税收返还比重较大。税收返还延续了对既得利益的保护，2005 年税收返还占转移支付总额的比例为 33%。第三，一般性转移支付的规模太小，2005 年中央对地方一般性转移支付只占转移支付总额的 10%。这种不完善的转移支付制度的后果就是不仅让中央财政继续获得较高比例的国家财政收入，而且，对均衡各地财力差距起到负面的效果。

三、完善县乡财政管理体制的政策建议

（一）明晰各级政府的财权和事权，健全财力与事权相匹配的

公共财政体制

按照《中国共产党第十七次全国代表大会上的报告》上的说法，要“健全中央和地方财力与事权相匹配的体制”。进行政府间事权划分的理论依据是公共需要和公共服务的层次性，而公共需要和公共服务的层次性的基本标准是其受益原则。全国性的公共服务的受益范围覆盖全国，凡本国的公民或居民都可以无差别地享用它所带来的利益，因而适用于中央政府来进行提供。区域性和地方性的公共服务的受益范围局限于某一区域和某一地方之内，适于由地方政府来进行提供。按照受益范围来区分公共服务的层次性也符合资源配置的效率原则，因为受益地区最熟悉本地区的情况，最掌握充分的信息，同时也最关心本地区公共服务的质量和成本。

政府间事权划分的一个前提是政府级次及财政级次的划分问题。中国目前是五级政府，同时按照 1994 年颁布的《中华人民共和国预算法》，国家实行一级政府一级预算，设立中央，省（自治区、直辖市），设区的市、自治州，县（自治县、不设区的市、市辖区），乡（民族乡、镇）五级预算。国内部分学者认为，中国目前县乡财政出现困难的根本原因在于分税制没有进行到省以下，而之所以分税制进行得不彻底，原因在于目前中国已有的 20 多个税种不便在五级财政之间进行分配，于是出现了财力层层上收和事权层层下放的情况，基层财政困难便产生了，一个可行的措施应该是推行“省直管县”和“乡财县管乡用”①。笔者认为，这种观点确有合理性，三级财政级次的划分确实对提高政府支出效率，建立财力与事权相匹配的财政体制有重要作用。但是，问题的关键应当是政府间事权和收入划分不清，因为即便是在中央和省级收入划分比较明确的条件下，同样存在事权下划的情况。

（二）完善转移支付制度，保证基层财力

① 刘维新：《中国城镇发展与土地利用》，商务印书馆，2003 年。

在改革和完善转移支付方面，可以考虑从以下几个方面着手：一是取消税收返还、体制性补助等资金拨付形式。税收返还、体制性补助等资金拨付形式的产生有其历史原因，但随着分税制财政体制改革的深化，规模如此庞大的非均等化转移支付不利于区域协调发展和公共服务均等化目标的实现。可分步实施、逐步推进，将这部分资金拨付纳入一般转移支付形式中。二是整合财力性转移支付制度。我国现行财力性转移支付中的民族地区转移支付、调整工资转移支付、农村税费改革转移支付、“三奖一补”转移支付等，大多是为了配合中央出台的政策而设定的，其资金多用于专门事项，而不能使其制度化。否则，如果每出台一项政策，就增加一项财力性转移支付，势必会造成财力性转移支付的混乱和不规范。因此，应整合现行的财力性转移支付，缩小专项转移支付的规模，提高一般性转移支付的比重。三是科学界定专项转移支付的标准和规模，加强对专项转移支付项目的监督检查和绩效评估控制。对于到期项目、补助数额小、宏观调控政策意图不明显的项目应予以取消；交叉、重复的项目重新清理，逐步进行归并；对年度之间补助数额不变且长期固定的项目应列入一般性转移支付。四是试行纵向转移与横向转移相结合的转移支付模式。我国东部发达省区对西部不发达省区、少数民族地区、边远地区等的对口支援，如卫生医疗、教育等方面的支援已有一定的实践和制度基础，今后区域间的横向转移支付存在较大的政策空间。东部发达地区支援中西部不发达地区，不仅有利于加快地区间的协调发展、提高国家的整体发展水平，也有利于东部地区资源的有效利用和地区间的优势互补。

（三）完善地方税收体系

地方税收体系的完善是缓解县乡困境的重要保障。中国现行的地方税收体系是在以提高“两个比重”为目标的分税制财政管理体制改革的背景下推出的，这决定了中国的地方税收体系在整个国家税收体系中处于从属地位，随着国家财政收入在 GDP 和中央财政收入在整个国家财政收入比重的稳步提高，继续将提高“两个比重”作为进一步完善分税制管理体制的目标已不能适应当前形势的需要，现行分税制财政管理体制改革的指导思想已经到了调整的时刻，尤其是在当前地方财政特别是基层财政入不敷出、债台高筑的状况迫使政策制定者不得不重视地方税收体系的建设，必须重新调整财政管理体制的改革目标。为此，完善中国地方税收体系应在重新合理划分中央与地方事权及支出责任的基础上，从赋予地方税权、完善地方税制和培育与各级财政相对应的主体税种入手①。

具体来说，可以赋予地方政府一定的税权。按照财力与事权相对应的原则，可以设中央和地方两套税制，赋予省级政府一定的税收立法权，中央政府和地方政府对中央税和地方税分别管理，分别征收，分别使用。为了实现上述目标，可以分步进行，建议先扩大地方政府的税政管理权，再逐步完善立法权，赋予地方对现有税种的开征、停征、调整税率和减免税权利，允许地方政府在中央宏观政策的统一指导下，对具有区域性特点的税源开征新税。完善地方税制。根据当前转变经济增长方式、提高教育公共服务水平的新形势需要，加快推进资源税改革，改革房地产税制。改进资源税的征收办法，实施从价定率与从量定额的征收办法，同时，提高资源税税率。改革营业税的征税办法，应将属于增值税征税范围的交通运输、邮政、电信、建筑业及无形资产的转让等商品销售和劳务调整为现行营业税的征税范围；同时，将目前机关事业单位从事的商品销售和劳务提供活动尽快纳入现行营业税的征税范围，扩大营业税征税范围。培育与各级财政相对应的主体税种。营业税是对服务业征税，而大多数服务的最终消费地同居住地是一致的，税基的流动性较小。营业税作为地方税中的一个主体税种，税负输出程度比其他间接税要低一些，这符合受益原则，避免区域间的税收转移。基

① 数据来自卫生部网站。

于此，营业税可以作为省级政府的主体税种。目前中国有关财产方面的税收，只占税收总量的较小部分，有很大的发展空间。财产税是一种受益税，财产所有才是当地公共服务的受益者，因而较易推广。同时，财产税的非流动性使其可以成为地方政府稳定的收入来源，并且随着地方基础设施建设的发展，这一税基会越来越大，基于此，财产税应成为县乡政府的主体税种。

本节参考文献

1. 安体富："公共服务均等化：理论、问题与对策"，《财贸经济》，2007 年第 8 期。

2. 马海涛、肖鹏："中国财税体制改革 30 年经验回顾与展望"，《中央财经大学学报》，2008 年第 2 期。

3. 贾康："县乡财政解困与财政体制创新"，《财政与发展》，2004 年第 5 期。

4. 苏明、张立承："我国县乡财政管理体制改革的思路与对策"，《地方财政研究》，2006 年第 8 期。

5. 阎坤："转移支付制度与县乡财政体制构建"，《财贸经济》，2004 年第 8 期。

6. 吕炜："深化我国财政体制改革的探讨"，《管理世界》，2005 年第 11 期。

7. 张晏、龚六堂："地区差距、要素流动与财政分权"，《经济研究》，2004 年第 7 期。

8. 王小龙："县乡财政解困和政府改革目标兼容与路径设计"，《财贸经济》，2006 年第 7 期。

9. "改革和完善县乡财政体制研究" 课题组："改革和完善县乡财政体制的思考"，《地方财政研究》，2005 年第 86 期。

10. 段国旭："推进县乡财政体制的非均衡改革"，《财政研究》，2006 年第 9 期。

11. 李保春、张吕："县乡财政困难的体制分析及制度创新"，《财政研究》，2006年第8期。

3.7

城镇化进程与基本公共服务均等化

新中国成立以来，特别是改革开放后30年来，城镇化进程步伐逐步加快，城镇得到快速发展，城镇的数量、质量（功能）与规模都有极大提高。城镇化率从1978年的17.9%，增至2007年的44.94%，从改革前30年每年平均0.25个百分点，增至后30年的每年平均0.93个百分点，增长了2.72倍[①]。更突出的是，我国的城镇不仅在数量、功能质量、规模上有了很大发展，其经济总量也在国民经济中占到主导地位。"中国国内生产总值的70%，国家税收的80%，第三产业增加值的58%，高等教育和科研力量的90%以上都集中在城市，城市经济成为名副其实的主导经济"[②]。但是，由于我国在城镇化进程的初期片面追求城镇人口增加，导致城镇化的质量不高。特别是在居民享受基本公共服务水平上出现的城乡间、区域间和社会不同群体之间的差距逐步扩大的现象，已经成为影响社会经济发展、影响社会稳定和谐的重大问题。中共中央十六届六中全会提出逐步实现基本公共服务均等化，把"基本公共服务体系更加完备"明确列为2020年中国构建社会主义和谐社会的9大目标和主要任务之一。这是

① 数据来自卫生部网站。

② 李玲："最好的医改模式是把保方和供方合二为一"，http://finance.sina.com.cn/economist/jingjixueren/20071203/11294244486.shtml。

在加快推进城镇化进程这一关键时期提出的一项具有重大意义的战略决策，也为我们全面提高城镇化水平提供了一条出路。

一、基本公共服务均等化的内涵

所谓基本公共服务是指建立在一定社会共识基础上，根据一国经济社会发展阶段和总体水平，为维持本国经济社会的稳定、基本的社会正义和凝聚力，保护个人最基本的生存权和发展权，为实现人的全面发展所需要的基本社会条件。随着经济的发展和人民生活水平的提高，一个社会基本公共服务的范围会逐步扩展，水平也会逐步提高。但就中国的现实看，义务教育、公共卫生和基本医疗、基本社会保障、公共就业服务，是广大城乡居民最关心、最迫切的公共服务，是建立社会安全网、保障全体社会成员基本生存权和发展权必须提供的公共服务，也就成为现阶段我国基本公共服务的主要内容。

中国共产党在十六届六中全会上提出，逐步实现基本公共服务均等化。这里的基本公共服务的均等化不等于平均化，不是绝对数量上的相同，而是在基本公共服务方面有全国统一的制度安排，是全体公民的机会均等、结果大体相同。基本公共服务均等化是公共财政的基本目标之一，它要求突出财政的公共性，扩大财政支出的覆盖面，建立让全体社会成员共享改革发展成果的一系列制度安排。这就意味着全体社会成员，都能享受到有制度保障的最低标准的基本公共服务，并尊重社会成员的自由选择权；要将基本公共服务的差距控制在社会可承受的范围内，促进社会公平正义，保障社会和谐稳定。从目前的现实情况来看，应当把基本公共服务均等化的重点落实到缩小城乡之间、区域之间和不同社会群体直接享受基本公共服务的差距上来。

二、城镇化进程中实现基本公共服务均等化的必要性分析

城镇化水平的提高不以城市人口比重增加作为唯一衡量指标，更重要的是要以追求发展质量为目标，包括城镇经济总量的提高、基础设施状况的改善以及居民享受到的文化教育、医疗卫生、社会保障水平的提高。从本质上说，城镇化的目标正包含着基本公共服务水平的提高。提高城镇化水平的同时应当而且必须提高基本公共服务水平，反之，基本公共服务水平的提高也促进城镇化水平的提高。

然而，在我国推进城镇化的进程中却出现了与城镇化初衷相背离的状态。一方面以城镇人口比重衡量的城镇化率不断提高，另一方面却是资源过度向城镇地区、向发达地区转移，财富集中度不断提高。由此而导致城乡之间、不同区域之间提供的公共服务差距拉大，不同群体之间享受到的公共服务不均等。这些问题若进一步加剧，不仅将影响到社会的稳定，也反过来会限制城镇化发展。这个时候通过相关制度安排，让全体社会成员在享受基本公共服务方面逐步实现均等化，从而逐步缩小这些差距，不仅是可行的而且是必要的。就是说，基本公共服务均等化体现了以人为本的理念，是城镇化的内在要求，是缓和城镇化进程中各种社会矛盾的现实需求。

三、我国城镇化进程中基本公共服务提供的现状分析

随着政府财力的增长以及近年来政府对民生问题关注程度的提高，我们在基本公共服务提供问题上已经有了很明显的改善。而且，从理论上说，城镇化水平的提高和基本公共服务均等化的实现应该是相辅相成的。而我国目前的城镇化水平和基本公共服务供给水平仍然不协调。主要表现在以下四方面：

1. 基本公共服务供给项目不一致，与城镇化要求不相符。所

谓提高城镇化水平，就是要尽可能保证政府向农村提供的各项基本公共服务项目，与政府向城市提供的公共服务一样。而我国目前城乡之间的公共服务项目不一样。如公共卫生方面，2003 年，大、中城市自来水普及率几乎达到100%，小城市的自来水普及率也达到近 90%；而在农村饮用自来水的普及率仅为 34%，不安全饮用水来源仍占近 20%，尤其是四类农村地区不安全饮用水方式超过 50%。近几年来，虽然农村加快了改水的步伐，截至 2006 年年底，全国累计农村改水受益人口已达 86629. 3 万人，改水受益人口占农村总人口的 91. 1%，但农村自来水普及率也仅为 61. 1%。

2. 基本公共服务供给总体水平低，与城镇化水平不匹配。随着城镇人口的增大，城镇土地面积的扩大，基本公共服务水平也应该随之提高。但是，与目前城镇化率不断提高的现实相比较，我国基本公共服务的提供水平跟不上城镇化发展的要求，总体水平低。这必然导致某些区域和部分群体享受不到其该享受的基本公共服务，也是导致基本公共服务不均等的原因之一。

现阶段，我国的义务教育、公共卫生和基本医疗、基本社会保障、公共就业服务的基本公共服务供给严重不足。服务网络不健全、公共资源配置相对分散、缺乏有效的梳理和整合、难以发挥整体效能等问题尤为突出。另外，由于历史的原因，公众仍然要为基本公共服务买单，公共资源的增量并没有起到应有的社会效果。社会公共服务支出明显偏低，教育、医疗、住房等基本公共服务价格上涨速度远远超过居民收入增长速度，城乡居民压力很大。以公共卫生为例，据卫生部统计信息中心发布的 2008 年中国卫生统计提要显示：2006 年全国卫生总费用为 9843. 3 亿元，人均卫生费用 748. 8 元，卫生总费用占 GDP 比重为 4. 67%。综合 2003 年以来的情况，我国卫生总费用占 GDP 的比重基本不足 5%。而卫生总费用占 GDP 的比重不低于 5% 是世界卫生组织的基本要求。2006年的政府预算卫生费用支出为1778.9亿元，只占卫生总费用的18.1%[①]。另外，我国提供的公共就业服务也满足不了城镇化发展的要求，目前的公共就业服务大部分只针对城镇居民。

3. 基本公共服务供给不平衡，脱离城镇化的本质。城镇化的推进，导致我国的各种资源向城镇集中，自然禀赋和发展起点的不同又导致我国区域之间经济发展差距较大，而某些制度上的约束又加剧了这些不公平现象的程度。因此，表现在基本公共服务供给上就是区域、城乡、不同利益群体之间的极度不平衡，脱离了城镇化发展的本质。仍然以医疗卫生资源配置为例，我国社会普遍存在看病难、看病贵，但这种情况在农村和中西部落后地区尤为明显。卫生保健方面的差距，首先表现在卫生费用的分布上，2006年城市人均卫生费用为1248.3元，这一数字在农村为361.9元；其次表现在资源分布上，2007年东部地区的卫生机构数量为118895个，同期中部地区只有83387个[②]。而即使同样是城镇居民，不同群体所享受到的公共卫生服务也是有差异的，职工基本医保和公费医疗费用是城镇无保险人群的3.0和4.7倍[③]。在医疗之外的其他方面也存在类似的不平衡现象。城镇占有的教育资源远比农村地区多，发达地区对教育的投入也远比落后地区的投入多。国家机关事业单位人员、企业白领、自由职业者、下岗无业人员等不同社会群体间享受的基本公共服务不平衡，干部病房、干部招待所、度假村，年开支数额巨大。这些都无一不说

---

① 黄祖辉、王敏、宋瑜等："农村居民收入差距问题研究"，《管理世界》，2005年第3期，第75~84页。

② 关于这一分解公式的最初讨论和具体应用见：万广华："中国农村区域间居民收入差异及其变化的实证分析"，《经济研究》，1998年第5期，第36~41页。

③ 黄涛、胡宜国、胡宜朝："地区人均GDP分布的基尼系数"，《管理世界》，2006年第5期，第45~51页。

明了目前我国的基本公共服务供给极其不平衡。

4. 基本公共服务供给模式无特色，与城镇化要求不协调。在城镇化进程中的不同阶段，对基本公共服务供给的要求是不同的。同样的供给模式显然很难适应城镇化发展的需要。然而，在我国城乡之间，譬如像就业、公共安全等公共服务供给没有什么特色。如同样是就业服务，在城市采取技术培训、职业介绍等方法，比较容易解决城市居民的就业问题。而在农村仅使用这些方法就难以满足农民尤其是失地农民的需要。

四、城镇化进程中实现基本公共服务均等化的财税对策

由于我国目前基本公共服务供给总体不足以及供给不平衡，因此，在追求基本公共服务均等化的时候应该把握的总体原则是“提高总体的供给水平的同时适当将公共资源的配置倾向于农村地区、落后地区以及弱势群体，以提高他们享受的基本公共服务比重”。这无疑将对财政造成巨大压力，这样的压力既表现在财力不足方面，也表现在财政体制的不适应方面。为此需要加大财政改革力度，以确保尽早实现基本公共服务均等化。

首先，要完善现行分税制，规范财政转移支付制度，充实地方财力以增强地方政府提供基本公共服务的能力。

基本公共服务供给不足很大一部分的原因在于财力不足，特别是地方政府的财力不足，因为很多基本公共服务的供给主体是地方政府。而在处理中央和地方关系的时候我们往往以“经济总量”为导向，导致地方可用于基本公共服务的财力上出现较大差距，一些经济发达地区则由于地方财力比较雄厚，基本公共服务供给水平相对高出很多。另外目前我国现行分税制下财权不断上移，事权却不断下放，造成地方政府财力和事权不一致。因此财政体制改革的力度首先要放在分税制改革之上，按照“财力和事权相匹配”的原则改革我国现行分税制。应该由中央来统筹的可

以由中央统筹，中央不能统筹的，在下放事权的同时要赋予地方一定财力。同时还要进一步完善财政转移支付制度，这是在确保中央财政财力分配主导地位和调控能力有效发挥的基础上，强化中央财政的再分配功能，但又能够保障各级各地财政的基本财力，缩小地方政府财力上的差距，既提高基本公共服务的供给总量又有利于实现基本公共服务的均等化。

其次，要探索制定基本公共服务范围与标准，通过财政支出结构的优化，使得财政资金向基本公共服务的短缺领域、向落后区域以及弱势群体倾斜。

到目前为止，我国还没有制定一个系统性的基本公共服务范围与标准，致使各级政府不能统一规划、协调和保障基本公共支出需要，造成地区之间、行业之间所享受到的公共服务水平差距较大。只有统一制定基本公共服务范围标准，才能将人人享有基本公共服务的目标落到实处。明确目标和范围以后，通过财政资金的增量与存量调节，把更多财政资金投向基本公共服务领域；要以缩小城乡差距为重点，逐步加大对农村基本公共服务的投入力度，重点解决农村义务教育、农村医疗卫生、农村基础设施方面的问题；要以社会保障和社会救助为突破口，着力解决弱势群体的民生问题，逐步建立城乡一体化的最低生活保障制度、医疗救助制度、社会救济制度、就业服务制度等，使公民的基本权利得到切实保障。

最后，要着力基本公共服务供给机制创新，尽快建立政府基本公共服务绩效评价体系，提高均等化的效率。

我国的基本公共服务的供给，一方面是政府包揽，另一方面却是政府供给的低效率。政府包揽加大了财政压力，导致提供不足；低效则导致资源浪费。因此，创新基本公共服务供给制度，要结合政府职能转换，引导市场和社会力量参与基本公共服务，鼓励和吸引各类民间组织和民间闲散资金共同投入和发展公共服务事业，扩大基本公共服务的供给能力；对于确实需要政府来提供的公共服务，如义务教育、基本医疗服务等，可以提供通过采取公开招标、委托经营、委托管理等市场化运作方式以及政府特许经营制度鼓励市场化专业机构来生产，开展良性竞争，提高基本公共服务的运作效率和专业化水平，如果是政府自己生产的话，需要建立起完善的绩效评价体系，尽可能地使最少的财政资金发挥最大的效益。

本节参考文献

1. 安体富："完善公共财政制度逐步实现公共服务均等化"，《财经问题研究》，2007 年第 7 期。

2. 白景明："推进基本公共服务均等化须循序渐进"，《中国税务报》，2007 年 11 月 21 日。

3. 陈昌盛、蔡跃洲：《中国政府公共服务：体制变迁与地区综合评估》，中国社会科学出版社，2007 年。

4. 迟福林：《加快推进基本公共服务均等化》，http：//theory. people. com. cn/，2007 年。

5. 丁元竹：《分步实现我国基本公共服务均等化的战略思考》，http：//www. amr. gov. cn，2007 年。

6. 丁元竹："促进我国基本公共服务均等化的基本对策及战略思路"，《民生之路——惠及 13 亿人的基本公共服务》，中国经济出版社，2008 年。

7. 吴春梅、陈文科："农村基本公共服务均等化供给现状与满意度的实证分析"，《民生之路——惠及 13 亿人的基本公共服务》，中国经济出版社，2008 年。

8. 中国（海南）改革发展研究院："加快推进基本公共服务均等化（21 条建议）"，《经济研究参考》，2008 年第 3 期。

9. 中国（海南）改革发展研究院：《百姓民生——共享基本

公共服务100题》，中国经济出版社，2008年。

3.8 构建农村基本公共服务供给新体系

长期以来，向城市倾斜的发展策略造就了中国城乡二元结构以及与之相配套的一系列重城市轻农村的政策、制度。这使得占中国人口绝大多数的农民在准备享受政府提供的基本公共服务时基本处于一种被排斥的尴尬境地，并且这种基本公共服务非均等化的局面一直在持续着，而且更有愈演愈烈之势。这与党中央、国务院关于构建社会主义和谐社会、全面建设小康社会、社会主义新农村等大政方针相违背。所以，完善农村基本公共服务供给体系、缩小城乡基本公共服务差距、实现城乡基本公共服务均等化等课题越来越被理论界学者和政策层面制定者所重视。

一、现阶段农村基本公共服务的项目内容

2006年10月11日，党的十六届六中全会通过了《中共中央关于构建社会主义和谐社会若干重大问题的决定》，把构建社会主义和谐社会提到了前所未有的高度。事实上，处于转型期的中国社会确实存在着大量不和谐的因素，其中公共服务的非均等化，尤其是城乡公共服务的非均等化现象，已经成为影响社会和谐的重要因素。在此背景下，党的十六届五中全会上通过的《中共中央关于制定“十一五”规划的建设》中明确提出了基本公共服务均等化的目标和原则。

其实，城乡公共服务非均等化主要是因为我国一直以来的发展战略造成的。所以完善农村基本公共服务体系是缩小城乡公共

服务实际差距的重要因素，是新阶段农村反贫困的关键所在，是提高农村人口素质的路径所在。长期以来，在农村主要靠农民积累的公益金来解决某些公共服务事项，这与城市形成极为明显的差距。由于农村公共服务制度的缺失，农民在义务教育、公共医疗、社会保障等多方面的公共需求远远得不到满足。事实上，公共服务因素在我国城乡实际收入差距中的比例已高达30%～40%。我国农村人口占全国人口的70%，但是国家80%的公共卫生资源投放在城市；义务教育人口的60%在农村，却只有不到25%的资源用在农村。从短期来看，这使得农民“因病返贫”，因教育落后返贫的问题比较普遍。从长期看，基本公共服务供给的匮乏制约了农民素质的提高，不仅会影响农民未来收入的提高，还会形成许多经济社会问题。我国农村公共服务和服务供给不足、结构失衡、效率低下的局面有着其深层次的历史原因和体制背景，财政与金融资金难及农村地区是一个原因，但农村综合改革滞后则是造成现状的主要体制性原因。进入新阶段，随着农村潜在公共需求的逐步释放，农村居民日益成为公共需求的主体。适应这个变化，为广大农民提供基本而有保障的公共服务，已成为新阶段农村综合改革的重大任务。所以新阶段农村综合改革应当抓住农村经济社会发展进程中的突出矛盾，变革农村的上层建筑，逐步实现城乡基本公共服务均等化。

中国改革发展研究院曾经设计了一份由42个问题构成的调查问卷，寄发给全国各地长期从事“三农”问题研究的专家学者和政策研究机构，以期广泛收集农村基本公共服务的研究成果。本次调查共发放问卷400份，回收问卷216份，有效问卷214份。通过对调查数据进行统计分析，得出了当前农民最关心、最急需、最直接和最现实的基本公共服务，见表3－13。

表3－13　　农民基本公共服务项目专家调查情况表

选　项	频数	所占比例（%）
基本医疗卫生	211	98.6
义务教育	199	93.0
公共基础设施	194	90.7
最低生活保障	168	78.5
农技支持	135	63.1
就业服务	117	54.7
生态环境	101	47.2
社会治安	99	46.3
金融支持	97	45.3
文化事业	75	35.0
法律救助	73	34.1
信息支持	63	29.4
市场监管与服务	27	12.6
突发事件与公共危机的处理	24	11.2
其他	6	2.8

资料来源：杨其元、夏锋："百名'三农'专家对农村基本公共服务现状的看法"，《中国农村观察》2008年3月，第75～80页。

二、基本公共服务城乡差异的现状

（一）基本医疗卫生城乡差异

"看病难"、"看病贵"问题是目前社会关注的一个焦点问题。医疗卫生体制改革的失败使我国医疗卫生为全国人民所诟病，但在这种整体糟糕的情形之后仍存在着城乡差异。"据卫生部调查统计，医疗卫生资源约有80%集中在城市，其中2/3又集中在大医院。用于农村卫生经费的比例，从1991年的20%降到2000年的10%，其中专项的农村卫生经费只有1.3%，农民人均卫生事业费只有12元，仅为城市人均值的28%。乡镇卫生院只有1/3正常运转。2004年每千人口医生数，农村只有0.85人，仅为城市2.32人的1/3。农村中还有10%的村没有医疗点，新的农村合作医疗覆盖面和医疗费水平均很低。在2004年年底召开的新闻发布会上，卫生副部长说，近年来中央财政支出中卫生支出仅占1.6%~1.7%，其中有70%的医疗费用于占30%的城镇人口。在农村约有40%~60%的人因看不起病而因病致贫、返贫，中西部地区因病无钱医疗而死亡的比例高达60%~80%。"

表3-14　　我国（1990~2005）城市、农村卫生总费用一览表

单位：亿元

项目＼年份	1990	1995	2000	2001	2002	2003	2004	2005
城市卫生总费用	158.8	401.3	828.6	839.1	932.9	1108.9	1261.9	—
农村卫生总费用	38.8	112.9	209.4	245.6	268.6	274.7	301.6	362.9

资料来源：根据中国卫生统计年鉴整理（本表按当年价格计算）。

从表3-14中的统计数据可知，1990~2005年这16年间，我国城市和农村之间卫生总费用的差距是在不断拉大的，而且这种距离越拉越大。这足以反映城乡之间的基本医疗卫生的差距。

（二）义务教育城乡差异

长期以来，国家在教育经费投向上的城镇偏好造成了农村教育供给不足和质量低下的状况，这就又分别造成了农村子女上学难和教育收益率低，降低了农民对教育的需求状况。城乡的教育管理体制、经费来源不同，致使教育方面不论是硬件设施还是师资力量，城镇都要优于农村。近年来，由于"三农"问题的严重，农村教育问题也日益引起国家的重视，但目前确实还存在着严重的教育方面的城乡差异。首先来看表3-15中2001年全国义务教育经费城乡（城镇/农村）差别（倍数）统计，表现出来城乡投资的差距。

表 3 - 15　　2001 年全国义务教育经费城乡（城镇/农村）差别（倍数）统计表

教育总经费预算内经费教育总经费预算内经费									
全国	1.86	1.93	1.71	1.68	河南	1.80	1.72	1.66	1.48
北京	1.54	1.62	1.14	1.21	湖南	1.45	1.60	1.47	1.44
上海	1.63	1.36	1.26	1.07	广西	1.67	1.52	1.54	1.24
广东	1.89	1.53	2.20	1.67	重庆	1.57	1.70	1.35	1.31
江苏	1.63	1.68	1.47	1.56	贵州	1.83	2.12	1.70	1.69
浙江	1.30	1.26	1.22	1.24	云南	1.44	1.49	1.16	1.29
山东	1.86	1.85	1.85	1.57	西藏	1.62	1.76	1.56	1.70
山西	1.19	1.49	1.13	1.17	宁夏	1.40	1.26	1.20	1.10
吉林	1.36	1.53	1.21	1.34	新疆	1.50	1.81	1.30	1.42

资料来源：彭世华《发展区域教育》，教育科学出版社，2003 年版第 285 页。

由上表可以看出来，城镇学校投资多，农村学校投资少，全国城镇小学生均教育经费是农村小学的 186 倍，其中预算内教育经费是 1.68 倍。教育投资的差别，就会导致城乡教育的办学条件的差距。拿几个直辖市和全国水平以及临近北京和天津的相比，可以从中看出城乡教育办学条件的差异。这就不仅是地区差异，也是城乡差异。“河北生均固定资产，小学只是北京的 35.9%、天津的 70.1%，初中只是北京的 25.7%、天津的 42.4%。河北的初中教师合格率、小学初中的生师比与北京、天津也有很大差距。”城乡教育方面差异的另一方面表现是农民工子女的教育问题，这方面问题的严重性我们可以从中央的有关文件中看出来。2003 年中央 1 号文件要求城市要保障农民工子女接受义务教育的权利，2004 年 2 月，国务院办公厅转发了教育部、中央编办、公安部、发展改革委员会、财政部、劳动与社会保障部“关于进一步做好进城务工就业农民工子女义务教育工作的意见”。中央发文对农民工子女义务教育问题的干预说明了这方面问题的严重性。

再来看下面表 3－16 和表 3－17，两份关于 2006 年我国城市、县镇、农村中学和小学的统计资料。

表 3－16　2006 年全国城市、县镇、农村中学统计资料

	学校数（所）	校舍建筑面积（平方米）	固定资产总值（万元）
城市初中	11082	60442891	5952655
县镇初中	52172	146948590	9879668
农村初中	89186	173628574	9530279

数据来源：原始数据来源《中国教育经费统计年鉴》，国研网整理。

表 3－17　2006 年全国城市、县镇、农村小学统计资料

	学校数（所）	校舍建筑面积（平方米）	固定资产总值（万元）	在校学生数（人）
城市小学	16999	84986193	8306356	16035689
县镇小学	29588	117885061	8479368	24318225
农村小学	295052	383524518	18645565	66761432

数据来源：原始数据来源《中国教育经费统计年鉴》，国研网整理。

上面两个表格中的数据能清楚的显示出城市、县镇、农村义务教育硬件设施方面存在较大的差异（笔者认为在衡量义务教育硬件差异时，固定资产值可作为主要的衡量指标）。表 4 中的数据显示，在城市中每所中学的平均固定资产值为 537.13 万元，而县镇和农村每所中学的平均固定资产值分别为 189.37 万元和 106.86 万元。这其中的差距不言而喻。表 5 中的数据显示，在城市中每所小学的平均固定资产值为 488.64 万元，生均固定资产值为 5179.92 元。这远远高于县镇和农村每所小学的平均固定资产值286.58万元、63.19万元和生均固定资产值3486.84元、2792.86元。

（三）公共基础设施城乡差异

就公共服务的城乡差异中的诸方面来看，公共基础设施方面的差异可以说是感观上最显著的了。城市中完善的供水供电供热设施，宽阔平整的道路，方便的交通条件，美丽的公园和设施完善的娱乐场所、公共图书馆、艺术表演场所，都是乡村中不可奢望的。当然，城市同乡村的特征不同，我们不可能看到两者在上述服务上的完全平等，但是现实的情况是农村部分地区最基本的农田水利建设落后。在公共基础设施的投资方面，也显示出了巨大的差距：2001年各级政府继续加大城市市政公共基础设施的投资力度，全年完成城市建设固定资产投资2352亿元，比上年增长24.4%，而同年，有89299.27万农业人口的18090个建制镇建设总额才3119.70亿元，而其中占12.32%的公共建筑建设投资387.74亿元，加上13.25%的公共基础设施的投资413.26亿元，总共才798.0亿元，这与人口仅占少数部分的地市公共基础设施的投资形成强烈的对比。据中国社科院农村发展研究所农村政策研究中心主任李成贵分析，我国多年来一直实行的是向城市倾斜的财政政策，近年来财政资源在城乡之间的分配更是如此，这种政策对公共服务的各个方面都有影响，但是在基础设施方面更明显。

（四）社会保障城乡差异

1. 保障种类不公平。城乡之间在社会保障的种类上存在着很大的差别，城镇户籍的居民享有多种保障，而农村户籍的居民只享有少数的几种保险。具体而言，城镇户籍的居民享受的保险有：养老保险、失业保险、医疗保险、工伤保险、生育保险和最低生活保障等，而农村户籍的居民只有养老保险、合作医疗和最低生活保障三种。其中，农村养老保险是20世纪90年代初建立的；农村合作医疗（即农村的医疗保险，曾被世界卫生组织推崇为解决农村卫生问题的典范）是在人民公社时期发展起来的，但是随着经济体制改革，人民公社的消亡，逐渐解体，而新型的农村合作医疗制度则刚开始建立。

2. 保障水平不公平。同样的一种保险，城乡保障水平是有很大差别的，这主要表现在以下两个方面：覆盖面不公平从表 3－18 可知，上述三种保险城乡覆盖人数有很大的差别，城市中享有保险的人数与农村享有保险人数之比越来越大。从绝对数上来看，农村养老保险覆盖人数呈现逐年下降的趋势；保障资金水平不公平在最低生活保障、医疗保险、养老保险等方面，城乡都存在较大的水平差距。从表 3－19 和表 3－20 可知，2003 年农村养老金额平均每人每年只有 492 元，月均 41 元，水平相当低，而 2003 年城市人均离休、退休、退职费为 9407 元，为农村水平的 19.1 倍。

表 3－18　　城乡三种保险的覆盖人数　　单位：万人

项目／年份	最低生活保障		医疗保险		养老保险	
	农村	城市	农村	城市	农村	城市
1998		184		1878	8025	8476
1999	266	257		2065	6461	9502
2000	300	403		3783	6172	10448
2001	305	1171		7286	5995	10802
2002	408	2065		9401	5462	11129
2003	367	2247		10902	5428	11646
2004			8040		5378	

资料来源：2004 年中国卫生统计年鉴。

表3－19　　农村社会养老保险每人年均领取额表

年份	养老金支出额（万元）	领取养老金的人数（万人）	人均年领取额（元）
1999	31819.1	89.77	354.45
2000	40868.6	97.81	
2001	52018.7	108.10	481.20
2002	52988.0	123.40	429.40
2003	97248.6	197.60	492.0

资料来源：2000～2004年中国卫生统计年鉴。

表3－20　　城市人均离休、退休、退职费表

年份	离休、退休、退职费（亿元）	年末人数（万人）	人均离休、退休、退职费（万元）
2000	2693.6	3848.0	7137
2001	3024.3	3989.9	7717
2002	3604.8	4196.0	8807
2003	4088.6	4496.7	9407

资料来源：2004年中国劳动统计年鉴。

3. 保障资金来源不公平。城市的保险基金来源是社会统筹与个人交纳相结合，而农村以个人交纳为主。例如城镇基本养老保险，分为社会统筹基金账户与个人账户，前者包括单位缴纳的社会统筹基金收入、财政补贴收入等，其中单位交纳个人工资额的3%。而农村养老保险，基本上个人交纳，如2002年保费收入为252283.6万元，其中个人交纳115483.6万元，占45.8%，集体补助13680.5万元，占54.2%，而集体补助的部分多来自于农民交纳的费用，所以说是农民自己办理自己的养老保险。

4. 管理体制不公平。目前中国城市的社会保障基金是由中央政府通过劳动和社会保障部统一管理的，而农村的社会保障基金则仍然是由地方各级政府的下属机构来管理。由此导致农村管理体制分散，基金监管比较困难，部分地区农村社会保障基金被挪用、挤占和挥霍的现象十分严重。

（五）就业服务城乡差异

按照我们中国官方的标准，“就业”和前面所谈的“社会保障”一样，本身就包含着城乡差异的。在2000年中国劳动统计年鉴上，城镇登记失业率中，作为分子的失业人员的条件之一是“有非农业”户口，作为分母之一的城镇单位从业人员是扣除使用的农村劳动力的。因此，国家“积极开展的‘以送政策、送岗位、送技能’为主要内容的再就业援助活动”就成为仅对准城镇居民服务的政策。而由于农民身份的限制，他们要进入城镇国有、集体事业单位获得固定工作是几乎不可能的事情。农民进城只能在三资、私营企业的生产线上进行一般的生产作业，带着“农民工”这种奇怪尴尬的称谓，并经常遭遇欠薪事件。截至2004年11月26日，全国共清理拖欠农民工工资318亿元，其中2003年当年拖欠的农民工工资已清理162亿元，全国2003年年底以前拖欠农民工工资总额171亿元，已累计偿付156亿元。另外，农村“就业”服务缺乏劳动力供求信息网络，就业服务机构没有全面向乡镇和村庄延伸，大多数贫困地区没有规范的就业服务机构，没有经费保障，没有现代化的信息网络，没有专门的职业培训机构，对农村剩余劳动力实施职业技能培训政策措施不完善，对职业培训机构投入不足，培训实用性不强，培训后就业率仍旧没有大的长进等。而与此相比，城市的就业服务与就业管理体制则优越、完善得多。

三、城乡基本公共服务非均等化的危害性

公共服务在城乡方面的不均等，对我们社会的统一稳定有着很大的影响，不论是从理论上还是从实践上说，都是有着明显的

负面效应的。下面分别对应上面的现状来分析一下公共服务的城乡差异对社会的不良影响。

1. 医疗差异会造成资源浪费和人民心理上的不公平感。由于医疗体制改革已经成为千夫所指，在医疗方面的不均等状况并不为人们所重视。财政过多地将资金投入到城市里的大医院，不重视乡镇卫生院，使得卫生院的作用不能得到有效的发挥，人们对卫生院的期望也不是太高，这就导致了大医院的资源紧张和小卫生院资源闲置共存的情况。这也就导致上面所提到的40%～60%的农民因看不起病而因病致贫、返贫。这种情况会使人们在潜意识里形成对社会公平的质疑，减少人们对社会的信任，这对于长久的社会稳定会产生不利的影响。

2. 义务教育差异导致城乡人民发展机会不平等。随着我们国家经济的发展，我们在义务教育公平化、均等化方面已有了不少进步，但正如前文所述，差异的消除和形成都将是一个长期的过程，如果我们现在没有改变目前的政策，那在义务教育方面的不均等对我们整个社会的影响将产生比就业服务不均等更严重的后果。我们现在已经不再追求平均主义，不再要求结果平等，但我们应该提供的是机会的均等，义务教育正是在这方面起着重要的作用。如果这种状况在一段时间内得不到较好的改善，那在市民和农民之间，将会产生一个人为的阶级鸿沟，这将使我们的农村弱势群体没有机会改变他们下一代的命运。

3. 基础设施差异影响城乡间平等的发展机会。基础设施方面的差异主要是发展的环境条件问题，尤其是现在经济的发展要求有资金的支持，而资金在我国软环境大致相当的情况下大多会流向基础设施好的地方。对于我国广大的乡村地区，没有便利的交通和良好的生活环境，我国农村的发展就会跟城市的差距变大，跟随着的便是城乡居民收入差距的进一步扩大。

4. 社保差异可能会影响社会稳定。我国目前的社会保障的总体状况就是覆盖面小，保障水平低。虽然在近几年内，我们的社会保障有着巨大的发展，但是目前的这种社会保障局面，对于我国几亿农民来说，他们心中还是没有安全感，绝大部分的农民处于各种风险的包围之中。在经济发展迅速的情况下，这可能不会对社会造成多大的影响，但是天有不测风云，对于农民来说，他们就是在凭着运气生活，灾害或者严重的疾病对于他们来说都将是致命性的，这种情况对于农民和我们的社会来说都将是高风险的。还有就是对于在外工作的农民兄弟来说，他们在城里干着最有风险的工作，却难以享受到跟他们在同一个城市的市民的待遇，享受不到应有的保障，这对于城市的稳定和我国的城市化进程都是不利的。

5. 就业服务差异导致城乡生活机会不平等。就业服务方面的差异在于政策制定者有一个预先的假设前提：在农村的就是要种庄稼的，在城市里的就是要做工人的。这种就业服务方面的差异不利于社会的整合，会产生明显的地区“马太效应”，有着较高水平的城市里的市民有更多的发展机会，而在农村的农民则由于条件不好而使发展前景越来越渺茫，这使得农民和市民之间在生活上存在着不平等的机会。现代社会国家的发展需要社会全体公民的整体和谐发展，这样的就业服务政策对我们国家从农业国向工业国的转型会产生阻滞的作用。

四、城乡基本公共服务非均等化的原因

基本公共服务的非均等化在城乡中尤为明显，这并不是一个暂时性的问题，而是经过几十年形成的刚性的问题，在这里既有政策和制度的原因，也有社会结构的问题。但是笔者认为以下几个因素是促使现今城乡基本公共服务非均等化的最主要的原因。

（一）中国的二元经济结构

二元经济结构几乎是所有发展中国家经济发展中普遍存在的

现象，即在国民经济中，现代部门与传统部门并存。表现在产业结构的发展中，农业还处在较落后的情况下，超前进行工业化，优先建设现代化部门。从我国情况看来，虽然工业结构高度已经达到 20 世纪 70 年代西方发达国家的水平，但是三次产业的产值结构大体与西方国家 20 世纪 20 年代的水平相近，工业化、城市化水平较低，而且，与发达国家经济成长与社会发展相异的是，中国二元经济结构中的"二元"的社会特征更为明显。由于农民与城市居民的收入呈现较为明显的异质性，从而形成两个不同质的利益群体。

（二）户籍制度

户籍制度是一种根基于农村自然经济和家族传统的行政管理方式，本质上是一种"社会屏蔽"制度，将占中国人口绝大多数的农村人口屏蔽在分享城市的社会资源之外。这种户籍制度，一是限制农村农业户口转为城镇非农业户口，限制农民流入城市。其出发点是实行向城市工业化发展倾斜的政策，完成工业发展的原始积累。二是对城镇非农业户口的人，提供包括就业、粮油供应，提供住房和医疗、养老保险等待遇，而农民就没有这些。形成了依附在两种户口上的权利差异，造成了城乡居民户口的不同、权利不同的二元社会。由于户籍制度的屏障作用，流入城市的农民工在职业、经济、婚姻、政治参与和教育方面受到层层限制，仍然居于城市社会分层的最底层。

五、完善农村基本公共服务供给体系的建议

（一）科学界定各种公共服务提供者的责任

1. 纯公共产品的供给问题。农村纯公共产品除国防、外交、社会治安与消防、法律与秩序、人权与产权、道德与民风育化、赌博与吸毒管教、宏观经济管理、公共卫生与疾病防治（包括艾滋病防治）、垃圾无害化处理（包括废品回收）、环境保护这些

传统意义上公共产品外，还应包括大型水利工程、基层政府的管理、农业科学研究与推广、义务教育、灾害防治与救助（包括难民安置）、社会救济（包括收容所）、计划生育等。这些纯公共产品必须由中央政府来供给。

2. 科学理清两类准公共产品的供给问题。（1）只有竞争性而无排他性的公共资源型公共产品的供给问题，像农村俱乐部（健身房）、图书馆、文化娱乐设施、渡口码头、小型水库与公用池塘、公共牧场等。为了避免拥挤和过度消耗，在发达地区农村可以实行保本收费管理，但对于欠发达地区农村则应采取地方政府投资建设村委会保本管理的模式。（2）有排他性而无竞争性的俱乐部型的公共产品的供给问题，像中小水利工程、农村道路交通、农村公用电力设施、供排水服务、农民培训、职业介绍机构、合作医疗、水电供应、社会保险、科技推广、托儿所、农村养老院等。在发达地区农村可以实施村民共同分担的办法，但对于欠发达地区农村，则应采取地方政府投资为主和农民共同出资为辅，共同保本管理的模式。

3. 关于生产弱竞争性与消费弱选择性私人物品的供给问题。这部分公共产品包括：民航、邮政、电信、铁路运输系统、公路交通系统、集中供电、集中供热、生活燃料沼气改进、饮用水供应系统、广播电视系统等，它们在消费上可以排他，在生产上也可以有竞争，由于这些产品和服务所具有的网络性与规模性，决定了他们生产的弱竞争性与消费弱选择性，就它们的性质讲，天生容易形成垄断，政府就必须承担起规制与监管的责任。对于这部分物品，原则上是拿钱买消费，用者付费，但对于欠发达地区的农村则应区别情况分别对待，如饮用水供应系统、广播电视系统的建设则因其分别包含着公共卫生与疾病防治或道德与民风育化的重要作用，应采取中央政府投资建设，村民共同维护的模式；再如生活燃料沼气改进，因其包含着垃圾无害化处理、环境保护的重要作用，应采取地方政府出资建设，农民自行维护的模式。

（二）转移支付的重点应放在弥补农村基本公共服务非均等化上

实现城乡基本公共服务的均等化，必须贯彻“城市支持农村、工业反哺农业”的方针，加大对农村财政的转移支付力度，提高农村基层政府可用财力。现行财力性转移支付中，除一般性转移支付、民族地区转移支付和年终结算财力补助等地方可自由支配外，调整工资转移支付、农村税费改革转移支付等项目具有专门用途，需要地方额外增加配套资金，不能缓解基层政府可支配财力的不足，直接影响了基本公共服务水平的提高，致使绝大部分限制开发区域的基层财政一直处于“吃饭财政”的尴尬境地。一些限制开发区域为了维持基层政权的运转，往往挪用各种用于生态建设等方面的专项资金，严重影响了限制开发区域的生态环境建设。因此，未来国家转移支付应加大对基层政府可用财力的转移支付力度，保障基层政府具有实施基本公共服务的基础。保障基本公共服务的日常经费与运营费用充足。国家为中西部地区投资兴建了学校、医院、社会福利院等硬件设施之后，往往没有相应的运营费用加以配套支持，特别是人头费严重不足，使得中西部功能区的基层教员、医务人员、文化工作者的工资报酬得不到保障，大量工作岗位无人承担，公共设施资源闲置浪费。因此，要保障中西部主体功能区公共服务水平的提高，需要加大基本公共服务运营经费特别是人头费的资助，从而使欠发达地区公共服务运营费缺口得到弥补，保障公共服务的有效供给。

（三）明确政府的均等化财政支出的方向

1. 财政对义务教育投入的重点应该集中于建立农村义务教育稳定投入机制；加强师资培训，提高教学质量；确保教师工资，稳定教师队伍；巩固义务教育对象入学率和加大硬件投入、改善办学条件。

2. 把农村公共基础设施建设作为一个切入点，这不仅能够改变农村面貌，而且能够增加农民收入。现阶段农民最迫切需要的公共基础设施，主要包括公共交通设施、农田水利设施、人畜饮水工程、电力基础设施、环保基础设施和文化体育设施。这些项目都应该成为财政支农惠农政策的重要关注点。

3. 农村生态环境服务的重点是抓好水土污染防治、村容村貌的整治、清洁能源的推广、三废处理四个方面的工作。而且财政对农业生产环境和农村生态保护方面的投入也理应集中于水土污染防治、村容村貌的整治、清洁能源的推广、三废处理四个方面。

4. 农村医疗卫生迫切需要解决的问题是提高中央和地方政府对新型农村合作医疗的投入比重；提高农村医疗卫生从业人员的整体素质，改善卫生医疗机构硬件设施；根据不同地区农民的支付能力建立稳定可靠的资金筹措机制；加大医药市场不规范问题的整治；提高新型农村合作医疗报销比例，降低报销门槛费，简化报销手续。

本节参考文献

1. 邹文辉："农村公共服务均等化方案求解"，《中国改革》，2008 年第 1 期。

2. 刘国军："我国农村基本公共服务均等化的制度构想"，《党政干部学刊》，2008 年第 1 期。

3. 陈峰燕："农村综合改革的取向和途径分析"，《市场周刊》，2008 年二月号。

4. 杨其元等："百名'三农'专家对农村基本公共服务现状的看法"，《中国农村观察》，2008 年第 3 期。

5. 苗袖珍、王瑞林："欠发达地区农村公共服务体系建设研究”，《山西行政学院学报》，2008 年 2 月。

6. 周新民：“促进基本公共服务均等化的构想”，《财政与发展》，2008 年第 2 期。

7. 杨其元：“如何完善农村公共服务体系”，《中国改革》，2008 年第 5 期。

8. 刘国军：“完善农村实现基本公共服务均等化的制度保障”，《党政论坛》，2008 年 3 月号。

9. 马海涛、秦强：“公共财政应有人文关怀精神”，《中国政府采购》，2008 年第 5 期。

10. 张娟：“论医疗卫生改革中的公共财政支持”，《财会研究》，2008 年第 18 期。

第4章 教育卫生公共服务均等化

4.1 农村义务教育均等化目标与地区差异实证

义务教育支出的地区分布状况，不仅直接关系到各地区适龄儿童能否享受到公平的义务教育机会，而且也关系到整个社会的和谐和经济的可持续发展。20世纪90年代以来，我国义务教育生均支出尤其是所占比重较大的维持性支出的地区差异一直受到社会高度关注。所谓维持性支出，在我国又称事业性支出，是指学校每年用于购买维持学校正常运转的各种资源支出。按其支出性质可分为人员支出（教职工工资、福利等）和公用支出（包括公务费、业务费、小型的设备购置费、修缮费等）。其中，人员支出和公用支出根据其经费来源不同还可以进一步细分为预算内人员支出、预算外人员支出、预算内公用支出和预算外公用支出。魏后凯（1997）、杜育红（2000）、王磊（2002）等的实证研究表明，农村费税改革前我国义务教育生均维持性支出的地区差异是逐年扩大的，并把导致这一结果的原因归结于“以乡镇为主”高度分散的义务教育财政管理体制和“多元化”的筹资机制。在始于2000年的农村税费改革中，因取消了面向农民的教育集资和教育费附加，动摇了“以乡镇为主”的义务教育财政体制运行的基础——多渠道的筹资模式，使得很多农村中小学运转失灵。鉴于这种情况，2001年国务院决定对农村义务教育财政体制进行调整，即实行“以县为主”的义务教育财政体制。此后，国务院又陆续出台了一些政策，试图逐步将农村义务教育投入纳入财政保障范围。义务教育财政体制的调整和筹资模式的改变对义务教育生均维持性支出的地区差异究竟产生怎样的影响，本节以税费改革前的1999年和税费改革完成后的2005年的省级数据为基础，对其进行实证分析。

一、方法与数据

（一）分析方法

测度义务教育生均维持性支出地区差异的指标有多种，本节主要采用了洛伦兹曲线和基尼系数。为了弄清税费改革前后全国义务教育生均维持性支出地区差异变化的原因，本节还对税费改革前后全国义务教育生均维持性支出的基尼系数及其变化进行了分解。

1. 洛伦兹曲线。

用 E_i，i=1，……，31，表示全国各省（自治区、直辖市）的义务教育维持性支出，S_i，i=1，……，31，表示各省（自治区、直辖市）的学生数。$\overline{E_i} = \frac{E_i}{S_i}$为i省（自治区、直辖市）义务教育生均维持性支出，假设i的编号使得$\overline{E_i}$从小到大排列。全国各省（自治区、直辖市）加总的义务教育维持性支出 $E_T = \sum_{i=1}^{31} E_i$，全国各省（自治区、直辖市）加总的学生数 $S_T = \sum_{i=1}^{31} S_i$。

定义 e_i 和 s_i 分别代表 i 省（自治区、直辖市）的义务教育维持性支出和学生数在全国所占的比重，$e_i = \frac{E_i}{E_T}$，$s_i = \frac{S_i}{S_T}$。由此可计算累计变量：$e_i^s = \sum_{j=1}^{i} e_j$，$s_i^s = \sum_{j=1}^{i} s_j$。在［0，1］×［0，1］的方框中，从原点（$s_0^s = 0$，$e_0^s = 0$）开始，（$s_1^s$，$e_1^s$）顺序连线就构成了洛伦兹曲线。根据洛伦兹曲线偏离［0，1］×［0，1］方框中对角线（45 度线，又称绝对均等线）的程度，可以判断义务教育生均维持性支出地区分布不平等的状况。

2. 基尼系数的计算方法。

在［0，1］×［0，1］方框中，洛伦兹曲线和对角线（45 度线）之间面积除以洛伦兹曲线所在三角形的面积，即为基尼系数。基尼系数越大，义务教育生均维持性支出地区分布的差距也越大。已有的文献给出了很多种计算基尼系数的方法。考虑到以地区为样本时，需要对各个地区的学生数进行加权——这一点很重要，否则很容易造成误导（万广华，2004）。同时也为了便于后文对义务教育生均维持性支出基尼系数的分解，本节采用了黄祖辉等基于 Silber（1989）矩阵算法基础上给出的简便算法（2005），其公式为：

$$G = \sum_{i=1}^{n} \frac{\overline{E_i}}{\overline{E_T}} \times s_i \left(\sum_{i=1}^{i-1} s_i - \sum_{j=i+1}^{n} s_j \right) \quad (1)$$

以省（自治区、直辖市）为分析单位，计算基尼系数时，同绘制洛伦兹曲线一样，首先按各省（自治区、直辖市）的生均维持性支出由低到高进行排序，G 为全国义务教育生均维持性支出的基尼系数，$\overline{E_T}$ 为全国义务教育生均维持性支出，其他符号的意义同前。其中：

当 i = 1 时，$\sum_{j=1}^{i-1} s_i = 0$；当 i = n 时，$\sum_{j=i+1}^{n} s_j = 0$。

3. 基尼系数的分解。

假设义务教育生均维持性支出由 K 项分项支出构成，其基尼系数可以分解为：

$$G = \sum_{K} e_k C_K \tag{2}$$

式中，e_k 是第 K 项分项支出的生均值在生均维持性支出中所占份额，C_K 是第 K 项生均支出的集中率，可以视为该分项支出的基尼系数，与 G 计算不同的是：计算 C_K 是根据生均维持性支出而不是分项支出由低到高排序。如果某分项支出的集中率大于生均维持性支出的基尼系数，那么该分项支出是促使生均维持性支出差异扩大的因素。如果某分项支出的集中率小于生均维持性支出的基尼系数，那么该分项支出是促使生均维持性支出差异缩小的因素。

各分项支出对生均维持性支出分布不平等的贡献率（R_K）表示为：

$$R_K = \frac{e_K C_K}{G} \times 100\% \tag{3}$$

4. 基尼系数变化的分解。

为了更进一步分析义务教育生均维持性支出地区差异变化的原因，还可以对义务教育生均维持性支出基尼系数的变化进行分解，其公式为：

$$\Delta G = \sum_{K} \Delta e_K c_{Kt} + \sum_{K} \Delta c_K e_{Kt} + \sum_{K} \Delta c_K \Delta e_K \tag{4}$$

式（4）中，义务教育生均维持性支出基尼系数的变化分为三个部分：一是由 $\sum_{K} \Delta e_K c_{Kt}$ 代表的分项支出构成比重变化引起的生均维持性支出基尼系数上升或下降，即结构效应；二是由 $\sum_{K} \Delta c_K e_{Kt}$ 代表的分项支出集中程度变化引起的生均维持性支出的基尼系数上升或下降，即集中效应；三是由 $\sum_{K} \Delta e_K \Delta c_K$ 代表的分项支出比重和集中程度变化共同引起的生均维持性支出的基尼系数上升或下降，即综合效应。

（二）数据选择与来源

本节选择费税改革前的1999年和税费改革完成后的2005年两个时点数据，考察“以乡镇为主”和“以县为主”两种不同农村义务教育财政体制下全国义务教育生均维持性支出的地区差异。之所以选择这两个时点的数据，原因在于：2000年农村税费改革在安徽进行试点，2002年试点扩大到20个省（自治区、直辖市），2003年在全国推开。与此同时，作为农村税费改革的一项配套措施，2001年国务院对农村义务教育财政体制进行调整，即实行“以县为主”的体制，并在国家级和省级贫困县的初中和小学推行“一费制”，2004年全国农村义务教育财政体制调整基本完成。若选择1999年和2005年中间任何年份的数据，均会因部分省份税费改革和义务教育财政体制调整尚未完成而影响分析的结果。

本节以省（自治区、直辖市）为基本分析单位，对全国31个省（自治区、直辖市）进行考察。省（自治区、直辖市）的义务教育维持性支出总额、生均维持性支出、生均人员支出、生均公用支出、生均预算内维持性支出、生均预算内人员支出、生均预算内公用支出的数据，直接来自于2000、2006年的《全国教育经费统计年鉴》。生均预算外人员支出和生均预算外公用支出，分别用生均人员支出减去生均预算内人员支出、生均公用支出减去生均预算内公用支出求得。用各省（自治区、直辖市）义务教育维持性支出总额除以该省（自治区、直辖市）义务教育生均维持性支出，即可获得各省（自治区、直辖市）的义务教育阶段的学生数。

二、税费改革前后义务教育维持性支出地区差异及变化测度

我国义务教育分为初中和小学两个阶段，由于这两个阶段的培养目标不同，决定了各自对师资、教学手段和教学设施等投入品的要求不同。若按义务教育口径笼统计算生均维持性支出地区分布不平等的指数会掩盖许多差异。因此，在分析义务教育生均维持性支出的地区差异时，有必要分别按初中和小学估算各自生均维持性支出地区分布不平衡的指数。

运用前面的分析方法和数据，我们绘出了农村税费改革前的1999年和改革完成后的2005年全国小学和初中生均维持性支出地区分布的洛伦兹曲线（见图4－1和图4－2）。图4－1和图4－2显示：无论是改革前的1999年还是改革完成后的2005年，全国小学和初中生均维持性支出的地区差异都是非常明显的（二者的洛伦兹曲线都偏离对角线）。从动态角度来看，相对1999年洛伦兹曲线的位置，2005年全国小学维持性支出地区分布的洛伦兹曲线出现了稍微内移的变化，而初中情况刚好相反。表明农村税费改革后全国小学生均维持性支出的地区差异略有缩小的趋势，而初中则略有扩大的迹象。

上述分析结论是否准确还可以通过计算生均维持性支出的基尼系数加以验证。我们利用公式（1）分别估算了1999年和2005年全国小学和初中生均维持性支出的基尼系数（见表4－1和表4－2的生均维持性支出的集中率）。计算结果与上述分析的结论是一致的，即全国小学生均维持性支出的基尼系数由1999年的0.235下降为2005年的0.226，下降了0.9个百分点。初中生均维持性支出的基尼系数由1999年的0.228上升到2005年的0.243，上升了1.5个百分点。如果我们借用人均收入基尼系数的相关成果，国际上比较流行的判别标准是，将基尼系数的0.4视为收入差距的警戒线。从这一标准来看，似乎我国小学和初中

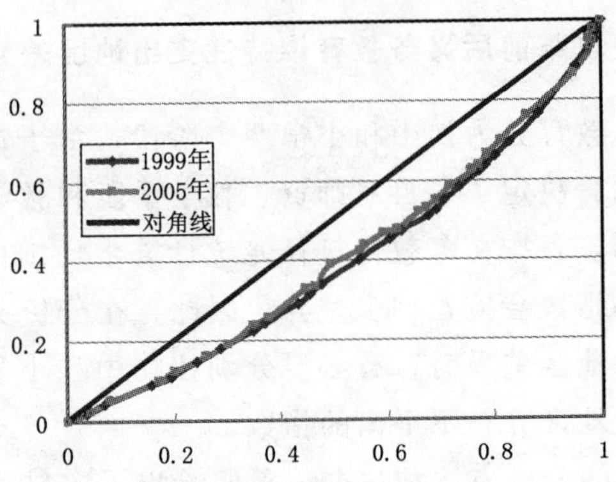

4－1　1999年和2005年全国小学维持性支出分布的洛伦兹曲线

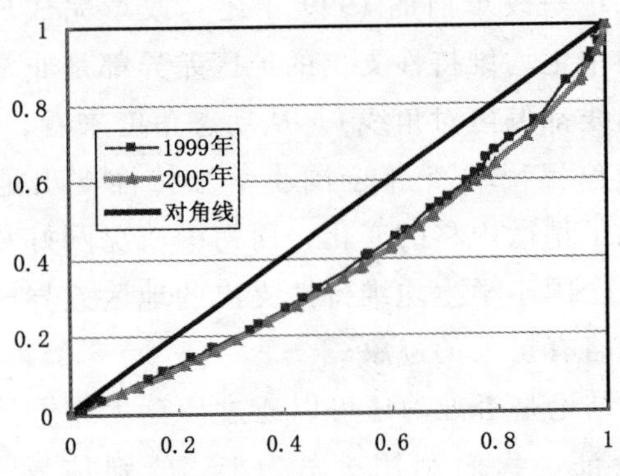

图4－2　1999年和2005年全国初中维持性支出分布的洛伦兹曲线

生均维持性支出的地区差异还不算大。但需要注意的是，我们是以省（自治区、直辖市）为基本分析单位的，若将分析单位细分到县，只要各县小学和初中生均维持性支出有所不同，估算的全国小学和初中生均维持性支出的基尼系数一定会增加（这一点已被一些学者的研究所证明）。事实上，王蓉（1999）、潘天舒（2000）等学者的实证研究和我们的实地调查均发现，我国各省

（自治区、直辖市）所辖县之间的小学和初中生均维持性支出差异要远大于省（自治区、直辖市）间差异。因此，上述估算的全国小学和初中生均支出的基尼系数已经相当高了，尤其是初中生均支出的基尼系数还呈现扩大的趋势，这不能不引起我们的警惕。

三、税费改革前后义务教育维持性支出地区差异变化原因分析

农村税费改革后全国小学和初中生均维持性支出地区差异出现的上述变化与农村义务教育财政体制调整和筹资模式改变是密切相关的。税费改革后农村义务教育财政体制和筹资模式的变化主要表现为：一是将改革前的农村义务教育筹资责任主体和管理权限由“以乡镇为主”变为“以县为主”；二是将义务教育筹资模式由“多渠道”变为“以政府投入为主”。为弄清农村义务教育财政体制调整和筹资模式改变是如何引起全国小学和初中生均维持性支出地区差异变化的，以下将分两步对此进行考察。

（一）税费改革前后义务教育维持性支出地区差异分解分析

我们运用公式（2）和（3）对两个时点上全国小学和初中生均维持性支出分布的基尼系数进行了分项分解，其结果见表 4－1和表 4－2。

表 4－1　1999 年全国小学和初中维持性支出构成、分布差距及其分解结果

种　类	分项支出份额	集中率	分项支出对总支出不平等分布贡献率
小学			
生均维持性支出	100.0	0.235	100.0
生均预算内人员支出	58.2	0.205	50.8

续表

种　　类	分项支出份额	集中率	分项支出对总支出不平等分布贡献率
生均预算外人员支出	13.5	0.298	17.1
生均预算内公用支出	5.5	0.406	9.5
生均预算外公用支出	22.8	0.233	22.6
初中			
生均维持性支出	100.0	0.228	100.0
生均预算内人员支出	53.0	0.173	40.2
生均预算外人员支出	11.7	0.377	19.3
生均预算内公用支出	7.2	0.438	13.9
生均预算外公用支出	28.1	0.216	26.6

表 4－2　　2005 年小学和初中维持性支出构成、分布差距及其分解结果

种　　类	分项支出份额	集中率	分项支出对总支出不平等分布贡献率
小学			
生均维持性支出	100	0.226	100
生均预算内人员支出	65.8	0.199	57.9
生均预算外人员支出	10.3	0.342	15.5
生均预算内公用支出	9.4	0.266	11.1
生均预算外公用支出	14.5	0.243	15.6
初中			
生均维持性支出	100	0.243	100
生均预算内人员支出	58.7	0.210	50.6
生均预算外人员支出	10.3	0.359	15.2
生均预算内公用支出	10.8	0.293	13.0
生均预算外公用支出	20.2	0.255	21.2

从1999年分解的结果来看，小学生均预算内人员支出对小学生均维持性支出地区差异的贡献最大，为50.8%。尽管它的集中率要小于生均维持性支出的基尼系数，但它所占的比重最大，它对小学生均维持性支出地区差异的贡献率比其所占份额低了7.4个百分点。位居第二位的是生均预算外人员支出，所占的份额为22.8%。由于它的集中率略低于生均维持性支出的基尼系数，它对生均维持性支出地区差异的贡献率与其所占的份额非常接近，为22.6%。生均预算外人员支出所占的份额为13.5%，由于其集中率大于生均维持性支出的基尼系数，它对生均维持性支出地区差异的贡献率为17.1%，比其份额高了3.6个百分点。生均预算内公用支出的集中率最高，但其所占的份额较小，它对生均维持性支出地区差异的贡献率仅为9.5%。与小学相比，初中生均预算内人员支出具有更加平均分布的特点，尽管它在初中生均维持性支出中所占份额高达53%，但较小的集中率，使其对生均维持性支出地区差异的贡献率仅为40.2%，这可能是农村税费改革前初中生均维持性支出地区差异要小于小学的一个重要原因。初中其他几项分项支出对生均维持性支出地区差异的影响与小学基本相同。其中，初中生均预算外公用支出所占份额为28.1%，它的集中率略低于生均维持性支出的基尼系数，它对生均维持性支出地区差异的贡献率为26.6%。初中生均预算外人员支出和预算内公用支出的集中率都较高，它们对生均维持性支出的贡献率都要高于其所占份额，分别高出了7.6和7.7个百分点。

2005年的分解结果表现出了不同于1999年的一些特点。就小学而言，最大的特点是生均预算内人员支出和公用支出所占份额都有所上升（前者上升了7.6个百分点，后者上升了3.9个百分点），而这两项支出的集中率却都有所下降（前者下降了0.6个百分点，后者下降了14个百分点），二者对小学生均维持性支出差异的贡献率为69%，比它们所占份额低了6.2个百分点。从这一点来看，税费改革后农村义务教育财政体制调整和筹资模式改变，不仅增强了政府对小学投入的充足性，且在缩小小学生均预算内维持性支出地区差异上的效果也是非常明显的。与此相反的是小学生均预算外人员支出和公用支出所占份额下降（前者下降了3.2个百分点，后者下降了8.3个百分点），而集中率却都有所上升（前者上升了4.4个百分点，后者上升了1个百分点）。小学生均预算外两项支出分布不平等加剧，与税费改革后在贫困地区小学和初中推行的“一费制”是密切相关的。因为对贫困地区中小学收费进行控制，而非贫困地区没有这一要求，使得中小学收费收入向富裕地区聚集。对于初中来说，导致生均维持性支出差异扩大的一个重要原因是，原来对生均维持性支出分布差距具有明显促减作用的生均预算内人员支出，不仅其所占份额上升了5.7个百分点，且其集中率也上升了3.7个百分点，对初中生均维持性支出地区差异的贡献率为50.6%（比税费改革前高10.4个百分点）。尽管生均预算内公用支出的集中率比1999年大幅下降了14.5个百分点，但由于所占份额增幅较小，并没有遏制住生均维持性支出地区差异扩大的势头。生均预算外公用支出所占份额比1999年下降了7.9个百分点，而集中率却比1999年上升了3.9个百分点，它对初中生均维持性支出地区差异的贡献率为21.2%。与小学还有一点不同的是，生均预算外人员支出的集中率并没有受“一费制”的影响而扩大，相反却下降了1.8个百分点。

由于义务教育财政体制调整、筹资模式改变和“一费制”推行，主要针对的是农村，那么全国初中生均预算内人员支出的集中率上升和生均预算外人员支出集中率的下降是否是由城乡差异引起的呢？对此，我们采用同样的方法，估算了1999年和2005年农村初中生均预算内和预算外人员支出的集中率。结果发现，农村初中生均预算内人员支出的集中率由1999年的0.128上升到了2005年的0.175；农村初中生均预算外人员支出的集中率也由1999年的0.319上升到了2005年的0.335。这表明农村税费改革后实行“以县为主”的义务教育财政体制，全国初中生均预算内人员支出地区分布更加不平等，主要是由农村内部初中生均预算内人员支出分布差距进一步扩大所引起的；全国初中生均预算外人员支出的分布差距的缩小，主要是由该项支出的城乡分布差距缩小引起的，而“一费制”实施仍然是扩大农村内部初中生均维持性支出差异的一个重要因素。

（二）税费改革前后义务教育维持性支出地区差异变化分解分析

上述的分项分解表明，农村税费改革后义务教育财政体制调整和筹资模式改变，引起了全国小学和初中生均维持性支出各分项支出集中程度和相对份额发生变化，进而引起了生均维持性支出地区差异发生变化。但农村税费改革前后全国小学和初中生均维持性支出地区差异的变化，究竟主要是由各分项支出相对份额变化（结构效应）引起的，还是主要由集中程度变化（集中效应）引起的，或是二者共同作用的结果，还需要作进一步分析。弄清这一问题很重要，因为在缩小全国小学和初中生均维持性支出地区差异上，处理结构性效应的政策与处理集中效应的政策是不同的。

根据前面给出的公式（4），生均维持性支出基尼系数的变化可以分成三个部分：由分项支出相对份额变动引起的部分（结构效应），由分项支出集中程度变化引起的部分（集中效应）和两方面变化共同作用的部分（综合效应）。表4-3给出了农村税费改革前后全国小学和初中生均维持性支出地区差异变化的分解结果。

表 4－3　全国小学和初中维持性支出分布差异变化的分解结果（1999～2005 年）

种　　类	$\Delta c \times e_{99}$	$\Delta e \times c_{99}$	$\Delta c \times \Delta e$	合　计
小学生均维持性支出				
生均预算内人员支出	38	－172	5	－130
生均预算外人员支出	－64	126	15	77
生均预算内公用支出	82	－202	59	－61
生均预算外公用支出	－23	229	8	214
合计	32	－19	87	100
初中生均维持性支出				
生均预算内人员支出	126.9	63.3	13.6	203.8
生均预算外人员支出	－13.8	－33.2	1.6	－45.4
生均预算内公用支出	－67.6	100.1	－33.1	－0.6
生均预算外公用支出	71.7	－109.3	－20.1	－57.7
合计	117.2	20.9	－38.0	100.0

表 4－3 显示：对于小学来说，在相对份额保持在 1999 年的水平不变的情况下，四项支出的净集中效应对于生均维持性支出差异缩小的贡献率为 32%。其中，生均预算内公用支出的集中率大幅下降，对缩小生均维持性支出差异起了主要作用。在集中率保持在 1999 年水平不变的情况下，四项支出的净结构效应对生均维持性支出差异缩小的贡献率为－19%。其中，预算外公用支出的相对份额大幅下降，对生均维持性支出差异缩小的贡献率高达 229%；集中效应和结构效应共同作用对生均维持性支出分布差距缩小的贡献率为 87%。其中，生均预算内公用支出贡献率达到了 59%。对于初中来说，在相对份额保持在 1999 年的水平不变的情况下，四项支出的净集中效应对于生均维持性支出差异扩大的贡献率为 117%。其中，生均预算内人员支出的集中率上升，对生均维持性支出分布差异扩大的贡献最大，为 126.9%。在集

中率保持在1999年水平不变的情况下，四项支出的净结构效应对生均维持性支出分布差异扩大的贡献率为20.9%。集中效应和结构效应共同作用对生均维持性支出分布差异扩大的贡献率为-38%。由此可以看出，农村税费改革后全国小学生均维持性支出分布差异的缩小，主要是由义务教育财政体制调整和筹资模式变化共同作用的结果，即综合效应引起的。而税费改革后全国初中生均维持性支出分布差异扩大，则主要是由集中效应引起的。更具体地说，税费改革后初中生均维持性支出分布差异扩大，主要是由义务教育筹资责任和管理权限上移到县后，生均预算内人员支出的分布更加不均等原因引起的。

四、总结性结论

本节以农村税费改革前的1999年和改革完成后的2005年的省（自治区、直辖市）级数据为基础，运用洛伦兹曲线和基尼系数对这两个时点上全国小学和初中生均维持性支出的地区差异进行了测度。为考察改革前后不同的义务教育财政制度安排对全国小学和初中生均维持性支出地区差异的影响，还将这两个时点上全国小学和初中生均维持性支出的基尼系数及其变化进行了分解。主要结论归纳如下：一是无论采用洛伦兹曲线还是基尼系数对全国小学和初中生均维持性支出地区差异进行测度，都发现农村税费改革完成后的2005年全国小学生均维持性支出的地区差异要小于改革前的1999年，而初中却出现了相反的结果。二是农村税费改革前后全国小学和初中生均维持性支出地区差异的变化与不同的义务教育财政制度安排是密切相关的。也就是农村税费改革完成后，实行“以县为主”的义务教育财政体制以及中央政府采取旨在增加政府义务教育投入的措施，不仅提高了小学生均预算内支出在生均维持性支出中的份额，而且也降低了生均预算内支出分布不平等的程度。但体制调整和筹资模式改变在提高初中生均预算内支出在生均维持性支出中份额的同时，也加剧了初中生均预算内人员支出地区分布不平等的程度。三是在贫困县小学和初中推行“一费制”，在规范贫困县中小学收费行为的同时，却因在非贫困县没有实行这一制度，而扩大了小学和初中生均预算外支出在地区间的差异。四是在进一步对农村税费改革前后全国小学和初中生均维持性支出地区差异变化分解中还发现，改革完成后小学生均维持性支出地区差异缩小，主要是由体制调整和筹资模式改变所产生的集中效应和结构效应共同作用引起的，即综合效应引起的。而初中生均维持性支出地区差异扩大，主要是由初中生均预算内人员支出分布不平等加剧，即集中效应引起的。

根据这些结论，结合我国义务教育财政体制进一步改革的基本取向，我们认为，随着 2007 年在全国农村和 2008 年开始在全国城镇实行免费的义务教育，小学维持性支出的地区差异会进一步缩小，因为免费意味着不存在预算外人员支出和预算外公用支出，而原这两项支出都是促使小学生均维持性支出地区差异扩大的因素。对于初中来说，免费势必还会进一步扩大初中生均维持性支出的地区差异。因为免费意味着初中生均预算内人员支出所占份额更大，而这项支出原本就是导致初中生均维持性支出地区差异扩大的主要因素。但究竟是什么因素导致了农村内部初中生均预算内人员支出分布更加不均等，尚需作进一步研究。

本节参考文献

1. 魏后凯、杨大利：“地方分权与中国地区教育差异”，《中国社会科学》，1997 年第 1 期。

2. 杜育红：《教育发展不平衡研究》，北京师范大学出版社，2000 年。

3. 王磊：“我国义务教育经费投入存在的主要问题”，《教育与经济》，2002 年第 1 期。

4. 万广华：“收入分配的度量与分解：一个对于研究方法的评介”，《世界经济文汇》，2004 年第 1 期。

5. 王蓉：“我国义务教育经费地区差异研究报告”，http：//www. moe. gov. cn/edoas/website18/info5963. htm。

6. 潘天舒：“我国县级义务教育投资地区差异及其影响因素”，《教育与经济》，2000 年第 4 期。

4.2 中国公共卫生支出均等化水平的实证分析[①]

公平是人类追求的一大目标，尤其是在当前建设和谐社会的大背景下，公共卫生支出作为政府提供的主要公共产品，其能否满足每一个社会成员的基本医疗卫生需要就显得尤为重要。本节正是从这一视角出发，实证分析中国基本的医疗卫生资源在东、中、西不同地区之间的分配状况，为建立公共卫生支出在全社会的和谐分配、尽快实现公共卫生服务的均等化提供一个现实支撑。

一、几个需要说明的问题

（一）公共卫生支出的范围界定

公共卫生支出作为本节的研究对象，我们首先要明确公共卫生支出的研究范围。在这里，公共卫生支出主要侧重于分析政府

---

① 本节为中国博士后科学基金资助项目和河北省社会科学基金项目（HB07BYJ036）的阶段性研究成果。

在卫生方面的财政支出责任，在这一点上，公共卫生支出的范围类似于政府预算卫生支出，因为政府预算卫生支出就是政府实际在卫生方面所发生的财政支出，它包括公共卫生支出和基本的医疗支出。同时由于公共卫生支出水平主要由政府决定，受地区经济发展水平、文化习俗等不可控因素的影响不大，因此研究结果转化为政策的可行性比较高。

（二）分析工具的选择

我们选取泰尔指数（Theil index）[①] 作为本节的分析工具。泰尔指数是西方经济学中用来衡量收入分布公平性的一种方法，主要通过考察人口和其相应的收入是否匹配来判断资源分布的公平性。一般认为，当每一个人所拥有的收入都一样时，此时收入的分布是绝对公平的，而当部分人群占有比其人口比例更高的收入时，就会产生收入不公平现象。从统计学上看，这部分人群所占有的收入偏离了平均值，引起了不公平现象。这种从个人角度看待不公平也不失为一种良好的理解和测算不公平的方法：如果每个人获得完全相同份额的收入，就意味着每个人的收入与均值的差值为0；如果每个人的份额不一样，则可以通过测算个体与均数的差异大小来计算不公平系数，偏值的均数越大，表明越不公平。当TI值为1时，表明社会的收入分配处于最不公平的状态。其计算公式和方法如下：

$$T = w_1\left[\log(\frac{w_1}{n_1})\right] + w_2\left[\log(\frac{w_2}{n_2})\right] + \cdots\cdots + w_i\left[\log(\frac{w_i}{n_i})\right]$$

T = Theil index

w_1 =第一组人群总收入占全体收入的比例

n_1 =第一组人群总人口数占全体人口总数的比例

w_2 =第二组人群总收入占全体收入的比例

---

① 下文简称TI。

n_2 = 第二组人群总人口数占全体人口总数的比例

w_i = 第 i 组人群总收入占全体收入的比例

n_i = 第 i 组人群总人口数占全体人口总数的比例

从 TI 的公式中，可以看出，当各组所占的收入比例和人口比例相同时，TI 的值为 0，表示绝对公平。当组中所占收入比例大于其人口比例时，w/n 的值大于 1，取对数后变为正数，表明这组人群对 TI 的贡献为正值；而当组中所占收入比例小于人口比例时，w/n 的值小于 1，取对数后变为负数，表明这组人群对 TI 的贡献为负值。TI 值的最终大小，取决于这两组人群一正一负的综合结果。TI 的最大优点就在于它所代表的公平性可以进行分解，求出不同层次、不同组别的公平性，其缺点在于不能够像基尼系数一样能够提供一个公平性的合理判断标准。

（三）东、中、西部三大类地区的划分

在进行三大类地区的划分时，我们既要考虑传统的三大区划，也要考虑实际的 GDP 水平。传统的三大区域，是我国经济水平完全不同的三个区域。传统的三大区中，东部是经济最发达的地区，主要包括北京、天津、河北、辽宁、上海、江苏、浙江、福建、山东、广东、广西、海南 12 个省市；中部地区主要包括山西、内蒙古、吉林、黑龙江、安徽、江西、河南、湖北、湖南 9 个省，其经济水平处于中等；西部地区主要包括重庆、四川、贵州、云南、西藏、陕西、甘肃、青海、宁夏、新疆 10 个省，西部地区在我国属于经济落后地区。考虑到近些年广西的 GDP 水平比较低，把其列入东部发达地区已经不合适，所以我们把广西从东部地区移出列入西部地区。经过综合分析，本节的三大类分区为东部地区包括北京、天津、河北、辽宁、上海、江苏、浙江、福建、山东、广东、海南 11 个省市，中部地区包括山西、内蒙古、吉林、黑龙江、安徽、江西、河南、湖北、湖南 9 个省份，西部地区包括重庆、四川、贵州、广西、云南、西藏、陕西、甘肃、青海、宁夏、新疆 11 个省市。以后我们就按照东部、中部、西部划分三个分组，并对这三组省市之间以及各组内的省市公共卫生支出进行比较和分析。

二、中国公共卫生支出均等化的实证分析

公共卫生支出是我国卫生筹资的一种重要的再分配机制，通过它可以调整各个地区卫生资源的配置和卫生费用筹集的公平性。下面我们通过对三大地区间公共卫生支出的 TI 测算来分析三大类地区间公共卫生支出的公平性程度。

表 4－4　　三大类地区公共卫生支出的 TI 测算

	1997 年 TI 贡献率				2006 年 TI 贡献率			
	东部	中部	西部	TI 和	东部	中部	西部	TI 和
人口比例（%）	37.4	35.7	26.9		39.63	34.22	26.14	
公共卫生支出 TI	0.0911	－0.0422	－0.021	0.028	0.0546	－0.0323	－0.010	0.012

资料来源：本表根据 1998、2007 年《中国人口年鉴》和《中国统计年鉴》计算得来。

由表 4－4 可以看出，2006 年我国东部、中部和西部公共卫生支出分布的 TI 贡献值，其中东部地区的公共卫生支出 TI 值为正值，说明东部地区在公共卫生支出分配中处于有利地位，其享有的公共卫生支出份额大于其占有的人口比例，东部地区人口占全国的比例为 39.63%，但其享有的公共卫生资源却占全国公共卫生资源的 50.76%①，明显处于有利地位。而中部和西部地区的公共卫生支出 TI 值为负值，说明中西部地区在公共卫生支出分配中处于不利地位，其享有的公共卫生支出份额小于其占有的人口比例。尤其是中部地区在三大类地区中处于最不利地位，

---

① 根据《中国人口统计年鉴（2007）》和《中国统计年鉴（2007）》计算得出，其中各省人口数据未包括中国人民解放军现役军人数。

2006年其公共卫生支出的TI值为－0.0323。2006年中部地区人口比例占全国人口比例的34.22%，而享有的公共卫生资源仅占全国公共卫生资源的25.6%[①]，明显小于其人口比例。纵观1997年到2006年公共卫生支出的TI值之和，我们发现2006年的TI值缩小了，表明公共卫生支出地区间的均等化服务水平有所提高。

（一）东部地区1997、2006年公共卫生支出的TI测算

表4－5　1997、2006年东部地区各省公共卫生支出的TI测算

省份	1997年公共卫生支出的TI贡献率	2006年公共卫生支出的TI贡献率
北京	0.0356	0.0836
天津	0.0079	0.0085
河北	－0.0214	－0.0189
辽宁	－0.0041	－0.0066
上海	0.0532	0.0393
江苏	－0.0133	－0.0048
浙江	0.0011	0.0147
福建	－0.0019	－0.0066
山东	－0.025	－0.0237
广东	0.0307	－0.0098
海南	－0.0018	－0.0017
合计	0.061	0.074

资料来源：本表根据1997、2006年《中国人口统计年鉴》和《中国统计年鉴》数据计算。

由表4－5可以看出，2006年北京和上海是影响东部地区公

① 根据《中国统计年鉴（2007）》计算得出，其中各省人口数据未包括中国人民解放军现役军人数。

共卫生支出分布不公平的最主要地区，两者对公共卫生支出的TI贡献分别为0.0836和0.0393，尤其是北京，其TI值2006年扩大到了0.0836。除此之外，天津、浙江对公共卫生支出TI的贡献都为正值。在公共卫生支出的分布中，占据最不利地位的是山东省和河北省，其TI值分别为－0.0237和－0.0189，这可能与人口众多有关系。

比较1997年与2006年东部地区各省市公共卫生支出的TI值，我们发现2006年公共卫生支出合计的TI值由0.061增长至0.074，表明东部地区公共卫生支出分配的不公平程度增加。而各省市TI的贡献变化主要在于北京市对TI的贡献增加较快，增长了将近2.35倍。值得注意的是广东省的TI值变化较大，由正值变为了负值，说明近些年其公共卫生支出水平明显下降。从以上的数值变化，我们认为1997年到2006年，东部各省市之间公共卫生分布的不公平性变差，主要原因是几大城市的影响：北京、天津、上海等大城市对东部地区公共卫生支出的不公平状况起到了至关重要的作用，这三大城市占据东部人口的8%，但是所占有的公共卫生支出却为东部公共卫生支出的26%。

（二）中部地区1997年和2006年公共卫生支出的TI测算

表4－6　1997、2006年中部地区公共卫生支出的TI测算

省份	1997年公共卫生支出的TI贡献率	2006年公共卫生支出的TI贡献率
山西	0.0101	0.0156
内蒙古	0.0129	0.0167
吉林	0.0182	0.0097
黑龙江	0.0156	0.0113
安徽	－0.013	－0.0126
江西	－0.0018	－0.0046

续表

省份	1997 年公共卫生支出的 TI 贡献率	2006 年公共卫生支出的 TI 贡献率
河南	-0.0236	-0.0111
湖北	0.0123	0.0030
湖南	-0.0119	-0.0144
合计	0.0188	0.0137

资料来源：本表根据 1997、2006 年《中国人口统计年鉴》和《中国财政年鉴》数据计算。

2006 年，中部地区各省市公共卫生支出分布的 TI 值为 0.0137，由表 4-6 可以看出在公共卫生支出的分配中，安徽、江西、河南、湖南处于不利地位，所享有的公共卫生支出份额小于其人口份额，其余五省在分配中处于有利地位，其公共卫生支出的 TI 值为正值，表明其享有的公共卫生支出份额大于其人口份额。我们按时间进行纵向对比，可以发现中部地区各省之间的公共卫生支出合计的 TI 值由 1997 年的 0.0188 下降为 2006 年的 0.0137，这说明中部地区各省市公共卫生支出分配更加趋向公平，其均等化水平进一步提高。

（三）西部地区公共卫生支出的 TI 测算

表 4-7　1997、2006 年西部地区公共卫生支出的 TI 测算

省份	1997 年公共卫生支出的 TI 贡献率	2006 年公共卫生支出的 TI 贡献率
广西	-0.013	-0.0118
重庆	-0.0078	-0.0071
四川	-0.0224	-0.0207
贵州	-0.0082	-0.0054
云南	0.047	0.0274

续表

省份	1997 年公共卫生支出的 TI 贡献率	2006 年公共卫生支出的 TI 贡献率
西藏	0.0132	0.0132
陕西	-0.0078	-0.0066
甘肃	-0.0029	-0.0006
青海	0.0072	0.0139
宁夏	0.00175	0.0024
新疆	0.0259	0.0202
合计	0.03295	0.0248

资料来源：本表根据 1997、2006 年《中国人口统计年鉴》和《中国财政年鉴》数据计算得来。

2006 年西部地区各省市公共卫生支出分布的 TI 值为 0.0248，由表 4-7 可以看出在公共卫生支出的分配中，对西部地区公共卫生支出分布影响最大的是云南和新疆，其 TI 贡献分别为 0.0274 和 0.0202，表明这两个自治区在公共卫生支出分配中处于最优先地位。西藏的公共卫生支出 TI 值为 0.0132，这和中央政府对它的公共卫生事业的全额财政拨款是分不开的。而四川省的 TI 贡献最低，为 -0.0207，表明在西部地区公共卫生支出分配中处于最不利地位。如果和 1997 年进行对比，我们发现公共卫生支出的 TI 值从 1997 年的 0.03295 下降为 2006 年的 0.0248，下降幅度为 24.7%，这种变化是可喜的，至少说明西部地区各省市之间公共卫生支出分布正在向公平方向迈进。

三、结论及政策性建议

通过上述分析，可以得出下列结论：

（一）三大类地区中公共卫生支出不均衡，其中东部地区的公共卫生支出 TI 贡献最高通过对TI的测算和三大类地区TI值的贡献可知，东部地区是导致三大地区卫生支出分布不公平的主要因素。造成这种结果的原因，可能是经济上的差异，使东部地区在卫生投入上增加较快，也可能是中西部地区卫生投入不足。

（二）东部地区的公共卫生支出分布不公平状况受北京、上海、天津影响较大

在东部的11个省市中，由于有上海、北京、天津三个直辖市，这些城市占有大量的卫生资源，影响了东部地区的卫生资源分布，而北京是影响其分布不公平的最主要因素。在各省获得的财政补助中，上海和北京也是获益最大的地区，也因此成了影响财政卫生补助不公平的两个市。除此之外，浙江、广东也影响了卫生分布的不公平性。

（三）四川、西藏、新疆是影响西部公共卫生筹资分布不公平性的主要省市

在西部11个省市中，四川人口众多，但占有较少的卫生资源，因此影响了西部公共卫生支出分布的不公平性。而新疆和西藏，由于其特殊的地理位置和政治意义，中央政府每年向其提供大量卫生补贴。尤其是西藏，由于其公共卫生支出全额由中央政府拨付，其所占有的公共卫生资源在西部地区处于有利地位，这种有利主要与公共卫生支出的倾斜程度有关。

通过以上分析，可以清晰地看出东部地区比中部和西部地区在公共卫生支出分配中处于优势地位，且少数省份在公共卫生支出中处于强势地位，而有相当多的省市处于劣势地位。但经过十年的发展，我们惊喜地发现三大类地区公共卫生支出的TI值有所缩小，这说明近几年来我国实行的旨在实现各地区公共服务均等化水平的战略初见成效。今后，中央政府要继续通过转移支付制度加大对中西部地区的卫生投入，克服由于地区间的经济差异所导致的地区间财政能力的差异而导致的地区间公共卫生服务均

等化的差异，实现公共卫生资源在地区间的和谐分配。由西藏的公共卫生支出现状我们可以发现，只要政府公共卫生支出适度向落后地区倾斜，就可以在很大程度上改善地区间卫生资源配置不公平的状况，早日实现公共卫生服务均等化目标，为构建和谐社会打下坚实基础。

本节参考文献

1. 国家统计局人口和社会科技统计司：《中国人口统计年鉴》，中国统计出版社，1998 年。

2. 国家统计局人口和社会科技统计司：《中国人口统计年鉴》，中国统计出版社，2007 年。

3. 中华人民共和国国家统计局：《中国统计年鉴》，中国统计出版社，1998 年。

4. 中华人民共和国国家统计局：《中国统计年鉴》，中国统计出版社，2007 年。

4.3 公共卫生转移支付制度调整及其均等化取向①

本节对 2001 ~2006 年贵州省公共卫生服务水平进行分析，指出存在问题的主要原因是历史欠账积累、自然条件差、经济发展水平低和国家政策倾斜不够，由此提出调整转移支付制度的措施，即进一步完善财政转移支付体系、进一步优化财政转移支付结构、省级财政应当担负本地区内财力差异调节的职责和加强财

① 本节以贵州省为例。

政转移支付资金的监督管理。

一、贵州省 2001 ~ 2006 年公共卫生服务概况

2001 ~ 2006 年贵州省公共卫生服务水平除卫生机构数、每万人拥有医生数略有缩减外，其余的卫生机构床位数、卫生技术人员数、每万人口拥有床位数 3 项指标近 5 年来虽然略有波动，但基本保持在较稳定的水平，说明贵州省政府对医疗卫生的投入在短期内难以有大幅度的提高（见表 4 - 8）。

表 4 - 8　贵州省基本医疗卫生的总体情况

项目	卫生机构数	卫生机构床位数（张）	卫生技术人员数（人）	每万人口床位数（张）	每万人口医生数（人）
2001 年	8791	59120	86103	14.8	12.3
2002 年	7027	59850	79727	15.1	11.3
2003 年	6499	59281	77557	14.9	11.2
2004 年	6664	61313	76699	14.9	12.2
2005 年	6571	61784	77805	15.0	9.1
2006 年	6147	66452	82324	15.8	10.4

资料来源：根据《贵州省统计年鉴（2002 ~ 2007）》统计计算而得。

从表 4 - 9 可知，贵州省医疗卫生支出由 2001 年的 13.55 亿元增加到 2006 年的 30.04 亿元，占财政支出的比重由 2001 年的 4.92% 提高到 2005 年的 5.49%，2006 年占比有所回落，与 2001 年持平。平均每千人拥有卫生人员和卫生技术人员数由 2001 年的 2.72 人、2.28 人下降到 2006 年的 2.42 人、2.08 人；平均每千人拥有的医生数近 6 年呈下降趋势。尽管近 5 年来，政府加大对基本医疗卫生的投入，且医疗卫生支出占贵州省财政支出的比重略有提高，但是卫生健康服务水平并不能随着经济的快速发展而得到同等程度的改善。

表 4－9　贵州省财政用于基本医疗卫生支出的情况表

项　目	2001 年	2002 年	2003 年	2004 年	2005 年	2006 年
医疗卫生支出（亿元）	13.55	16.67	18.33	22.5	28.59	30.04
占财政支出的比重（%）	4.92	5.26	5.52	5.37	5.49	4.92
卫生事业费（亿元）	7.07	7.74	9.72	10.43	15.19	20.28
公费医疗（亿元）	5.75	6.69	6.49	7.77	9.03	8.68
人均卫生费（元）	19.45	20.27	22.84	26.59	36.71	43.05
医疗机构病床使用率（%）	58.8	64.1	65.32	63.4	67.7	71.93
平均每千人拥有：						
医院卫生院床位数（张）	1.48	1.51	1.49	1.49	1.5	1.58
卫生人员（人）	2.72	2.46	2.36	2.31	2.34	2.42
卫生技术人员（人）	2.28	2.09	2.01	1.96	1.98	2.08
医生（人）	1.23	1.13	1.12	1.22	0.91	1.04

资料来源：根据《贵州省统计年鉴（2002～2007）》统计数据计算而得。

贵州省城乡基本医疗服务水平也存在显著差距。贵州省现有19669个行政村，到2006年年底仍有371个行政村无医疗点。2001～2006年，平均每千农业人口乡镇卫生院人员数、床位数，平均每千农业人口乡村医生和卫生人员数等指标都呈递减趋势，说明县、乡两级政府拥有卫生资源没有随着经济的快速发展而得到提高，相反还略有递减趋势。2006年平均每千农业人口乡镇卫生院人员数0.66人、床位数为0.54张，同期贵州省平均每千人拥有的卫生技术人员数为2.08人、床位数为1.58张。可见，基本医疗卫生资源、农村卫生技术人才在乡村两级是非常缺乏的，城乡之间拥有的基本医疗卫生资源显著差距明显。现在文化素质高、医术好的医生基本不到农村去，真正大学本科毕业生去乡镇卫生院工作的很少，村卫生所基本上都是赤脚医生或是其后代（见表4-10）。

表4-10　　贵州省县乡卫生基本情况

项　目	2001年	2002年	2003年	2004年	2005年	2006年
县医院个数（个）	69	69	69	71	71	71
平均每千农业人口乡镇卫生院人员数（人）	0.7	0.7	0.66	0.59	0.58	0.66
平均每千农业人口乡镇卫生院床位数（张）	0.44	0.44	0.43	0.43	0.44	0.54
平均每千农业人口乡村医生和卫生人员数（人）	1.17	1.07	1.06	0.89	0.79	0.91
平均每村乡村医生和卫生人员数（人）	1.49	1.36	1.38	1.33	1.3	1.32
无医疗点的村数（个）	4234	4222	4179	3468	1053	371

资料来源：根据《贵州省统计年鉴（2002~2007）》及《中国农村统计年鉴（2006）》统计计算而得。

贵州省的基本医疗卫生水平与全国平均水平差距显著。2006年，全国每千人医院卫生院床位数2.54张，上海市为5.53张，山西省为3.23张，青海省为2.99张，贵州省仅为1.60张，远低于全国的平均水平，与东中部差距显著，在西部地区也处于末位。2006年，每千人农业人口拥有的床位数全国平均水平为0.81张，四川省为0.90张，新疆为1.39张。贵州省每千人农业人口拥有的床位数为0.47张，仅占全国平均水平的50%，与西部地区其他省份的差距都非常大。全国每千人农业人口拥有的卫生人员全国平均水平为1.16人，西部平均水平为0.74人，四川省为1.05人。贵州省每千人农业人口拥有的卫生人员数为0.57人，仅为全国平均水平的50%左右，同时也低于西部的平均水平。

卫生室、医生和护士的数量，在农村的覆盖率非常低。2002年东、中、西部地区的被调查村中，距最近卫生院的距离在5公里以上的分别为7.97%、12.68%、21.85%①。总体上，东部地区卫生服务的可及性远好于中西部地区，尤其是西部地区，越是贫困的人，对疾病的敏感度就越低。对于收入水平低下和财政能力薄弱的贫困地区，卫生健康服务的可及性必然和富裕地区存在很大的差距。

二、贵州省公共卫生服务存在问题的成因分析

（一）历史欠账积累

贵州省历史上道路交通、基本医疗、公共卫生、基础教育、科研、文化等全面落后，社会经济发展缓慢。新中国成立后，贵州省财政受经济运行质量差、规模小的影响，长期依靠烟酒税收

---

① 胡鞍刚："中国多维不平等与公共财政体系的构建"，《经济活页文选》，中国财政经济出版社，2005年。

和中央财政补助过日子。到1979年（包干制改革前一年）中央财政补助收入已占贵州省财政总收入的57%。一方面包干制削弱了中央财政调控能力；另一方面由于贵州省自身的努力，中央财政对贵州省财政的补助逐年下降，1993年分税制改革时，中央财政补助收入占贵州省财政总收入的比重为17.2%。

分税制改革后，贵州省人均财政支出水平仍然持续下降。2006年，贵州省人均财政支出水平占全国的人均财政支出水平比重为68.94%。贵州省公共资产存量少、需要新增投入高、山路崎岖、公共服务半径小，满足同样的公共卫生服务，需要人均支出水平高于全国的人均支出水平。结果是，新中国成立近60年，贵州省目前还有少数乡镇没有卫生院（所），主要分布在少数民族贫困地区。现有的乡镇卫生院质量也很差，基本没有医疗设备，根本达不到国家的最低要求，同时也满足不了农村群众的就医需要。从而造成贵州省防病治病能力差，是各种传染病、急性病高发地区之一，人民群众健康水平低于全国平均水平，2006年，贵州省平均预期寿命为70岁，全国预期寿命为76岁。

（二）自然、地理等客观因素

贵州省自然条件在很大程度上影响着公共卫生服务均等化的程度。一是自然条件差，对基本公共卫生服务的需求大，成本高。贵州省喀斯特面积在109084平方公里，占贵州省总面积的61.9%，山高坡陡，土层浅薄，生态环境十分脆弱。贵州省人均平坝地不足0.3亩，大量耕地在山上，农业生产水平低下，生存与发展的矛盾突出，给贵州省带来一系列的生态环境问题，制约着贵州省的经济发展。加之贵州省现在极其贫困的人口大多居住在深山区、石山区、高寒山区和少数民族聚居区中，有些地区根本不能居住，生产生活条件极差，这些自然条件使一些地区在最基本的公共卫生服务提供方面存在巨大的困难。二是地理区位，使公共卫生服务的效率低下，制约公共卫生服务有效提供。贵州省处于内陆边远山区，人口相对分散，交通运输成本高，资源利用率低。东部沿海地区由于经济基础较好和人口稠密、优越的地理位置等原因，完成相同的基本公共卫生服务的单位成本较小，而像贵州省这样的欠发达地区为提供大致相等的基本公共卫生服务水平，需要更高的成本和更大的财力投入。并且由于自然环境、人口、地理位置等因素，公共卫生服务成本还有边际递增的趋势。

（三）经济发展水平

从总量上看，2006 年，贵州省人均 GDP 为5750 元，处于全国倒数第 1 位，人均财政收入为 604 元，排全国倒数第 3 位。2006 年三次产业的比重为 17.3：43.3：39.4，非农产业的比重为 82.7%，低于全国平均水平（93.7%）。表明贵州省的经济运行质量差、生产成本和管理费用过高。可见，贵州省经济发展的滞后具有长期性质，在短期内难以发生根本性的改变。经济发展落后直接导致贵州省财政收支矛盾突出，处于勉强“保吃饭”状态，很多基本公共卫生服务缺失，投入严重不足，而且越到基层问题就越突出。另一方面，贵州省区域内经济发展不平衡问题也很突出。2006 年，贵州省各县市区中，人均生产总值最高的白云区为 31631 元，是人均生产总值最低的望谟县 1950 元的 16 倍，人均财政一般预算收入最高的小河区为 2282.22 元，人均财政一般预算收入最低的黎平县 80.61 元，两者相差 28 倍；人均财政支出最高的小河区为 2903.69 元，是人均财政支出最低的威宁县 574.55 元的 5.4 倍。农民人均纯收入最高的南明区为 5061 元，最低的望谟县只有 1547 元。这种省内地区间发展的不平衡也加剧了公共卫生服务的非均衡性。

（四）国家政策、体制因素

政策性因素对公共卫生服务均等化的影响有以下几个方面：一是长期偏向工业、城市的非均衡发展战略，使城乡之间呈现二元经济特征。城乡之间的差距扩大，农村地区的基本医疗卫生投入过低，直接造成农村公共卫生服务的滞后。二是优先发展东部的战略，使地区之间的差距进一步拉大。国家在产业布局、固定资产投资、财政税收政策上一系列优惠的政策和国家发展东部的政策导向，使得东部沿海地区具有了更强的发展优势，强化了东部地区特别是沿海地区的“积聚效应”，进一步加大东西部地区的经济与财力的差距。财力状况决定了公共卫生服务水平。贫富不均的财力状况必然使得各地对公共卫生服务的改善和相关投入上存在较大的差异，使各地的公共卫生服务水平进一步拉大。三是政府公共卫生服务支出比例长期偏低，使公共卫生服务的投入长期不足，尤其是农村地区公共卫生经费更加匮乏，公共卫生服务均等化的难度非常大。

三、财政转移支付制度与公共卫生服务均等化的效果

中央对贵州省的转移支付由 2001 年的 175.73 亿元增加到 2006 年的 391.37 亿元，年均增速为 21.1%。占财政支出的比重由 2001 年的 63.85% 提高到 2006 年的 64.1%，近几年这个比重一直居高不下，说明贵州省对中央补助的依赖程度相当大。其中，2006 年返还性收入（两税返还和所得税基数返还）59.51 亿元，占当年转移支付总额的 15.2%；财力性的转移支付额 212.43 亿元，占当年转移支付总额的 54.3%，其中一般性的转移支付 76.32 亿元，占当年财政转移支付总额的 19.5%；专项转移支付（含增发国债补助）119.43 亿元，占当年转移支付总额的 30.5%。返还性收入比重很小，税收返还与当地的税收收入增长挂钩，在某种程度上，税收返还的结果是维护地方的既得利益特别是富裕地区的既得利益，客观上扩大了经济发达地区与经济不发达地区之间的财政能力差距，而不是缩小贫富差距。越是经济不发达的地区，返还性收入就越少。一般性转移支付具有明显

的均等化效果，但是在不发达地区占的比重很小。专项转移支付是由中央各部委按照条条管理转移到下级政府，带有指定用途，地方政府无权挪作他用，并且种类繁杂，几乎涉及到所有的支出项目，它对均衡各地财力作用不大。同时专项补助的情况比较复杂，作为政府间财政转移支付的重要形式之一，专项补助与公共卫生服务均等化目标的吻合度，主要取决于政府提供专项补助的政策导向。实践证明，如果对经济不发达地区的财政补助只是用来支持该地区的生产性项目的话，通常不会对提高该地区的公共卫生服务能力起到直接的作用（见表 4－11）。

表 4－11　中央对贵州省的转移补助收入情况

项　目	2001 年	2002 年	2003 年	2004 年	2005 年	2006 年	年均增速（%）
中央补助收入	175.73	210.03	216.07	282.83	333.06	391.37	21.1
返还性收入	38.5	45.64	50.07	54.4	56.8	59.51	8.1
财力性转移支付	68.53	87.62	101.29	124.48	167.57	212.43	33.9
专项转移支付	68.69	76.76	64.71	103.95	108.7	119.43	15.7

资料来源：《贵州省财政总决算报表（2001～2006）》统计计算整理而得。

2006 年，贵州省对市县的各项转移支付补助为 273.32 亿元，比 2001 年的 100.99 亿元增加 172.33 亿元，年均增速 18.1%。2006 年，省财政对市县的转移支付额相当于地（市）县级地方财政收入的总和，占当年地（市）县级财政支出（444.34 亿元）的 61.5%。其中：税收返还 41.13 亿元，占当年各类转移支付总额的 15.05%，一般性转移支付补助 32.06 亿元，占当年各类转移支付总额的 11.7%，专项补助 68.89 亿元，占当年各类转移支付总额的 25.2%。贵州省本级由于财力紧张，宏观调控的能力较低，对下的转移支付资金也非常有限，主要就是专项补助。具有有效均等地方财力的一般性转移支付非常少，占当年财政转移支付总额的15.1%。

四、完善转移支付制度的宏观思考

从全国省级政府的财力分布情况看，省、地（市）两级的财力约占全省财力的60%，而由财政提供经费的行政事业人员只占地方全部行政事业人员的30%；县乡两级政府的财力约占全省财力的40%，而由财政提供经费的人员却占70%。由于财力分布格局不合理，而且近年来法定支出和专项配套逐年增多，加上地方债务等对地方财政形成的压力，大部分地区基层财政困难日益突出。

（一）进一步完善财政转移支付体系

目前，我国主要采用纵向财政转移支付制度，它主要包括一般性转移支付和专项转移支付。一般性转移支付是具有有效均衡地方财力作用的转移支付形式。2005年，我国一般性转移支付只占全部转移支付比重的9.8%，比重过低。专项转移支付是由中央各部委按照条条管理转移到下级政府，带有指定用途，地方政府无权挪作他用。2005年，专项转移支付比重为30.73%，并且种类繁杂，几乎涉及所有的支出项目。由于转移支付制度不够健全，项目复杂，加上缺乏有效的监督和管理，专项转移支付在实施过程中容易滋生腐败。这就必须进行相应的制度创新。

实现公共服务型财政必须以规范的财政转移支付制度为支撑，财政转移支付制度也是平衡地方财力的基石。一个有效的转移支付制度能够为提高落后地区和农村地区的公共服务水平起到关键作用。转移支付并不仅仅是中央和地方之间的事，在省内也需要增加均等化的转移支付。进一步完善省内的转移支付办法，通过对地方各级政府财政支出责任划分确保各省内部的基本公共服务均等化。

（二）进一步优化财政转移支付结构

一是优化财政转移支付的类型结构。一般性转移支付是最具有均衡地方财力作用的财政转移支付形式，国际上通行的做法是，将一般性转移支付作为地方财政转移支付的主要形式，其占全部财政转移支付的比例在50%左右。提高一般性转移支付比例和均等化的效果，使其成为财政转移支付的主要形式。二是调整财政转移支付的地区分配结构。要进一步提高层级和区域之间财政转移支付的公平性。从层级来看，要适当降低设区市级人均财政转移支付数，提高县级人均财政转移支付数。由于市场机制的作用，初次分配中社会各种资源会向中心城市集聚，使得设区市级基本公共服务水平要高于县级基本公共服务水平。因此，财政应当通过提高县级人均财政转移支付数，来真正实现层级之间基本公共服务均等化。从区域来看，发达地区的自我供给能力较强，而财政转移支付的穷人边际效应高于富人的边际效应，因此应当进一步降低中央对发达地区财政转移支付的比重，尤其是要减少财力性转移支付，增加对人均支出水平低、发展后劲不足的欠发达地区的财政转移支付力度，特别是增加对贫困地区、少数民族地区的财政转移支付力度，充分发挥好财政转移支付的均等化效果。

（三）省级财政应当担负本地区内财力差异调节的职责

如果省以下财政体制不完善，即使中央加大了一般性转移支付规模，基层财政困难状况也难以改善。因此，要结合本地实际，适时调整省以下财政体制，遏制财力差距进一步扩大，确保县乡政权正常运转的基本支出需求。贵州省应继续推进“乡财县管乡用”的改革试点工作。通过实行“预算共编、账户统设、集中收支、采购统办、票据统管”等改革措施，进一步规范乡镇财政收支行为，遏制财政供养人员不合理增长，从而防范乡镇债务风险，对缓解乡镇财政困难和促进城乡统筹发展发挥积极作用。

另外，省级政府要切实担负起均衡本地区财力水平的职责，进一步健全并规范省对下的财政体制和转移支付制度。在进一步明确财政保障范围的基础上，确定各市县所需的最低财力要求，作为省和地（市）对县乡实施一般性转移支付的依据。对特别困难的地区，省级政府除加大一般性转移支付规模外，还应对市、县财政体制进行适当的调整。在逐步清理规范专项转移支付的同时，要将专项转移支付项目更多地定位在基本公共服务项目上，如加强农村公共卫生财政转移支付的力度。

（四）加强财政转移支付资金的监督管理

一是加强财政转移支付的立法工作。政府间财政转移支付制度要想真正成为一种规范化的制度，必须实行法制化管理。应加快制定财政转移支付的法律法规，严格界定各级政府的事权和财权、财政转移支付的范围、财政转移支付的方式、财政转移支付额计算的方法等，通过法律形式增加其财政转移支付的透明度，保证其实施的严肃性，并加强对财政转移支付运作全过程的监督。二是建立财政转移支付评价、监督和考核机制。在确立科学的标准收入和标准支出的基础上，研究建立绩效评价指标体系，准确计算各项财政转移支付在促进公共服务均等化的绩效。加强财政转移支付资金的监督管理，以确保财政转移支付资金真正用于基本公共服务。

本节参考文献

1. 崔惠玲、郭华平、李彦敏："我国卫生费用投入及分配的公平性分析"，《上海经济研究》，2003 年第 1 期。

2. 财政部国库司、预算司：《全国地市县财政统计资料》，中国财政经济出版社，2005 年。

3. 财政部国库司、预算司：《地方财政统计资料》，中国财政经济出版社，2006 年。

4. 国家统计局：《中国统计年鉴2001~2006年》，中国统计出版社，2007年。

5. 胡鞍刚："中国多维不平等与公共财政体系构建"，《经济活页文选》，中国财政经济出版社，2005年。

6. 贵州统计局：《贵州统计年鉴2001~2007年》，中国统计出版社，2008年。

7. 刘铭达："完善省以下转移支付制度的建议"，《中国财政》，2007年第1期。

8. 王雍君："中国的财政均等化与转移支付体制改革"，《中央财经大学学报》，2006年第9期。

4.4 构建基本公共医疗服务全民保障体系

伴随着30年改革开放，中国社会保障体系的建设成就斐然，医疗保障领域的改革与制度建设更是进入到了一个新时期，覆盖城乡全体国民的基本医疗保障体系正加快建立，城乡一体化、科学发展的医疗保障体系成为我们为之奋斗的宏伟远景。在城乡间的经济、社会等诸多方面仍存在较大差距的背景下，探讨全民基本医疗保障的科学发展问题，不仅有利于短期内优化配置国民医疗保障资源，推动实现"人人享有基本医疗卫生服务"的目标，也有利于实现城乡医疗保障一体化发展的远景目标。本节拟结合一些实际案例，从城乡统筹的视角，就全民基本医疗保障体系科学发展的理念、对策与机制创新进行深入探讨。

一、基本公共医疗服务全民保障体系的框架及特征

从 1998 年城镇职工基本医疗保险确立，到 2003 年新农合试点，到 2004 年混合所有制企业和非公有制经济组织从业人员参加医疗保险政策的出台，到 2006 年农民工大病医疗保险推出，再到 2007 年城镇居民基本医疗保险试点，短短的十年时间，中国逐步形成了以城镇职工基本医疗保险、城镇居民基本医疗保险、新农合为三大主体，以农民工、灵活就业人员、混合所有制企业和非公有制经济组织从业人员的医疗保险相配合，以企业补充医疗保险、商业医疗保险、医疗救助为补充，包括城镇从业人员、城镇非从业人员、农民在内的“广覆盖、低水平、多层次、城乡有别”的基本医疗保障体系。

（一）广覆盖

首先，在群体方面，不仅覆盖了城镇从业人员和农民，还覆盖了城镇非从业人员。2007 年试点的城镇居民基本医疗保险，定位于未成年人、残疾人、老人等城镇非从业人员，消除了社会医疗保险的盲区。

其次，在数量上，逐步实现“全民医保”。截至 2007 年年底，参加城镇职工基本医疗保险、城镇居民基本医疗保险、新农合三大板块的国民达到 9.5 亿多人，占总人口的 73.1% 以上。卫生部提出 2008 年年底，新农合基本覆盖到所有农村。同时，2008 年城镇居民基本医疗保险 229 个扩大试点城市已经确定，15 个省区的全部地市都纳入了试点，国务院提出力争到 2010 年，建成基本覆盖城乡全体居民的基本医疗保险制度。

（二）低水平

低水平体现在目前中国的社会医疗保险定位为疾病保险，只提供基本医疗保障，而非健康保险。医疗保险基金实行财政、企业、个人多方筹资，补偿模式以大病统筹为主，并且设置了补偿

的起付线和封顶线，实行医疗机构分级、差别的补偿比例，制定了基本药品、诊疗项目、医疗服务设施标准三大目录。低水平，强调了国家在国民医疗保障中的责任，但并没有忽略国民的保障义务。保基本而不是全保，目的是解决最广大人民群众最急需的医疗保障问题，保障的层次还比较低、范围还比较窄，为补充医疗保险预留了潜在发展的空间。

（三）多层次

中国的全民基本医疗保障体系，在纵向和横向两个层次，正在为国民编织一个多层次的医疗保障网。多样性、多层次的制度安排力图实现国民的“无缝”覆盖，考虑了不同群体的医疗保障需求。

纵向上表现为，在基本医疗保险发展的同时，积极探索企业补充医疗保险、商业医疗保险、医疗救助等。如为资助城乡低收入居民参保、救助因大病致贫的家庭，2004~2007年，全国医疗救助人数累计达2364.7万人，支出资金87.2亿元，其中2007年达到1171万人，比2006年增长111%。2006年，中国人寿等6家保险公司在江苏、广东、河南、福建、浙江、山东、山西、新疆8个省、自治区的66个县（市、区）参与新农合试点，共筹集合作医疗资金10.9亿元，为736万人次提供医疗补偿资金9.6亿元。

横向上表现为，适应城乡的差异性、所有制结构的多样性、国民的流动性、就业形式的灵活性，建立了城镇职工基本医疗保险、城镇居民基本医疗保险、新农合、农民工大病医疗保险、灵活就业人员医疗保险、混合所有制企业和非公有制经济组织从业人员医疗保险等险种。

（四）城乡有别

这是中国全民基本医疗保障体系的最大特征。城乡有别的基本医疗保障体制，体现在采取按农业户口和非农业户口划分医疗保障责任的归属和具体制度设计的不同。农业户口居民被新农合、农民工医疗保险所覆盖，非农业户口居民被城镇职工基本医疗保险、城镇居民基本医疗保险所覆盖，农民和市民在缴费、补偿、医疗服务资源使用、管理等方面存在差异。

城乡有别的制度设计，维持了原有既得利益群体的医疗保障利益，减少了推行的阻力。当户籍管理制度改革、就业、教育等社会保障配套政策没有最终定型，医疗保障改革走渐进式改革的路径，是一种能够实现帕累托改进的方式。如随着新农合的推行，2007 年7.3 亿农民有了基本医疗保障，提高了城乡居民基本医疗卫生服务的可及性、公平性。

二、基本公共医疗服务全民保障体系存在的主要问题

（一）农民在医疗服务中的非公平待遇

全民医疗保障制度缩小了城乡居民在参保方面的差距，但由于固有的医疗资源分布以及医疗费用控制的考虑，在制度设计上割裂了城乡医疗资源的统筹使用，形成了医疗服务资源使用二元的板块结构。而长期以来，中国的医疗卫生经费、医疗设施、医务人员的 80% 投入到了城市，2000 年城镇与农村人均卫生事业费的比例达到了 3.6：2，占总人口 70% 的农民只能从脆弱的县、乡、村三级卫生服务网中获得医疗服务。城市的优质医疗资源没有纳入到新农合定点医院，一方面导致城市的优质医疗资源变为市民的专属品，另一方面形成了县级综合医院的垄断地位，成为新农合的最大受益者。而二者导致理应是新农合的实际受益者——农民，在医疗服务方面得不到公平的国民待遇，是加剧其“看病难、看病贵”两难处境的根本原因，也是造成中国医疗保障体制不公平性的“隐性”因素。

以河北省徐水县新农合为例，补偿标准按医院的地域、级别设置了差别的比例，县外医院的起付点高，补偿比例低，农民负

担的医疗费用与医院的级别成正相关关系（见表4－12）。从经济利益的角度看，农民在县域内实现医疗保障受益的最大化。一旦农民患了大病，虽然通过转诊制度可以转到县以上医院，但由于县外医院，尤其是三级医院没有纳入到定点医院，造成农民可报销的范围变窄，补偿的比例和受益程度均降低。

表4－12　河北省徐水县2007年新农合住院补偿方案

医院类别	起付点（元）	补偿比例（%）	封顶线（元）
乡级	100	50	15000
县级	300	45	15000
县外	2000	30	15000

（二）制度间尤其是城乡间缺乏衔接机制，阻碍劳动力合理流动

这是城乡有别的医疗保障体制所面临的最严峻的挑战。在“适应眼前，兼顾长远”的改革思路下，社会医疗保险“修补式”的制度设计，导致中国大约有2600多个医疗保险统筹单位，7800多种医疗保险方案，统筹层次大多数为县、市级。同时，按地域、户口、职业特征、所有制设计医疗保障制度，不适应劳动力市场一体化的趋势，一旦劳动者的户口、职业等发生改变时，尤其是在城乡居民之间转换时，险种之间缺乏衔接机制，阻碍劳动力合理流动。

当前农民不再代表一个同质性的集团，而是一个由异质性很强的群体所组成的综合体，按照与乡土的联系可以分为三类（见表4－13），其中包括约1.2亿流动性很强的农民工。农民以家庭为单位参加新农合，在统筹层次内享受医疗保障受益最大化。随着2006年农民工大病医疗保险的推行，由于以单位缴费为主，农民工更偏好参加打工地的农民工医疗保险。在以家庭为单位参加新农合的情况下，由于新农合和农民工医疗保险没有衔接机

制，造成双重医疗保障机制下的农民工患小病的费用无法报销的尴尬局面。

表4-13 2007年中国农民的类别与数量

农民的类别	数量（人）
离土离乡（农民工）	约1.2亿
离土不离乡（乡镇企业从业的农民）	约8000万
不离土不离乡	约7亿

数据来源：田成平：农民工逾两亿，户籍问题将逐步得到解决．http：//www.people.com.cn，2008年3月9日。

（三）"单支柱"保障，难以有效化解国民大病风险

中国的全民基本医疗保障定位为一种"补救"措施，是以大病统筹为主的疾病保险，而定位为较高保障水平的企业补充医疗保险和商业医疗保险发展缓慢，制度间缺乏有效整合。

1. 大病统筹的基本医疗保险无力化解国民大病风险。城镇职工基本医疗保险、城镇居民基本医疗保险、新农合，在制度设计上坚持大病统筹，都制定了基本药品、诊疗项目、服务设施标准的三大目录，目录之外不予报销。在补偿标准方面，制定了起付线和封顶线，采用分段补偿的办法，且医院级别越高，补偿比例越小。这就意味着参保者一旦患大病，首先并非所有的药品、诊疗项目都能得到补偿，其次补偿有最高限额。因此，医疗保险补偿制度设计的"累退性"，造成参保人的医疗费用越高，个人负担比例越高，因病贫困的程度递增。以河北省徐水县新农合为例，2007年最高补偿金额为15000元，大病医疗救助为10000元，医疗费用为50000～100000元的患病农民，个人负担的比例至少为50%～75%。而2000年卫生支出个人负担的世界平均比重为38.2%，发展中国家的一般水平为42.8%。

2. 补充医疗保险"补充性"作用不足。首先，建立企业补

充医疗保险的前提是按规定参加各项社会保险并按时足额缴纳社会保险费，受企业经营状况和效益的制约。在社会保险费征缴困难、企业竞争压力加大的背景下，从事这一自愿性制度建设的基本上是国有大中型企业以及一些高利润的垄断行业，而广大中小企业，基本上没有建立这一支柱的医疗保障。其次，目前建立补充医疗保险的企业，一般都委托专业的商业寿险公司负责运作。而近年来各大寿险公司的恶性竞争，导致服务成本与保费收入、产品费率与真实费率等严重背离，保险公司经营效益降低，一些公司出台收缩或停止接受新业务等措施。2007 年北京市保监局披露的数字显示，北京市场的企业补充医疗险在 2003 年、2005 年的赔付率分别为 102% 和 127%，赔款支出分别为 2.2 亿元、7.1 亿元，在人均保费增长 3 倍的同时，人均赔款增长了 23 倍。事实上，2001 年至 2005 年期间，该项业务的平均赔付率达到了 113%，如果按综合费用成本率 10% 加以测算，综合毛赔付率则达到 123%，整体亏损了 4.6 亿元。最后，与城市相比，农村更缺少补充医疗保险的支撑。尽管商业医疗保险对农民是开放的，但由于农民的保险意识淡薄、经济承受能力弱以及商业医疗保险自身的制度设计等因素，导致商业医疗保险对于大多数农民来说是“可望不可及”。同时以乡镇企业等中小企业为主体的农村，通过 30 年短期经济利益导向的驱使，农村中小企业缺乏社会责任感的企业文化的培养，也就不会进行补充医疗保险这一自愿性的制度建设。

（四）医疗服务供、需双方制约第三方——医疗保险可持续发展

十年医疗保险改革关注最多的是医疗保险的内部制度设计，而忽略了优化制度的外部环境，造成社区医院作用未能充分发挥、参保人主体作用欠缺，在第三方付费的机制下，基本医疗服务供、需双方制约着医疗保险的可持续发展。

1. 城乡社区医院未能充分发挥“守门人”的作用。据 2006 年 11 月中国青年报社会调查中心与腾讯新闻中心联合实施的调查显示，在 3797 名志愿受访者中，有 41.3% 的人不知道家庭附近社区医院的位置；而生病愿意去社区医院就诊的只占 22.5%；56.6% 的人担心社区医生不能准确诊断病情并给出合理的处理。当前城乡社区医院在设备、医疗技术等方面与国民基本医疗卫生服务需求有很大差距，国民对社区医院存在信任危机，造成大医院医疗服务供不应求，社区医院医疗服务利用率低的“倒三角”现象。

2. 参保人主体作用欠缺。建立国民福利制度应当通过公共选择的程序进行，假如完全由政府部门主导，则其结果很可能既不合理，也不合乎民意。公众参与全民医改，理应成为公共政策制定和改革中的重要一环。参保人在医疗保障制度中的作用，不仅仅体现在筹资、受益方面，还体现在监督、参与改革等方面。2005 年出现“中国医改基本不成功”的论点，在很大程度上凸显了公众参与的缺失。此外，各地出现的医疗保险骗保事件，也凸显了参保人在医疗保障中的主体性作用的欠缺。参保人关注医疗保障、监督医疗机构的行为、认真履行权利和义务，实现医疗产品的供方和需方良性互动，是实现全民医疗保障可持续发展中不应忽视的一环。

三、构建基本公共医疗服务全民保障体系的原则

（一）以人为本

科学发展观是我国经济社会发展的重要指导方针，第一要义是发展，核心是以人为本。中国全民基本医疗保障体系的科学发展，需要打破现存的利益分割局面，最大的阻力来自某些地区、部门、特殊群体。这就需要改革者、执行者坚持以人为本的理念，实现医疗保障发展为了人民、改革依靠人民、发展成果由人

民共享，把实现好、维护好、发展好最广大人民的医疗保障利益作为出发点和落脚点。

当前所凸显的医疗保障问题，除了制度设计的缺陷，还有医疗保障管理者服务不到位，地区间、职能部门之间利益博弈的原因。参保人相对于医疗服务提供者、医疗保障管理者，处于弱势地位，处于“看病难、报销难”的境地。因此，医疗保障改革者和管理者要积极探索便民、利民的服务措施，成为参保人的“医疗保障代言人”，提高参保人对医疗保障的信心。

（二）分两步走

综合我国城乡经济社会现状、医疗卫生体制等因素，笔者认为，全民基本医疗保障应坚持分两步走的理念，坚持“考虑长远、兼顾眼前、科学发展”的改革思路。第一步实现国民全覆盖和短期内的制度衔接、整合，实现制度间、城乡间医疗保障的统筹发展，重点解决全覆盖、衔接、整合等问题；第二步打破现行制度框架，实现长期内的制度统一，最终实现城乡医疗保障的一体化。

1. 短期内实现制度的衔接、整合。党的十七大报告明确提出加快推进以改善民生为重点的社会建设，“人人享有基本医疗卫生服务”成为政府对公众的承诺。2007 年，中国 GDP 达到 24.6 万亿元，全国财政收入达到 5.1 万亿元，2008 年全国财政将安排医疗卫生支出 2499 亿元，中央投入 560 亿元深化医药卫生体制改革，同时将投入 253 亿元全面推进新农合制度。而涉及医疗卫生、药品流通体制的医改方案即将出台。这就从决策者的意图、改革的必要条件、支撑条件三个方面为实现短期内的制度衔接、整合，创造了前提条件。因此，“十一五”期间应重点解决不同医疗保险制度的衔接、整合问题。第一，在衔接方面，建立不同统筹层次、不同制度设计之间的医疗保险关系的衔接机制，重点化解医疗保险关系接续难、异地就医和报销难问题。这是中国基本医疗保险制度处于试点、尚未定型期间，需要重点解决的难点。第二，在整合方面，实现城镇职工基本医疗保险、城镇居民基本医疗保险、新农合，与企业补充医疗保险、商业医疗保险、医疗救助，在化解参保人疾病风险方面的有效配合，实现城乡医疗资源的统筹使用，尤其要使城市的大医院等优质医疗资源能够为农村共享，使参保人的医疗费用负担比例达到一个合理的水平，社会医疗保险与其他医疗保险形式实现良性互动，政府与市场两大机制协调配合，为全体国民建立起公平、多支柱、共赢的医疗保障网。

2. 最终实现城乡医疗保障一体化。在医疗卫生和药品流通体制改革完成、中国的城乡差距缩小到合理水平、城乡经济实现协调发展、户籍改革取消了市民与农民的差别、社会保障实现信息化管理等条件下，社会医疗保障就要走城乡一体化的道路。通过“金保工程”的平台，实行全国统筹，全体居民在医疗保障方面实行统一政策，统一模式，统一筹资标准、统一待遇标准，统一管理和监督，实现医疗资源城乡统筹、最优配置，形成“预防—治疗—康复—保健”的良性机制，建立统一、公平、科学的全民健康保障体系。

（三）预防和补救相结合

党的十七大报告提出基本医疗卫生制度的发展要坚持预防为主。卫生部部长陈竺强调中国13亿人的健康，不能光靠看病吃药解决，加强预防和环境保护是根本。实践证明，同样的资金投入到疾病预防领域，比投入到疾病治疗领域会产生更大的效益。在英国，国民看病首先要找自己的家庭医生，占医生总数60%的家庭医生是英国国民健康服务的中坚，约90%的病例是由社区的家庭医生完成的。这不仅提高了国民的健康水平，而且有效降低了医疗费用。因此，全民基本医疗保障的科学发展应引入预防保健的理念，建立“预防—补救”相结合的健康保障双重机制。中国卫生经费投入的重点应转向基层医疗机构，通过加强社区医院的建设，把社区医院变成国民的首诊医院、预防保健医院、康复医院。同时，在基本医疗保险的政策设计上，应为“预防—补救”双重机制提供政策支持。如扩大目录内基本药品种类、增加一般门诊报销范围，使国民有病早发现、早治疗，没病早预防、促健康。

四、构建基本公共医疗服务全民保障体系的具体措施

（一）重构基本医疗服务供给平台——城乡社区医院

对于惠及13亿国民的民生工程，中国医疗保障科学发展首先依赖一个能为13亿国民提供质优、价廉、公平的基本医疗卫生服务的供给方。人人享有基本医疗卫生服务，实现国民“小病进社区、大病进医院”的“正三角”医疗模式，其基点在农村和社区。

1. 在农村，重点建设村卫生室。村卫生室是农村三级卫生服务网的网底，村医对农民的病史、预防保健等熟悉，其角色相当于农民的“家庭医生”。加强村卫生室的建设，不仅能提高农民的预防保健水平、降低就医成本，而且能解决家庭账户资金“沉淀”、双向转诊单向流动等问题。鉴于村卫生室的个体经济的属性，政府应采取区别于对公立医院直接投入的方式，重点是加大对村卫生室的政策支持，为其创造一个良好的发展环境，并辅之以财政补贴。从长远看，待新农合成熟和定型，农民的医疗需求完全释放，统筹区域内人均医疗费用较为稳定时，对村医实行按人头支付的费用补偿模式，这是提高新农合的保障作用，增加村医的收入，方便农民就医的一种最佳选择。新农合管理中心根据统筹区域内人均农民医疗费用水平，结合各个行政村农民的数量及所需要的医疗服务的种类、数量，在年初确定对村卫生室门诊费用支付的总额，签订服务合同，合同范围内的诊疗项目，农民

无须另付费用。

2. 在城镇，实现“小病在社区、防病在社区、健康在社区”。(1) 财政应履行基本医疗卫生服务的投资责任。对于公共卫生、基本医疗等纯公共产品，没有公共财政的支持是很难有效供给的。公共财政要从基本公共服务均等化的角度，对社区卫生服务中心实行全额预算管理，实行收支两条线，保障有效供给。中央、省、市、县四级财政要明确财政责任，支持其硬件和软件建设。(2) 合理定位。社区卫生服务中心除了提供一般常见病、慢性病、多发病等基本医疗服务，还要提供疾病预防、计划免疫等公共卫生服务，发挥其便民的优势和特色服务，通过开展健康教育、上门服务、康复治疗等活动，实现“小病在社区、防病在社区、健康在社区”。(3) 建立医务人员激励机制。社区医院的发展，关键在医务人员的素质，而提高医务人员的素质，关键在激励。应通过进修、培训、大医院对口支持等方式，帮助其提高医疗水平。同时，解决医务人员的收入分配问题。社区医务人员的工资水平，应实行收入与职称、服务相挂钩，医务人员依靠自己的专业服务向患者收费而不是“以药养医”。

(二) 激活参保人的主体作用

医疗保险涉及的是最广大人民群众的切身利益，国外和我国实行的听证会制度，都说明了公众参与的必要性。在医疗保险科学发展的过程中，应培育参保人文化，提高其对医疗保险的认知和关注，形成医保发展中的第三方力量，减少参保人利己的短视行为，激活其监督、管理等主体作用。

当前亟待提高农民在新农合中的筹资比重和社会互济性。在新农合的筹资中，各级财政补贴占到了 80%，而农民筹资仅占 20%，且全部或 80% 的资金进入了家庭账户，这就把新农合变成一种国家保险，而不是农民互助保险。财政补贴在政策推行、制度建立的初期确实发挥了很大的支撑作用，但不应过多包揽，应适时转化角色。因此，应适时逐步提高农民在筹资中的比例，发挥其参与管理、外部监督等主体作用，提高农民风险共担、互助互济的意识。

（三）实现基本医疗保险之间的顺利衔接

从参保人的保险关系角度，基本医疗保险衔接难的问题集中在两方面：一是参保人因工作变动等原因，需要参加其他形式或地区的基本医疗保险，原有的保险关系不能转移和接续，即“转出—转入”难；二是参保人保险关系不变，但因退休、转诊、出差等原因出现的异地就医难。

1. 解决基本医疗保险关系“转出—转入”难的问题。劳动力在城乡之间主要是单向流动，即农民变市民，因此，应主要解决新农合和城镇两大基本医疗保险的衔接；在城镇之间双向流动，主要解决不同统筹层次的城镇职工基本医疗保险关系的衔接。

（1）新农合和城镇两大基本医疗保险的衔接。新农合家庭账户的资金归农民所有，可以转移。如果需要参加城镇职工基本医疗保险，考虑到“新职工”没有个人账户，建议把家庭账户中的资金提取出来，全部纳入到其个人账户。为了平衡农村和城镇因参保人流动而导致的利益失衡（如参合农民的统筹基金部分留在了原参保地），建议参照参保年限，按一定比例把各级财政对农民补贴的资金从新农合统筹基金中提取出来，纳入到城镇职工基本医疗保险统筹基金，然后从新的缴费年度开始按照城镇职工基本医疗保险参保。

（2）不同统筹层次的城镇职工基本医疗保险的衔接。目前在市级统筹占多数的情况下，城镇职工跨统筹地区流动时的问题主要表现为社会统筹部分的转移难。这个问题通过统筹层次的上升，如提高到省级或全国统筹，是完全可以化解的，但短期内统筹层次的提高难度还比较大。为解决转出地和转入地医疗保险统筹基金利益平衡的问题，中央财政应在其中承担重要责任。职工在城镇之间转移医保关系时，社会统筹部分根据参保年限按比例提取，中央财政通过转移支付，对转出地社会统筹“损失”部分按年度进行补贴。这样，既实现了参保人的保险关系的接续，又避免了转入地统筹基金因参保人转入而过度膨胀，也避免了转出地统筹基金的损失。

（3）农民工大病医疗保险与新农合的衔接。绝大多数农民工，由于自身的劳动技能、乡土观念等原因，最终还是要返回到农村。因此，农民工大病医疗保险只是一种过渡性的制度，对于最终返回农村的农民工而言，新农合是其根本的医疗保障制度，而短期内二者的衔接问题，可以通过异地就医机制来解决。

2. 解决异地就医难的问题。在现行的统筹层次和模式下，可以从两个方面解决异地就医难：一是针对异地退休安置人员，实行数字化管理或医疗保险关系同步转移；二是针对出差、转诊、打工等短期内的异地就医，创新医疗保险管理模式。

（1）解决异地退休安置人员的异地就医问题。异地退休安置人员是一个历史的产物，是当前反映异地就医难问题的主要群体，实现异地退休安置人员“老有所医”，是各级政府和医保管理者的责任。

一种思路是福建模式——构建医疗保险数字管理平台。2005 年福建全省医疗保险联网工程启动，把原来独立在 94 个医保中心、313 家医疗机构、数千个零售药店的网络串联起来，通过统一药品目录编码、诊疗项目、诊疗服务范围以及大病特殊药品编码，在省医保中心设立异地结算中心，把原本独立的省、市、县、乡四级网络连接起来，在全国首次实现全省医疗保险联网。2005 年底，全省近 10 万名退休异地安置、异地工作以及转外就医的参保人员基本实现了异地就医、异地结算。

第二种思路是医疗保险关系的同步转移。劳动者在原参保地贡献了青春和汗水，其社会统筹部分理所当然应随其转移，而退休人员的转出，减少了参保地未来患大病人员的比例，相应地降低了医保统筹基金支付的压力。对于退休安置地而言，应由中央财政对其进行相应补贴，以缓解其增加的基金支付压力。这样，通过中央财政的补贴，就实现了中央、转出地、转入地、退休人员四方的共赢，理清了异地退休安置人员医疗保障的责任和权利，是解决异地退休安置人员异地就医难的最佳途径。

（2）创新医疗保险管理模式，解决短期内的异地就医问题。

一种思路是固始模式——在异地就医集中的地区设立定点医疗机构。河南省固始县长期在外务工的农民达50万人，其中绝大部分参加了新农合。农民工由于长期在外，不能充分、方便地享受新农合的政策，致使新农合对农民工吸引力下降。2006年年初，为解决参合农民工的就医及补偿问题，固始县开始尝试设立“新农合外建定点医疗机构”，实施外出农民工“就地参合”、“直接补偿减免”，为外出农民工提供零距离、一站式、一体化服务。据统计，仅此一项举措，固始县外出农民工每年就可节省交通费及减少误工损失300多万元。

第二种思路是阜阳模式——在异地就医集中的地区设立驻外服务稽核部。安徽省阜阳市转往上海市就医和在上海异地安置的人员较多，2006年阜阳市医保中心与上海市第一人民医院建立了异地定点关系，并在该院设立“阜阳市医疗保险服务稽核部”，驻外服务稽核部聘任专人负责，主要职责是对外转病人和异地就业的参保人员进行入院、治疗跟踪服务和资格审查，规范外转病人及异地就业人员就医管理，确保医疗保险基金安全支付。服务稽核部是服务和稽核相结合，服务更重于稽核，有效解决了阜阳人在上海看病难的问题。

（四）实行优质医疗资源城乡统筹

在基本医疗保险板块结构、城乡一体化的道路不具备普遍性的现实下，中国基本医疗保险适宜走一条理性而又中和的发展道路。在医疗保险所涉及的基金、管理、监督、医疗服务供给等制度内容中，当前最可行、最有效、最理性的首选就是在不触动三大基本医疗保险制度根本的前提下，通过合理的机制，实现城乡医疗服务资源的统筹使用，尤其是城市优质医疗服务资源的城乡统筹。这样既可以提高城乡居民在医疗服务资源可及性方面的公平性，又可以有效缓解国民看大病难的症结。

1. 提高农民对城市优质医疗资源的可及性。新农合应改变当前按地域划分定点医院的办法，实行与医院分级管理相协调的办法，即补偿方案只按照医院的级别制定，不分地域。然后和本市城镇职工、居民基本医疗保险的定点医院实行对接，实现城乡医疗资源市级统筹。通过拉开普通疾病在不同级别医院的门诊、住院补偿比例，用经济杠杆促使农民小病进卫生室，大病就诊或转诊到二、三级医院，而农民、市民在三级医院看大病享受统一的报销待遇。

为解决省内不同地市医疗水平、服务能力的不平衡，提高参保人诊疗大病的有效性，由省卫生厅、人力资源和社会保障厅针对全省医院的专科特色、诊疗水平、级别，选择 10 家以上三级医院、特色专科医院，作为全省重病和疑难杂症的定点医院，实现省内优质医疗资源城乡统筹。

2. 实行大中小城市之间优质医疗资源的统筹使用。中国的医疗水平差距不仅表现在城乡之间，还表现为大中小城市之间。2007 年全国三级甲等医院 704 家，集中在北京、上海、天津等大城市。为解决国民特殊疾病的治疗难问题，平衡城乡间、地区间三级医院的资源配置，应由卫生部、人力资源和社会保障部组织，从全国选择一定数量的专科或综合性的三级和特等医院，作为国民疑难杂症的全国定点医院，实现优质医疗资源省际统筹。在补偿比例上，应实行国民统一比例，消除重大疾病治疗方面的不公平。中央财政应对这些全国定点的大医院实行专项补贴和建设经费，以提高其服务能力、弥补其医疗成本、提高积极性，并通过合理、有效的医疗费用控制机制，实现大中小城市之间优质医疗资源的科学统筹使用。

（五）提高补充医疗保险的补充作用

1. 在城镇，推动企业补充医疗保险“扩面”。在城镇，为鼓励中小企业建立补充医疗保险，可以引入职工自愿缴费机制，扩大资金来源。职工缴费部分列入个人所得税费用扣除部分，实行多缴多受益原则，一般不超过个人年工资的4%，困难职工免费参保。同时，财政对其实行较高的税收优惠。在运作模式上，鉴于医疗保险的复杂性和提高效率的考虑，仍采用委托商业寿险公司运作的方式。企业要积极配合寿险公司进行费率测算、产品设计、风险控制等，建立职工、企业、寿险公司共赢的机制。

2. 在农村，鼓励乡镇企业和农村合作组织建立补充医疗保险。（1）乡镇企业为农民建立企业补充医疗保险。乡镇企业是我国农村经济发展的主要推动力，据农业部乡镇企业局预测，2007年全国乡镇企业将累计实现增加值6.6万亿元，同比增长13.42%，利润总额1.69万亿元，同比增长13.9%。因此，在集体经济减弱的背景下，乡镇企业应与城镇企业一样，为农民的补充医疗保障承担其应有的责任。除了向新农合提供必要的资金支持，形成新农合筹资中的第三方，还应根据实际为本企业的从业农民建立补充医疗保险。（2）农村合作组织应发挥其补充医疗保障的作用。随着农业产业化的发展，农村形成了越来越多的专业合作组织，吸引了越来越多的农民参加。据农业部统计，全国农村有各类专业合作组织14万个，入社社员1120万户，加入农民总数3870多万。因此，农村合作组织除了加强在农业技术推广、产业化等方面的作用，还应帮助成员抵御社会风险尤其是疾病风险。早在17世纪末，英国、德国等国家就建立了“友谊会”、

“工会俱乐部”等产业工人的互助组织，开展互助共济，共同抵御疾病等风险。根据1874年英国的官方报告，“友谊会”每年可使实施《济贫法》的救济费用节省200万英镑。因此，农村合作组织应积极探索建立补充医疗保险，帮助成员化解疾病风险，提高组织的凝聚力。

（六）建立城乡一体化的大病医疗救助制度

当前，大病医疗救助制度，由于统筹层次低、救助额较低、救助形式单一等原因，并没有发挥出全民基本医疗保障“网底”的作用。笔者认为，大病对于城乡居民经济承受力的影响无差异性，应走城乡一体化的道路。

1. 民政部建立和管理全国大病医疗救助基金。民政部作为全国社会救助的最高管理部门，按照管理统一、权责明确的原则，大病医疗救助基金应由民政部管理，实行全国统筹。对基本和补充医疗保险补偿之后仍负担沉重的城乡家庭，通过全国大病医疗救助基金进行医疗救助。鉴于在分税制财政体制下，财力主要集中在中央、省、市三级，县、乡财政运转比较困难，因此，大病医疗救助的筹资责任主要由中央、省、市三级承担，鼓励有条件的县、乡财政增加投入。在明确中央、省、市三级财政的筹资责任之后，中央财政应在中央预算中安排大病医疗救助的专项资金，建立稳定投入机制，并不断提高投入比例。省、市财政要落实筹资责任，并把当前按属地管理的医疗救助基金划入全国大病医疗救助基金，同时鼓励社会力量开展慈善捐助等活动，扩大资金来源。

2. 实行分段差额补偿。为发挥大病医疗救助基金的最大效用，增强救助制度设计的“累进性”，应根据基金的总量、城乡居民的医疗费用、自付比例、家庭经济状况，实行分段差额补偿，让最需要医疗救助的家庭得到最大程度的救助。如医疗费用在3万~5万元之间，经基本医疗保险和企业补充医疗保险或商业医疗保险报销后，个人自付比例在50%以上，家庭经济状况较差的，大病医疗救助基金给予5千元救助金额；对于医疗费用在5万~10万元之间，经基本医疗保险和企业补充医疗保险或商业医疗保险报销后，个人自付比例在50%以上，家庭经济状况较差的，大病医疗救助基金给予1万~2万元的救助金额；对于医疗费用在10万元以上者，经基本医疗保险和企业补充医疗保险或商业医疗保险报销后，个人自付比例在50%以上，家庭经济状况较差的，大病医疗救助基金给予3万~10万元医疗救助金。

3. 采取货币、实物、服务相结合的综合救助形式。当前医疗救助采取的主要是货币形式，且属于一次性补偿。考虑到大病医疗救助基金的承受力、患者的实际需求、国际医疗救助的惯例等因素，应改变单一的救助形式，实行货币、实物、服务救助相结合。在医疗救助金给付之后，针对慢性病或需要长期康复治疗的低收入患者，民政部门应与社区医疗服务中心合作，采取定期免费送药、上门免费检查、康复指导等形式，并协调最低生活保障等救助制度，建立多元化的综合救助机制。

本节参考文献

1. 谭克俭、丁润萍：《新农合理论与实践研究》，中国社会出版社，2007年，第60页。

2. 韩俊、罗丹：《中国农村卫生调查》，远东出版社，2007年，第356~361页。

3. 郑功成：《中国社会保障制度变迁与评估》，中国人民大学出版社，2002年，第134~136页。

4. [美] 舍曼·富兰德、艾伦·C. 古德曼、迈伦·斯坦诺：《卫生经济学》，中国人民大学出版社，2004年，第604~606页。

5. 胡大洋："全民医保目标下的制度选择"，《中国医疗保险》，2008 年第 1 期，第 18 ~21 页。

6. 高强："大医院区域卫生规划是新医改的重要内容"，《中华工商时报》，2008 年 3 月 25 日。

7. 顾昕：《全民医保的改革》，http：//www. mib. com. cn，2008 年 4 月 25 日。

8. 张列加：《建立统筹城乡医疗保障体系的实践与思考》，http：//www. mib. com. cn，2008 年 4 月 25 日。

9. 何平：《建立统筹城乡的医疗保障体系》，http：//www. mib. com. cn，2008 年 4 月 25 日。

10. 王东进：《关于覆盖城乡的医疗保障体系发展战略问题》，http：//www. mib. com. cn，2008 年 4 月 25 日。

第 5 章

基本公共服务均等化与社会保障制度改革

5.1

欧盟养老保障制度前景展望

马丁·费尔德斯坦是（原）美国国家经济研究中心主席和哈佛大学经济学系教授，引领着美国经济改革特别是社会保障政策前进的方向，堪称全美经济学界的重磅人物。长期以来，他和美联储最知名的主席格林斯潘齐名，共同成为解决美国经济问题乃至世界经济发展难题的大家。费尔德斯坦在社会保障领域建树颇多，他是第一个将中国 1998 年养老保障改革介绍到美国的人，早在 1998 年 11 月，他即撰文《中国养老保障改革》，让我国新生的养老保障制度为天下所知。2006 年 2 月，他又在《实现中国养老保障的潜力》一文中，阐述了多条针对当前中国养老保障体制的建议。尽管中国和美国的国情存在差异，但这些建议对我国养老保障制度的完善和发展无疑具有十分重要的借鉴意义。

在中国学者的眼中，费尔德斯坦是一位社保私有化的强力支持者。在译者看来，这与美国的国民性格不无联系。美国从未真正实现过医疗保障领域的社会保险，这在西方国家中几乎是独一无二的情况。从这点可以看出，美国是个高度强调“效率”（efficiency）和“自由”（freedom）的国家。2000 年以后，伴随美国现收现付制养老保障制度预期前景的衰落，他进行了一系列新制度的研究和探索，旨在解决美国和全世界其他国家政府的类似难题。在他的文章中，可以明显感觉到他对积累型养老保障制度的青睐。但是出于各种因素（特别是政治风险）的考虑，费尔德斯坦从现实出发，分析各国的具体情况并给出相应的建议，为饱受高福利高税收所累的政府指明了改革的方向。

《欧盟养老保障制度前景展望》一文作于 2001 年，距今已有七个年头了。本节是他对欧盟各国养老保障现状和改革途径的研究综述，也是其经典的“短文”（essay）代表作之一。尽管此文不能算是特别新鲜的研究成果，但译者翻译的目的在于将欧盟成员国养老保障个人账户的“便携性”难题同中国实际相对比，为日后探究中国养老保障的全国性统筹提供参考依据。国内有一种声音称：中国养老保障的国家级统筹难于欧洲，或许这是一种过于偏激的说法，但却指出了该问题客观存在的事实。译者认为，与其抱怨制度的不完善，不如静下心来，研究前人经验和大家之言更有意义。同时，将大家之作原汁原味地呈现在读者面前，亦是一位从事社会保障研究和翻译实践工作的人不容推辞的责任。

为使译文能够受众更广，译者力求精准，将封面、人名、地名、参考文献全部翻译成中文，对包括注释、附录在内的所有内容进行“地毯式”翻译。参考文献的格式由哈佛格式修改为中文参考文献格式。在本节的翻译过程中，译者遵循信、达、雅的翻译基本原则，同时注重论文语言的朴实性、简明性和准确性。为最大限度的避免歧义，对文中省略的部分短语和词句都进行了补充。另外，译者并没有对某些关键词进行直译，而是结合近年来国内学界的流行称谓加以修改，如将 investment – based 译作“积累型”而不是“投资型”，将 social security pensions 译作“养老保障”而不是“社会保障养老金”等等。

本节的译校者成新轩系河北大学管理学院教授，英国剑桥大学访问学者。她长期从事社会保障领域相关研究，曾主持《目标与效果的偏离：欧盟对华反倾销政策研究报告》、《河北省养老保险基金有效运营模式研究：欧盟养老保险基金运营的启示》等一批重大课题。本节系其主持的《欧盟社会保障制度改革在中国的适应性研究》课题的部分研究内容。成教授作为校者，对此译作精益求精，特别是案例和计算内容更是认真推敲，力求最大程度地避免谬误。在此对她的辛勤劳动表示感谢。

本节主要讨论欧盟成员国面临的养老保障前景问题及可能的解决方案。欧盟各国政府面临的是一个“双重问题”。如同其他国家一样，欧盟国家政府必须处理人口预期寿命增长造成的养老保障支出增加。但是他们还有另一个问题亟待解决，那就是所有的养老保障政策必须具备足够的便携性，进而适应劳动力欧盟成员各国内自由流动的规定。本节给出的一个“双重问题”的解决方法是：在现收现付制度下，建立一个积累型个人账户和“缴费确定制”相结合的体制。

在阐述本节观点以前，笔者首先对欧盟现行养老保障体制及其前景进行分析。然后讨论用个人账户解决“双重问题”的办法。尽管这一方法有很多吸引人的地方，却可能招致政治上无法承受的巨大养老风险。这一状况引发了一系列利用积累制和现收现付制相结合解决当前问题的讨论。虽然在现收现付制下的待遇确定型养老保障体制在解决双重问题时会影响整个欧盟劳动力市场，但接下来提出的国家缴费确定型将有效防止这些问题的产生。同时，国家缴费确定型将提供解决欧盟养老保障问题的潜在方法。

一、欧盟现行养老保障体制和预期前景

尽管欧盟各成员国现行的养老保障体制存在差别，但它们依然存在两个基本共性。第一，实行在现收现付制基础上的税收方式，即融资方式一般来说是以工薪税（或强制性缴费）的形式；第二，给付标准的计算基础一般来说是参照个人工作年限和职业生涯内个人收入的平均水平。

由于现收现付制的特点，将来的养老金开支将会伴随退休人员的增加而迅速膨胀。而且，这不是一个短期的问题，将随人口老龄化危机长期存在。如果不进行养老金给付制度改革，未来欧洲多数国家的养老保障税率将提高 50% 甚至更高。庞大的养老金开支还将导致公共医疗服务支出猛增，同时提高现有的工资税率和增值税率。

即便欧盟各国不存在严重的人口老龄化问题，现有的待遇确定型现收现付制度也不能满足欧盟国家的长期需要，原因在于欧盟的劳动力市场一体化趋势正在加强。例如，一个葡萄牙公民在德国、法国和意大利各工作了一段时间，最后退休在西班牙，他（以及他在三个国家的雇主）各自向三个不同的政府缴纳了三种不同的现收现付制养老保障税，当他在西班牙退休时，谁来给他支付养老金呢？又用哪国的待遇确定制度来计算他的养老金水平呢？

一种可能的情况是，他作为一个葡萄牙公民，最终将从葡萄牙政府领取养老金，即使他从来没在葡萄牙工作过，更不用说向该国政府缴纳养老保障税了。这无疑加重了葡萄牙政府的养老保障负担，同时也让其政府难以接受。另一种可能的情况是他从退休地西班牙领取养老金，然而西班牙政府也不该白白增加自己的财政开支。一种比较合理的方式应该是由法国、德国和意大利三

国政府共同承担他的养老金支出。

接下来的问题是，用什么标准来划分这三国的责任？用什么标准来确定他享受的养老金水平？又怎样合理确定三部分独立的缴费来构成总的养老金呢？对三段工作经历单独对待然后简单加总其缴费金额显然是不合理的，这样算出的金额没有经过任何的积累和增值，要比其单独在一个国家工作少得多。

二、积累型的个人账户制度

一个简单的解决措施是用雇员和雇主缴费的积累型个人账户代替现行的现收现付制养老金模式。当个人退休时，积累的账户资产将足以支付每年的养老金。

这种积累型的个人账户具有完全的便携性，可以陪伴个人在各地迁徙。无论他在哪里退休，养老金都能按时足额发放到他手里。政府不必再继续征收养老保险税和垫付养老金，它只需设定足以领取养老金的账户金额的最低门槛，同时规范养老基金投资运营和发放就行了。

从长期来看，积累型个人账户制度的高收益率将大大降低政府的养老保障支出。在传统的现收现付模式下，雇员和雇主缴纳养老保障税的真实收益率大约是年均2%。而积累型个人账户制度预计回报率将达到6%。要想知道这两种制度在养老金回报率上的差异，可以考虑这样一个例子：一个人从25岁工作到65岁而后退休，最终在85岁去世。测算他在其工作期间缴纳的养老保险费并在退休后享受的养老金。

为了简化计算，我们假设养老保险费缴纳行为和养老金支取行为都发生在期间的中间点，例如他在45岁缴费并在75岁时接受养老金。在现收现付制2%的收益率下，45岁时缴纳的1000美元将会在75岁时得到1811美元的回报。在6%的收益率下，45岁时只需缴纳315美元即可得到相同的收益。因此，积累的个人账户制可以用不足原体制 1/3 的投入产出相同的收益。这同时意味着原体制下需要 30% 的工资税率才能达到的养老金水平在新体制下仅需 9.45% 的税率就能够实现了。这种强制储蓄的减少将极大提升在职员工的可支配收入，同时也会缓解由现收现付的低回报对在职员工激励机制的扭曲。

三、积累制的市场风险

上述关于回报率的分析是基于历史经验的平均回报率作出的，并对未来可能的趋势进行了估计。然而，股票和债券的投资组合不可避免地面临未来的不确定性，同时每年的回报率也可能千差万别。为了估计个人在积累制下面临的可能风险，我和埃琳娜·兰格洛娃计算了个人（或其雇主）每年存入其工资收入的 6% 作为可能的年均养老金收入。将这笔钱按 60% 股票和 40% 债券的组合进行投资，而后又测算了 66 岁购买一个可变年金投资于一个同样的股票和债券的组合之中。我们以美国的养老金政策作为“给付标准”，比较了二者的养老金投入和支出。

退休者在 67、77 和 87 岁养老金回报的模拟结果如表 1 所示。即便 6% 的强制储蓄率仅为现收现付制下的 1/3，一个人在 67 岁时中型积累年金仍是“标准给付”的两倍多（约是标准给付的 2.12 倍）。他在 67 岁时从积累制下获得的养老金低于现收现付制养老金的概率仅为 20%，同时还有 80% 的概率获得标准给付 4.3 倍的养老金。

因此，积累制养老金收益低于现收现付制的可能性是非常小的，表 1 说明：在新体制下，一位 67 岁退休者拿到低于现收现付条件下 47% 和 40% 的养老金的概率只有 2% 和 1%。

退休者年龄越大，风险就越大，这主要是由于回报率不确定性的年限随之增加造成的。例如，对于 77 岁的退休者来说，投资型体制的给付低于“标准给付”56% 的概率为 10%，低于

21% 的概率为 1%；而对于 87 岁的退休者来说，低于 40% 和 12% “标准给付”的概率分别是 10% 和 1%。

一些人可能很愿意接受蕴含高收益的风险，以此来获得更高的预期收益，因为他们看到了在 70%、80% 和 90% 的概率下积累制能提供更多的养老金。这对于那些有私人年金和其他退休收入的人来说可能是个不错的选择。其他没有额外退休收入的人也可能青睐积累制养老金，但对于投资组合的选择却更加谨慎。对于大多数人来说，相比现收现付制而言，纯粹的积累制可能是一个充满了政治风险的选择。

四、降低积累制投资风险的制度保障

一些拉丁美洲国家已经开始采用纯粹的积累制养老金计划，但是由政府提供投资的最终保障，以此来确定退休者能享受到不低于现收现付制下的养老金水平，这些国家包括智利、阿根廷和墨西哥等。这项举措不可避免地让纳税人承担了一定的风险，即弥补养老金收益和保障水平之间的差额。但是，表 1 说明养老金收益低于保障水平的概率是非常低的，例如，67 岁和 87 岁的退休者需要补充养老投入的概率低于 20% 和 33%。而纳税人每年无须支付额外款项的概率则在 60% 以上。在相同的保障水平下，新制度的保障费用和 6% 的强制储蓄率将远远低于现收现付制的开支。

在积累制下，国家并不一定必须承担最终保障的责任。如果个人想要一个低风险、低回报的养老金计划，私人金融市场可以基本上化解很大的风险。正如表 1 所显示的那样：取消一些高风险、高回报的投资项目就能大大降低养老基金的投资风险。金融市场用出售“选择权”的方式来实现这个目的，例如，人们可以出售部分或全部高于某一水平的强制储蓄或投资的“出让选择权”降低养老金投资的风险。实际上，人们是用“购买选择权”

交换了别人的“出让选择权”。

对于退休者和纳税人而言，另一种降低投资风险的可选方案是将个人账户和现收现付制结合起来。这种方式提升了积累制的成本，却可以降低投资失败的风险和现收现付制的高昂税率。例如，保持现收现付制但将原制度的缴费率降低一半，无论市场运作得多么糟糕，起码可以保证退休者享有 50% 的养老金。同时，将个人账户的储蓄率也从 6% 降至 3%，这样一来，67 岁退休者在新制度下领取低于原退休金 80% 的概率将由纯粹积累制下的 10% 降至不足 5%，而低于原退休金 50% 的概率将由 2% 降为 0。

这种混合模式下的养老金制度大大降低了投资风险，但是对提升收益的效果也不明显。类似地，我们可以考虑降低旧制度的缴费比例以提升投资风险和回报。

五、国家缴费确定制

即使欧盟各国政府愿意接受混合制度带来的成本和风险，应用现收现付制的名义待遇确定制依然是很难实现的，这是由早先提到的一些因素制约的，例如：设定福利水平以及有多国工作经历的个人缴费水平等。但是现收现付制的有力补充，还有一种颇吸引人的方案，即“国家”缴费确定制，瑞典和意大利已经在实践这个创新了。在国家缴费确定体系中，每个人都有一个账户，用于储蓄规定数额的个人收入。账户内的资金不用于投资股票和债券，而是被政府用来维系现存的现收现付制度。由于该账户的积累结余可以体现出一个以“名义利率”计算的回报率，并且该回报率等于工薪税税基的增长率，所以，这种“名义回报率”是政府可以为现收现付制能够支付的一个比率。这样，它的给付预期与待遇确定型现收现付制下所支付的给付水平是大体相等的。

国家缴费确定制的好处在于可以方便地处理现收现付制度下一个人在不同国家工作和退休的问题。在国家缴费确定制度中，确定养老金水平变得很容易。退休时，个人账户中的积累资金可以变现或转化为私人投资养老金，还可以转换成为一个回报率等于这笔资金最后的流入国税基增长率的现收现付制的年金。

退休时个人账户内积累资金的最终余额（或在退休之前的任何时候的余额）是雇员和雇主在雇员工作期间按名义回报率增值产生的数额。如果一个人开始在德国工作，他和他的雇主按规定缴纳了一定的工资税，名义账户内就会按照德国工资税基增长幅度获得相同比例的增值（例如，平均工资增长率和劳动力人数增长率的总和）。但是，如果15年之后他移居到法国就业，德国政府也非常容易地将其15年个人账户积累的资产转移至法国政府；到法国以后，他就可以按法国的税率进行支付，其个人账户的积累也开始按法国的“名义回报率”进行计算。

如果他在法国退休，法国政府就要将其账户所有的资产归还给他本人。此外，名义账户制对任何一个国家来说都是公平的，没有额外的负担。因为任何一个国家向下一个“继任国家”所转移的仅是他个人支付给当地政府的总额（含前任政府代征额），再加上税收收入的增加额，这样就避免了提升工资税率的情况。

从当前的现收现付制向包含了个人积累账户和现收现付型国家缴费确定制的混合制度转型，这期间无疑会产生一些监管和运营方面的问题。但是瑞典和意大利的实践解决了从传统的现收现付制向缴费确定制转变的问题。除非欧盟国家朝着这个方向迈进，否则，他们不仅将面对着与日俱增的工薪税的税率，还将面对着一个与欧盟国家劳动力自由流动的概念不兼容的社会养老保障制度。

积累型制度的给付水平建立在6%的储蓄率和6.3%的平均实际回报率的基础之上。“标准给付”是指美国当前现收现付制法律框架下支付给雇员的平均给付水平，长期来看这个给付所要求的税收比率应该大体上等于收入的19%（见表5-1）。

表5－1　　作为现收现付制"标准给付"倍数的积累型退休金给付的概率分布

累积概率	67岁	77岁	87岁
0.01	0.40	0.21	0.12
0.02	0.47	0.26	0.17
0.05	0.61	0.39	0.26
0.10	0.79	0.56	0.40
0.20	1.08	0.84	0.65
0.30	11.38	1.16	0.95
0.40	1.71	1.52	1.34
0.50	2.12	1.95	1.83
0.60	2.57	2.54	2.49
0.70	3.26	3.34	3.45
0.80	4.19	4.72	5.04
0.90	6.30	7.49	8.84
0.95	8.74	11.28	13.66
0.99	15.65	22.76	32.13

注：表中数据是根据2001年8月美国马萨诸塞州剑桥市的标准计算得来。

本节参考文献

马丁·费尔德斯坦、埃琳娜·兰格洛娃："积累型社会保障制度的个人风险"，《美国经济回顾》，2001年。或参阅美国国家经济研究中心研究成果第8074号，www.nber.org/papers/w8074。

5.2 社会化居家养老服务模式改革

随着人口老龄化的加快和人们生活方式的转变，养老问题越来越受到社会和家庭的重视。传统的家庭养老模式虽然仍是中国家庭首选的养老方式，但由于受到经济和思想等客观和主观方面的影响，家庭养老模式逐渐弱化，特别是在城镇地区尤为突出。因此，选择新的养老模式势在必行。

一、空巢家庭概况及其对传统养老模式的冲击

（一）空巢家庭概况

空巢家庭是家庭生命周期中一个必经阶段。所谓“空巢”，是指子女长大成人后从父母家庭中分离出去，只剩下老年人独自生活的家庭。随着计划生育的实施和教育的发展，空巢期的到来在不断提前，空巢家庭也在不断地扩大。根据第五次全国人口普查统计，2000 年，全国家庭户中 20.09% 的家庭有 65 岁及以上老年人。而在 65 岁以上老年人的家庭户中，空巢家庭户占 22.83%，其中，单身老人户占 11.46%，只有一对老夫妇户占 11.38%。可见，空巢家庭在全国的范围越来越大，对我国传统养老模式的冲击也越来越强。

空巢家庭的出现是社会进步、发展的体现，是人们价值观念改变的结果。在发达国家，空巢家庭出现比较早，老年人与子女同住的比例只占 10% ~30%。美国在第二次世界大战前，52% 的老年人与子女居住，到 20 世纪 80 年代，只有百分之十几。在比利时、丹麦、法国和英国，20 世纪 80 年代初，全部家庭户中 65

岁以上独居者占11%；瑞典独居老年人达到40%。当前发达国家中，除了日本，大多数老年人生活在空巢家庭，与子女分开居住。

我国经济的发展、居民收入水平的提高和人们思想观念的转变从主观和客观两方面促成了空巢家庭的发展。物质生活水平提高后，人们追求精神生活，老少两代人都希望建立独立的生活空间，传统的居住方式已经不适应人们的需求，核心家庭被越来越多的人普遍接受。随着计划生育的实施，可以设想，二三十年后，独生子女逐渐进入中年，他们的父母进入老年，空巢家庭的规模将越来越大。

（二）空巢家庭对传统养老模式的冲击

空巢家庭的增加给传统养老模式带来很强的冲击。我国传统的生活观念是以多子多福、子孙满堂的大家庭为荣。尊老、养老、敬老的传统美德也正是通过大家庭的居住方式来实现的。而今，由于越来越多的子女离开父母建立独立的家庭，使得老年人在经济上失去依靠子女的机会，日常生活中的照料也变得少了很多，最主要的是精神上失去了依托，造成老年人晚年生活上的孤独感越来越强。空巢家庭的出现和增加，使传统养老模式，即家庭养老的作用在中国当前的形势下显得越来越弱化，寻求新的养老方式是我国当前养老工作的重点，也是解决人口老龄化问题的重要举措。

二、社会化居家养老的概念及其意义

“居家养老”最早由民政部门牵头，通过街道安排社区内的大龄下岗女职工以家庭养护员的身份实现再就业，进入生活有困难的孤老家庭，照顾老年人的日常生活起居。可以说，它最初的目的更主要的是解决下岗职工的再就业。“居家养老”由大连首创，是一种新型的养老模式。随着居家养老模式在全社会的推广，居家养老越来越受到社会的重视，特别是受到那些空巢家庭、高龄老年人的欢迎。

（一）社会化居家养老的概念

社会化居家养老是一种新型的养老模式。其含义主要包括两方面：从提供主体看，居家养老除了有家庭照顾之外，更多的还是来自于社会的帮扶；从养老方式看，社会化居家养老有别于机构养老，老年人是在自己的家里养老，而不是在福利院、老年公寓等养老机构养老。因此，社会化居家养老是以家庭为核心，以社区为主体，向老年人提供生活照顾、家政服务、心理帮助等的养老服务体系。

（二）开展社会化居家养老的意义

首先，开展社会化居家养老，是适应人口老龄化发展的客观要求。

人口老龄化的到来，给社会和家庭的养老带来沉重的负担。我国传统的大家庭，正在被核心家庭所取代。实行计划生育以来，独生子女家庭迅速增长，社会中称之为“四、二、一”的家庭越来越普遍。这对老人的赡养、照料也是一个沉重的负担，加之子女们还要面对工作的竞争和孩子的抚养，以至于如果没有来自其他方面的支持，他们很难继续提供赡养老人的能力。而社区是人们生活的聚集地，也是老年人日常活动的主要场所。因此，以社区为主体的社会化居家养老是解决老年人养老问题、适应老人及其家庭需求的客观要求，是社会发展的必然产物。

其次，发展社会化居家养老，是缓解政府财政压力、提高老年人生活质量的有效举措。

我国是在经济不发达的情况下迈入老龄化社会的，要承担如此高密度的人口老龄化，我国绝不能像西方国家那样实行国家福利化的养老模式（不论是主观还是客观方面，我国都不具备实行福利化的条件），这就需要开辟出一条新的养老道路，以缓解政府财政压力。社会化居家养老正是适应了这一要求，以社区为依托，以基层政府为领导，以社会服务为主体，可以根据本社区的实际情况来制定相应的养老服务对策，提出具体的实施细节，大大缓解政府财政压力。

提高老年人生活质量，让老年人享受舒适安全、高质量的社区服务，满足和改善老年人的要求，不断丰富老年人对精神文化生活的特殊需要，为老年人提供各方面的服务。这不仅有利于社会养老事业的发展和完善，还可以缓解家庭养老负担，提高人们对养老、敬老的认识，使老年人在一种轻松、积极的态度下安度晚年。

最后，发展社会化居家养老，是建立和完善社会养老保障体系的重要补充。

我国的社会保障事业近些年来有了长远的发展，养老保障作为社会保障的核心部分也得到了全面的发展，但由于人口老龄化速度的加快，使其在养老过程中出现了老年人照顾不足的问题。我国现阶段经济发展水平还不高，老年服务业总体发展水平滞后，老年福利设施在数量和质量上都与现实需要有很大差距，现有社会养老机构照料老人的能力远不能满足需求。同时，机构养老的费用比较高，这使得一些经济困难的老年人望而却步。加之我国传统观念的影响，老年人不愿意去养老机构养老。因此，发展社会化居家养老是我国社会养老保障体系的重要补充，也是解决城市养老问题的战略选择。

三、发展社会化居家养老服务的模式

社会化居家养老是在人口老龄化迅速加快和传统家庭养老模式受到冲击的形势下发展起来的。实行社会化居家养老符合我国当前的养老特点，既可以缓解因主观和客观原因不能提供照顾老年人的家庭压力，又可以使养老服务逐渐向社会化养老转变，最

终实现社会养老。因此，发展和完善社会化居家养老服务，是解决人口老龄化，实现老有所养、老有所乐，提高老年人生活质量的有效之举。针对我国当前的社会化养老进程，要实现社会化养老服务模式的全面发展，应该从以下几个方面入手，完善各个领域的工作，使我国的社会化养老服务模式得到长远的发展。

（一）老年人自身的调节和适应，是社会化居家养老服务发展的基础

老年人在面对养老问题时，作好心理上的调节是十分必要的。要善于安排好自己的晚年生活，特别是现在空巢家庭的提前到来，要有心理准备，逐步减少对子女的依恋感，同时对自己身体突发的不适有所思想准备。老年人最容易产生孤独感，而克服孤独感的有效办法就是寻求精神上的寄托，使晚年生活变得丰富多彩。加强人际交往，同朋友倾诉心中的想法；参加一些自己感兴趣的文体活动；在自己力所能及的范围内找到适合自己的工作，再次融入社会中。这些做法都可以降低老年人的孤独感，使老年生活变得精彩、多样。

（二）家庭的支持和关心，是社会化居家养老服务发展的动力

传统的居家养老依然是老年人及老年子女的首要选择，这不仅符合中国的实际国情，也是中国传统养老模式的延续。老年人把子女和配偶看作是自己的生活依靠和精神寄托，可见，家庭在养老方面的作用是举足轻重的。家庭成员要尽可能了解和帮助老年人，不仅在日常生活方面，而且更要关心老年人的心理健康，给予精神上的安慰。经常回家看望，帮助他们解决生活上的困难，听听他们的要求和希望。即使不能回家，也要经常打电话问候，加强彼此之间的交流和沟通，缓解老年人的孤独感。在居住方式上，“一碗汤”已经被越来越多的人接受，即子女与老人居住距离以送一碗汤到老人家不凉为宜。这样既可以满足老少两代

人拥有独立的生活空间，又可以在必要时减少老年人的孤独感。家庭的支持和关心是养老工作的动力和源泉，家庭成员对老年人的关怀是老年人安度晚年的保障。

（三）政府的扶持和推动，是社会化居家养老服务发展的后盾

社会化居家养老是一项得民心、暖人心的工程，是养老事业发展的重要内容。政府作为推动养老事业发展的主体，应从宏观规划、管理到舆论宣传、政策制定和资金投入上给予大力支持。

1. 加大财政支持力度，积极宣传养老政策。

政府在提供资金帮助的方式上要改变那种只投入办养老机构的单一做法，将资金按社区为单位的原则，分发给需要帮助的老年人手中；根据实际情况，将资金投入到社区老年人生活、娱乐等基础设施的建设方面。同时，加强舆论宣传，弘扬中华民族的传统美德，广泛开展尊老、养老、助老的思想道德教育。如对赡养老人的子女、敬老的家庭予以表彰和奖励；对与老人同住的家庭买房提供方便，并给予政策优惠等。

2. 制定社会化居家养老服务政策，加强对相关部门的管理。

依据相关政策、法规实行居家养老服务，体现了社会化居家养老的体系化、规范化。政府要制定相应的优惠政策，给予养老机构一定的财政补贴和税收方面的优惠，提高政策吸引力，调动社会各方面的力量积极参与养老服务计划，努力营造一个良性发展的养老事业环境。

3. 发挥社区在社会化居家养老服务工作中的作用。

社区作为基层的政府部门，在社会化居家养老服务工作中扮演着重要的角色。社区是实施社会化居家养老服务工作的领导者和联络人，其具体服务内容可以从以下几方面实施：

首先，应对所管辖社区的老年人进行统计，确定他们现在的生活状况，以制定适合本社区的居家养老措施。如对所在社区的

老年人实行分类帮扶，按老年人的收入和生活水平进行分类，以实现针对性帮助。对于经济、生活特别困难的老人，政府可以提供无偿服务，通过民政、社区等相关部门给予物质和精神扶持，解决他们在生活上的困难，使其能够安度晚年；对于经济、生活存在一些困难的老人群体，可以根据他们的需求定制服务时间和服务项目，收取比较低廉的费用；而对于经济、生活不存在困难的普通老年群体，社区通过联络相关的服务机构和志愿者对其进行专业化的有偿服务，以满足他们的需求，提高他们晚年生活的质量水平。

其次，社区应该安排相关人员，特别是可以组织下岗职工作为管理员，定期走访老年人家庭，了解他们的实际情况。这种做法不仅可以比较细致地了解所在社区老年人的实际生活状况，而且可以解决所在社区下岗职工的再就业问题。对经济困难、生活不能自理的老人提供上门照料服务，为老人提供医疗、康复、护理、购物、餐饮、心理咨询等全方位的服务。对于低龄、生活能自理的老年人来说，给予他们生活、心理上的关怀、帮助也是十分必要的，如提供家务助理、出行旅游服务，在自愿的前提下让他们参与社会发展和公益事业，定期为他们进行身体检查等，都可以使他们感受到社会对他们的关心，使其不再感受到脱离社会的孤独感。定期组织所在社区的老年人进行座谈，了解他们当前的所需所想，使养老工作具有实效性。

最后，完善社区内公共资源服务建设，如医疗保健中心、活动场所、公园、老年食堂、邮局、银行等公共设施。这些公共设施的建设对方便老年人的日常生活是十分必要的。不难看出，当前对满足老年人生活需要的公共设施是十分不健全的。就如老年人每月领取退休金这件事来说，就给老年人带来了很多的不便。根据了解和走访，老年人普遍存在发放养老金后马上就要支取的想法，而每个城市对养老金的发放又基本在一个月的某一天统一进行，这就使得每个月都有那么几天出现银行排长队的现象，老年人大多数是天一亮就在银行门口排起队来，有的甚至要等上一整天才能领取到养老金。这不仅耽误了人们正常的生活、工作，也给银行带来了很大的工作压力。因此，如果社区建立相关的养老金发放中心，或在社区建立银行等，就可以大大缓解这种压力，也给老年人带来方便。有条件的地方，可以安装远程中央控制和服务的电子呼叫系统，对老年人突发的状况作出及时反应，并予以解决。

4. 社会的参与，是社会化居家养老服务发展的主体。

实行社会化居家养老，单单靠社区的帮扶是不够的，依靠社会的力量实现居家养老，符合养老发展的特点，也可以促进全社会对养老事业的关注。

动员社区内的商店、医院、餐饮等服务单位，通过签订居家养老合作协议的方式，确保将照料、服务工作落实到人，服务到户。在社区中成立专门的家政公司，为老人们提供生活和精神上的照料与服务；对体弱老人提供上门服务。努力建造一支由专业人员和青年志愿者相结合的居家养老服务队伍。通过社区的青年志愿者、少年儿童参加社会实践的方式，与老人聊天，增加老人与社会的接触，减少老年人的孤独感；同时可以邀请一些退休的老同志加入到社区养老服务工作中，他们更加了解老年人的所做、所想。设立专业的老年人心理咨询站和服务热线，及时排除老年人的心理压力。

社会化居家养老是一个庞大的养老工程，需要个人、家庭、社会等多方面的共同配合才能实现。由于我国的经济发展水平还比较低，因此，建立并完善我国的居家养老服务模式还有很长一段路要走。

本节参考文献

1. 张卫东："居家养老模式的理论探讨"，《中国老年学杂志》，2000 年第3 期，第 120 ~121 页。

2. 王锦成："居家养老：中国城镇老人的必然选择"，《人口学刊》，2000 年第 4 期，第 19 ~22 页。

3. 程勇："中国养老新设想：居家养老"，《中外管理导报》，2007 年。

4. 熊必俊："发展社区助老事业，为老年人提供居家养老服务"，《市场与人口分析》，1999 年第 5 期，第 36 ~37 页。

5. 杨宗传： "居家养老与中国养老模式"，《经济评论》，2000 年第 3 期，第 59 页。

6. 王宗延："家庭转型与居家养老"，《理论与实践》，2000 年第 3 期，第 26 ~27 页。

5.3 居家养老模式与政府公共政策

我国于 1999 年进入老龄化社会的行列。2000 年我国第五次人口普查的结果显示 60 岁以上的人口已经达到 1.3 亿人，占总人口的比重也达到了 10.2%，预计还将会以 3.8% 的速度递增。我国的人口老龄化具有速度快、数量大的特点，经济发展水平与已经进入老龄化社会的发达国家也存在着较大差距，呈现出了未富先老的特点。发达国家在进入老龄化社会时人均 GDP 基本在 5000 至 1 万美元，而 2006 年我国人均 GDP 才达到 2000 美元左右。除此之外，我国的计划生育政策在成功控制人口的同时使得原有的家庭规模缩小，家庭结构也进一步核心化、小型化，4－2－1结构的核心家庭日益普遍。随着经济发展水平的提高和科技的进步，老年人的平均寿命也在不断地延长，2000 年我国人口的平均预期寿命已达到 71.4 岁，80 岁以上的高龄老人也占到了总人口的 1%，从而使得高龄化也成为家庭结构的另一个特点。所有的这些都使我国传统的家庭养老方式面临挑战，也对我国的养老服务体系产生了很大压力。建立与我国国情相适应、顺应老龄化发展的养老服务体系是在面对“银发浪潮”时的必然选择。

一、我国现有的主要养老模式

目前我国的养老模式主要是传统的以家庭成员提供经济供养和日常照顾为核心的家庭养老和借助福利院、老年公寓等机构实现养老的机构养老这两种养老模式。以上这两种养老模式各有利弊，在面对老龄化社会的挑战时单独一种养老模式很难起到很好的保障效果，居家养老这种养老模式可以将家庭养老和机构养老这两种模式的优势结合起来，进而弥补各自的不足，从而更好地适应我国老龄化社会发展的客观要求。

（一）传统的家庭养老模式

传统的家庭养老模式在保障老年人的物质和精神生活方面都发挥着重要作用，例如子女不仅可以在经济上提供支持，还能对老人进行日常的照料，与老人一起生活也使其在精神上能得到较大的满足。可是随着人口老龄化速度的加快，具体到每个家庭中的老年人口比重也在迅速提高。此外，老年人特殊的医疗保健方面的需求随着年龄的增长也会不断增加，“4－2－1”核心家庭的养老经济负担也会随之加重。与此同时，城市的双职工家庭逐渐普遍化，农村的剩余劳动力向城市转移虽然可以给老年人以经济上的资助，但“空巢”家庭的增加又会进一步造成老年人身边缺乏提供照顾的人手。这些都表明家庭养老在面对老龄化的挑战时需要借助于其之外的一些方式。

（二）机构养老模式

随着社会的发展和家庭养老功能的弱化，机构养老作为一种补充养老方式出现。机构养老模式既可以为老年人提供专业化和全方位的服务，也可以为老年人提供社会活动和文化生活，这在一定程度上可以消除老年人的孤独感。同时机构养老模式也可以减轻子女亲自对老年人进行日常照料的压力。但是应该看到的是，条件较好的养老机构其收费一般也偏高，不是所有的家庭或老人都可以承担相关方面的支出。根据《我国城乡老年人口状况一次性抽样调查数据分析》中的数据，2000 年我国老年人的人均月收入为 447 元（其中城市老年人人均月收入为 708 元，农村老年人人均月收入仅为 186 元）。根据中国统计的资料显示，2004 年，我国 65 岁以上老年人口的主要生活来源靠亲属供给的占 55.5%，其次是退休金，占 25.6%。由此可以看出，老人及其家庭的可支配收入在很大程度上决定了不是所有的老人都有经济能力进入机构进行养老。根据《民政事业发展第十一个五年规划》中的统计数据，2005 年我国的养老床位数为 131.4 万张，与我国庞大的老年人口相比存在很大差距。考虑到我国现阶段的经济发展水平，大规模地建立养老机构很不现实。现有的养老机构，特别是民办养老机构大多由于实力不足而在设施、服务内容和专业人员上与老年人的需求存在着一定的差距，并且机构养老会在一定程度上淡化亲情，使得子女和老人接触的时间减少，这又不能满足老年人在精神生活方面的需求。除此之外，机构养老也不太符合我国传统的养老习惯和心理。

二、居家养老模式发展现状及存在的问题

基于我国“叶落归根”的传统观念，考虑到家庭养老和机构

养老这两种养老模式在面对老年人日益增长的需求时的不足，一种新的养老模式——居家养老模式应运而生。所谓的居家养老模式是指老年人在家中居住，以家庭为核心，以社区为依托，以老年人的日间照料、生活护理、家政服务和精神慰藉为主要内容，以上门服务和社区日托为主要形式，在此过程中引入养老机构专业化服务方式的一种养老服务体系。居家养老模式把家庭养老给老年人带来的心理上的满足感和机构养老的专业化服务相结合，使二者优势互补，扬长避短，成为了一种新型的社会养老模式。

（一）居家养老模式的发展现状

自 2001 年居家养老服务工作开展以来，坚持社会福利社会化，按照政事分开、政社分开的原则，组织成立了规范的区、街道、社区三级的居家养老服务体系，确立了居家养老的服务对象和服务方式，以服务券为载体实施补贴也初步形成了政府购买居家养老服务的新机制。除此之外，为了确保服务资源的公平分配，2003 年上海市还建立了对申请居家服务老人的养老需求评估机制，根据评估的结果进而确定补贴的对象和标准，在很大程度上促进了养老服务资源的合理优化配置。

（二）居家养老模式发展存在的问题

由于居家养老模式的发展还处于初步阶段，各地的居家养老服务还存在着一些问题。

首先是资金问题。主要表现在两个方面，从老人的角度来说目前各地的补贴标准平均为每人每月 150 元左右，仅够为老人每天提供不足 1 小时服务的费用，距离满足老年人的需求还存在着差距。从一些介入居家养老服务业的机构来说，自身发展也缺乏相应的资金支持。其次是居家养老服务供不应求。各地虽制定了一些优惠政策，吸引了一部分人员和机构进入该领域，但与我国规模庞大的老年人口相比，仍然不能满足其需求。再次是居家养老提供的服务内容问题。目前居家养老提供的服务主要偏重于日常护理和家庭服务，对医疗保健和精神慰藉重视不够，其提供服务的人员专业化程度也不高。除此之外，虽然各地大多都对困难老人实行补贴制度，但是缺乏相应的制度化的对老年人养老服务需求的评估机制，评估人员也缺乏相关的专业知识。同时，养老服务行业在质量标准、服务规范、卫生条件等相关方面也缺乏相应的规范化的标准。

三、居家养老模式中政府的作用

针对目前居家养老服务存在的上述问题，需要政府、机构和个人都采取行动来促进这一养老模式的发展和完善。养老服务是一项准公共产品，在我国现阶段无论是完全由政府提供社会化的养老服务让公民低价或免费享受，还是完全依靠市场的力量提供都不太现实，而这却又是公民应该享受的一项服务。准公共产品的提供可以也应当借助政府、市场来共同提供。而这其中机构和个人采取的行为又在很大程度上受到政府政策的引导。所以，政府在促进居家养老这一养老模式的发展时应该积极采取措施，为其发展创造有利的条件和环境。

（一）资金方面

首先，政府可以通过财政直接为居家养老模式的发展提供资金上的支持。政府应该适当加大对居家养老的财政投入，形成多元、多渠道的筹资模式。根据国务院的有关精神规定，社会福利的支出应该不低于财政支出的10%～20%，为了顺应居家养老这一模式的发展，适当增加政府的财政投入，建立起对其整体的财政预算制度，保证其投入的增加和国民收入的增长相联系是必要的。

其次，居家养老的发展单纯依靠政府的直接资金投入是远远不够的，政府还应该通过政策引导和扶持为其发展提供间接的资金支持。比如通过实行公益性捐赠的税收优惠政策来促进社会募集资金的增加。根据《中华人民共和国企业所得税法》，企业的公益性捐款支出在年度利润总额 12% 以内的部分，准予在计算应纳税所得额时扣除。可是目前，关于公益性捐赠内资企业相应的扣抵基数为年度应纳税所得额，扣除比例是 3%，与此形成对比的是外商投资企业、外国企业其用于中国境内的公益性、救济性捐款却可作为成本列支，在税前全额扣除。随着我国经济的发展，我国的企业在逐渐成长，也有能力承担一些社会责任，进行更多的公益性的举动，这就需要政府对其进行合理的引导，提高 3% 的扣除比例，会在很大程度上调动企业的积极性，从而间接地为居家养老模式的发展注入资金。再如，借助福利彩票筹集居家养老发展所需的资金。我国从 1987 年起发行福利彩票，“十五”期间福利彩票发行年递增 29.4%，从年销售量不足 100 亿元到 400 多亿元，为国家筹集了大量公益资金。截止到 2005 年年底，福利彩票发行 1637.31 亿元，筹集了 560 亿的公益基金，上缴中央财政 184.2 亿元。我国福利彩票资金的 50% 返还彩民，35% 上交国家作为公益金，15% 作为各级发行机构的运营、管理费用及销售的代销费用。在上交国家的 35% 中，一部分上交国库，纳入财政专户进行管理，由财政部用于社保基金和专项资金，另一部分留在民政部和体育部门使用。可见我国福利彩票在筹集公益基金方面发挥的作用是很大的，为了解决居家养老服务业机构的资金问题，可以通过对福利彩票资金的分配比例进行调整，适当提高上交国家作为公益金的比例，也可以在公益金的内部分配时对居家养老服务业方面适当地倾斜，通过这些间接的资金支持起到促进居家养老模式发展的目的。

除此之外，居家养老服务机构的经营应该引入市场机制，实行有偿服务、合理收费。这其中可以更多地借助服务券来同时发挥政府购买服务对居家养老服务机构的支持和政府对老年人补贴两方面的积极作用。服务券适用范围的扩大等于给了老人自主选择服务的权利，可以促进竞争和机构服务水平的提高。与直接拨款给机构相比，政府同样的支出起到的作用却有很大的差别。因为直接拨款给机构除了会使机构产生依赖心理不注重自身服务水平的提高外，政府为了使资金发挥尽可能大的效用还必须对机构加以评估和监督，这在我国现阶段可行性不大。

（二）优惠政策方面

我国对养老服务的需求很庞大，与此形成对比的是供不应求的养老机构和养老服务设施。为了推动养老服务产业的发展，应该重视调动社会力量参与养老服务业的积极性，为民间组织或一些企业进入这一领域提供优惠政策。根据财政部、国家税务总局关于对老年服务机构有关税收政策的通知规定，对相关的进入该领域的企业暂免征收企业所得税，其自用的房产、土地、车船免征收房产税、城镇土地使用税、车船使用税。上海考虑到自身的经济发展水平和老龄化的程度，除上述优惠政策外，还免征营业税、城市维护建设税、教育附加税、耕地占用税和契税，这在很大程度上使得上海的居家养老服务走在了全国的前列。所以各地应该考虑自身的实际，为居家养老服务业在信贷、土地、税收、水电等方面给予优惠政策从而达到促进社会力量参与的目的。但是需要注意的是，一定要对申请享受优惠政策的服务机构进行审批前的考察，同时在审批后对其日常运营活动进行监督，确保受资助的机构设施真正用于养老服务。并且对机构的实际床位数、入住人数等重要信息进行动态的管理，防止虚报骗取优惠的行为，对一些违反了规定，如挪用资金或是损害老年人权益的机构，政府应该取消对其的优惠政策。通过这些措施，使得政府的优惠政策真正为养老机构所享有，真正达到促进社会力量参与养老服务业的目的。

（三）促进服务内容发展方面

现在居家养老服务的内容主要是日常护理和家庭服务，对老人对医疗保健和精神慰藉方面的服务重视不够。政府应该鼓励社区医院的医生、护士参与到老年人医疗保健方面的工作中，充分利用社区现有的医疗资源。同时，对一些医院退休的有意愿参与的老专家也应该对其进行合理的引导，为其参与居家养老服务内容中的医疗保健提供便利，例如借助咨询热线或是网络等通讯工具。至于老人的精神慰藉包括日常护理和家庭服务方面，则可以通过志愿者的参与得到实现。青年大学生有着热情和积极性，渴望接触到课堂以外的实践机会，从奥运志愿者的招募上也可以反映出来，这就需要政府合理地进行引导。为了保证一定程度上的连续性和持续性，可以让其具有更多的正式照顾的特点，较多地根据社区策划者或是组织的安排进行志愿活动，而不是完全按个人的意愿进行行动。上述措施使得居家养老的服务内容得到扩展，能更好地满足老人的需求。

（四）促进人员专业化方面

我国的居家养老服务应该与再就业工作相结合，从下岗的失业群体中进行优先选择。但为了服务质量和水平的提高，应该根据不同的需要对人员进行培训，对其技能水平进行测试，做到持证上岗，从而不断地提高相关的服务人员以及评估人员的专业化水平。同时，也可以根据需要在高等院校或专科院校开设老年医学、护理学、营养学、心理学等与老年服务相关的专业课程，并且加强其与实践的结合，从而培养高素质的专业水平的人员参与到居家养老的服务中来。

（五）相关的配套措施方面

借助居民、邻里间的互助。比如为鼓励离退休在家、身体又比较健康的老人利用自己充裕的时间为其他高龄的、身体状况较差、需要护理的老人提供一些简单的服务，可以采取劳务换服务的制度。这种制度也有助于促进社区居民参与社区服务积极性的调动，在一定程度上可以缓解供给不足的矛盾。

政府应该加大养老保险必要性的宣传力度，鼓励在职人员参保，并且长时间、较高缴费基数地缴费，为自己的养老提前作好准备。

在充分利用社区以及机关事业单位现有资源的基础上政府应该加大对如老年活动室、老年活动中心等老年娱乐设施的投入，并且为老年人提供便利。考虑到老年人行动不便可以为其出行提供免费接送的交通工具，达到丰富老年人文化生活的目的。

同时政府还应该强化自身的公共服务职能，组织、促进养老服务行业相关标准的制定，使得养老服务业向规范化、标准化发展。

总之，通过政府在资金补贴、优惠政策、购买服务以及相关配套方面积极作用的发挥，可以促进企业、机构、个人等社会力量共同参与、兴办养老服务行业，在满足老年人需求的同时，也使老年人分享到经济社会发展的成果。同时，在政府扶持、政策引导下，形成的以居家养老模式为基础、以社区服务为依托、以机构养老为补充的多层次的养老服务体系也将更好地应对未来我国老龄化社会发展的挑战。

本节参考文献

1. 白友涛：“城市老年问题和社会化养老服务体系研究”，《中共福建省委党校学报》，2007 年第 3 期，第 91 ~ 94 页。

2. 武洁：“中国的老年人口”，《中国统计》，2005 年第 6 期，第 60 页。

3. 阎安：“论社区居家养老：中国城市养老模式的新选择”，《科学经济社会》，2007 年第 2 期，第 86 ~ 89 页。

4. 刘飞燕：“‘居家养老’新型养老模式研究”，《江苏商论》，2007 年第 12 期，第 146 ~ 148 页。

5. 程伟：“居家养老服务券的实践与思索”，《中国民政》，

2007年第4期，第23~26页。

6. 张晓峰："养老服务社会化之思考"，《社会福利》，2007年第5期，第29~31页。

7. 宋巨盛："对高校青年志愿者参与社区服务的思考"，《河北青年管理干部学院学报》，2007年第12期，第22~25页。

5.4 完善我国社会救助体系

在社会保障体系中，社会救助是社会稳定的重要组成部分，是社会保障体系的"最后一道防线"。社会救助是指国家与社会面向由贫困人口与不幸者组成的社会弱势群体提供款物接济和扶助的一种生活保障政策，它通常被视为政府的当然责任或义务，采取的也是非供款制与无偿救助的方式，目标是帮助社会脆弱群体摆脱生存危机，以维护社会秩序的稳定。其外延一般包括灾害救济、贫困救济和其他针对社会弱势群体的扶助措施。在现代社会，享受社会救助成为符合法定条件的社会成员的一项基本权利，而提供社会救助则是国家和社会应尽的责任和义务，二者受国家法律的规范。

随着我国经济的快速发展、社会结构的日益多元化和政府职能转变步伐的加快，建立适应城市和农村社会和谐发展的社会救助机制，加强政府救助与社会互助，实现帮困救助资源的整合，整体推进社会救助事业已经成为一种时代要求与历史的必然。改革开放以来，我国社会救助不断创新发展，社会救助制度不断完善，整体功能不断增强。目前我国城市普遍建立了居民最低生活保障制度，基本做到了"应保尽保"。2007年在全国农村全面建立最低生活保障制度，3451.9 万农村居民纳入保障范围，城市生活无着落的流浪乞讨人员救助及其他专项救助也进一步加强。

一、我国现行社会救助体系的现状及问题

（一）覆盖范围窄，城乡发展严重失衡

由于我国长期以来的“二元经济”结构，社会救助无论是在体系建设上还是在具体的救助项目上，城乡之间都存在很大的差别。城市已经基本上建立起社会救助的框架，城镇的低收入阶层基本能享受到社会救助的优惠和扶持；而农村的社会救助却成分割状态，福利设施缺乏，扶持政策少，救助形式单一，救助对象难以享受到社会救助。这与我们实现城乡统筹发展的目标是相悖的。目前，县乡财政困难的比例很高，在全国 2496 个县中，需要国家财政补贴的有 1046 个，其中包括赤字县 793 个，国家级贫困县 577 个。由于税费改革使乡镇经费大幅度减少，只靠县财政提供的有限资金不能保证为所有的特困户提供救济，有些经费紧张的地方，农村社会救助工作处于停顿状态。据统计，1993 年我国贫困救助对象 8480 万人，实际救助对象 3101 万人，占应救助的 36.6%；1994 年的相应数据为 8785 万人、3122 万人和 35.5%。2003 年我国大约有 3000 万贫困人口，但纳入最低生活保障范围的农民只有 404 万，只占整个贫困人口的 13%。加之近几年来城市化发展带来的农村养老保障问题尤为突出，农村养老保障方式发生了巨大的变化。农村集体经济受到冲击，与之相依附的养老保障功能逐渐退化，加之农村家庭养老保障方式发生了巨大的变化，家庭规模趋向小型化。人们价值观念的变化对传统伦理道德观造成冲击，家庭内聚力下降，把农村老人推到了生活困难的境地，而这些老人大多数都拿不到政府提供的任何救助。

（二）社会救助标准相对偏低，不能满足受助者需求

整体上讲，目前社会救助只能给予救助对象很低水平的需求满足，甚至可以说，在一些地区还不能有效满足贫困居民的基本生活需求。我们现行的保障标准在整体上讲还是很低的。根据民政部和国家统计局发布的相关数据测算，2006 年，我国城市居民最低生活保障平均仅为 169.6 元/月，只占当年城镇居民均可支配收入（979.79 元/月）的 18%。显然，享受这种水平的救助并没有改变救助对象的贫困地位。因为社会人均收入 30% 以下的人口一般都被看作贫困人口，甚至有人认为社会平均收入50% 以下的人口都是贫困人口。2006 年 1 ~12 月份城市居民最低生活保障人均补差额 82.9 元/月，仅占当年城镇居民人均可支配收入（979.79 元/月）的 8.46%；2006 年农村居民最低生活保障平均补差金额 33.2 元/月，也仅占当年农村居民人均纯收入（3587 元/年）的 11.10%（见表 5 -2）。

表 5 -2　抚恤和社会救济福利费占我国财政支出的比例　单位：亿元

年度	抚恤和社会福利救济费	增幅	抚恤和社会福利救济费占国家财政支出的比例
1995	115.46	21.4%	1.7%
1996	128.03	10.9%	1.6%
1997	142.14	11.0%	1.55%
1998	171.26	20.5%	1.65%
1999	179.88	5.0%	1.4%
2000	213.03	18.4%	1.35%
2001	266.68	25.2%	1.4%
2002	327.97	39.9%	1.7%

资料来源：《中国统计年鉴（2003）》；《中国财政年鉴（1996 ~2002）》。

（三）政府的资金投入仍然不足，无法满足社会救助体系的建设需要现阶段我国财政对社会救助的支出的统计指标中，“抚恤和社会福利救济费”是现有指标中能较好反映财政对社会救助事业支出情况的指标。从上表中我们可以看出，1995~2002年社会救助支出的绝对量虽然在不断增加，但是其在国家财政支出中的比例并不大，还不到2%，甚至在少数年份出现了所占比例下降的情况，这对作为政府责任的社会救助制度的发展来说是非常不利的。

（四）社会救助制度规范性不强，缺少法律制度作保障

首先，社会救助的扶助对象是不足以维持最低生活水平的贫困家庭和个人，然而我国还没有建立统一的测定贫困的评价指标和评定方法。贫困者经济情况调查也不够完善，有些地方甚至根本没有调查程序，从而给社会救助的实施对象与实施标准的界定工作带来困难，致使社会救助中夹杂着很多人为因素。一些应该享受社会救助待遇的，不能及时得到救助，而一些不够享受条件的，反而享受到了社会救助待遇。

其次，在一个法治社会，完善的立法是社会救助经常化、制度化、可持续的重要保障。从国外经验看，社会救助立法在社会保障的各项立法中是予以优先考虑的。但是我国实行社会救助制度几十年来，所依据的都是各种条例、决定、通知和办法等，至今为止，中央政府还没有颁布一部全面规范社会救助的条例。全国人大及其常委会更是没有颁布有关社会救助方面的专门法律，致使我国目前的社会救助无法可依，制度也难以定型和规范。在实际的救助工作中，各种随意和变通的做法广泛存在，对于社会救助的效果有很大影响。

二、构建新型社会救助体系的基本思路

为了克服社会救助制度中存在的以上所述缺陷和突出问题，充分发挥社会救助在保障民生、促进社会和谐中的重要作用，必

须进一步改革和完善我国现行的社会救助制度。现提出以下思路和建议：

（一）扩大社会救助覆盖范围，实施全方位的社会救助制度

一方面，积极扩大社会救助的覆盖范围，社会救助是针对全体成员的一项基本的社会保障制度。我国的任何一个社会成员，不论是城镇公民还是农村公民都平等地享有得到社会救助的权利。而在扩大社会救助范围的实施过程中，要以最低生活保障制度为基础，在稳定城市低保制度的基础上，积极促进社会救助的城乡统筹发展。提高社会救助在财政中的比例，并在此基础上建立合理的经费分扣机制。我国政府近几年加大了财政对社会保障的支持力度。社会保障支出已占财政支出的10%～11%。随着社会保险制度的逐步完善，适当提高社会救助在社会保障支出中的份额也十分必要。

另一方面，不断充实社会救助的内容，注重实现综合救助。在构建新型社会救助体系的过程中，在低保制度作为社会救助核心地位的同时，要保留救灾、济贫等传统的救助项目。只有相对完善的社会救助体系才能为我国的进一步发展提供良好的制度支撑，尤其是对特困群众医疗、住房、子女就学援助制度的财政支持机制建设。为特困群众医疗、住房、子女就学提供帮助在社会救助体系建设中属于社会发展计划，目的是改善特困群体的生存环境、健康水平使其获得谋求发展的基本条件，使其最终摆脱受救助的境遇，并帮助其子女在未来获得发展的机会，消除贫困循环和马太效应。

（二）端正思想认识，建立强有力的社会互动体系

首先，政府必须意识到社会救助是政府应该承担的法律责任，而不仅仅是道义责任。政府不能简单地把贫穷归结为个人原因。在结构转型和体制转轨的当代社会，贫困更多的是由于社会原因，国家应当承担对穷人的救助责任，支付社会变迁的成本。

因此，现代意义上的社会救助不是一种自上而下的恩赐，而是国家和政府应履行的义务。对应的，贫困者接受国家和社会的救助也并非接受施舍，而是宪法赋予其不可侵犯的权利。这一点在中华人民共和国宪法第 45 条中有明确的规定：中华人民共和国公民在年老、疾病或丧失劳动能力的情况下，有从国家和社会获得物质帮助的权利。应当深入理解社会救助的内涵，明确现代社会救助与传统式的社会救济的差异。社会救助是向贫困者传递多种资源的复杂过程，而不仅仅是一次性的救济。社会救助也不以保障被救助者的生存为目标，而是把保障其生存看作一个基础，在此基础上通过各种配套救助和社会工作，帮助被救助者通过资助摆脱贫困状态，融入主流社会。

（三）协调促进政府救助与社会互助的关系

从表面上看，社会救助主要是政府的责任，但深层次研究社会救助，其实质就是社会互助，使一部分社会成员帮助另一部分社会成员。然而，我们在实际中发现，如果没有政府的介入，社会互助几乎就是不可能实现的。必须进一步完善社会互助机制，单纯的政府救助，其效果必然是有限的。这说明我国的社会互助机制还有待完善，互助水平还有待提高。在这方面，加强慈善教育，培育社会共同体意识，进一步加大发展慈善公益事业的力度是一个重要方向。相应的，政府应对社会互助系统在税收、政策方面给与积极的扶持、优惠，扩大社会互助的功能。政府对社会互助的支持可以通过间接方式如税收的杠杆对社会中的资金流向进行调节，更能激发人们的恻隐之心，促进社会救助机制的完善。如在一些发达国家，政府对社会中的高收入者会课以重税，但对向社会慈善机构捐款的人都会减免税收，这使得捐助者能因为自己的慈善行为而名利双收，所以高收入者会更自愿地去做善事。可以说，一个社会中慈善公益事业发展的程度不仅标志着这个社会的文明程度，而且明显影响着社会救助的实际效果。因为，政府救助除了在提供资金方面具有明显的优势外，其他方面都有一定的局限。没有发达的社会互助作为依托，单纯的政府救助很难满足救助对象多方面的实际需要，很难实现助人自助。因此，一个完善的社会救助体系实际上很大程度取决于政府救助与社会互助的协调关系。

（四）完善社会救助法律体系建设

国家要尽快制定一部比较完备的《社会救助法》。完善的立法是社会救助经常化、制度化、规范化的重要保障。从国外经验看，社会救助立法在社会保障的各项法中是予以优先考虑的。因此，为了充分发挥社会救助在促进社会主义和谐社会建设中的重要作用，应尽快推动《社会救助法》的出台。此外，在管理体制上要建立起统一的由“政府主导、民政主管、部门联动、社会参与”的社会救助管理体制，对各项社会救助制度实行统一规划、统一管理，以克服社会救助政出多门、管理分散、效率不高的缺陷。建立统一的贫困评价指标和评定方法，完善贫困者经济情况调查，减少社会救助实施过程中人为因素的影响。

本节参考文献

1. 郑功成：《社会保障学》，商务印书馆，2000 年。

2. 温家宝：《2008 年政府工作报告》。

3. 李小云：《2005 年中国农村情况报告》，社会科学文献出版社，2006 年。

后记

本书基于河北省预算管理研究所“基本公共服务均等化与财政制度创新”课题研究成果而成，是集体创作的结晶。各章节作者如下：

第1章：

1.1 中国人民大学，安体富、任强；

1.2 上海财经大学中国教育支出绩效评价中心，马国贤；

1.3 中国人民大学，安体富、任强；

1.4 中央财经大学公共管理研究中心，温来成；

1.5 河北大学经济学院，王延杰；河北省财政厅，李杰刚；

1.6 暨南大学经济学院，廖家勤；

1.7 河北省财政科学与政策研究所，段国旭、成军、朱云飞；

1.8 河北经贸大学财税学院，石丁；

1.9 河北经贸大学研究生学院，杨明；

1.10 河北经贸大学研究生学院，高红强；

1.11 河北经贸大学研究生学院，闫晓丽；

1.12 河北经贸大学，张晋武、张献国。

第2章：

2.1 中央财经大学财经研究院，王雍君；

2.2 河北经贸大学财税学院，张献国；

2.3 河北经贸大学研究生学院，荀盼；

2.4 河北经贸大学研究生学院，张丽微；

2.5 河北经贸大学研究生学院，吴香凡；

2.6 湖南大学研究生学院，苗婧。

第3章：

3.1 财政部财政科学研究所，苏明、赵云旗；

3.2 山东大学，樊丽明、石绍宾；

3.3 中央财经大学，马海涛、程岚、秦强；

3.4 河北经贸大学财税学院，刘献灿、古建芹；

3.5 河北经贸大学财税学院，解建立；

3.6 中央财经大学财政学院，马海涛、任强；

3.7 河北经贸大学，古建芹、黎华亮；

3.8 河北经贸大学研究生学院，翟子斌。

第4章：

4.1 中南财经政法大学财税学院，李祥云；

4.2 河北经贸大学财税学院，王晓洁；

4.3 中央财经大学财政学院，曾康华；贵州省财政厅科研所，罗纬玲；

4.4 河北大学管理学院，杜长宇、孙健夫。

第5章：

5.1 美国国家经济研究中心，马丁·费尔德斯坦；河北大学，张彬/译，成新轩/校；

5.2 河北大学管理学院，高瑶、杨文杰；

5.3 河北大学管理学院，崔岩、杨勇刚；

5.4 河北经贸大学财税学院，温立洲。

本书成果涉及公共服务均等化与公共财政建设的多个角度、多个层面，多数成果论证深刻，观点丰富，对策措施可操作性强。为了更好地反映和展示成果，使成果能够为有关方面使用，由兼任河北省预算管理研究所执行所长的古建芹教授（河北经贸大学财税学院院长）、段国旭研究员（河北省财政科学与政策研究所所长）、孙健夫教授（河北大学管理学院院长）等三位同志进行了编选，最后由古建芹同志审核定稿。

在编选过程中，编者对研究成果进行了粗略归类，并对相关文章的标题或内容进行了修改，不妥之处还请作者谅解。

编　者

二〇〇九年八月二十八日